戴维·哈维

——批判性理论

〔英〕诺埃尔·卡斯特里
德里克·格雷戈里 编著

阎嘉 毛娟 等译

商务印书馆
The Commercial Press
创于1897

Edited by

Noel Castree and Derek Gregory

DAVID HARVEY

A Critical Reader

目　录

导论：令人烦恼的地理学

德里克·格雷戈里 著   毛娟 译

> 地理学中总有某种令人烦恼的东西……
>
> 哈维（Harvey 2000c）

目 标

可以从很多方面去解读戴维·哈维的著作，但无论从哪个方面解读，其著作无疑既对地理学知识的力量有所肯定，也对这种力量有所批判。使用知识的复数形式是有意为之的。尽管哈维的早期著作追踪并扩展了一种正式的又必然是模糊的地理学的疆域，他却逐渐认识到，地理学知识不能局限于任何一门学科。那些知识是在学院内外的诸多地方产生出来的，好也罢坏也罢，它们塑造了公众。[①] 正如哈维一再提出的那样，如果说"地理学太重要，就不能只交给地理学家"。哈维也坚持认为，地理学知识的效力并不在于积累数据，甚至也不在于通过权力通道或公共领域的循环对它们进行选择性的传播。相反，它存在于对各种观念、概念和理论的使用中——如果你更喜欢（哈维当然更喜欢）它们的话——它们产生了系统的、有序的关于这个世界的表

[①] 参见 David Harvey, 'Cartographic identities: geographical knowledges under globalization', in his *Spaces of Capital: Towards a Critical Geography* (Edinburgh: Edinburgh University Press, 2001) pp. 208–233; 同上, 'Geographical knowledges/Political powers', in John Morrill (ed.), *The Promotion of Knowledge* (*Proc. British Academy*, 122 (2004)) pp. 87–115。

征，有足够的力量说服他人相信其客观性、准确性和真理性。当我把哈维的著作说成是对地理学知识力量的首肯时，我这么说是因为哈维坚持认为地理学事关紧要，会给批判性分析带来别一番天地，因为他相信空间、地方和景观的概念严重动摇了主流的社会理论，以至于开启了关于世界的全然不同的视角。我把这说成是批判性的，因为哈维的规划的进展已经使他远离了那些受到空间科学推算限制的概念，或者说起源于欧洲大陆哲学的概念，也由于他的目的是要将其他概念的解放潜能投入到使一门真正的人文地理学具体化的过程之中。

这篇导论是哈维规划的粗略指南，首先是为那些可能不熟悉其著作细节的人们撰写的，而我认为，他的著作反过来可以为现代资本主义混乱的景观提供某种指南。不仅有关于他的规划的空间分类学，有一系列具有批判性建议和评价的进程目标，而且还有关于他的世界观的全景式的、精选的和权威的看法。不过，这并非是一种无懈可击的立场，也不是像哈维特别喜欢的小说家之一奥诺雷·德·巴尔扎克（Honoré de Balzac）在《人间喜剧》（*Comédie humaine*）序言中所强调的那种冒险经历。巴尔扎克 1842 年在巴黎写道："无法下决心面对批评炮火的作家，就像一个指望着永远晴朗的天空才开始其旅程的旅行者。"在这种观点的鼓励下，我打算绘制哈维的一些路线（和根基）图，提供一些到达其他路径和其他目的地的关键路标，随后的章节会更详细地对它们加以探讨。

坐 标

虽然将哈维的著作归结为一种单一的旅程可能是错误的，但确有两个关键性的文本构成了他的规划的框架，并显示出一种极为一致的模式，这两个文本即《地理学中的解释》（*Explanation in Geography*）和《〈资本论〉的限度》（*The Limits to Capital*），它们通常被理解为两种相反的努力，以转折性的论文集《社会正义与城市》（*Social Justice and the City*）为分水岭——这部论文集标志着哈维从空间科学向历史唯物主义的转变。这种理解完全是有根据的，但即使就两者之间的所有差异而言，我认为也存在着很多具有启发的连续性。[①]

1969 年出版的《地理学中的解释》是在两次"革命"的背景下写成的。第一次革命是"计量革命"（Quantitative Revolution），它震撼了 20 世纪 60 年代的地理学探索。计量革命是对于脱离传统的区域地理学、齐心协力走向正式的空间科学的一种简要的说法（因而是一种误导性的说法）。对作为全球构成板块中的世界各个区域的研究，招致了批评，因为它将地理学研究简化为汇编和制图学方面的一项平凡工作。一门新地理学取而代之了，它具备恰当的科学资质，致力于在名义上的"人文"和"自然"领域里探寻对空间组织的普遍化。哈维不是一位袖手旁观者，他在这个领域的试验性重构中处于核心地位，为空间分析做出了几项开创性的贡献。[②] 这种自觉试验的空间科学鲜明突出；大部分的研究极富思辨性、探究性、实用性，却很少或者没有意识到（甚或不关心）更广泛的哲学和方法论问题。如果说可以将《地理学中的解释》理解为试图为这些努力提供某种理据的话，那么，也可以说它也在力求借助其前沿特色保持所需的灵活性。因为哈维强调了哲学与方法论之间的"重要"区别。哈维主张不以任何直接的方式关注有关地理学"性质"的哲学论争（虽然他显然对此有看法），也不关注科学哲学家为他所说的"合理解释"确立标准的各种方式。他的关注点是把这些标准按照"解释的逻辑"运用于地理学研究，这促使他去区分"哪些分析属于逻辑问题，哪些分析取决于哲学预设"。[③]

---

① 有关这一转折的令人信服的语境解读，参见本书第一章；就跨越这一转折的连续性的进一步讨论，参见本书第六章。

② 例如，可参见 David Harvey, 'Theoretical concepts and the analysis of land use patterns', *Ann. Ass. Am. Geogr.* 56 (1966) pp. 361–374; 'Geographical processes and point patterns: testing models of diffusion by quadrat sampling', *Trans. Inst. Br. Geogr.* 40 (1966) pp. 81–95; 'Some methodological problems in the use of the Neyman Type A and negative binomial probability distributions in the analysis of spatial series', loc. cit., 43 (1968) pp. 85–95; 'Pattern, process and the scale problem in geographical research', loc. cit., 45 (1968) pp. 71–77。

③ David Harvey, *Explanation in Geography* (London: Edward Arnold, 1969) pp. 3–8.

4　　然而，像这种观点所表明的那样方便地把哲学与方法论拆解开来是不可能的。实际上，哈维的整个规划都基于一个核心的哲学主张。他拒绝了例外论（exceptionalism）的传统，这种传统可以追溯到康德对不同知识所做的根本区分，哈特向（Hartshorne）在 1939 年的《地理学的性质》（*The Nature of Geography*）中接受了这种传统的经典的学科主张，因为他认为这种区分既把地理学和历史学驱逐出科学进步的主流，也使它们彼此分离。与那些根据逻辑分类（均等、相似、类同）将世界划分为各种类别，因而允许重复和普遍化的科学不同，地理学和历史学，都被认为是以自然分类为基础的：即根据对共同发生的现象的观察，从而将它们划分在空间或时间的某个独特的或单一的系列中。在此情况下，哈维致力于描绘一种公认的科学方法，它以一般的科学哲学尤其是实证主义为基础，从而可以确保寻求地方特殊性之下的一种秩序（空间结构和序列中的）。"奠基"的感觉至关重要：哈维的规划是根本性的，有着牢固的基础，他拒绝了他称之为逻辑实证主义"极端"版本的东西，因为他们声称知识"可以脱离哲学预设而独自发展"。哈维将一些（自然）科学的哲学家们建立的推演定律模式叫做"科学解释的标准模式"。①标准化再次成了实质性的：对哈维来说，就像对他的大多数同代人一样，只有一种科学方法才能维持系统化的、普遍性的地理学知识的生产。

　　《地理学中的解释》不只是把这些方法投射到地理学研究领域，它在概念上的支撑点就是空间，哈维把空间确认为"作为一个学科的地理学为了自身的一致性所依赖的核心概念"。但他认为，为了实现这种一致性，必须进行一种双重变革：空间必须从欧几里得几何学的平面范畴中变革出来，空间的具体化必须通过过程（"解释时间的关键"）进行变革。因此，哈维自始关注的核心之一就是要建立空间结构与过程之间的联系。这个问题出现在他

---

　　① Ibid., pp. 8, 29‑30. 这是整部书里唯一明确提及实证主义的地方，尽管哈维敌视那些逻辑实证主义的"极端"说法，但《地理学中的解释》——像大多数更一般的空间科学一样——与实证主义的计划完全一致。

按传统历史地理学方法研究 19 世纪肯特郡农业变化的博士论文中；但哈维后来用现代区位理论的术语重新提出了这个问题。现在看来，如果完全不可能根据几何学形式推断出生成过程的话，那么，怎样才能发展出一种以过程为基础的地理学呢？虽然他从来没有如此提出过这个问题，但历史学和地理学怎么可能集合在一门完全的、整合的——简言之，统一的——关于地球变化的科学之中呢？哈维在《地理学中的解释》中最重要的方法论目标，就是要确证一些空间分析模式，它们将取代把空间作为"容器"（绝对空间）的传统空间概念，通过将空间形式的几何置于运动之中从而彻底地超越各种几何学，才能建立起这些新的空间分析模式。当时，哈维把这当成是一个转化问题，是一种游走于欧几里得（形式）与非欧几里得（过程）语言之间的手段；但更重要的问题在于，地理学变革的过程从一开始就处在哈维的规划的核心。①

　　哈维后来把巴斯卡（Bhaskar）关于非实证主义社会科学的计划书描述为一部"艰深得令人生畏"的著作，但人们也可能会就《地理学中的解释》说同样的话。我还在剑桥学习地理学时这部著作就已经出版了，甚至对在空间科学、区位分析和系统理论方面受过专业训练的人来说，它也是一部异常艰深的文本。然而，它也有令人不满意之处，尤其是因为我也上过历史地理学课程，这门课以极为严肃的态度对待哈维的核心问题——地理学的变革，但这门课也要求密切接触实地和档案中的观察实验，以便调整其理论倾向，推进按真实条件对空间经济与景观进行动态的分析。哈维总结说，"通过我们的理论，你们将了解我们"，但我已被一种不太在意了解"我们"——形

---

　　① "对过程的研究不只是历史地理学家的特权"，他两年前写道，"然而，在专业历史地理学家的学术研究……与涉及当代各个分支的人文地理学家的分析技术之间，形成了一道不幸的鸿沟"：David Harvey, 'Models of the evolution of spatial patterns in human geography', in R. J. Chorley and Peter Haggett (eds.), *Models in Geography* (London: Methuen) pp. 549–608: 550. 对过程的强调既说明了哈维对现代地理学学科的缔造者之一亚历山大·冯·洪堡（Alexander von Humboldt, 1769-1859）的钦佩，也说明了他与洪堡之间的差距。哈维显然钦佩洪堡的规划的系统性，最明显的是在多卷本的《宇宙》一书中，但他坚持需要超越洪堡的康德式的地理学知识观，"只是脱离了历史叙事的空间分类"：David Harvey, 'Cosmopolitanism and the banality of geographical evils', *Public Culture* 12 (2000) pp. 529–564: 554。

成学科认同，令我惊讶的是，在《地理学中的解释》的末尾仍然使哈维忧心忡忡——而更在意了解世界的历史地理学所吸引。事实上，哈维后来把该书的局限归因于它对语言的过于专注，使他自己拉开了与构建了空间分析的形式语言系统的距离，而空间分析是有利于那些能够抓住社会实践实质的普通语言系统的。你可以在《地理学中的解释》的最后几章里发现这个问题，想要铸造的系统仍然令人吃惊地未得到认同，就像许多空匣子被捆在一起，它们的地理则消失不见了。那是一段很长的黄色砖路，给我留下了一种不舒服的感觉，感到在巫师的帘幕后面一无所有。

然而，哈维不久就要提醒他的读者的东西，马克思早就已经告诫过，在科学的道路上没有捷径可走。《地理学中的解释》是在另一场革命的背景下写成的，那场革命使学院充满生气，并且也充满了街头感：美国的反战和民权运动，以及 1968 年 5 月在法国、德国和欧洲其他地方发生的事件。哈维承认，他曾经全神贯注于方法论问题，以至于他或多或少脱离了那些正在发生的事件，那些事件在《地理学中的解释》严谨的章节中没有得到任何回应。但在它出版后不久，也就是在他从英国移居到美国的同时，哈维开始探索地理学研究的伦理和政治维度，这些在他的科学哲学和方法论苦旅期间被暂时中断。他最初的尝试都记录在构成《社会正义与城市》一书的文章中。这是比《地理学中的解释》更具颠覆性的著作，在学科内外的影响更大得多。哈维根据《社会正义与城市》中的一篇早期文章在布里斯托尔大学本科生会议上发表过一次演讲，我也参加了，效果令人激动。哈维的表现总有一些令人兴奋之处——我从未见过他读准备好的文本，更不用说照着一连串投影胶片或幻灯片念稿子——但这不只是一个风格的问题：知识装置、政治激情和都市肌理全都与《地理学中的解释》的抽象逻辑相去甚远。后来的文章扩大了两者间的鸿沟，以至很多读者想必都难以相信两本书出自同一个作者之手。哈维对空间科学中琐碎追求的指责（"我们所使用的复杂理论与方法论框架，与我们对展露在自己面前的事件说出任何真正有意义的话的能力之间，存在显著的不一致"），他对历史唯物主义力量的全面认可（"我无法找到其他任何方法来完成我打算做的事情"），融合起来震撼了英语世界中最新的学科之一，使它能够以应有的严肃态度对待马克思的著作。然而，尽管哈维渴望发动一场"地理学思想的革命"，他却继续坚持科学的重要性（虽然他现在用不同的术语来界定科学，并将其理解为一种本质上的社会实践），重申需要提供关于空间和空间变革的系统的理论化（虽然他现在坚持认为"产生于空间性质的哲学问题并不存在任何哲学上的答案——答案在于人类实践"）。[1]

《社会正义与城市》是一座桥头堡；哈维知道，他需要对马克思做更多研究。我小心翼翼地选择我的说法：他的研究对象，他所参与的各种读书小组和课程，都是有关马克思而不是马克思主义的。他解释说："我想从马克思的《资本论》《剩余价值理论》《大纲》和一些关于政治经济学的辅助著作所设计的框架内部，看看我到底能走多远。"[2] 这花费了他 10 年中最好的时光，结果是 1982 年《〈资本论〉的限度》的出版。这本书强调了两个核心维度。第一，哈维呼应了他早期对系统性的坚持，认为马克思远见卓识的贡献是"把资本主义看成一个完整整体的能力"，是一种动态的和辩证的总体性。哈维从前试图通过诉诸系统理论（在《地理学中的解释》中）和结构主义（在《社会正义与城市》结尾部分中）来祛除碎片化的恶魔，它们就像形式主义的恶魔一样四处弥漫，但他现在将自己的论点建立在集中地、论争性地重新解读马克思的政治经济学批判的基础之上。哈维阐释的学科性、严格性和清晰性已经被很多评论者注意到了，然而，正如我后面将说明的那

---

① David Harvey, *Social Justice and the City* (London: Edward Arnold, 1973; Oxford: Blackwell, 1998), pp. 13, 17, 128. 《社会正义与城市》的开创性效果在一次恰当的庆祝其出版 20 周年的前瞻会议上得到了承认：参见 Andy Merrifield and Erik Swyngedouw (eds.) *The Urbanization of Injustice* (London: Lawrence and Wishart, 1996)。

② David Harvey, 'Retrospect on *The Limits to Capital*', *Antipode* 36 (2004), pp. 544–549; see also Alex Callinicos, 'David Harvey and Marxism', this volume.

8　样，这些特质并没有得到普遍的赞赏！^① 第二，哈维强化了自己关于空间变革的焦点，认为马克思对作为一种生产方式的资本主义的动力的分析与新古典主义经济学毫无头脑的阐述截然不同，而是基于一种（假设和依赖的）差异化、整体的（都市化的）空间经济学的生产来阐述的。^② 这是一项非常卓越的原创性贡献。空间问题依然内在于马克思本人的著作中，而迄今为止，没有哪个（极少数）作者记录下了资本主义制度下的空间生产——包括最引人瞩目的亨利·列斐伏尔——没有将其混乱的景观整合到资本积累的逻辑中去。^③ 虽然马克思优先考虑时间（在劳动价值理论中）和历史变革（在资本主义持续的创造性破坏中）——这些都是哈维的《〈资本论〉的限度》中的名称——哈维表明，不稳定的空间生产同时成了解决问题的方案（或"空间修复"）和对资本主义的瓦解（因而成了资本的限度）。

如果说哈维表明了如何将空间建构到历史唯物主义的框架之中，正如佩里·安德森（Perry Anderson）所说，它是可以消减的结构中"一个不可消除的要素"，那么，这还不是关于此事的定论，哈维也从来没有这样表示过（恰恰相反）；事实上，他认为危机理论中的第三次削减理论是他论点中最不令人满意的部分。我所认识的很多地理学家也对该书的最后几章感到不满，尤其是因为他们期待详细地重构资本积累和流通的不均衡地理分布。但有两项决定排除了这种可能性：哈维决心尽量接近马克思本人的著作，而不

---

① 正是哈维的解释的严格程度，才在已发表的一些文章里引发了同样严格的评论，如 'Symposium on *The Limits to Capital*: Twenty years on', *Antipode* 36 (2004): the essays by George Henderson, 'Value: the many-headed hydra' (pp. 445–460) and Vinay Gidwani, '*The Limits to Capital*: questions of provenance and politics' (pp. 527–543), 尤其成了认真、严谨的智力交锋的典范，（不幸地）也有少数这个领域里的宝贵著作没有引起或者受到这样的关注。也可参见 Bob Jessop's careful excavation of *Limits* in 'Spatial Fixes, Temporal Fixes and Spatio-Temporal Fixes', this volume.

② 当然，这并不是新古典主义经济学与历史唯物主义之间的唯一差别。我记得哈维在一次会议上遭到一位过分自信的批评家的指责，他坚持新古典主义所提供的土地、劳动和资本三位一体分析的优越性。哈维在报告过程中转向一块他画着复杂循环示意图的图板，表明他所研究的范畴是地主、劳工和资本家。他的反驳令人难忍："你要告诉我们，你应付事情比应付人们更感到愉快。"强调社会关系（因而还有社会变迁）对哈维的规划来说至关重要。

③ 参见我在 *Geographical Imaginations* (Oxford: Blackwell, 1994) pp. 348–416 中对哈维和列斐伏尔的讨论。

是更广泛地追随马克思主义政治经济学或经济地理学的后续进展（有一些零散的对某些当代主要论争的评论，但它们通常都被归入到了脚注之中）；哈维还决定放弃其中复杂的"历史内容"的论点，而将他的理论化呈现为一系列的"空盒子"（他的用语）。无可否认，这两个决定都成了《〈资本论〉的限度》的限度，然而，即使在删减的情况下，任务的完成也达到了很高的程度，以致当哈维苦笑地提到"只顾对文本删减的内容进行批评，而不为文本所完成的内容表达欣赏"这一共同倾向时，我对他表示同情。①

在对这些问题进行深思熟虑的评论时，特雷弗·巴恩斯（Trevor Barnes）表示，他非常赞赏《社会正义与城市》"未完成的特质"，也即哈维不仅与他人争论，也与他自己争论的意识。而在他看来，《〈资本论〉的限度》则似乎被一种"追寻确定性"和一种封闭感所占据。② 也是在这一点上，《地理学中的解释》在《〈资本论〉的限度》中得到了回应。但是，在我提出这两部书之间的联系为哈维后来的研究提供了基础时，我并无意暗示说，他的规划的发展已经围绕着这两部书完全成形了。科学与系统性、空间与变革一直是它们的口号。③ 然而，正如我现在要表明的，哈维也用它们来照亮其他道路，那些道路为新景观开辟了新视野。

① David Harvey, *The Limits to Capital* (Oxford: Blackwell, 1982; London: Verso, 1999); idem, 'Reinventing Geography' (interviewer: Perry Anderson), *New Left Review* 4 (2000) pp. 75–97; idem, 'Retrospect'.

② Trevor Barnes, "'The background of our lives': David Harvey's *The Limits to Capital*", *Antipode* 36 (2004) pp. 407–413.

③ 不考虑得出自哈维关于社会理论和空间的论文集——由两位地理学家编辑——中的著作，是奇怪的（特别是当人们思考它们批判性称赞的其他一些主题时）：参见 Mike Crang and Nigel Thrift (eds.) *Thinking Space* (London: Routledge, 2000). 哈维聚焦于"空间"一直是毫不动摇的，而空间的中心地位得到了本书中他的《作为关键词的空间》一文的确认。即便如此，另一个可以通过其规划追踪到的松散论题是："自然"。尽管这对地理学和历史-地理唯物主义来说也是一个关键词，但哈维对它的系统性讨论却少得多。《地理学中的解释》中开始着手的科学模式源自对自然科学的详细解读，但自然问题潜在于哈维的著作中，只是在一系列关于人口和生态学的论文中（其中有马克思送别马尔萨斯），以及在巴黎从事研究的一段时间（在巴黎，哈维在《奥斯曼的巴黎》中对美学和科学占有独特的都市"自然"做出了诱人的简短描述），它才浮出表面。在他的 *Justice, Nature and the Geography of Difference* (Oxford: Blackwell, 1996) 中，自然问题才得到了最持久的讨论。参见本书 Bruce Braun, "Towards a New Earth and a New Humanity"。

方　向

有两个新方向在我看来最为重要，一个是概念上的，另一个则是实质性的。虽然哈维一直在靠近马克思的政治经济学批判，但他也表示过马克思的其他著作也很重要，尤其是光彩夺目的《路易·波拿巴的雾月十八日》，这部著作更为关注文化和社会关系的重要性。我猜测，《路易·波拿巴的雾月十八日》生动的文笔有助于重新激发哈维对于作为一种方法的叙事的兴趣，它传达的感受正如马克思在那本著名的小册子里所指出的，"人们自己创造自己的历史，但是他们并不是随心所欲地创造，并不是在他们自己选定的条件下创造"。① 或许，这对于哈维新产生的对于现代小说捕捉都市状况之能力的兴趣，发挥了作用。哈维在《意识与城市体验》中写道："我发现给我自己留下深刻印象的是"，"那些著作既起到了文学的作用，也起到了社会科学的作用"。② 马克思（还有恩格斯）笔下的最好著作，其激发和阐释的力量应该同样地非凡。此外，哈维准备重读在《资本论》第一卷里发现的对初级（"原始"）积累的解释，马克思在其中追寻了非资本主义经济形式被消除、小规模商品生产的被废弃，以及作为资本主义经济主导方式的雇佣劳动的最终出现。在《〈资本论〉的限度》中，哈维精准地描绘了扩大再生产的循环——对活劳动分散和分类地剥削——并且像马克思一样，他把原始积累归之于从欧洲的封建主义向资本主义转变的形成阶段。但是，哈维后来认识到了原始积累持续性的特点——正因为这一过程是持续性的——所以他更喜欢把它叫做"剥夺性积累"（accumulation by dispossession），他还表明了它的暴力掠夺行为是如何被强行纳入当代的全球化之中的。③

---

① 此处采用了《马克思恩格斯全集》第 2 版（即文献考证版）中的译文，参见《马克思恩格斯全集》第 11 卷，北京：人民出版社，1995 年，第 131-132 页。——译者注

② David Harvey, *Consciousness and the Urban Experience* (Oxford: Blackwell, 1985), p. xv.

③ 参见 Nancy Hartsock, 'Globalization and Primitive Accumulation', this volume. Cf. Michael Perelman, 'The secret history of primitive accumulation and classical political economy,' *The Commoner* 2 (2001); Massimo De Angelis, 'Marx and primitive accumulation: the continuous character of capital's 'enclosures',' loc. cit.; Werner Bonefeld, 'The permanence of primitive accumulation: commodity fetishism and social constitution', loc. cit. These essays are all available at http://www.thecommoner.org。

这些新进展不只是在概念表达方面推进了哈维的规划，因为它们也涉及
一系列显著扩大和深化其历史–地理唯物主义范围的实质性考虑。《路易·波
拿巴的雾月十八日》是法国大革命重大事件的日子，波拿巴于 1799 年发动
了政变，马克思把这最初的行动与波拿巴的新贵侄子路易·拿破仑在 1851
年的"荒唐"重演之间做了一种讽刺性的对比。后来的帝国奇观与首都奇观
之间的紧张关系，为哈维对第二帝国巴黎的研究提供了聚焦点，它最初作为
《意识与城市体验》中一篇扩展的文章发表，不久前以《巴黎，现代性之都》
为名进行再版。修订后的版本配有附加的图片，其中很多图片取自同时期的
照片和版画，而哈维对各种文化形式的兴趣最明显地反映在他所放置的镜子
里——镜子的一边是波德莱尔试图捕捉的现代性难以捉摸的踪迹，"短暂、
转瞬即逝、偶然"；镜子的另一边是马克思的资本主义现代性的喧嚣世界，
在那个世界里，"一切固定的东西都烟消云散了"。同样的分析在哈维的《后
现代的状况》的批判中也很明显，在这些批判中，《路易·波拿巴的雾月十
八日》和第二帝国巴黎的教训被用来勾画现代主义与资本主义现代性的轮
廓。但哈维的主要目的是，要在后现代主义易变的文化形态（在建筑、艺术、
电影和小说中）与在基层出现的灵活的或后福特主义积累的新体制之间，建
立联系。他认为，从 1970 年代初期开始，灵活积累的逻辑和准则已经重组
了扩大再生产的循环，这不仅与后现代主义作为一种文化要素的兴起相一
致，而且也与此有着密切的联系。[1] 此书中有一些段落看起来是在原始积累
讨论的边缘晃动，但哈维显然还没有意识到它们的当代（和同时代）的意义。
后来，他与其他人争论说，"1973 年以后，剥夺性积累日益凸显出来，这
部分是作为对扩大再生产中出现的过度积累这一长期问题的补偿"。哈维很

11

---

① David Harvey, 'Paris, 1850 - 1870', in *Consciousness* op. cit., pp. 62 - 220 and revised and reissued as
Paris, Capital of Modernity (New York: Routledge, 2003); idem, *The Condition of Postmodernity: An Enquiry into
the Origins of Cultural Change* (Oxford: Blackwell, 1989). 关于我在这里所用的"镜像"的隐喻，参见 Meaghan
Morris, 'The man in the mirror: David Harvey's "Condition" of postmodernity', *Theory, Culture and Society*
9 (1992) pp. 253 - 279; Gregory, *Geographical Imaginations* op. cit., pp. 398 - 400. 也可参见我在下文对镜像的
告诫性评论，p. 17.

晚才意识到马克思所称的"后备劳动力"的持久意义，是与"9·11"之后被征召到阿富汗、伊拉克和世界其他地区的美帝国前线服役的后备役军队分不开的，他在两支力量之间建立的联系，丰富了他在《新帝国主义》(*The New Imperialism*)中对新自由主义和新保守主义全球联盟的批判。①

12　　这些进展非常重要，但它们也提出了两个相当重要的问题。第一，在追寻另外的路径时，哈维在从《地理学中的解释》到《〈资本论〉的限度》的轨迹中建立起来的坐标，在多大程度上能够持续指引他的规划？他的著作能一直按相同的坐标网格来解读吗？第二，在拓展其规划的概念的和实质性的疆界方面，哈维在多大程度上将理论同经验结合起来了？这些表达之间有什么联系？这些问题为本章的其余部分提供了框架。

阿里阿德涅的线团②

　　科学性与系统性，空间与变革：这是我提出的指引哈维穿过资本主义迷宫的四条线索。头两条线索使他得以描绘出资本积累的逻辑并揭示其结构，它们一直在我们当今存在着。后两条线索使他得以启动他的地理学，表明资本主义的动力何以内嵌于其动荡的空间中。我将依次考察每条线索。

　　哈维对巴黎的兴趣是由他于1976年到1977年在法国首都度过的一年唤起的。他曾打算花时间了解法国马克思主义内部正在发生的争论，但他最终对那些争论越来越不感兴趣，"越来越被作为一个城市的巴黎迷住了"。他很快就开始怀疑，"《〈资本论〉的限度》中的理论机制在各种真情实景下到底是如何发挥作用的"。他的研究范型是卡尔·朔尔斯克（Carl Schorske）对哈布斯堡王朝晚期的维也纳的描述。哈维被自己看到的朔尔斯克非凡的能力所吸引，它传达出"通过各种视角看到的物质生活、文化活动、城市内部

----

① David Harvey, *The New Imperialism* (Oxford: Oxford University Press, 2003), p. 156.
② 阿里阿德涅的线团（Ariadne's Threads）：阿里阿德涅是古希腊神话传说中米诺斯国王的女儿，据说她曾赠给情人忒修斯一个线团，帮助他走出了迷宫。——译者注

的思维模式构成的城市总体的某种感受"。这恰恰是哈维自己的问题："在认识相关细节时，正如奥斯曼（Haussmann）本人清楚地认识到的那样，怎样才能保持对作为一个整体的巴黎的某种看法？"在后来纳入研究巴黎的拓展文集的一篇文章里，哈维甚至将瓦尔特•本雅明的《拱廊街规划》（Arcades Project）——这位马克思主义批评家试图将巴黎呈现为 19 世纪之都的各种资料——说成是一项未完成的努力，它试图梳理出"使之成为一个整体、呈现出某种可能的总体性观点的持久线索"。然而，哈维首先将巴黎看成一个整体，这使得他所颂扬的巴尔扎克的"概览"变得极为引人瞩目。如哈维所说，这位小说家最伟大的成就在于，他能够"在外表之下抓住 19 世纪早期巴黎疯狂的混乱和万花筒般的变化"："穿越迷宫"，"剥掉"通过商品流通强加于其居民的"商品拜物教"；揭示出巴黎是"各种阶级势力聚集和冲突的产物"。对哈维来说，巴尔扎克的分析成功地揭示了"在城市的核心"，"资产阶级价值观的彻底空虚"是基于内在于资本的虚拟形式中的算计。我认为，把这解读为哈维自己规划的理想形象并非不切实际；相同的语言在他本人的演绎中一再出现。但是，这当然都是对马克思的直接模仿；哈维的目的是要表明"虚拟的商品"是如何在第二帝国的巴黎获得了至高无上的地位，奥斯曼以皇帝名义实施的宏伟计划是如何有助于将首都转变为资本之都的。①

相同的论题再次出现于哈维在《后现代的状况》中的批判。后现代主义在诸多方面都是哈维所偏爱的对立面：他认为，后现代主义醉心于碎片化、向总体性开战（利奥塔的说法），且蔑视一切可能带来秩序的元叙事。然而，尽管这一切看起来很新奇，但他坚持认为，这并不能逃脱"资本主义生产方式的基本规则"，他借助它们来约束和控制后现代的过度行为。后现代主义被认为表现了甚至强化了灵活积累的逻辑，而哈维则总结了从《〈资本论〉

① Carl Schorske, *Fin-de-siècle Vienna: Politics and Culture* (New York: Random House, 1981); Harvey, 'Reinventing Geography' op. cit.; idem, *Paris* op. cit., pp. 17–18, 33, 35–36, 51, 102. 论巴尔扎克的文章写于主要研究完成之后，但它呈现出哈维简洁明了的研究有组织的结构特点。哈维对巴黎的研究开始于他对其他城市进行研究的语境中，本书第五章有对于其都市研究的总体分析。

的限度》中获得的某些关键论点，以便对从一种制度向另一种制度的转型加以理论化。他说，"重读马克思在《资本论》中的解释"，会产生一种"认可的震惊"："不难看出，马克思所确定的对任何资本主义生产方式来说都是根本性的不变要素和关系依然还在闪耀，在很多情况下其亮度比从前更强烈，所有表面泡沫和消散因而都是灵活积累的特征。"这个深层模式始终在《后现代的状况》和其他著作中起作用，以解释"资本主义的潜在逻辑"是如何说明后现代主义的，即它"在碎片化和混乱的变化潮流中游动，似乎仅此而已"。与之相反，哈维这次以一种不同的表述重复了这个隐喻，他坚持认为：

14 　　在资本主义制度下，由于初始条件或人类活动和想象力方面最细微的变化，有些在起作用的过程法则能够产生很多看似无限的结果。同样，流体动力学的法则在世界上的每条河流中都是不变的，因而，资本流通的法则从一个超市到另一个超市、从一个劳动力市场到另一个劳动力市场、从一种商品生产体系到另一种商品生产体系，都是一致的。（第 132 页）

　　哈维回应了《地理学中的解释》和《〈资本论〉的限度》，坚持认为有可能提取出"过程法则"，并以一种系统化的方法把从一种积累制度向另一种积累制度的混乱变革加以理论化。[1]

　　在《新帝国主义》中，哈维转向了一种不同的"制度变化"——伊拉克战争——但他认为，这也是一种对更深层事物的表面呈现。在《后现代的状况》较末后的一章里，他强调了历史唯物主义持久的重要性，但在后来的章节中，他又提到了一个障碍，且断言这一对政治经济学的洞见将持续地变得越来越敏锐。《〈资本论〉的限度》"现在甚至更加深刻地关系到对于全球化的资本主义是如何运作的理解"。[2] 相应地，在《新帝国主义》中，他力

---

[1] Harvey, *Condition* op. cit., pp. 44, 179, 187–188, 343.

[2] 也可参见 David Harvey, 'The difference a generation makes', in his *Spaces of Hope* (Edinburgh: Edinburgh University Press, 2000) pp. 3–18。

图"揭示在一切表面动荡和波动之下发生的某些更深层次的变革"。他援引了他在《〈资本论〉的限度》里对资本主义空间经济的生产所进行的详细分析，以及对扩大再生产的循环中的空间修复的动力所进行的分析，但他此时补充了对"剥夺性积累之可能性中的铁的定律"的描述。他的核心焦点是美国：实际上，他是深入虎穴而写作的，就此而言，他身处"帝国"本身之所在的纽约。哈维认为，在美国内部，新自由主义和新保守主义规划的交叉点，一直都是试图通过重新激活、强化和引进剥夺性积累的全新手段，来解决他诊断为"资本通过扩大再生产而过度积累这一长期问题"。这两种积累并非对立的，而是辩证地相互交织的：国内政治与外部扩张也是如此。"掠夺并贬低遥远的人群"在政治上比尝试国内改革更加可取，而新自由主义的帝国规划却在美国国内导致了"长期的不安全感"。哈维认为，新保守主义对这种困境的回应是要重返军国主义和暴力文化，靠的是加强国家安全，激活"家园"的民族主义修辞学，并呼唤宗教原教旨主义，以驱除国内外的恶魔。因此，如果说"9·11"事件是新保守主义的契机的话，那么，伊拉克战争这一最明显的暴力劫夺现实则使之成为了可能——以国内外的所有方式——新自由主义仓促地造成了"创造性的破坏"。在哈维的分析中，这两种政治经济规划彼此交错，私有化和军国主义成了贪婪的资本主义的两只翅膀，竭力在国内把权力交还给最富有的阶层，并在国外掠夺市场。①

---

① Harvey, *Imperialism* op. cit., pp. 1, 17, 87‑136, 135, 188, 193; idem, 'Neoliberalism and the restoration of class power', available at http://www.marxsite. com/updates.htm.; idem, *A Brief History of Neo-Liberalism* (Oxford: Oxford University Press, 2005). 在《〈资本论〉的限度》中，哈维注意到了使资本主义稳定下来的长期努力的"内部"与"外部"转变之间的联系，以及殖民主义、帝国主义与"原始积累"之间的密切关系(pp. 436‑438)，但（像马克思一样）他将这些缝合置于过去而不是现在中。参见 Retort, 'Blood for oil?' *London Review of Books* 28, 8 21 April 2005: "在这种预测中，我们首先不会认为马克思过于乐观。事实上，结果已经证明，原始积累是一个未完成的和一再发生的过程，对资本主义的持久存在来说必不可少。剥夺对此至关重要，其形式一再重现，并无止境地进行着自我重构。因此，资本主义周期性地向外运动，它在地理上和政治组织上几乎可以没有对手地进行掠夺。（或者说它希望如此，如在伊拉克的情景）"这种向外的运动受到环境灾难与军事暴力驱使。掠夺性的资本主义也要靠地震、飓风和海啸来维系，娜奥米·克莱因（Naomi Klein）引入联想地把"资本主义祸患掠夺性形式的加强"描述为当代殖民主义的一种复杂形式，揭示了剥夺性积累的另一个令人忧郁的轴心：'The rise of disaster capitalism', *The Nation*, 2 May 2005. 这种说法至少在要点上与哈维对自然生产的讨论有交集。

在这些研究中，哈维对资本主义系统学的分析都没有凝聚为一种稳定的结构；它依然是一门坚定的历史地理学（或历史-地理唯物主义）。对空间和变革的兴趣像一条红线贯穿在他的所有文本中。例如，在扩展过的关于巴黎的论文中，很明显的是，巴尔扎克的艺术和批判性成就给哈维留下了格外深刻的印象，因为小说通过一种空间动态揭示了资本在那座城市里的阴谋诡计。哈维尤其欣赏早期小说中"空间的僵硬"所产生的一种更加具有韧性的空间观，以这种方式将巴黎的空间性呈现为"辩证的、建构的和作为结果的"。我曾经就哈维本人的研究说过同样的话，说在他的研究中，开放部分的"刚性"及其对阶级分化城市几何学的风格化重构，经常极为接近他对波德莱尔和本雅明的反思，逐渐地让步于对转瞬即逝的遭遇和多重领域的一种流动感，它们构成了第二帝国巴黎日常生活的地理学。哈维表明了，在现代性标志下的城市空间的"合理化"如何有赖于金融资本的调动——依赖于货币、信贷和投机的新优势——将空间作为商品；而在硬币的另一面，在巴黎中心空间展示的商品，渐渐地让位于资产阶级社会生活的惹人注目的商品化。当然，还有无数对于第二帝国期间重塑首都的描述，但哈维的巴黎地理学与（例如）科林·琼斯（Colin Jones）关于同一座城市的传记之间的差别，在于哈维拒绝将空间降格为一个舞台或场景。哈维交织着的主题意在螺旋式地拧在一起，如他自己所说，"将空间设置成一个活生生的城市的真实的历史地理学"。其他多数研究都把巴黎展现为所有格，即奥斯曼的巴黎，一个几何学的竞技场和一个抽象的理性空间，在其中，各种直线被绘制在地图上，大街被房屋的光线照亮，一个宏伟的计划冷酷无情地被物质化。然而，哈维则表明，巴黎已然成了一座反叛的城市，不仅在 1848 年的骚乱和 1870 年至 1871 年的公社[①] 期间，而且也在创造性破坏和仍然是创造性的调解方面，它们在其间的几年里使这座城市的空间充满了活力。[②]

---

① 公社：指 1871 年的巴黎公社起义。——译者注

② Harvey, *Paris*, op. cit., pp. 41, 105; Gregory, *Geographical Imaginations*, op. cit., pp. 221‑222; Colin Jones, *Paris: Biography of a City* (London: Allen Lane, 2004). 那些未被哈维对巴尔扎克的都市地理学之解读所说服的读者会在弗朗科·莫雷蒂（Franco Moretti）的《1800-1900 年欧洲小说地图集》（*Atlas of the European*

"创造性的破坏"产生于资本积累的循环；它标志着资本紧张和动荡的景观中固定与运动之间的断裂处。在《后现代的状况》中哈维继续使用这一概念，在前 20 页里，第二帝国的巴黎显现为资本主义现代性的一幅缩影。但是，他在《状况》一书中的"试验性点睛之笔"却是对时空压缩（time-space compression）概念的引入。他认为，创造性的破坏扰乱了存在于各种意涵中的积淀和稳定性，以及通常依附于"地方"的常规和期望。然而，这种错位的体验其所有的特殊性都被编织进了时空压缩更普遍的过程里。哈维解释说，这个术语意在表示"那些使空间和时间的客观品质彻底变革的过程，有时是以相当激进的方式；以及我们如何向我们自己呈现世界"。他继续说，他使用"压缩"这个词语是因为资本主义的发展"一直以生活节奏的加快为特征，同时要克服巨大的空间障碍，以至于世界有时显得是向着我们内在地崩溃了"。在这方面体现出空间科学的踪迹——即它对"距离摩擦"（friction of distance）的关注，对变化着的失效率和距离衰减曲线的关注——但却是唯一的踪迹。哈维没有忘记他对空间科学的批判，他一再拒绝一个观点，即"存在着某种独立于社会实践的普遍的空间语言"。相反，他坚持认为，"空间实践唯有通过它们在其中活动的社会关系的结构，才能在社会生活中取得功效"。因此，与空间科学的几何学抽象相反，时空压缩起到的是一种概念转换器的作用；其根源在于资本流通的时间在缩短，而流通的领域在增加。其影响在类似的、连续的文化变迁的循环中也很明显。哈维提供了一个论证梗概，它引人联想，但显然还不明确，不足以证明资本主义空间生产方面的革命，从欧洲的文艺复兴、启蒙运动到漫长的 19 世纪，都同时间和空间的表征与标准方面的革命是联系在一起的。这种叙述实际上为哈维对后现代主

Novel 1800–1900, London: Verso, 1998, pp. 87–101）里对巴尔扎克小说的制图"测绘"方面找到一种有益的比较。莫雷蒂的核心主张是，"特定的故事是特定空间的产物"，而实际上，"如果没有某种空间，某种故事完全就是不可能的"（第 100 页）。然而，即使在莫雷蒂把故事与空间联系起来时，他也必须把它们分开，因而巴黎的空间就被预先赋予了（而不是由此产生）对它们的呈现。

义的重要指控做好了准备。如果资本积累的危机要由表征的危机来阐明（我认为，不仅仅是反映），那么，时空压缩就成了关键性的过程，它促成了从福特主义到灵活积累、从现代主义高峰到后现代主义的双重转型。如此看来，后现代主义同时成了晚近资本主义的文化逻辑与文化景观。[1]

哈维最引人瞩目的时空压缩的图像之一，就是他演绎的"收缩的地球"，以及商品和影像大量流入北半球[2]的城市并且被拆解为后现代的混杂文化。但这是一幅奇怪单调的地图。它刨平了时空压缩的多样化地形，不重视时空扩张的相反可能性。然而，对很多人来说，世界已经变得大了很多。这些经验上的变化是由阶级和性属（gender）造成的；正如艺术家芭芭拉·克鲁格（Barbara Kruger）尖锐地评论的，"世界是一个小地方——直到你必须清扫它时"。它们是由种族化混杂组成的。霍米·巴巴（Homi Bhabha）指出，"地球对拥有它的人来说在缩小"，但"对背井离乡或无依无靠的人来说，对移民或难民来说，没有距离比跨越边界或边境的那几英尺距离更令人恐惧"。[3]哈维愿意承认那些并非是由资本主义阶级关系的坐标网格所产生的差异的重要性，这成了他躲避批评的办法。大多数批评者都认为，对产生于性属、性取向、种族的多重实质性歧视，以及不可能归结为资本强制的其他文化的和社会的标记，都需要进行更加持久的讨论。[4] 但哈维无视这些变化

---

① Harvey, *Condition* op. cit., pp. 222–223; 240; cf. Gregory, *Geographical Imaginations* op. cit., pp. 398–399; Frederic Jameson, *Postmodernism, or the Cultural Logic of Late Capitalism* (Durham: Duke University Press, 1991). 哈维在《简史》（*Brief History* op. cit., 按：指《新自由主义简史》）中也把后现代主义与新自由主义联系起来。

② 北半球（the global North）：世界上的发达国家大多处于北半球，发展中国家大多在南半球，故有人将发达国家称为"北方"，将发展中国家称为"南方"。本文分别用"北半球"和"南半球"来指"北方"和"南方"。——译者注

③ 参见 Doreen Massey, 'Power-geometry and a progressive sense of place', in Jon Bird, Barry Curtis, Tim Putnam, George Robertson and Lisa Tickner (eds.) *Mapping the Futures: Local Cultures, Global Change* (London: Routledge, 1993) pp. 59–69; Cindi Katz, 'On the grounds of globalization: a topography for feminist political engagement', *Signs* 26 (2001) pp. 1213–1234: 1224–1225; Derek Gregory, *The Colonial Present: Afghanistan, Palestine, Iraq* (Oxford: Blackwell, 2004) pp. 252–256。

④ Rosalyn Deutsche, 'Boys town', *Environment and Planning D: Society and Space* 9 (1991) pp. 5–30; Melissa Wright, 'Differences that Matter', this volume.

的地理学，既源于他对资本主义进行批判的内部，也源于这种批判的外部。我认为，正是他聚焦于扩大再生产，才导致他将向内凝视的目光转向北半球，及其灵活积累与后现代主义在大都市的结合。然而，在《新帝国主义》中，关注剥夺性积累的新着重点使哈维的目光转向了外部。当然，这一过程并不局限于南半球，美帝国的追求涉及要确保"勒索来自世界其他地方的贡品"，因而，重要的是不要忽视加在北方和南方身上的锁链。但是，哈维现在最敏感的是在这个星球上某些"最脆弱和退化的地区"，剥夺性积累的某些"最邪恶和最无人道的"事件的在地化（localization）。

哈维把这个全球范围图解为一个反叛的空间，其地方和地区以各种最暴力的方式被剥夺和被攫取，遭受长期分离的痛苦。哈维紧随乔万尼·阿瑞吉（Giovanni Arrighi）之后，确认这种分离是围绕固定性转动的权力的领地逻辑，与资本主义要求流动性的权力逻辑之间的分离。这种两极化有某些令人不满之处，因为权力的双重逻辑无须彼此诅咒：它们有时也会相互强化。我们不必去接受齐格蒙特·鲍曼（Zygmunt Bauman）对流动的现代性以及"地球边缘地带"的界定，就能认识到权力的领地逻辑可能是令人恐惧地具有机动性的；而哈维本人也表明了资本积累的分子过程如何充满了一种固定性与运动性之间的张力的。在这一势力范围内，哈维论点的啮合点之一在于，北半球内部过度积累的当代危机，正在以牺牲南半球的利益为代价得到解决。时空解决方案不证自明："地区危机和以高度在地化的地方为基础的贬值成为主要手段，资本主义借以不断创造出其自身的'他者'，以便养活自己。"然而，在目前情况下，以及哈维论点中的另一个啮合点，解决这种结构性危机的办法，已经以一种报复造成了创造性破坏，正如剥夺性积累的暴虐因向外转的权力的领地逻辑而恶化，并且因入侵国的军事暴力而迁怒于那些"他者"。①

---

① Harvey, *Imperialism* op. cit., pp. 77, 151, 173; cf. Zygmunt Bauman, 'Reconnaissance wars of the

阿喀琉斯之踵①

哈维规划的连贯性和清晰性，既是其长处，同时也成了其弱点。我所确认的连续性，并没有使哈维的研究变得可以预见。他不断引入理论的和论题的创新，他的写作处于一种螺旋式运动的状态，他会重新激活并修改早期著作中的概念，并将它们用于后来的著述中。最后一个动词很重要；哈维的规划没有机械地重复马克思的观点。那些以为真的如此的人们，应当认真读读哈维的著作，而不是草草浏览参考资料。哈维把马克思的著作看成是在反思与推断之间无止境的辩证法，旨在产生新的理解，而我在读哈维的著作时，我经常感到以前从来没有想到过这一点。这并不意味着我总是赞同他的论点——分歧和辩论是知识生产中必须的契机——但错误的是低估他令人惊奇的能力。②相似地，哈维阐述的清晰性会使他的分析看起来直截了当，但这只是后见之明的看法：一旦足迹被照亮，就非常容易跟进。毫无疑问，他的解释得到了令人惊讶的首肯——正如奈杰尔·思里夫特（Nigel Thrift）所说，"哈维明白他知道什么"③——但它们很少是简单的。用列维-施特劳斯（Lévi-Strauss）的话来说，哈维具有一种禀赋，能用你能够理解的复杂性来取代你所不理解的复杂性。解释的艺术不在于简单质朴，而在于可理解性。

所有这些都无法避免对哈维著作的评判和批评。最常见到的抱怨都围绕着他致力于马克思主义和元叙事；我们应当超越这两者。这样来看，那些抱怨的言论就像它们是徒劳无益的一样令人厌倦。他们把辉格式④的提升现在

---

planetary frontierland', *Theory, Culture and Society* 19 (2002) pp. 81–90; idem, 'Living and dying on the planetary frontierland', in his *Society Under Siege* (Cambridge: Polity, 2002) pp. 87–117.

　① 阿喀琉斯之踵（Achilles' Heel）：阿喀琉斯是古希腊《荷马史诗》中希腊联军的英雄，他的一只脚踝是身上唯一的弱点，后被箭射中脚踝而死。此谚语意指再强大的英雄也有致命的弱点。这里的"踵"使用了复数，已不是谚语原来的"唯一"之意。——译者注

　② 参见 Harvey, *Consciousness* op. cit., p. xvi。

　③ Nigel Thrift，'David Harvey: A Rock in a Hard Place'，this volume。

　④ 辉格式（Whiggish）：由英国史学家巴特菲尔德（Herbert Butterfield）首先创用，原指 19 世纪初，一些辉格党的历史学家从党派利益出发，用历史作为工具论证辉格党的政见，强调依照现在来解释过去和历史。——译者注

同库恩式的知识生产模式结合起来，结束了争论：或者说，用乔治·布什（George W. Bush）平庸单调的话来说，"我认为，我们都同意，过去已经过去了。"哦，不对。这是反对总统的另一个理由，我更喜欢威廉·福克纳（William Faulkner）："过去没有死亡。它简直就不是过去。"因此，我想用完全不同的词语来重申这些反对的理由，并考虑到这两组问题，它们触及马克思主义和元叙事，但也更具启示性地围绕着理论与经验的关系旋转。第一组问题关系到哈维对空间的讨论：他要确认，谁是对话者？如果所有的知识都是情境化的，如唐娜·哈拉维（Donna Haraway）坚持认为的那样（哈维肯定很赞赏她的著作），倘若最终我们需要与那些占据其他位置的人进行对话并团结起来的话，那么，谁是哈维的对话者呢？第二组问题涉及哈维世界中的空间：他是怎样在其中发现了那么多的秩序？如果那个世界不像你以为的那么干净，如怀特海（A. N. Whitehead）差不多会说的那样（而哈维也极为尊重他的著作），倘若我们最终需要承认并尊重地球上生命的多样性与多变性，那么，在哈维的探索中会失去哪些世界呢？[1]

哈维的理论参照圈是严格选取的，这使他的规划充满了一种不同寻常的纯洁性。它有两个来源。首先，哈维的著作是在经典马克思主义的基础上展开的，是以对马克思本人的著作创造性的重新解读为基础展开的，而他很少表现出对历史唯物主义中的后经典论战有兴趣。然而，如果不考虑到这些当代的论争，那么，他从一开始就会冒一个风险，即会忽视导致了（尤其是）西方马克思主义产生的困境。其次，哈维对历史唯物主义范围之外的研究的怀疑，已经变得越来越明显。例如，在他近期的著作中，他一再援引海德格尔的话不过是为了摒弃他。海德格尔的贡献无可挽回地受到他接近德国法西斯主义这一事实的玷污，被归结为一系列对"地方"和"栖居"极端保守的演绎。他对解构蒂莫西·米切尔（Timothy Mitchell）所称的"展览般的世界"、

21

---

[1] For Harvey on both Haraway and Whitehead, see his *Justice, Nature* op. cit.

对现代性的彻底批判、对关于自然生产的争论，等等方面的深刻影响，全都没有被哈维注意到。福柯的情况也一样。哈维一次又一次对福柯阴沉地讽刺"异托邦"开火——我也在好几处发现这是一个很大的问题，坦率地说令人反感——但即使福柯只令哈维对关于空间不得不说的话（这似乎是一种不必要的扁平化解读：生物政治学有什么重要性？）感兴趣，他怎么可能对《临床医学的诞生》（*Birth of the Clinic*）或《规训与惩罚》（*Discipline and Punish*）说的话这么少呢？哈维是怎样不断地把福柯如此多著作中反复出现的物质空间归结为纯粹的隐喻的？这样的例证还可以成倍地增加，从经济地理学、女性主义到后殖民主义，等等。我当然不是说哈维应该读过所有著作；在我们这个领域里，有足够多的文章可以压倒藏书狂沉重的背包。我并不寻求一种宏大的综合，我认为这既不可能，也不值得。我只是对哈维边缘化那些说出了他自己所关心的问题的贡献，而感到十分惋惜。你也许会反对说，他的规划是针对历史-地理唯物主义的建构，这说明马克思主义传统之外的作者被排除了。这无论如何都无法说明他对马克思主义内部争论缺乏兴趣的原因；但与佩里·安德森一样，我相信，历史唯物主义不会因为谨慎地承认了马克思主义之外的研究而成为妥协的；这是必需的。①

　　哈维的地理学参照圈也是有局限的。他的大多数著作涉及欧洲和北美，在他与安德森的访谈中承认，这是一种"真正的局限"："对我所有的地理学的关注而言，[我的研究]仍然是以欧洲为中心的，焦点在大都市地区。我没有过多地接触世界上的其他地方。"② 这不只是一个经验的问题，而是将北半球以外的地方变成帝国的外来供应商，就如此多的实例和例外而言，就是用船将货物运回生产出高深理论的大都市工作室，这只会使问题更严重。

---

① 安德森实际上是这样写的："最大限度地意识到并尊重马克思主义疆界之外的历史学家的学术，与严格追求马克思主义的历史探究并不矛盾；这是它的一个条件"：参见 Perry Anderson, *Passages from Antiquity to Feudalism* (London: Verso, 1971) p. 9. 这是对一种更加普遍的论点的特殊说法，这个论点可能源于安德森对历史唯物主义不平衡发展的解释：参见 his *Considerations on Western Marxism* (London: Verso, 1976) and *In the Tracks of Historical Materialism* (London: Verso, 1983)。

② Harvey, 'Reinventing Geography', op. cit.

因为这是一个深刻的理论问题。这个问题绝不局限于哈维；正如它的修饰语使人想到的，它困扰着整个欧美的社会理论，包括西方马克思主义。[①] 而且，它在全球化的研究中拥有一种特殊的力量，吉布森-格雷厄姆（J. K. Gibson-Graham）在这种研究中对"强奸剧情"（rape script）不以为然，认为它把全球资本主义表现为具有超凡的力量并且天然会进行空间化。这是强行将非资本主义的生活方式变成由资本主义现代性所掌控的女性化的地方：消极的地方在历史的强力拥抱中被劫掠，沉默的受害者等待着受害。现在我明白，如果把这些特征运用到哈维的著作中，他会被吓到；《新帝国主义》是对新自由主义和新保守主义的全球掠夺的慷慨激昂的抨击。尽管如此，维奈·吉德瓦尼（Vinay Gidwani）却认为，哈维的理论化是在资本主义普遍历史的认知空间内进行的，并且"将分散的生活地理学写进资本形成的扩张主义叙事中——成了资本主义发展的单一的、没有间断的过程的变体"。[②]吉德瓦尼特地评论了《〈资本论〉的限度》，但我并不相信《新帝国主义》中对剥夺性积累的强调会从根本上改变这种判断。哈维的分析仍然是在一个很高的抽象层面，而他更为关注美国国内的政治事件，而不关注用以实现剥夺性积累的多种方式和世界上其他地方的抵抗。哈维所列举的地方——阿富汗、阿根廷、智利、中国、印度、伊拉克和其他地方——成了如此之多的其他东西的标记，尽管哈维知道世界不是为了给我们对它的理论化提供小小花絮而存在，人们还是渴望承认他在《社会正义与城市》中为之献辞的忠诚的记者们，承认他在对巴黎的研究中引述过的那些小说家和评论家们，承认批判的民族志面对他极为冷静准确地图绘出其轮廓的暴行，所发挥的搁浅其效力、揭露其世界和对其去自然化的作用。[③] 在《新自由主义简史》中，哈维的确更加关注不

---

① David Slater, 'On the borders of social theory: learning from other regions,' *Environment and Planning D: Society and Space 10* (1992), pp. 307 – 327.

② J. K. Gibson- Graham, 'Querying globalization', in *The End of Capitalism (As We Knew It): A Feminist Critique of Political Economy* (Oxford: Blackwell, 1997) pp. 120–147; Gidwani, 'Questions', op. cit., p. 528.

③ 我在这里要感谢吉丽安·哈特（Gillian Hart）所提供的精彩讨论，'Denaturalizing dispossession: critical ethnography in the age of resurgent imperialism', Paper prepared for *Creative Destruction: Area Knowledge and the New Geographies of Empire*, Center for Place, Culture and Politics, City University of New York, April 2004。

平衡发展和美国之外的新自由主义计划的变化，但即使在这方面，（例如）他对中国或墨西哥的分析仍然停留在总体的宏观层面。虽然哈维明确承认新自由主义的暴行已在日常生活的外表、体验的碎片化空间中显示出来，但如何通过他自己的研究方法赎回这样一种期票，仍然不清楚。[①]

满足这些批评的要求需要一种不同的理论化的方法，一种不同的使理论和经验起作用的方法，但这会破坏哈维规划的绝对目标。然而，这些无法放在历史唯物主义的大门里，特里·伊格尔顿（Terry Eagleton）坚持认为，这"不是某种生活哲学或经验领域的秘密，感到有责任必须宣布一切事情，从打破熟鸡蛋的方法，到最快地驱赶英国小猎犬的方法"。他曾经把哈维的百科全书式的偏好说成是"可笑的雄心"。（不得不说的是，同样是这个人，在《后现代的状况》的护封上则声称，"那些赶时髦地蔑视'总体'批判的人们最好再想一想"。）[②] 然而，哈维不断通过重述自己规划的逻辑来重申其范围和系统性：一切都要确定恰当的位置（除了鸡蛋和小猎犬外）。不过，这不是特别针对他说的，重要的社会理论始终都是建构性的。它们的建构总是走向完成，它们会以最傲慢的形式，不仅力图使部分有序的东西变得有序，而且也要在一个自足的系统网格中展示整个世界。它们当然不是完全如此，但要忘却那些特权，就要求对辛迪·卡茨（Cindi Katz）称为低调理论的东西持开放态度：去理论化那些情境化的、部分的、不完整的和不断被混淆的东西，她把那些东西说成是"不确定性的混乱的蕴涵"。[③]

这是批评哈维规划的症结所在。哈维曾经重复帕雷托（Pareto）的话[④] 巧
24 妙地评论马克思的语言就像蝙蝠一样："你在它们当中既可以看到鸟儿也可

---

① Harvey, *Brief History*, op. cit.

② Terry Eagleton, *After Theory* (London: Allen Lane, 2003) pp. 33–34; idem, 'Spaced out', *London Review of Books*, 24 April 1997.

③ Cindi Katz, 'Messing with "The Project"', this volume; 也可参见她对我自己著作的批评，'Major/minor: theory, nature, politics', *Annals of the Association of American Geographers* 85 (1995) pp. 164–168. 关于以不同表达方式对哈维的本体论的批判性讨论，参见 Marcus Doel, 'Dialectical Materialism: Stranger than Fiction', this volume。

④ 帕雷托（Vilfredo Pareto, 1848-1923）：意大利经济学家、社会学家，洛桑学派的主要代表性人物之一。——译者注

以看到老鼠。"但是，哈维本人的著作有时会丧失这种灵活性。我认为，在一个极点上，他固执地将辩证法的原理呈现为一系列有编号的（和麻木的）命题。在另一个极点上，他对全球经济和政治权力的图绘是具有中心、等级和边缘的。①无可否认，哈维处于最佳状态时完全不像这样；然而，这种担忧贯穿了对其研究的各种深思熟虑的评论。这不只是涉及散文诗学或者元叙事的机制，它在本质上是涉及本体论的：涉及创造和毁灭我们世界的有序与无序的一系列相互关联的事物，涉及特定的地方，它们没有顺从地赶上在它们中间"展开"的一般过程。最终，它涉及各种地理学，它们比哈维允许它们的更加令人烦恼。

开 端

在最近的几次访谈中，哈维说他已经转回了原点——从童年时候世界地图的大部分仍然是大英帝国涂上的红色，到晚近的现代世界被崛起的美帝国的血红色所毁坏。但是，他也带着我们中的很多人同他一道回到了原点。他的研究跨度长达 40 多年，并且横跨 40 多个学科的空间。这可以算作对地理学想象之力量的一种持久证明：证明了它在知识上的严密，不断地批判，并受到对人类状况的深切关注的激励。哈维或许不是一个激进主义分子，但他敏锐地意识到了形塑这个我们生于斯、葬于斯的世界的观念的积极力量。②这正是他极为重视教学的原因——他指导或者共同指导了今天我们领域里一些最具创造性的地理学家的研究——他也很重视写作。和他一道旅行总是很吃力，我猜唐·米切尔（Don Mitchell）说过的话代表了我们很多人，他说这不仅来自这个人惊人的知识上的敏捷，而且也来自挑衅、公开邀请，以

---

① Harvey, *Justice, Nature*, op. cit; pp. 48 – 57; 关于对突出了权力的模糊性和偶然性的《新帝国主义》的全球图绘的批判，可参见 John Allen, 'Arm's length imperialism', *Political Geography* 24 (2005) pp. 531 – 541。

② 考虑到哈维的政治承诺和激情，这似乎会令人惊讶，但他一再说过，他不是激进主义分子。他曾在自己生活和工作的地方卷入过各种斗争——例如，他在巴尔的摩参与过多次关于住房的斗争，但他在考利（牛津）参与的一次劳资纠纷（公认是在外围并且主要是在学术上），显然是一种非常激烈的体验；参见 *Justice, Nature* op. cit., pp. 19–23. 关于对这些问题和相关问题的充分讨论，参见 Noel Castree, 'The Detour of Critical Theory', this volume.

至超越了界限。他说，阅读哈维的著作是一种被说服的训练，然后再投入到一个艰巨的任务中，要解决你何以不应被说服的问题。① 此外，正如我试图表明的那样，旅途从来都是不可预测的。即使哈维返回到熟悉的地点——返回到科学和地理学、空间与城市，还有资本主义——他的理解中都有一种新鲜感，不断地挑战着我们当中那些同他一道旅行、以不同方式去观察的人们。这就是对批判性解读、批判性论辩的公开邀请——首要的是，邀请展现出一种批判的地理学的足够的敏感性，对这个如此反复无常和暴虐的世界的足够敏感。

致　谢

我要感谢诺埃尔·卡斯特里、迈克尔·迪尔、吉姆·格拉斯曼、罗恩·约翰斯顿、唐·米切尔、艾伦·普雷德、马特·斯派克和埃尔文·怀利在本文初稿写作过程中的诸多有益对话，以及慷慨和富有洞见的评论。

作者简介：

德里克·格雷戈里（Derek Gregory, 1951—），加拿大温哥华不列颠哥伦比亚大学的杰出学者和地理学教授。他已出版的著作有《地理学的想象》（*Geographical Imaginations*, Blackwell, 1994）和《殖民地的现状：阿富汗、巴勒斯坦、伊拉克》（*The Colonial Present: Afghanistan, Palestine, Iraq*, Blackwell, 2004）等。他还担任过《人文地理学词典》（*Dictionary of Human Geography*, Blackwell, 2001）和跨学科杂志《社会与空间》（*Society and Space*）的合作编辑。他目前的研究集中在"反恐战争"和军事占领下的阿拉伯城市。

---

① Don Mitchell, pers. comm., 23 April 2005.

译者简介：

　　毛娟，文学博士，四川师范大学文学院教授，博士生导师，主要从事文艺学和美学研究。

第一章　在演绎与辩证法之间：戴维·哈维论知识

特雷弗·巴恩斯　著　叶家春　译

> 一方面，我提出了一种普遍性的理论，但另一方面，我需要在
> 自己"后院"发生的事情中感受到这种根基所在。
>
> 哈维（2000d: 94）

20 世纪的哲学界不乏善变的哲学家，他们最初秉持一种观念开始自己的知识分子生涯，最终却转向了截然相反的立场。路德维希·维特根斯坦（Ludwig Wittgenstein）就是一个典型的范例。第一次世界大战期间，他在奥地利炮兵部队服役时完成了博士论文。虽然他的博士论文的大部分先是在第一次世界大战时的后方、接着又在炮兵部队服役时的前线完成的（Monk 1990：Ch.6 and Ch.7），但他的两位剑桥大学的论文答辩委员伯特兰·罗素（Bertrand Russell）和乔治·摩尔（G. E. Moore）都评判说，维特根斯坦的论文是"天才之作"（引自 Monk 1990：272）。[①] 该论文于 1918 年以《逻辑哲学论》（*Tractatus Logico-Philosophicus,* 1961）之名发表，为逻辑实证主义提供了看似明确的理由。维特根斯坦将该书建构为意义的图像理论，认为有意义的命题具有与世上的事实相同的构成。与此相反，在他看来，与另一些命题相关的命题，如哲学中的一些命题，就没有意义，它们是无意义的。

---

① 摩尔在答辩委员关于维特根斯坦论文的报告中写道："我个人认为，维特根斯坦先生的论文是天才之作；但尽管如此，它肯定符合剑桥大学哲学博士学位要求的标准"（引自 Monk 1990：272）。

超越哲学命题的陈述，包括道德哲学、形而上学和美学中的命题，不仅是无意义的，而且都是废话。维特根斯坦非常自信，以至他在哲学方面写下的最后一句话是，他要在此后十年放弃这门学科，到奥地利乡下的特拉滕巴赫（Trattenbach）去当一名小学老师，尽管父母和学生对此都有抱怨（Monk 1990：Ch.9）。[1]后来，维特根斯坦于1929年又回到了哲学领域，这或许是一件好事。维特根斯坦在剑桥经济学家、意大利人皮埃罗·斯拉法（Piero Sraffa）陪同下，在去斯旺西旅行的火车上一个不太可能的顿悟时刻，他意识到自己无法将无意义的语言和废话排除在哲学之外。诺曼·马尔科姆（Norman Malcolm 1958：69）描述了维特根斯坦在波林的火车车厢中的经历："斯拉法做了一个那不勒斯人熟悉的手势，用一只手指尖向外掠过下巴，那意思大约是表示厌恶或轻蔑。"那一刻至关重要。它使维特根斯坦意识到，有意义的命题有各种形式和大小，不可能局限于意义图像理论的牢笼。维特根斯坦后来的哲学就这样转到了日常语言上，这在他身后于1953年出版的《哲学研究》（*Philosophical Investigations*）中达到了巅峰，看似与其前期惊人的"天才之作"脱离了关系。[2]

　　在访谈和自传体的文章中，戴维·哈维（1997a，2000d，2002b）从未证实自己有过"去往斯旺西的火车上的顿悟时刻"，[3] 但与维特根斯坦一样，他在20世纪60年代末和70年代初的某个时刻完成了一次戏剧性的知识转向。哈维的早期研究与后期研究之间存在着一种断裂，他的早期研究涉及将正规的自然科学方法应用于地理学问题，并以他在《地理学中的解释》

27

---

　　① 维特根斯坦打了那些不好好学习代数的学生耳光，有一次，他还用力拉扯一个女孩的头发，结果头发一绺一绺地掉了下来（Monk 1990：196）。

　　② 维特根斯坦后来谈到了《逻辑哲学论》，说它"就像一座没有显示正确时间的钟"（摘自《维特根斯坦杂记》，详见 http://www.flashq.org/wiggy2.htm）。

　　③ 哈维（2003年8月26日）在一封电子邮件中半开玩笑地说，他有过"乘船去巴尔的摩"的体验。把他带到美国去的船上的点唱机在播放滚石乐队的歌曲《我得不到任何满足》时卡住了。所以，按照哈维的说法，他在纽约港下船时就成了一名忠实的马克思主义者。即使这只是开个玩笑，但与布赖恩·贝里（Brian Berry）14年前在同一次跨越大西洋的乘船旅行中的经历形成了鲜明对比。贝里（1993：435）在船上仔细阅读了奥古斯特·罗什的《区域经济学》，当他到达纽约港时，他已经成了一名坚定的空间科学家。

（1969a）里对假设-演绎方法的赞赏为例，他的后期研究则运用辩证唯物主义，并与最初出现于《社会正义与城市》（1973a）中的马克思主义转向有关。在本章里，我将关注这种知识论断裂的性质。我感兴趣的是早期的哈维和后期的哈维究竟有何不同，何以解释这种差异，以及哈维的知识分子生涯的两个部分之间是否存在着联系。

也可以就维特根斯坦提出相同的一般性问题。我认为，如何处理这些问题，对于理解哈维的类似问题很有帮助。通常对维特根斯坦的解释，都属于一种知识论上的断裂，即早期的《逻辑哲学论》与后期的《哲学研究》之间的断裂。然而，阿兰·雅尼克（Allan Janik）和斯蒂芬·图尔明（Stephen Toulmin）在《维特根斯坦的维也纳》（*Wittgenstein's Vienna*,1973）一书中率先提出了一种更为复杂的解释，认为维特根斯坦的早期哲学和后期哲学之间虽然有差异，但也存在着显著的连续性。他们提出，《逻辑哲学论》的目的既不是排除哲学问题，也不是排除道德、形而上学和美学问题，而是表明这些问题的极端重要性，然后再在《哲学研究》中以一种不同的形式来处理。雅尼克和图尔明能够提出这种更复杂的解释，是因为他们对知识尤其敏感。与生活在维特根斯坦成长的"世纪末"（*fin-de-siècle*）的维也纳那种真实地方的物质性和可能性中所产生的知识相比，他们对一系列空洞的观念和逻辑空间中的熟练运动这种知识较少有兴趣。在雅尼克和图尔明看来，在那个世纪末的时刻，各种人物、事件和观念在维也纳的特殊结合，都围绕着道德信念、对真实性质的形而上学思考和审美形式的判断等问题，这给维特根斯坦留下了深刻印象，形塑了他一生的知识活动的议程。雅尼克和图尔明按照研究知识的历史学与社会学的方法，发现并追溯了仅从维特根斯坦的文本本身完全不一致去考察时并不明显的各种联系。这也将是我理解哈维研究中的断裂的方法。我将尽可能按照一系列历史的、社会学的，尤其是地理学因素的语境，尝试解读其不同文本中的知识轨迹。

本章分为四个部分。首先，我将简要讨论知识断裂的概念，并把它置于更加广阔、目前蓬勃发展的科学知识的社会学文献的语境中。本章接下来的其他部分的解释，基于戴维·哈维从 20 世纪 60 年代中期开始（他于 1962 年在剑桥大学修完了博士学位）到现在的关于知识的论著，但重点特别放在 60 年代末和 70 年代初出现的断裂期间。在第二部分中，我回顾了他在自然科学解释模式方面的研究，此时他在剑桥求学，然后在布里斯托尔大学当讲师。在第三部分里，我转向他在马克思主义和辩证唯物主义方面的著述，对它们的解读与他 1969 年移居巴尔的摩有着特殊关系。最后部分是一种扩展性的结论，在题记中隐含了这一论点，即哈维关于知识的一般理论部分反映了他在差异地理学、他的不同"后院"中的根基。但这并非一种简单的关系。在他实现普遍理论的抱负与停留在地方的愿望之间存在着一种张力，这使得这种联系变得复杂而混乱。像维特根斯坦一样，这是一种经历过的生活，包含着断裂和延续。

关于理性、知识断裂与科学知识的社会学

> 我从未将地理学设想……为一个固定的研究领域……而是（一个）应当根据个体与集体的需要、愿望和欲求而改变的领域。
>
> 哈维（2002b：164）

在过去占主导的知识论讨论的、标准的理性主义的描述中，知识不可能是混乱的，现在在某些领域里仍然这么认为。知识是简单明确的。知识是通过理性探究获得的，这种探究要确保可通约性和进步性。理性知识被置于一套共同规则之下，这些规则允许通过比较来解决冲突和差异（可通约性），并且累积起来，因为新知识会推进旧知识（进步性）。例如，艾萨克·牛顿（Isaac Newton）在给其同行罗伯特·胡克（Robert Hooke）的一封信中说过一句名言："如果我看得更远，那是因为我站在巨人的肩膀上"（引自 Gleick 2003：98）。牛顿的比喻提到了理性主义的两个属性。由于其理性基础，牛顿假设自己的知识是前人（"巨人"）知识的延续，如哥白尼

（Copernicus）、开普勒（Kepler）和伽利略（Galileo）的知识，也就是说，与之相应。理性主义的铁棒稳固了牛顿认为自己站在其上的人塔。如果没有合理性，它将成为一座巴别塔。此外，由合理性赋予的崇高地位，使牛顿获得了比他的前辈更多的知识——"看得更远"。这就是进步性。

一旦研究者开始进行理性的探索，他/她就像被送上了传送带，平稳而不可阻挡地获得新的和得到改进的知识。没有中断，没有犹豫，没有逆转。有时，研究者受到误导，进行非理性的探究，如牛顿在炼金术方面的秘密实验（Gleick 2003）。但在那种情况下，可以用社会学的原因来解释这种过失。

可通约性和进步性的理性主义观点使获取知识显得是一项需要穿白大褂的人来完成的技术操练，但与之相对的是，在过去 40 年里，出现了一种与科学知识的社会学著作相关的激进的替代观点。这种研究反对可通约性和进步的观念，强调差距和裂隙、死胡同和末路，理性观点站不住脚，要由外来的偶然因素来强化。正如理查兹（Richards 1987：201）写道的，出现了"对科学家的新尊重，不是对没有人情味的自动装置，完全是对参与到所有人共同的文化中的人类个体"。这种替代方法既不圆滑、不夸张，也不成功——玛丽·黑塞（Mary Hesse 1980：30）认为，它已经成了"一个臭名昭著的致命事故的多发地"——但它却使戴维·哈维（和路德维希·维特斯坦根）似乎要造成的那种明显的知识转向开始变得可以理解。

科学知识的社会学的文献庞杂，且没有单一的一致同意的方法（Hess 1997）。这些文献中有三点对我的目标很有帮助。首先，在知识的探究中，开放、违背和裂隙是正常现象。库恩（Kuhn 1962）的研究在这方面形成了关键的差异。由理论的价值负载性质引起的可通约性的争论，以及因不同方法的不可通约性（它们就像格式塔的位移一样）引起的进步性的争论，库恩认为，科学是由一系列知识革命来推动的，即"范式转换"，每场革命都形成了独特、独立、部分无与伦比的探究领域。虽然库恩认为这样的革命规模宏大，发生频率极低，他后来也改变了自己立场的激进性质，但这却对无节制发展的理性主义模式造成了损害。库恩打开了一扇门，让人把知识变革设想成混乱的、犹豫的、断裂的和悬而未决的。因此，哈维从逻辑演绎转向马克思的辩证法，并不是非理性的狂热，不像牛顿那样试图把贱金属变成黄金，而这正是我们应当期待的那种突破。这就是知识探究的方式。

其次，科学实践与不断变化的社会实践相关。然而，在理性主义的描述中，社会却不在场。用希拉里·普特南（Hilary Putnam 1981：7）的想象来说，人类在那里被表现为孤立的"缸中之脑"，脱离了实体，脱离了社会。但从科学社会学的观点来看，知识决不会来自纯粹的脑力。它是脚踏实地实践的结果。科学家不是匿名的科学理性的器官，而是具有特定社会定义的身体、历史、技能和兴趣的真实的人。此外，这些特征还会影响已经产生的知识类型。例如，哈维成长于第二次世界大战期间，20 世纪 50 年代末和 60 年代初就读于剑桥大学，在布里斯托尔大学度过了 20 世纪 60 年代的大部分时间，正是这些促使他写出了《地理学中的解释》。这本书并不出人意料，也不是一点一滴在书页上衡量的纯粹理性形式的升华，而在很大程度上源于哈维在特定时间和地方生活的社会实践。这就是说，哈维和他的著作从来都不是完全透明、完全确定的产品。生活和著作都很复杂，它们都具有自己的能动性，总要抵制一切最终的定论。人们必须对个人的创造性、偶然性乃至不可预测性持开放态度。没有单一的方法论模板来达到这样的目的，但范例是存在的，如夏平（Shapin 1994）对罗伯特·波义耳（Robert Boyle）的研究，或者雅尼克和图尔明（1973）以及蒙克（1990）对维特根斯坦的研究。这些作者成功地协调了社会语境与个人传记、确定性与偶然性、透明性与不透明性。

最后，研究科学知识的社会学家强调，获取和传播知识是一种地方性的活动，这与理性主义的解释所提出的假想普遍性形成了反差。约瑟夫·罗斯（Joseph Rouse 1987：72）认为，科学知识来源于科学家"从一种地方知识转移到另一种地方知识，而不是从普遍理论转移到自己的特定实例"。然而，"地方知识"有多种含义（Barnes 2000）。我要强调的是关于地方的地理知识和空间运动。这两个方面都受到了研究科学的社会学家（Shapin

1998a）和地理学家（Livingstone 2003）越来越多的关注，他们认为，这两方面是塑造已经产生的知识之性质的积极因素。地方没有被设想为密闭的场所，也不是静态的和自足的，而是可渗透的、动态的和开放的，要由它们与其他地方和空间的关系以及内部特征来界定（Massey and Thrift 2003；Barnes 2004）。考虑到这个宽泛的概念，我认为，对哈维来说，像剑桥和布里斯托尔，或者巴尔的摩和巴黎这样的地方，用托马斯·吉尔因（Thomas Gieryn 2002）的话来说，都会在不同时期建立他的知识理论时成为其关键的"真理现场"（truth spots）。就这个术语而言，我指的是特定的解释和确证的语言被承认是"真理"并相应采取行动的地方。然而，在进行更广泛的论证时，我并不坚持地方决定论。地方及其与其他空间的关系只是产生知识的诸多影响因素之一（但这被理性主义假定为"无中生有的观点"而加以忽视（Shapin 1998a；Livingstone 2003）。

演绎的戴维·哈维

我怀疑，直到公元 2000 年左右，普遍性理论方面是否会出现什么令人满意的东西。

哈维（1969b：63）

《地理学中的解释》经过 486 页密集的纯粹哲学的论述之后，在其结尾时号召采取实际行动。设置这些障碍不完全是一种指控，但在 20 世纪 60 年代一所英国地方大学（《地理学中的解释》写于布里斯托尔大学）的语境中，结果或许是一样的。哈维劝我们"在书房的墙上订上……口号……'通过我们的理论，你就会了解我们'"（Harvey 1969a：486）。

哈维希望地理学家懂得的是自然科学类型的理论，至少是科学哲学家认为自然科学家所追求的那种类型。《地理学中的解释》中引述的大多是科学哲学的经典表述，它们是由理查德·布雷斯韦特（Richard Braithwaite）、鲁道夫·卡尔纳普（Rudolph Carnap）、卡尔·亨普尔（Carl Hempel）和欧内斯特·内格尔（Ernest Nagel）等人做出的（参见《地理学中的解释》索引中各自占比不同的篇幅），并且表明了它们与地理学相关。焦点在地理学上至关重要。《地理学中的解释》代表了哈维对这一学科的投入，这种投入贯穿在他后来的著作中。[①]　《地理学中的解释》涉及整个地理学，包括人文地理学和自然地理学，他写这本书与其说是为了改变世界，不如说是为了改变这个学科。对哈维而言，这一学科的问题不在于地理学家提出的问题，而在于他们用来回答问题的方法论。没有人能幸免，即使是哈维认为的 20 世纪最伟大的地理学家之一的卡尔·索尔（Carl Sauer），也不能例外。哈维在《地理学中的模式》（1967a）里的长文的结尾，将索尔关于进化和景观变化的历史著作重新进行理论化，并以"气候模式系统"（1967a：596）的形式对其重新进行描述。[②]　哈维（1967a：597）谈到了他将索尔现代化的尝试：

　　　我们并没有用科学术语来乔装打扮一种单纯优雅的陈述，而是真诚地试图揭露现实中的要素，这些要素长期以来都隐匿于我们的视线之外……理解模式构建的原理和潜力也许并不是地理学研究"复兴"的"充足"条件；但我们可以肯定的是，如果没有这样的理解，那种"复兴"的"必要"条件就不会得到满足。

　　那么，必要条件有哪些？它们以科学理论的运用为中心（Harvey

32

[①] 哈维的《正义、自然和差异地理学》（1996a）和《希望的空间》（2000a）继续阐发了一种百科全书式的、洪堡式的地理学观点（参见伊格尔顿（1997）有趣但有时无情的对《正义、自然和差异地理学》的评论，以及哈维（1998a）激烈的辩护）。在《希望的空间》中，哈维（2000a：第 11 章）好意地讨论了威尔逊的"一致性"的思想，即知识是统一的，最终是相称的。对哈维来说，地理学是一门将一切结合在一起的学科，它实现了一致性，因此需要我们的投入和激情。

[②] 索尔不大可能认可哈维的复述。在《地理学中的模式》出版的那一年，索尔在给坎贝尔·彭宁顿的信中写道："我为模式的建构者、系统的建构者和想象的宇宙公式的传播者感到难过"（1967 年 2 月 4 日给坎贝尔·彭宁顿的信，引自 Martin 1987：xv）。哈维说，既然他被索尔的著作吸引，是因为它"反帝国主义"，以及他对"土著民族而不是殖民者"的同情。正如他在一封电子邮件中所说："我现在更清楚地认为[索尔]是一个伯克式的贵族反帝国主义者"（哈维，给作者的电子邮件，2004 年 6 月 9 日）。

1967b），发挥传统的科学哲学的作用，包括它关于法则、逻辑、假设演绎方法和确证的理念。让我来概括一些普遍特征。

也许，最重要的是它的理论性。它作为一个主题，主导了哈维的早期论文和《地理学中的解释》。哈维写道："理论改变了一个学科的标志……它提供了可以用来解释、理解、描述和解释各种事件的系统性的普遍陈述（Harvey 1969a：75）。关键词是"解释"。对哈维（1967b：211）来说，"寻求一种解释就是对理论的寻求"。这就是他想更新卡尔·索尔的理论的原因。只有理论才能"揭露现实中长期以来都藏匿于我们视线之外的要素"。

当然，不是任何旧的理论都适用。它必须是科学的，哈维为它界定了四个特征。首先，要靠数学，在《地理学中的解释》里，他用了100多页的篇幅来表达对纯数学、几何学和概率论的评论（"第四部分"）。他写道（Harvey 1969a：76），"理论最终要求使用数学语言"。第二，要靠一系列精确界定的术语和概念，用清晰的推理规则把它们联系起来（Harvey 1972f：33）。精确很重要，因为正如哈维（1969b：64）所说："我们承受不起的一件事……就是……智力上的懒惰，即认为试图消除我们概念机器中的模糊性和歧义是不必要的和愚蠢的。"清晰的推理规则是必需的，因为它们"保证了结论在'逻辑上'的有效性的完全确定性"（Harvey 1969a：9）。第三，要靠明确的确证规则。一方面，存在着抽象的理论演算，由精确定义的概念构成，概念之间的关系由形式逻辑界定。另一方面，存在着一个由度量和经验观察所表征的混乱、无规律的世界。确证的任务是要评估观察到的经验世界与抽象的理论世界之间的关系。这绝非易事，但如果规则运用得成功，就会得到解释。"解释被认为是一种形式联系……即事实陈述和更普遍的'理论'陈述之间的联系"（Harvey 1969a：10）。第四，要靠理性。哈维（1969a：19）写道："本书[《地理学中的解释》]涉及理性的解释"，这样就能达到它的其他目的，如进步、客观性和普遍性。这四个特征将纯粹的思辨变成了科学理论。它们代表了一种简单明了的方法。哈维认为，遵循这些方法就能保证成功。难怪他想把自己的口号钉在墙上。他像所有的信徒一样，一心要传播这个福音。

　　但还有其他原因，比如知识社会学。核心在于哈维进行研究的更大语境。目前还不清楚当时哈维对这个角色有多了解。毕竟，正如他在《地理学中的解释》里所说，他的认识论立场"忽视了解释是一种'活动'，是一个'过程'"（Harvey 1969a：9）。这就是说，它忽视了科学实践，可能包括哈维自己的实践。但我的观点是：影响哈维的更广泛的力量是不可忽视的，在形成他的研究方面，这些力量与他自己旺盛的精力、非凡的专注力和卓越的才华同样重要。

　　20 世纪 50 年代末和 60 年代初的剑桥大学构成了演绎戴维·哈维的直接知识语境。正是在这一时期，英国地理学"可怕的双胞胎"迪克·乔利（Dick Chorley）和彼得·哈格特（Peter Haggett）都在地理学系（乔利于 1958 年加入，并在那里度过了其职业生涯，哈格特则早一年加入，一直任职到 1966 年，后来转任布里斯托尔大学的城市和区域地理学教授，成为 1961 年受聘于布里斯托尔大学的哈维的同事）。乔利和哈格特负责一年级的实验室教学，他们引入定量分析来处理"统计方法、矩阵、集合论、球面分析和网络分析"（Chorley 1995：361）。在当研究生的哈维成了这门课的第一个示范者，即助教。在剑桥大学同样重要的（Harvey 2002b：165）还有一位年轻讲师、历史人口统计学家托尼·里格利（Tony Wrigley），他向哈维介绍了奥古斯特·孔德（Auguste Comte）的实证主义，以及一些更普遍的 19 世纪的思想，包括马克思的思想。[①]里格利的哲学方法、哈格特和乔利强调的"科学方法"，后来都"融入"了哈维 1962 年的博士论文《肯特郡农业和农村变革的特性，1815-1900》中（2002b：165）。

34

————————

　　① （2004 年 5 月 26 日）托尼·里格利说，他"完全没有意识到"，使他感到"非常惊讶"的是，"戴维·哈维对我在 20 世纪 50 年代末和 60 年代初的著作感兴趣并受到它们的影响"。里格利接着说："我过去和现在都主要对一系列与英国工业革命的产生有关的问题感兴趣，并且对探讨在工业革命的传统年代之前的几个世纪里人口和经济变量之间相互作用的可能性感兴趣。这也是一场计量革命……但是，无论是在实质性问题上，还是在技术问题上，都与地理学上的发展截然不同。也许，正是这一事实使戴维·哈维多年前就产生了兴趣。"

更宽泛地看，剑桥大学的地理学系是一个"真理现场"，哈维在那里求学，后来又成为布里斯托尔大学的一名年轻讲师。这就是说，它是欧洲和北美最初为数不多的几个场所之一，包括 20 世纪 60 年代中期的布里斯托尔大学，在这些地方，地理学实践在一场被称为"计量革命"的运动中被重塑为自然科学的样貌（Barnes 2001，2004）。这场革命就是要把这门学科从过去表意的黑暗时代转向规范化未来的光明前景。哈维作为一名对思想感兴趣的年轻、聪明、雄心勃勃的学生，不可避免地会被这种变化吸引，尽管这与他"强大的'艺术'背景"背道而驰（Harvey 1969a：v）。事实上，也许正是这种艺术背景，促使他从早期有时在定量分析上摸索的尝试，转向后来在《地理学中的解释》里发现的哲学的和散漫的论述。[①] 无论具体原因是什么，20 世纪 50 年代末和 60 年代初的剑桥经历对他产生了很大影响。

这段经历也在其他方面产生了影响。他的学生群体的普遍知识文化，对英国社会的僵化和传统主义秉持强烈批判态度，渴望现代化。显然，这并不限于剑桥。这种不满随处可见，例如，约翰·奥斯本（John Osborne）和艾伦·西利托（Alan Sillitoe）等"愤怒青年"的作品就反映了这一点。哈维（2002b：164）写道：

> 我属于催生了《脚灯戏剧社评论》（*Footlights Review*）的那一代人，该社创作了《就是那个星期》（*That Was The Week That Was*）——这部电视剧无情地嘲笑了统治阶级和可以视为英国生活"传统"中的几乎所有事物。剑桥挤满了知识分子精英，如果英国政府出了什么严重问题（很多人都这么认为），那么，这些精英肯定有能力对此做点什么。英国的现代化被坚定地提上了议程，完成这一任务需要一种新的知识和权力结构。

---

① 在《地理学中的解释》的序言里，哈维（1969a：v）谈到了其计量研究中的"技术缺陷"，"已发表出来的最著名例子是一个回归方程式的估算错误——我没有意识到，如果 X 在 Y 上回归，就会产生与 Y 在 X 上回归不同的结果"。他还说，参加 1964 年在埃文斯顿举行的国家科学基金会的空间统计学会议是"使人不快的"（1969a：viii）。

《地理学中的解释》并不是单枪匹马地试图使英国现代化。但它为迄今为止随意和保守的学科——地理学——提供了一种"新的知识结构"，地理学就像 20 世纪 50 年代末和 60 年代初的英国一样，迫切需要摆脱过去束缚的枷锁，实现现代化。哈维作为剑桥知识精英中的一员，"有能力为此做些事情"，他也确实做到了。正如他所说，有"我们可以打破传统的想法……有一门现代的地理学等待着建构，我们就是能够做到这一点的人"（个人通信）。

现代的观念很重要。这与他后来对现代性的兴趣有联系，也与迷恋巴黎这种现代场所的出现有联系。这也对他的政治观有影响。在早期，这种政治观开始于他所说的"社会主义的现代化……以技术效率为支撑"（Harvey 2002：165）。在哈罗德·威尔逊（Harold Wilson）领导下的英国工党 1964 年的选举背后有着完全相同的政治观，部分原因在于"技术革命的白热化"这一口号（这是威尔逊前一年发明的一种说法）。技术效率的提高、合理的规划和进步的社会变革，将在一个新的英国、一个现代的英国展现出来，它打破了保守的旧秩序。尤其是，工党在地方和国家两个层面迅速走向合理规划和进步的社会目标。1965 年开始的"国民经济计划"明确规定，要通过设立区域经济委员会来消除区域不平等，它有权参与物质和社会规划（后来出现了 1967 年成立的区域研究协会）。

在这种语境中，《地理学中的解释》属于我们可能期待出现的那种著作。虽然它不是一部"如何"规划的著作，但其精神部分来自 20 世纪 60 年代期间席卷英国的政治和规划思潮的广泛变革。正如哈维后来（2002b：166）所说："对我们这些（在 20 世纪 60 年代）投身于地理学的人来说，得到'科学'探究方法支持的合理规划（国家、地区、环境和城市）看来是一条该走的路。"《地理学中的解释》是哈维对这些"科学探究方法"的贡献。虽然它不具有明显的政治性，但仍然是一部十足的政治著作。它是哈维对于使英国现代化和相关的政治所做出的贡献。

与早期的维特根斯坦一样，早期的哈维提出了一种基于某种形式的实证主义的知识理论，并为之辩护。我的观点是，两人提出的认识论都不是理性的产物，即理性主义的观点，而在整体上与社会、文化和政治语境有关联，包括他们生活的地方。这就是说，哈维和维特根斯坦不只是被他们所处的语境欺骗了。例如，哈维关于肯特郡啤酒花产业的论文是历史性的，该论文不是依靠定量的方法，而是依靠定性的方法，在这种情况下，他整整一个夏天都在档案馆里阅读 19 世纪出版的当地报纸（Harvey 2002b：156）。哈维在论文中提到了引力模式和廖什（Lösch），但这篇论文肯定没有参照哈格特（1965）的《区位分析》（*Locational Analysis*，参见哈维 1963 年的论文，该文源于这一论题）。哈维坚持自己的能动性，而不是什么"占位"。事实上，他现在认为，这篇论文是他后来关于"资本流通以及全球和地方关系的时空动力"的马克思主义著作的"基础"（Harvey 2002：159）。问题在于，将生活经历与知识生产联系起来是棘手和复杂的（绝不像理性主义设想的那么容易）。这一点在哈维的第二个人生阶段中得到了充分的证明，我现在就来论述这个阶段。

辩证法的戴维·哈维

> 我们辩证地（而不是向内演绎地）从一些看似安全的概念岛屿上伸出手去探索未知的海洋。
>
> 哈维（1985a：xvi）

哈维（2002b：167）于 1968 年把《地理学中的解释》的书稿提交给爱德华·阿诺德出版社。然而，那一年并不适合撰写一部涉及理性行为之优点和科学技术之益处的著作。那一年，这个世界被不时出现的野蛮的非理性所震撼，也不时遭到有恶意的科学技术的讽刺。4 月，马丁·路德·金（Martin Luther King）在纳什维尔的一家汽车旅馆被暗杀；5 月，巴黎几乎发生了一场革命

（同年在全世界其他城市也是如此）；6 月，罗伯特·肯尼迪（Robert Kennedy）在加州民主党大会上被瑟罕·瑟罕（Sirhan Sirhan）射杀；整个 1968 年，科学与技术以 B-52 轰炸机、武装直升机和橙剂的形式，被美国军队用于使很多越南人的生活变得更糟，而不是使之改善。

1969 年，哈维移居巴尔的摩的约翰·霍普金斯大学。这是一次至关重要的迁移。鉴于霍普金斯大学地理学与环境工程系的主要研究专长是废物处理，加入该系的决定即使现在看来不是不可思议的，也有点反常。它或许也不是成为马克思主义者的最佳地方，这正是哈维刚到不久时的情形。20 世纪 50 年代期间，时任霍普金斯大学地理学系主任的乔治·卡特（George Carter）向参议员约瑟夫·麦卡锡（Joseph McCarthy）告发了自己的同事欧文·拉铁摩尔（Owen Lattimore），麦卡锡随即将拉铁摩尔列入了 205 名共产党员的名单（Harvey 1983）。

由于哈维到达巴尔的摩后转向了马克思主义，他对自己的早期研究变得越来越挑剔。哈维（1972e：323）在正直严肃的《地理学分析》上顽皮有趣地回应斯蒂芬·盖尔（Stephen Gale 1972）对《地理学中的解释》的评论时，说他处于"不利地位"，因为他"从不读"自己的书，而且"现在也无意这样做"。他正在读的是马克思的书。关键性的文章也出现在 1972 年，在《社会正义与城市》的章节"社会主义规划"中，作为开篇文章重印的是《革命和反革命的理论与平民窟形成的问题》（Harvey 1972c，1972i）。即使现在，这也是一本非同寻常的读物。哈维在其中找到了自己写作的声音——辛辣、激情、精确和有说服力——这种声音后来很少离开他。再也没有"技术瑕疵"（Harvey 1969a：v），也不再为实证主义的客观性和政治上的中立而紧张。

一方面，1972 年的文章看似否定了《地理学中的解释》和他早期有关理论与方法的看法（也可参见 Harvey 1989b：212-213）。哈维（1972c：6）在一段著名的文字中写道：

[地理学的]计量革命已经结束，边际收益递减显然已经开始……[它]能

告诉我们的相关事情越来越少……在我们所使用的复杂的理论和方法框架，与我们对周围发生的事件说出真正有意义的话的能力之间，存在着明显的差距……简言之，我们的范式无法很好地应对。

另一方面，也是最后一句话暗示的，文章提出了一种不同的方法，一种新的范式。然而，这个范式概念比库恩（1962）所设想的更激进。库恩认为，像理论、法则或确证这样的基本术语，要保留其含义，也要保留像演绎逻辑这样的科学推理的形式。但是，哈维的想法更多的是对伊恩·哈金（Ian Hacking 2002）所称的"推理方式"的修正。理论、推理乃至解释等基本概念在不同的方式中是不同的。哈维在文章中的目的是要提出一种新的推理方式，一种马克思主义的推理方式，它修正了像理论这种基本的解释性术语，并引入了一种新方法，即辩证唯物主义。

尤其是，哈维的目的是要创造"革命性的理论"，一种"要通过革命实践来验证"的理论（Harvey 1972i：40）。不同于他从前的方法，即通过形式上将逻辑与经验证据联系起来验证理论的方法，革命性的理论要通过创造一个新的（革命性的）世界来验证（也可参见 Harvey 1973a：12）。革命性的理论要改变社会实践，从而唤起理论所预见的现实。例如，关于贫民窟的革命性理论既要提供一套新范畴来揭示产生贫民窟的社会关系，又要提供一系列彻底消除贫民窟的革命实践。这种理论要通过"创造性"，通过改变社会实践以创造一个无贫民窟的世界来得到验证。也许正是因为这个概念，哈维后来在经验上"检验"其理论方面经历了一个艰难时期。他的许多"证据"并没有通过经典的验证来表述，甚至也没有使用哈维收集的数据或证据。①相反，他的"证据"是一种幽灵般的存在，不是过去那种幽灵，而是尚未实现但却渴望未来的幽灵。因此，对他来说，验证的问题与其说是真理或谬误

---

① 例如，理查德·丹尼斯（1987：311）抱怨说，就数据而言，哈维在《意识与城市体验》（1985a）中论述巴黎的文章"在学术上相当于第二级和第三级的资本流通，用别人的劳动来交易和投机"。

的问题，不如说是发现使世界变得更好的理论知识。

提供这种不同的理论概念的是一种不同的推理方式，即辩证唯物主义。它在 1972 年的文章（1972c：7）中被简略提及，在《社会正义与城市》的最后一章中得到了详细阐述，后来贯穿于其后续的著述中。辩证法被界定为推动变革的对立面。宽泛地说，它涉及变化、流动和过程的力量，与哈维所说的"永恒"之物——结构、组织、制度性的教条——相对应（1996a：7-8）。在一段时间里，永恒抵抗着流变的力量，但不会持久。抵抗迟早会被克服，流变占据主导，直到新的永恒出现。新的永恒必定会产生，因为生活在一个持续流变的世界中是不可能的（1996a：7）。唯物主义很重要，因为辩证法要在物质与社会关系、经济的世界中表现出来。这些关系在一段时间内被组织成"永恒"，如封建主义或资本主义，但随着时间的推移，就连它们也会被流变的力量所侵蚀，例如，表现为间歇性的社会-经济危机。特别是，体现在物质与社会关系中的辩证法会产生对立，破坏永恒，采取资本主义之下的形式，比如说工人阶级革命或革命理论的地理学。

这是一种非常抽象的描述。但是，在哈维的著作中很少采用这种形式。他最著名的辩证唯物主义代表作是他关于资本积累的地理学理论（1985a：Ch.1）。资本始终处于运动中，随时准备获取额外利润，试图通过时间消灭空间。但是，为了造成这种运动，赚取额外利润，消灭空间，资本首先需要固定在适当的地方，置于特定地点的一种"结构化的一致性"之中。这就是辩证法：空间的流动与空间的固定之间的张力，接着推动了变化着的资本主义的地理学。

辩证法也会对理论化和知识产生影响。革命性的理论化有赖于一种辩证法，它会在稳定的概念与一系列尚未形成的概念之间创造一种张力，前者使我们能够理解我们生活于其中的资本主义世界，而后者则预示着一个尚未到来的更美好的世界。这部分解释了哈维对类似蝙蝠式的语词和矛盾修饰法的迷恋，即同时断言和否定——"具体的抽象""创造性的破坏""象征资本"。它们是连接我们生活的世界与我们想要生活的世界的一种手段。在关于贫民窟形成的论文中，他的革命性理论既是解释存在于资本主义城市化背景下的贫民窟的手段——一种牢固和稳定的理论——又是设想和创造不存在贫民窟的未来城市的手段——一种在其想象中不稳定且易受影响的理论。

践行辩证法非常困难，哈维可能会说，他并非总会成功（他说，他有时发现自己"渴望五旬节派的简单信仰，实证主义的确定性，或教条式的马克思主义的绝对性"：1996a：3）。此外，正如我在下文会提出的，哈维研究中的演绎法与辩证法之间的分界线并非总是一成不变的；有连续性，也有分离。要理解他的不同知识之间的这种复杂关系，就像维特根斯坦的情况一样，就必须对照哈维的生活以及他生活的地方来解读这种关系。

来到美国非常重要。尤其是，哈维从布里斯托尔搬到巴尔的摩是形成时期。哈维（2002：169）到达的前一年，巴尔的摩就"已经在火焰中燃烧"。民权问题至高无上，紧接着 1969 年 12 月警察杀害"黑豹党"领袖弗雷德·汉普顿（Fred Hampton）后，当哈维睡在"黑豹党"巴尔的摩总部外的人行道上，以保护该组织免遭潜在的暴力袭击时，民权问题对他来说就显得尤为具体（Harvey 2002b：170）。越南战争正在达到暴力程度的新高潮（尼克松总统于 1969 年发动了轰炸柬埔寨的秘密战役），引发了普遍的大学校园的抗议浪潮，导致 1970 年 5 月肯特州立大学 4 名学生被杀害。看来叶芝说得很对。"一切都在分崩离析"，而"世界正陷入纯粹的无政府状态"。如果曾经有过一个动荡不安盛行的时期，那就在此刻。甚至连甲壳虫乐队也解散了，哈维（1969a：9）在《地理学中的解释》里承认，它曾为自己带来过灵感。

也许，这就是进入辩证法的另一面。为了搞清楚自己新家的"繁盛、喧闹、混乱"，哈维住在"瀑布线"附近（Harvey 2002b：150），经过那个秋天，哈维转向了马克思，马克思提供了一系列范畴、一种理论来理解这一切。然而，这并不能解释为什么是马克思，因为还有其他选择。在 20 世纪 70 年代初，地理学中有一种行为主义的观点，它正在演变成人本主义的方法，包括现象学、存在主义和符号互动论（Ley and Samuels 1978），甚至在激进地理学中，也出现了无政府主义和各种形式的非马克思主义的社会主义。

"为什么是马克思"的问题，很可能属于另一种由多种因素决定的"难以理解的"情况。不过，有些语境因素部分说明了这一点。激进地理学发端于美国。《对立面：激进地理学杂志》第一期在马萨诸塞州伍斯特的克拉克大学出版，同年，哈维开始在霍普金斯大学任教。哈维是克拉克大学的常客，1971年，在克拉克大学任教的迪克·皮特（Dick Peet）组织了波士顿"美国地理学家协会"（Association of American Geographers，简称 AAG）的特别会议，哈维向大会提交了论文《革命和反革命》（Peet 2002）。同样，这也不能确切说明"为什么是马克思"的问题。事实上，皮特（2002）认为，正是哈维向他介绍了马克思。

当时我和戴维·哈维非常友好，1970年，我成为《对立面》的编辑，那时戴维已经来过这里几次……不管怎样，他对我说，"你必须读马克思的著作"。我说，"可是我已经试过了，已经失败了好几次"，他说，"我不在乎"。他说，"不要读《资本论》。找一本关于马克思的书来读"。于是，20世纪70年代初期，我开始读马克思的著作，并一点一滴地把马克思的结构型理论合并成一种整体的理论观点。[①]

约翰·霍普金斯大学也有他的同事和研究生，其中许多人都对马克思感兴趣（完整的名单参见 Harvey 2002b：168-173）。哈维在接受《新左派评论》采访时说：

这个倡议来自一些想读《资本论》的研究生——迪克·沃克（Dick Walker）就是其中之一——而我是帮助组织阅读的教师。我那时还不是马克思主义

---

① 2002 年对作者的录音采访。

者，对马克思知之甚少……阅读小组的经历十分美妙，但我没有资格指导任何人。作为一个群体，我们都是引路人。这使阅读小组更有意义。

哈维（2000d：80）

同样，虽然哈维的研究生们无疑对他产生了影响，但看来他们不太可能成为决定性的力量。毕竟，当哈维还是学生的时候，托尼·里格利就向哈维介绍过马克思。

另一个因素显然是政治上的。在某个时刻，哈维意识到了，《地理学中的解释》作为一个政治文本是失败的。① 它所倡导的实证主义无法达到他的政治目标，1968 年的事件和后来移居巴尔的摩，使他的政治目标变得轮廓分明。为了应对这一切，需要一条更激进、更明确的政治路线。马克思，只有马克思提供的"概念的安全岛"，才能"延伸"到环绕着哈维的混乱水域，弄清楚正在发生的事情，为有利的政治变革提供可能性（Harvey 1985a：xvi）。

41　　也许，对哈维来说，没有哪片水域比他刚刚选择居住的巴尔的摩城更加混乱。他写道："巴尔的摩的阵痛形成了我进行理论化的背景"（Harvey 2002b：170）。从开始从事革命性的理论工作，到他千禧年关于乌托邦的著述，巴尔的摩一直是哈维的马克思主义理论化中的不变因素（Harvey 2000a：Ch. 8）。巴尔的摩是一座"深受社会动荡和贫穷困扰的城市"（2002b：169），对哈维来说，它所起的作用，类似于曼彻斯特之于恩格斯。鉴于哈维最初与自己的第一个美国研究生拉塔·查特吉（Lata Chatterjee）一道从事过实证研究，借鉴了恩格斯的著作来理解巴尔的摩房地产市场的动力（Chatterjee and Harvey，1974），这种比较就显得尤其贴切。此外，就连哈维关于革命性理论及其运用辩证唯物主义的论文，也是他理解巴尔的摩的研究规划的一

---

① 《地理学中的解释》出版之前，在政治上对实证主义的失望就已经出现了。基思·巴塞特于 20 世纪 60 年代末在宾夕法尼亚州立大学获得文学硕士学位后去了布里斯托尔，他在给作者的信件（2004 年 6 月 8 日）中还记得去过哈维在布里斯托尔的公寓，看到"地板上……散布着《地理学中的解释》各个章节的最后草稿。他似乎已经失去了兴趣，尤其是对关于体系的最后几章"。那就是说，巴塞特"不记得[哈维]在这个时期有什么公开发表过的马克思主义的言论"。

部分。随后，巴尔的摩成了他发展其他理论思想的场所，例如，关于后现代怀旧和地方的审美化（1989b）、乡绅化和再开发（1992a），以及资本主义城市规划的弊端（2000a）。事实上，想一想如果哈维留在布里斯托尔，或者搬到美国的其他地方，他的理论化会有什么不同，这倒是一个有趣的实验。

斯科特·菲茨杰拉德（Scott Fitzgerald）说过，"在美国没有第二次机会"。此话与戴维·哈维的生活不符。来到美国，为基于马克思和辩证唯物主义的第二种地理学知识理论提供了动力。我认为，这种转变与哈维所处的更大的社会语境、他生活和学习的地方以及他跨越的空间有关系。这些条件并不都是决定性的，造成转变是不可避免并且透明的。哈维发挥了自己的能动性，这便增加了偶然性和复杂性。在哈维两个时期的认识之间的关系中，确实可以看出这一点。

戴维·哈维：在演绎与辩证法之间

我长久以来的信念（我作为学院派地理学家的整个生涯究竟是为了什么？）是：地理学知识不是外在于理论的，一方面，普遍性和普遍理论之间常见的二分法，另一方面，地理学的特性与无法比较的特殊性之间常见的二分法，是一种错误的区分。

哈维（2002b：183）

很容易得出结论说，第一个阶段的戴维·哈维与第二个阶段的戴维·哈维不属于同一个人：第一个阶段是忠实的实证主义科学家，第二个阶段是坚定的辩证法的马克思主义者。但是，生活，乃至智力生活，并非如此。我们随身携带着自己的地理和历史。这就是科学社会学及其对生活之关注的意义（参见雅尼克和图尔明 1973 年的著作）。我们绝不会从头开始，不会从白板（*tabula rasa*）开始。我们也不是生活在自己的地理和历史之外，不会像理性的自动装置，无论它通向哪里都遵循着普遍的逻辑。查尔斯·达尔文

（Charles Darwin 1974：68）可能会说："我的头脑已经成了一架从收集来的大量事实中提取普遍法则的机器。"然而，生平事迹却讲述了另一个故事。

我在本章中已经谈到过，哈维本人的生活故事、他的地理学和历史学，是与他的知识分子生活故事交织在一起的。因此，他早期的主题和关注点会在后来的著作中重新出现，就像重写本一样。我们可以从哈维那里接受这些思想——这能说明他担心成为一种"全球化的……能存活的商品"的原因（2002b：160）——但我们却无法从他的思想中剥离出哈维。

虽然这两个哈维之间确实存在着明显的差异，却也有连续性，例如，他对地理学、政治的奉献，或许在这里最相关的是，对理论的奉献。对他来说，智力的探究意味着理论的探究。这种倾向的根源在很大程度上来自他在地理学方面的早期经历及其表意的传统，它们产生了一门在智力上单调乏味的学科。他写道：

> 我在某个年代进入了学院的地理学，在那个年代，对地方之独特性的信念想当然地把这个学科置于"理论之外"。这种例外主义的主张在 20 世纪 60 年代引起了激烈的争论，而我作为其中的一员，在后来的学术生涯中耗费了很多精力力图反驳这种主张。
>
> 哈维（1996a：110）

这并不是说，哈维对特定的地方不感兴趣——他早期关于肯特郡的啤酒花产业和后来关于巴尔的摩与巴黎的著作，都反驳了这种论点。然而，要点在于要为理论上的目标而去理解和运用这种特殊性。

哈维暗示说，他前期所从事的那种理论，就像他后来的自我不同于他从前的自我一样（这正是论文《革命的与反革命的理论》的要义）。然而，也有渗漏和滑动。哈维理论的第一个阶段的冲动，滑向了哈维理论的第二个阶段。尽管哈维使自己摆脱了自然科学理论化的一些特征——它的数学性质，或者它对严格的验证程序的关注——但其他的要素又从中复现了，而且没有被他的新方法完全抹去。他在演绎与辩证法之间提出了一些观点。

例如，哈维仍然要坚持把清晰和严谨作为理论的目标。他认为，作为马 43
克思主义者，"模棱两可……决不能成为科学的基础"（Harvey 1984a：8），
"我公开地而不是下意识地关注严谨的理论建构"（1985a：xiv）。但是，
这些目标如何与他的"蝙蝠式的"词汇（模糊性是这些概念构成中的一部
分）达成一致，或者与他基于尚未实现的愿望而非现存的演绎逻辑的革命性
理论达成一致？或者如他所说："地理学知识的任务……是一种共同语言、
共同的参照框架和理论理解的建构，在这种建构中，相互冲突的权利和主张
可以得到恰当的表达"（1984a：8）。作为一种声明，这可能出自《地理学
中的解释》，而不是出自他的《历史唯物主义宣言》（1984a），而后者才
是它的真正出处。因为这是一种对于可通约性的断言，而库恩对此则持反对
态度。但是，辩证法肯定与造成变化的不可通约性、对立面的冲突有关，而
它们不能化解在"共同的参照框架"之中吗？或者再如哈维（1987b：376）
所说，他的马克思主义"不需要放弃普遍性的陈述和观察"。然而，就其定
义而言，普遍性外于历史和地理学，不受时间和地方的限制。这正是实证
主义如此关注它们的原因；它们提供了阿基米德式的保证。然而，哈维的辩
证唯物主义及其产生的知识，包含了变化多端的地理学和历史，构成了辩证
法的真正动力的一部分。一方面，它不是普遍真理，另一方面，它也不是地
理学和历史。正如哈维在这一部分的题记中所肯定的，它们完全混合起来了。
因此，为什么要承认普遍性？

在这些例证中，哈维似乎同时从马克思主义者和实证主义者两个方面来
阐述自己的观点。这些只是几个例子，但它们表明了张力的节点，在这些节
点上，旧哈维与新哈维的题记紧挨在一起。我对这些张力的解释是语境化的；
它们被生活经历绷得很紧。智力生产不是纯化的理性的沉淀，也灌注了混沌
的存在。哈维无法跨越自己的过去或自己的地理学（我敢肯定，他也不愿这
么做）。然而，它们留下了自己的标记和交叉点，造成了分离和连续性。

维特根斯坦离开自己父母在维也纳的富丽堂皇的家之后，过着极为简朴

的生活。他在剑桥三一学院的房间只有一张床垫和一把躺椅。他也避开了外面的美好生活。一位爱尔兰的朋友经过一整夜的舟车劳顿，不辞辛苦地为他准备了一顿丰盛的晚餐，却遭到维特根斯坦的斥责，维特根斯坦说从现在起，他们只能"早餐喝粥，午餐吃园子里的蔬菜，晚餐吃煮鸡蛋"（引自 Shapin 1998b：22）。尽管维特根斯坦试图过一种苦行僧的生活，在其生活的广阔语境中不受阻碍地履行"天才的职责"（Monk 1990），但正如雅尼克和图尔明以及蒙克所表明的，这种语境却不断把他击垮。这部分说明了在他的各种著作中看到的断裂和延续；它们何以没有凝聚成一种天衣无缝的理性陈述。哈维从未假装要过一种苦行僧的生活。相反，正如他明确指出的，他渴望生活的质感，尤其是地理上的质感，无论是在北美的大城市，还是在发展中国家的乡村地区，抑或是在他自己的家乡肯特郡（一种"中心痴迷"，Harvey 2002b：156）。我在本章中指出，哈维本人的生活质感，他的"后院"，都卷入到了他对知识的更为普遍的理论化之中，由此创造了一个重写本。这个重写本并不流畅，过去的书写不时会在当下的书写中显现出来，造成错位和惊诧，但所有这一切的力量和吸引力却毫不逊色。

致　谢

　　本章的改进极大地得益于基思·巴塞特、诺埃尔·卡斯特里、德里克·格雷戈里、罗恩·约翰斯顿和埃里克·谢泼德的批评。我要感谢所有人。编辑的要求是撰写一个批判性的章节。我发现，这项任务极其困难，因为我从本科一年级开始就受到戴维·哈维对我的思想和批判的敏感性的影响。在这种意义上，编辑的要求看来被辜负了。我这一章成了一种颂扬，而不是批判，采用了一种知识分子的传记形式来进行安排和呈现。

作者简介：

　　特雷弗·巴恩斯（Trevor Barnes, 1956—），加拿大温哥华不列颠哥伦比亚大学的杰出大学学者和地理学教授，从 1983 年以来一直在那里任职。他最近的研究是关于地理学的战后计量革命，该研究以口述历史为基础。

译者简介：

叶家春，四川大学文学与新闻学院文艺学博士研究生，电子科技大学成都学院文理系讲师，主要从事文艺理论研究。

第二章　戴维·哈维与马克思主义

亚历克斯·卡利尼科斯　著　　　向洋伸　译

　　任何对 20 世纪末马克思主义理论发展的历史评价，都会把戴维·哈维置于首位。在英语世界里，他并不是独自一人，在过去一代人的时间里，英语世界已首次成为马克思主义知识革新的领导中心。[①] 同哈维一样，特里·伊格尔顿（Terry Eagleton）和弗雷德里克·杰姆逊（Fredric Jameson）都展现出一种在政治上和思想上对马克思主义的坚定承诺，他们不顾不断变化的学术潮流孜孜以求，并以创造性的想象力和开放性使自己得以创造出第一流的著作。这三个人全都对后现代主义做出了有影响力的阐释，力图以不同的方式来实现杰姆逊著名的口号：始终都要"历史化"。

　　因此，哈维并非没有同侪。那么，他令人敬畏的著作有哪些独具的特征呢？主要有四个方面。首先，哈维的马克思主义的特点在于同整个马克思主义传统的核心著作——马克思的《资本论》——建立了直接的联系。哈维毕竟是两部对马克思主义政治经济学有突出贡献之著作的作者，即《〈资本论〉的限度》（1982a）和《后现代的状况》（1989b）。前者对马克思关于资本主义发展的整个理论进行了雄心勃勃的重构，后者则通过把日益增强的"时空压缩"的体验（他认为这是由后现代文化构成的）与灵活的资本积累的新形式的出现联系起来，运用并发展了这一概念结构。但是，这种理论规划的

[①] 在最近法国的一项调查中显示，英语语系的马克思主义的影响日益显著：参见 Bidet and Kouvelakis 2001。

一个值得注意的方面，就是它持续不断地与《资本论》本身的范畴框架保持着紧密联系。

哈维曾在很多场合强调过《资本论》对他自己的影响，1971 年他在巴尔的摩作为读书小组的一员第一次遇到了这本书——身为教师的他每年都会重述这段经历（Harvey 2000a：ch.1 and Harvey 2001a：8）。诚如哈维所言，他参加的第一个《资本论》读书小组是 20 世纪 60 年代末席卷发达资本主义世界的巨大激进思潮的产物，因而也是广泛得多的国际经验的一部分。路易·阿尔都塞（Louis Althusser）于 1964 至 1965 年间在巴黎高等师范学院（Ecole Normale Supérieure）开设了著名的课程之后，课程的产物是一部集体著作《读〈资本论〉》（*Lire le Capital*），成千上万的青年革命者对阿尔都塞的号召做出的回应是："总有一天必须逐字逐句地读《资本论》"（Althusser and Balibar 1969：13）。（我清楚地记得在追随哈维一年之后，我于 1972 年参加了牛津大学的《资本论》读书小组。）努力理解《资本论》，不是将其作为一种博学的练习，而是作为一种理解资本"主义"的手段，以便更好地与它作斗争，这在 20 世纪 60 年代和 70 年代出现的各种很大程度上仍然具有民族差异的马克思主义当中成了一种共性——例如，西德的资本逻辑学派（the capital-logic school）和意大利的工人主义（operaismo）。

哈维在《〈资本论〉的限度》的开头借一个典故来说明他与《资本论》的初次邂逅："据说每个研究马克思的人都感到必须写这种体验。我提供的这部著作是对这一命题的部分证明"（1982a：xiii）。然而，他提供的对《资本论》的解读，决不是对马克思主义思想的某一特定学派的贡献：《〈资本论〉的限度》很大程度上回避了马克思主义哲学家们在现阶段的激烈论争，这些论争涉及《资本论》在多大程度上是根据黑格尔的辩证法概念建构起来的，甚至在很大程度上也回避了经济学家关于劳动价值论的一致性和相关性的更为直接的论争。[①] 尽管如此，该书并不是对马克思的概念不加批判的陈

①　关于后者的论争，参见 Harvey 1982a：35-38，以及 Steedman et al. 1979。

述，恰恰相反。哈维对自己书名的模棱两可并不在意，但他还是明确指出，马克思主义经济理论的进步有赖于使《资本论》的概念接受批判性的审视，将其作为重构和重述过程的一部分，其结果——即便可能代表着"马克思似乎要加以阐明的概念"（Harvey 1985b：42）——会超越并经常纠正其明确的概念化。

哈维极为独到的方法体现在他对马克思主义政治经济学中最有争议的话题之一的论述中，即马克思关于利润率下降趋势的理论。一方面，哈维批评马克思在《资本论》第三卷第三部分中对该理论的阐述，并没有与马克思在第二卷中对资本主义流通过程分析的结果整合起来，尤其是没有考虑到资本的不同周转时间对确定一般利润率的影响（Harvey 1982：177-189）。[①] 但在另一方面，哈维把利润率下降的理论仅仅当作马克思危机理论的"第一种削减"的陈述，它将自我追求个人资本的行为描述为导致过渡积累的系统性趋势。《〈资本论〉的限度》中最具开创性之处，在于哈维分析了资本同时通过将剩余资本转移到信贷系统中试图抵消这种趋势，实际上却成功地加剧了这种趋势，在这一系统中，金融市场有可能将自身扩张到危险地溢出最终植根于生产过程的货币基础（危机理论的"第二种削减"），并通过寻求"空间修复"，将剩余资本投向当初能提供超额利润的那些特定地理位置的投资中，但随着时间的推移，却使资本固定在易受进一步技术变革影响的集中点上（"第三种削减"）（Harvey 1982：326，425）。[②]

把马克思在《资本论》中的分析作为开端，与哈维的马克思主义的第二个区别性特征有密切关系，这当然就是对空间维度的整合："历史唯物主义必须提升为……历史-地理唯物主义"（Harvey 1985a：xiv）。但重要的是要看到，虽然哈维对马克思主义的独特发展与哈维本人以前作为地理学家的

49

---

① 热拉尔·迪梅尼尔（Gérard Duménil）似乎是第一个系统地提出这一批判的人，特别参见 Duménil 1978：283-297。哈维援引了迪梅尼尔的观点（1982a：185 n.13）。

② 哈维最近强调："把这三种削减看成'连续的'……是错误的。应把它们理解为在资本主义有机统一体内部危机形成和解决'同时发生'的三个方面"（1999a [1882a]: xxii）。

知识框架密不可分,但他对历史唯物主义的提升并不在于简单地添加某些独立形成的概念以说明社会的空间性。他并不追求这样一种外在的或有可能折衷的事业,而要通过仔细解读马克思的话语,梳理其含义,遵循其提示,揭示其局限性,从而形成一种对资本主义"固有的"不平衡地理发展的分析。哈维并不是唯一一个在历史唯物主义的缝隙中觉察到地理学存在的英语世界主要的马克思主义理论家。科恩(G. A. Cohen)阐述了一种与哈维截然不同的马克思主义观点,他提出:"我们可能会逐渐把一种复杂经济体的整个生产工厂看成是一种人为强加的地理学"(Cohen 1978:97)。但这种观点被加林(Alan Carling,1986:30)归结为"转瞬即逝的精彩篇章",却没有被科恩或任何其他分析学派的马克思主义者继续研究下去(Carling 1986:30 n. 14)。[1]

　　正是哈维把马克思那些充其量是暗示性的观点发展成了一个全面的研究规划——例如,安东尼·吉登斯(Anthony Giddens)在批评马克思主义时,声称马克思主义没有对空间在社会构成中的作用具体化,但他依然引述了哈维的观点(Giddens 1981:140-150)。[2]哈维接受了《大纲》中的说法,即"资本一方面要力求摧毁交往即交换的一切地方限制,征服整个地球作为它的市场;另一方面,它又力求用时间去消灭空间"(Marx 1973a:539),并将其与资本周转的主题结合起来,这个主题对他批评马克思的危机理论至关重要。哈维认为,通过时间消灭空间要由寻求技术变革、减少资本的"社会必要"周转时间、提高利润率来推动,尽管由于新的革新改变了生产和流通的空间结构,将导致固定资本的地理配置受到贬值的威胁。[3]减少周转时间也是向"灵活积累"部分和不完全过渡的主要推动力之一,这是哈维解释后现代主义的核心:新的生产技术,如及时库存系统,力求缩短周转时间,从而终结前福特主义管理体制在 20 世纪 60 年代末至 70 年代初陷入的过度

50

---

① 哈维本人对分析学派的马克思主义持敌对态度:例如,可参见 Harvey 1999a:p. xxi。
② 关于这一文本的更广泛的评论,可参见 Callinicos 1985。
③ 例如,可参见 Harvey 1985b:ch. 2。

积累的危机（Harvey 1989b: Part II）。

但是，如果说哈维通过一种内在批判来发展而不是摒弃马克思的概念来通达"历史-地理唯物主义"，这并不意味着他自身的话语是封闭性的。相反，哈维对马克思非常深刻的研究，看来有助于给予他信心，与其他知识传统进行对话。更具体地说，哈维的马克思主义的第三个显著特征是，随时准备以同情的姿态去探究那些通常被认为后现代主义所独有的关注点和主题。在这场关于后现代性的论争中，哈维同其他马克思主义者之间有着显著的差异。一些学者，比如笔者，对整个后现代主义潮流都怀有敌意；另一些学者，尤其是杰姆逊和伊格尔顿，虽然在哲学上受到与后现代主义相关的理论家（不顾他们自己的辩护）的影响——分别有德勒兹和德里达——但他们的主要兴趣点是作为更加宏大的历史进程之征兆的整个现象，在杰姆逊看来，这是一个从垄断资本主义到跨国资本主义的划时代转变。[1]

相比之下，哈维所探讨的是那些常常与后现代主义有关系的具体主题——例如，细想一下他近来的一些著作中对身体的讨论（Harvey 2000a：Part 2）。当然，他在探讨这些问题时是以一个马克思主义者的身份去做的，但在阐述"历史-地理唯物主义"所涉及的问题时，他触及了各种不同的传统。例如，哈维对海德格尔的考察主要着眼于他对"存在之境遇"的主题化，以及他实际上对现代资本主义的时空压缩的批判，同时决没有丧失对这种批判导致海德格尔决定支持国家社会主义的洞察（Harvey 1989b：207-210）。[2] 在这种追求与其他知识传统进行开放式对话的意愿背后的一种冲动，是一种广义上辩证的自然概念，被理解为一种具有内在关联的转变过程的整体性，人们从中可以追溯到诸多影响：马克思主义的与非马克思主义的，从贝特尔·奥尔曼（Bertell Ollman）到怀特海。哈维的思想与另一位重要的英国马克思主义者雷蒙德·威廉斯（Raymond Williams）的思想有着重要的亲缘关系，即一

51

---

① 参见 Perry Anderson(1998)关于马克思主义对后现代主义之阐释的讨论。
② 有关海德格尔与其他时空理论家的更广泛讨论，也可参见 Harvey 1996a: Part III。

种非实证主义的自然主义，它对穿上自然观念外衣的不同意识形态结构很敏感，却又拒绝陷入反科学主义（Harvey 1996a: Parts I and II）。[1]

哈维受惠于威廉斯"激进特殊论"的概念，他用它来指称在特定时间和地方的社会运动与斗争的嵌入性，这种嵌入性为那些运动与斗争提供了语境和意义，但也可能极大地限制其政治的和经济的视野。哈维指出："必须把'理论实践'建构为生活与斗争的激进特殊论之间的一种连续的辩证法，以获得足够的批判距离，脱离对全球抱负的表达。"[2] 这个结论来自哈维对20世纪80年代末发生在牛津考利的拯救路虎汽车厂运动的反思。我们在这里碰到了哈维的马克思主义的第四个显著特征——对政治实践主义的关注。

佩里·安德森（Perry Anderson）非常好地对经典马克思主义和西方马克思主义进行过比较，他所指的经典马克思主义是第一国际、第二国际和第三国际的马克思主义——它们远离学院，专注于政治经济学和革命战略，植根于广大的工人阶级组织，而西方马克思主义出现于第二次世界大战后的欧洲大陆——它根植于大学，关注哲学和意识形态，脱离政治实践（Anderson 1976）。当代英语语系的马克思主义与其欧洲大陆的先驱者无论有什么其他差别，也在很大程度上局限于学院。再次以伊格尔顿和杰姆逊的情况为例，无论政治实践主义在其过去曾经起过什么作用，他们两人现在的影响力在很大程度上源于他们对英语大学世界的文化理论论争贡献过自己的力量。[3] 哈维也是这个相同世界的参与者，但具有一种截然不同的观点。一方面，尽管他在哲学上雄心勃勃，但其理论化却是以经验为基础的：他最出色的一些著作是以史实为基础的——例如，关于第二帝国时期巴黎的精彩论文（Harvey 1985a:ch.3）。[4] 另一方面，从他于20世纪70年代初次涉足激进学说，到当今对墨西哥恰帕斯州和美国西雅图市的斗争的反思，哈维的思想都带有专

---

① 可对比 Williams 1980：Part 3。
② Harvey 1996a：44 and see generally ch.1；与这篇文章略微不同的另一版本发表于 Harvey 2001a。
③ 伊格尔顿(2001：ch.4)巧妙地写到过他在一个极左团体中的经历（同样也是在牛津大学，而且与哈维后来参与的拯救路虎运动中的戏剧性人物高度重叠）。
④ 这篇文章的修订和扩展版新近收录于 Harvey 2003a：Part II。

注于理解和帮助阐明争取社会正义运动之诉求的标记。例如，正是在这种语境中，我们一定会发现，他感兴趣的是使用普遍权利的语言，以拓宽"激进特殊论"的视野，其动因在实质上是反资本主义的。[①]

52　　　这个例子直接表现出哈维的思想与经典马克思主义之间仍然存在着差距，后者容易（相当错误地）无视关于权利的讨论，甚至把所有规范性话语都当作仅仅是阶级利益的伪装。其他的差异也会很快浮现在脑海里。例如，革命社会主义传统中的伟大人物——如马克思、恩格斯、列宁、卢森堡、托洛茨基、葛兰西等——都将政党视为一种组织形式，其中必定会出现理论与实践之间的调解作用（无论他们对这样一种政党的设想有多么不同）。相比之下，哈维则是以学院为基础的知识分子，参与并反思学院以外形成的社会运动，用"激进特殊论"所暗示的话来说，它通常都缺乏全面的计划，拥有全面计划无疑是一个政党的决定性特征。这个差别或许与另一个颇为微妙的差别有关。可以说，作为一种"传统"的经典马克思主义的观念意味着，对某种或多或少不断努力坚持的一系列思想，既要汲取其核心思想，但也要努力发展这些思想，靠的是解决过往传统所忽视或不需要面对的问题。与马克思主义的帝国主义理论有关的大量丰富的著作，就是这种传统发展的一个例子——它是不同作者集体努力的成果（其中有希尔费丁[Hilferding]、卢森堡、鲍尔[Bauer]、考茨基、列宁、布哈林、格罗斯曼[Grossman]等人），他们以有时相互冲突、有时相互支持的方式，力求拓展对《资本论》的分析，以把握住他们普遍赞同的资本主义发展新阶段的主要特征。[②] 当然，哈维也熟悉这部著作：确实，《〈资本论〉的限度》结尾时讨论了帝国主义之间的竞争和战争，这与列宁和布哈林关于帝国主义的经典理论产生了强烈的共鸣（Harvey 1989b：439-445）。

　　　但是，一般来说，人们在哈维的著作中很少感到马克思主义是一种传统

---

① 例如，可参见 Harvey 2000a: chs. 5 and 12 and 2001a: ch.1。
② 关于这一例子的进一步思考，参见 Callinicos 2001 and 2002。

（或者说，实际上部分是一连串的重叠，部分是各种冲突的传统）：他深度介入马克思的经济学文本的另一面，是相对忽视了后起的马克思主义者的著作，当然也忽视了第二国际和第三国际的各种马克思主义。

在这方面，哈维的近著《新帝国主义》表现出了某种转变。尽管其理论特征（该书有一部分是哈维与乔瓦尼·阿瑞吉（Giovanni Arrighi）的对话）和政治焦点（对华盛顿新保守主义者的宏大战略的情景化）是当代的，但哈维在这里重新占据了经典的领地。哈维把"帝国主义"概念化为一种矛盾的融合，将他（追随阿瑞吉）所称的资本主义的和领土的权力逻辑结合起来，使人想起布哈林对金融资本时代国家间的整合与经济竞争的分析，哈维明确援引了卢森堡的观点，把原始积累重新解释为"剥夺性积累"，认为它不是资本主义发展的一个早已被超越的原始阶段，而是一个持续不断的过程，在今天表现为符合"华盛顿共识"的对世界无情的商品化——所有这些都是最初在《〈资本论〉的限度》中分析的过度积累危机的背景下进行的。[①] 然而，如果说在布什政府实施的全球紧急状态的聚光灯下，哈维似乎被拉进了与经典马克思主义更紧密的对话中，那么，他会继续冷静而坚定地要在继承马克思知识遗产的基础上形成自己的独特性。他脱离马克思主义论争的特殊性，可能有助于他以不同视角来看待事物，并以他特有的宽宏大量与严谨相结合的方式来对待其他传统。正如这一点使人想到的，他在激进特殊论与批判性的全球视野之间唤起的辩证法，正是出现于马克思主义自身内部的。我们要感谢戴维·哈维帮助我们在二十一世纪改变了的世界中去追求这种辩证法。

作者简介：

亚历克斯·卡利尼科斯（Alex Callinicos, 1950-），英国约克大学政治学教授。他的近著有《论平等》（*Equality*, Polity, 2000）、《反资本主义宣言》（*An Anti-Capitalist Manifesto*, Polity, 2003）、《美国的新掌权者》

---

① Harvey 2003b, esp. chs. 2 and 4. Compare Arrighi 1994.

（*The New Mandarins of American Power*，Polity，2003）。

译者简介：

向洋伸，四川大学道教与宗教文化研究所美学硕士研究生。

第三章 辩证唯物主义：不只是摩擦

马库斯·杜尔 著　　庞弘 译

　　理论创新经常是不同力量碰撞的结果。在这种摩擦中，不应完全放弃个人的出发点——唯有在原有要素尚未被新概念完全吸收的情况下，思想的火花才能够迸发。

哈维（2001a：9）

基　石

　　通过我们的理论，你就会了解我们。

哈维（1969a：486）

　　戴维·哈维是一位马克思主义者，一位地理学家，一位马克思主义地理学的书写者。他试图寻回大多数人未曾把握之物："马克思和恩格斯的文本中无所不在、隐微难察的'地理学知识'"（Harvey 1982b：191）。哈维认为，出于一些不甚显见的原因，这种无所不在的地理学"湮没于马克思和恩格斯的浩繁卷帙之中"（Harvey 1982b：191）。紧随列宁、鲁道夫·希法亭（Rudolf Hilferding）[①]、罗莎·卢森堡（Rosa

---

　　[①] 鲁道夫·希法亭（1877-1941），第二国际时期的著名社会主义者，奥地利马克思主义的重要代表，著有《金融资本》。——译者注

Luxemburg）^① 之步伐，他倾注心力于两项主要任务。首先，他试图使这种
"被湮没的无所不在"重见天日。其次，他并未满足于参与一项考古学发掘
工作，这项工作只会产生仅具有历史价值的人工制品。相反，哈维致力于发
掘深埋已久的宝藏，并在必要时巧妙地增补一些所谓"真实的赝品"
（authentic fakes）（如"剥夺性积累"[accumulation through dispossession]）。
他寄希望于这一事实：马克思的地理学仍将体现出价值和效用：它依然是一
笔宝贵财富（参见 Duncan and Wilson 1987）。这种允诺和期许对批判资本
主义有深远影响。万事万物皆取决于"价值"（value）。价值以种种不相
称的形式（使用价值[use-values]、交换价值[exchange-values]、剩余价值
56　[surplus-values]、劳动价值[labour-values]等）得以表现，但价值"本身"——
按照莫恩（Mohun）的说法，在马克思的诸多概念中"可谓最具争议"（参
见 Bottomore 1983：507）——只能被赋予。莫恩援引了马克思（1975[1881]）
《评阿道夫·瓦格纳》（*Notes on Adolph Wagner*）中的著名片段："我不是
从'概念'出发，因而也不是从'价值概念'出发……我的出发点是劳动产
品在现代社会所表现的最简单的社会形式，这就是'商品'。"在开始时（如
在马克思的《资本论》中），必须把某物看成是被赋予的：在此种情况下，
它便是商品——即价值的形式。然而，人们想知道，除了"价值"之外，"还"
能被赋予何物。更重要的是，人们想知道接受者在接受"馈赠"或"价值"
时，承担了何种"义务"，又需要"付出"何种回报（参见 Spivak 1985；
Derrida 1992；Lyotard 1993, 1998）。令人忧心的是，首先回归"价值"的
是"人的感性活动"（即多样化的物质实践），它成了"劳动""劳动力"
"公益劳动"，还成了"价值的自行扩张"的具体表现，所有这些都要受到
"生产"劳动和"非生产"劳动（主要用于说明劳动价值论中"价值"的生
产）的不稳定区分的影响，也要受到"剩余劳动"和"剩余价值"（后者被

---

①　罗莎·卢森堡（1871-1919），国际共产主义运动史上杰出的马克思主义思想家、理论家、革命家，
其代表作包括《狱中书简》《社会改良还是革命？》《资本积累论》等。——译者注

认为确定了资本主义区别于其他生产方式的特征）更不稳定区分的影响。

像马克思一样，哈维将价值-形式看作被赋予的。相对确切地说，在他们各自的阐述中——尤其是在对资本主义的阐述中——一切皆是"按账目"被赋予的。哈维（1987b：372）提醒道："如果有人反对这些非人道、有辱人格的抽象观念，那么，他的控诉对象就应当是资本主义而非马克思。"只要赋予了"价值"，就总会有价值的"剩余"。这是无法解释的既定事实。无怪乎价值的"剩余"和"剩余价值"的概念会成为马克思主义地理学的关键所在（参见 Harvey 1973a，2003c）。

因而，哈维一方面在马克思和恩格斯 19 世纪的文本中解读无所不在而又湮没无闻的地理学。另一方面，他又将地理学融入马克思和恩格斯的文本之中。在此，我的意图并非纠结于"被湮没的无所不在"这一神秘莫测的词语（尽管哈维[1987b]断言，该词语具有结构主义模式的所有特征），亦非对马克思和恩格斯的地理学在今日之价值予以评估。我的兴趣在于哈维所揭示之物："历史-地理唯物主义（historical-geographical materialism）的'基石'（solid rock）"（Harvey 1996a：8）。人们不应低估这一"基石"对哈维的重要性。它保证了哈维的立足点，也确保了哈维在世界上的支点。通过对《正义、自然和差异地理学》（*Justice, Nature and the Geography of Difference*, 1996a）和《希望的空间》（*Spaces of Hope*，2000a）的坦率说明，我们非常清楚地知晓，哈维毫无保留地致力于"基础主义"（foundationalism）和"元理论"（meta-theory）。[1] 这便是他的历史-地理唯物主义的说法需要得到巩固的原因。它开创了批判（即是说，它提供了一种机制，一种保障，最重要的是提供了一根杠杆），并且还在持续（即是说，它的支点超越了语境的限制）。倘若没有稳固的基础，人们便无法施展其"力量"，无论是批判性力量还是其他力量；倘若没有抵达基础的能力，人们亦无法"施展"力

57

---

① 事实上，哈维（1989b：355）提醒道："元理论并非对全部真理的一种陈述，而是与历史和地理学的真理'达成妥协'的一种尝试，那些真理描述了资本主义在总体上和现阶段的特征"。这是一种引人瞩目的措辞转变。马克思主义的元理论希望与资本主义"达成妥协"：即缔结协议，握手言和。

量，无论是批判性力量还是其他力量。因此，哈维求助于五旬节① 仪式上传教者的寓言。

那天晚上，开启仪式的传教士做了如下祈祷："这四天来，我们最终理解了使我们稳稳站在基石上的那种基本信仰"……我自己也同意，应该仔细审查和质疑全部基本信仰。但让我困惑的是那种想法：当一个以强大而明确的基本信仰武装起来的政治团体对抗一群怀疑主义者，而后者唯一的基本信仰是怀疑所有的基本信仰，那么，预测赢家将是一件轻而易举之事。

哈维（1996a：2）

这段话的力量不仅来自道出了"激进"怀疑论者立场的述行矛盾（performative contradiction）（即一种"无基础的基础"），还在于表明了，人们需要一块"基石"以抗衡敌对力量。② 所以，"批判性分析的任务肯定不是证明基本信仰（或真理）的不可能性，而是为基本信仰寻找一个更加可信和充分的基础，它会使解释和政治行动充满意义、创造性和可能性"（Harvey 1996a：2）。因此，哈维对反基础主义（anti-foundationalism）的浪潮予以坚决反对。"尽管我接受这种一般论点，即在理解世界时，应当给予过程、流变、潮流以某种本体论的优先地位，我也希望主张，这正是我们应该认真关注……'永恒之物'（permanences）的原因，那种'永恒之物'包围着我们，并且我们也建构它们来帮助充实自己的生活并赋予其意义"（1996a：7-8）。

"基石"之所以至关重要，不仅因为它使哈维能够对资本主义加以解释并与之妥协，还因为它使哈维能够施展其力量。从一开始，哈维与马克思主

① 五旬节（Pentecost），又名圣灵降临节，是基督教为纪念耶稣复活后差遣圣灵降临而举行的庆祝节日。——译者注
② 鉴于力量常常以主动或被动的方式反叛自身，以及大量行之有效的游击战术（guerrilla tactics），人们想要知道，是否有必要以一块"基石"来抗衡敌对力量。

义的邂逅便通过这种力量而得以阐述。听听他在《社会正义与城市》中对"地理学中的理论"有何见解：

1. 每一门学科都以某种理论框架为中介，通过对现实状况的研究来发现问题并寻求解决方案……

2. 有三种理论：

58

（1）**关于现状的理论**（status quo theory）——这一理论植根于它试图描绘的现实，准确表现了在特定时间节点所探讨的现象……

（2）**反革命的理论**（counter-revolutionary theory）——无论是否"显得是"植根于它试图描绘的现实，这一理论都遮蔽了现实，使之云遮雾绕、模糊难辨……

（3）**革命性理论**（revolutionary theory）——这一理论以它试图表现的现实为坚实根基，其中的个别主张被赋予一种以事实为依据的真理地位……革命性理论是辩证地构成的，它可以包含内在于自身的冲突与矛盾。革命性理论在当下之境况中能够确认内在的选择，藉此为社会进程中的未来时刻提供真正的选择。这些选择的实现有助于对理论加以检验，并为新理论的形成提供依据。因此，革命性理论展现了创造真理而非发现真理的前景。

3. 个别主张乃至整个理论体系本身，未必属于上述任何一个范畴……

4. 随着外在状况的改变和具体应用的不同，理论阐述将从一个范畴转向另一个范畴。这表明有两种危险是必须规避的：

（1）**反革命的合作**……

（2）**反革命的停滞**……

但还有两项重要的革命任务：

（3）**革命的拒绝**……

（4）**革命的改造**……

5. 唯有认识到系统探寻知识（尤其是学科分化）的反革命姿态，并直接面对现实，才能承担这些任务，并规避这些危险。

从以上五个命题中，我们可以看出哈维的整个问题意识所具有的感染人心的力量。他坚称，必须"坚定地立足于"——植根于、内嵌于、限定于——人们应当"直接"面对的"冲突的现实"。[①] 关于现状的理论和反革命的理论要么无法领会，要么主动掩盖了现实的冲突性本质，唯有革命性理论试图通过批判性的介入与置换来克服这种冲突状态。[②] 对哈维来说，当务之急并非探寻关于现实之冲突状态的真相。毋宁说，要找到以现实之冲突状态为支点的方法，以便更好地控制其力量。在关于路德维希·费尔巴哈（Ludwig Feuerbach）的第十一个论点中，马克思感慨道："哲学家们只是用不同的方式'解释'世界，问题在于改变世界"（1946 [1845]：65）。[③④] 哈维反复申明这一观点。在《社会正义与城市》中，他坚称："只有在理论通过使用而成为实践时，它才能真正得到检验"（Harvey 1973a：12）。在《后现代的状况》中，他断言："证明这一概念装置（conceptual apparatus）就在于使用"（1989b：10）。我们至此应当明白，哈维何以要坚持理论的"力量"，何以要在"坚实的"基础上阐明这种力量，何以要将理论的"使用价值"（即理论在争取社会正义的斗争中的有用性）置于理论的交换价值（即理论与"现实"的对应）之上。历史-地理唯物主义不仅仅是对世界的"再现"（世界的"窗户"，世界的"镜子"，世界的"光亮"等）。它在实质上是施为性的（performative）和变革性的（transformative）："必须将之视

---

① 尽管哈维一直都试图正面解决问题并直面现实，但我认为，这种做法带有一定的两面性，在剩余价值问题上尤甚。一个超出本章范围的相关问题是，作为一种反面力量——因而是一种生产——的批判（如哈维）和作为一种超立场的力量——因而是一种诱惑——的批判（如鲍德里亚）之间的关系（Baudrillard 1990；Doel 1999；Smith and Doel 2001）。

② 这种对冲突状态的批判性介入和置换，使马克思主义与解构主义的颠倒和重写的操作形成契合（Derrida 1981；Ryan 1982；Doel 1999）。

③ 中译参考恩格斯：《路德维希·费尔巴哈和德国古典哲学的终结》，中共中央马克思恩格斯列宁斯大林著作编译局编译，北京：人民出版社，2014 年，第 62 页。——译者注

④ 第十一个论点既非如此独特，亦非如此激进，这和 20 世纪许多评论家试图使我们相信的不同。"如果我们更深入地考察马克思提出的批评或他的要求，就可以轻而易举地发现，马克思的规划不过是启蒙运动对哲学及其使命的理解迟来的重新表述而已"（Bauman 1987：100）。

为一套生成和改造的原理，它内嵌于持续的过程之中，由于内在化的异质性和矛盾，这些原理揭示了创造某种新的而又总是短暂的事物状态的可能性"（Harvey 1996a：67）。

　　如果说哈维的文本给人以步履稳健之感，这首先要归因于他在稳定性上投入的心力。这是他最根本的规划。[①] 人们可能对这种规划与投入的政治经济学（以及力比多）发生兴趣——尤其感兴趣的，是对脑力劳动的利用与滥用——但人们也可能对稳定性的政治经济学心生好奇。有两个问题萦绕于我的脑海。首先，历史-地理唯物主义的辩证结合能否为激进的思想与行动提供坚实稳定的基础？其次，对力量的结合需要立足于稳固的基础吗？我想说的是，对这两个问题的回答都是掷地有声的"不"。在本章中，我想对历史-地理唯物主义的"基石"加以说明。我格外感兴趣的是，它是否能保证哈维所仰赖的那种步履稳健、成竹在胸的理论实践。例如，人们想知道，他最初是如何无意中发现历史-地理唯物主义这一"基石"的。"我自认为主要是一个'科学家'，要追求对我们的生活世界的全面理解"，哈维这样说道（2001a：68）。"我之所以转向马克思主义的范畴，是因为它们是我目前所遇见的、能够让我理解各种事件的唯一范畴。"或者说："从一种方法（自由主义的）到另一种方法（马克思主义的）的转向，并非预先考虑过——而是偶然发现"（Harvey 2001a：7）。

　　从一开始就值得记住的是，哈维"遇见"和"偶然发现"了历史-地理唯物主义的"基石"。不必说，在他步履蹒跚之时，他将放弃一些观点（例如，只需比较一下《地理学中的解释》与《〈资本论〉的限度》）。然而，使我感兴趣的，不是他所放弃的观点（自由主义规划与资产阶级思想的谵妄），不是他所坚持的观点（如"为了合理的论证而设立并遵循的适宜的智

---

　　① "辩证法研究原理……'应该'在我们的概念和思想中形成一种永久性的运动状态。但是，这种灵活性和开放性的消极面，除了一整套华而不实、游移不定的概念和发现，几乎不会生产什么东西……对现象多样性和相关性的理解，其目标是……识别极少的基本过程，这些过程使现象形成'统一性'，同时又使它们'区分开来'……在这一意义上，辩证法就是要寻求一条通往某种本体论上安全的或还原主义的道路——不是把什么东西都还原为'物'，而是还原为对普遍生成过程和关系的理解"（Harvey 1996a：58）。

性标准" [Harvey 1969a：vii]），也不是他在后续研究中获得的新观点（马克思主义规划与特定阶级的革命思想），而是他如何对这块"基石"加以辨识与评判。毫无疑问，哈维曾遇见并偶然发现了各种事物，那么，是什么驱使他从这块"基石"中发现了各种事物的"价值"呢？此外，他的经济规划是如何同历史-地理唯物主义的"基石"对政治经济学批判的支持与杠杆作用协调一致的？哈维给出了一个似是而非的回答。在偶然发现历史-地理唯物主义的"基石"时，他似乎已经偶然发现了使用价值（它"最有意义"）和交换价值（"迄今为止"）。这一精心筹划的评判预设了陈旧过时的情况。如果哈维偶然发现了一些"更有意义"之物，那么，历史-地理唯物主义的"基石"便会被抛弃。同时，历史-地理唯物主义的"基石"被视为一种消耗性的生产资料；一种不断更新其意义与价值的工具；一种智性的劳动力，其"特定的"使用价值在于产生意义："为积累而积累，为生产而生产"（马克思《资本论》第 1 卷，引自 Harvey 1982a：29）。说到底，哈维希望能"产生意义"的世界，正如马克思希望能"创造价值"的劳动力。哈维对之深信不疑，从中获益匪浅，并以之为立论依据。[①] 因此，对我们来说，重要的是理解哈维所专注的"价值"的独特形式，他将这种形式归因于马克思，而马克思又将其从资本主义中抽离出来。

价值之谜

马克思把商品视为"使用价值""交换价值"和"价值"的物质体现……正是这些概念，对于接下来的一切都具有绝对根本的意义。关于资本主义的整个分析都是以它们为枢纽来展开的。

哈维（1982a：1）

---

① 令人耳目一新的是，鲍德里亚（1975，1981，1994，1996）提出了相反的假设：世界逃避意义，因而注定会保持神秘。

马克思试图避免使价值自然化——尤其是"使用价值"——他将价值置于特定的社会条件下，从而发现了某种"使用中的价值"。在一种语境下有用的东西，在另一种语境下不一定有用。然而，整个政治经济学批判都以作为不可分割之概念的使用价值所提供的杠杆作为支点。随着交换价值（替代、置换、转移、延迟和离散的原则）的出现，使用价值同自身相分离，并转而与自身"对立"。随着资本主义的到来，"使用中的价值"让位于"交换中的价值"。（这便是从 C-C 到 M-C-M 的转变。①）显然，资本家必须生产有用的东西（否则这些东西便卖不出去），但资本家不会因为有用而生产这些东西。相反，物以交换为目的而生产。这便是商品所特有的被扭曲的使用价值。马克思（1954 [1886]：173）说："为了把自己的劳动表现在商品中，他必须首先把它表现在使用价值中，表现在能满足某种需要的物中。因此，资本家要工人制造的是某种特殊的使用价值。"② 但马克思（1954 [1886]：44）观察到，"在我们所要考察的社会形式中"，使用价值"是交换价值的物质承担者"。③ 简言之，使用价值承载并催生了交换价值。二者绝非辩证对立，而是在资本的流通和积累中完全串通一气的。在下文中，商品的异化、物化和拜物教造成了对有用性（usefulness）的错误认识。鉴于这种错误，人们可以理解要求补偿和酬报的呼声。然而，早在交换价值"出现"之前，有用性便与自身背道而驰。它总是在不可避免的算计基础上自我分化、分配和离散（参见 Spivak 1985，1995）。"由于任何使用价值都是由'被他人'正在使用或正在'另一种场合'使用的这种可能性表示出来的，所以这种相异性或可重复性'先天地'就能把它投射到等价物的市场上"（Derrida 1994：

---

① 在《资本论》中，马克思以 C 指代"商品"（Commodity），以 M 指代"货币"（Money）。——译者注

② 中译参考马克思、恩格斯：《马克思恩格斯全集》第 44 卷，中共中央马克思恩格斯列宁斯大林著作编译局编译，北京：人民出版社，2001 年，第 207 页。——译者注

③ 中译参考马克思、恩格斯：《马克思恩格斯全集》第 44 卷，中共中央马克思恩格斯列宁斯大林著作编译局编译，北京：人民出版社，2001 年，第 49 页。——译者注

162）。因此，批判理论的使用价值，只要被认为是一种"使用中的价值"，便会被指望转化为交换价值，并投入资本流通之中。斯皮瓦克（1995：65）不同意德里达（1994）的说法，因为它没有"尊重商业资本与工业资本的差异"（即交换领域中的价值"流通"和生产领域中的价值"创造"的差异）。当马克思着眼于价值创造时，他卓有成效地解构了使用价值和交换价值的差别。由于劳动力能创造超出其所需之物，"马克思提出了'资本消耗劳动力的使用价值'这一非凡见解"（Spivak 1985：79）。马克思告诉我们："资本之所以形成，是因为它利用了劳动力的'使用价值'……而劳动力的使用价值就是要创造超出其所需的更多价值。"他表明，通过剥夺超量的劳动力，"剩余价值就成了资本的起源"。劳动创造了使用价值"和"价值。因此，"德里达似乎要推翻错误的马克思并另起炉灶，他指出，交换……隐含于使用之中"（Spivak 1995：74-75）。

62　　　如果"使用价值"和"交换价值"的差别无法成立，那么，"价值"本身又当如何？马克思就麻布的价值展开了思考。马克思（1954[1886]：55）坚称："我不能用麻布来表现麻布的价值。20 码麻布=20 码麻布，这不是价值的表现。""相反，这个等式只是说，20 码麻布无非是 20 码麻布，是一定量的使用物品麻布。因此，麻布的价值只能相对地表现出来，即通过另一个商品表现出来。"① 因此，马克思聚焦于物与物的关系，如麻布与上衣的关系：具体说，是"20 码麻布值 1 件上衣"这一等式。通过这一等式，使用价值（一些麻布）变成了交换价值（值一件上衣）。关键在于，麻布并未被劳动力转化为另一种使用价值。它不会变成上衣。相反，麻布依然是麻布，但它变成了——名副其实的——上衣的"等价物"。它不再是某种潜在有用的麻布，而是一个能指，一个等价物，一种通货，它可能是也可能不是一种公认的价值标准，就像黄金、英镑或巨无霸汉堡那样。这就是鲍德里亚（1975，

---

① 中译参考马克思、恩格斯：《马克思恩格斯全集》第 44 卷，中共中央马克思恩格斯列宁斯大林著作编译局译，北京：人民出版社，2001 年，第 63 页。——译者注

1981）坚持商品和符号的同源性的原因：正如能指就是所指，交换价值就是使用价值，它们遮蔽了——或者你如果愿意，也可以说是隐藏了——指涉物的假定真实：劳动的双重属性（抽象和具体），以及感觉的双重属性（意义和意图）。从公式上说，"商品的逻辑与政治经济学的逻辑处于符号的核心"，因为"符号能够作为交换价值（交流的话语）和使用价值（理性的解码与各有所异的社会用途）而发挥功用"；而"正因为符号的结构居于商品形式的核心，商品才能够直接产生意指效应"（Baudrillard 1981：146）。由此，鲍德里亚沉迷于一种超越了价值、使用价值、交换价值和剩余价值的价值形式："符号价值"（亦称符号交换价值）及其与象征交换的对立关系。

马克思是如何对"20 码麻布（A）值 1 件上衣（B）"这一等式加以阐明的？

一切价值形式的秘密都隐藏在这个简单的价值形式中……麻布通过上衣表现自己的价值；上衣则成为这种价值表现的材料。前一个商品起主动作用，后一个商品起被动作用。前一个商品的价值表现为相对价值，或者说，处于相对价值形式。后一个商品起等价物的作用，或者说，处于等价形式。相对价值形式和等价形式是同一价值表现的互相依赖、互为条件、不可分离的两个要素，同时又是同一价值表现的互相排斥、互相对立的两端即两极。[①]

马克思（1954[1887]：55）

由于价值关系（A 值 B）可以从两个向度（分别来自 A 和 B）来讨论，因而，它需要以两种相互抵牾的形式予以表达：一种是中介的（即相对形式，A 在 B 中是有价值的）；另一种是非中介的（即等价形式，其中 B 是价值尺度）。当 B 是"货币"而 A 是"商品"时，这种不对称的双重性将昭然

---

① 中译参考马克思、恩格斯：《马克思恩格斯全集》第 44 卷，中共中央马克思恩格斯列宁斯大林著作编译局编译，北京：人民出版社，2001 年，第 62-63 页。——译者注

若揭。所有商品都有一种形式上的等价关系（A=B=C=D，等等），但唯有货币是等价物。当然，货币价值在表面上的自明性源于一种意味深长的误认。无论在何处，由于不存在非相对的位置，"认同功能便无从实现"（Arthur 1979：80；参见 Olsson 1991，2000 关于等价关系之矛盾性——即关于同一性和非同一性之误认[如 A=B]——的讨论）。鉴于 A=B 必须同 A 非 B 这一事实相符，马克思大胆地从一种"表面上的非同一性"中探寻"真正的同一性"，并发现，这种同一性存在于通过商品（即以社会必要劳动时间为形式的、对社会有用的劳动）而分配与计量的劳动的实质之中。因此，至关重要的是"转换问题"（即依据劳动价值来确定货币价格的问题）。这是一个无法妥善解决的问题，众所周知，斯拉法（Sraffa，1960）试图通过采纳结构主义理论而非劳动价值论来回避这一问题（参见 Arthur 2002；Mandel and Freeman 1984）。通过坚持劳动价值与货币价格的辩证关系，哈维（1982a）做出了祛除所谓转换问题及其结构主义替代物的激进尝试，这是因为，只有因果关系才要求人们进行单向度的转换。诚然，价值既不是"自反性的"（A 的价值不能以 A 来表现），不是"对称性的"（价值的相对形式和等价形式彼此抵牾），也不是"传递性的"（"特定的"等价物只能通过"普遍的"等价物来交换；货币的作用就好像它只是一种价值，Arthur 1979）。因此，哈维谈到，与其说劳动价值论的逻辑是有缺陷的，不如说将辩证关系仅仅简单视作一种因果关系是不合逻辑的。尽管事实如此，但它却未意识到，等价关系的矛盾性将一直持续下去，无法通过诉诸劳动之实质而加以解决。

在使亚麻布（A）成为表现物，使上衣（B）成为被表现物之后，马克思继续说道：

可见，通过价值关系（"20 码麻布值 1 件上衣"），商品 B 的自然形式成了商品 A 的价值形式，或者说，商品 B 的物体成了反映商品 A 的价值的镜子。商品 A 作为价值体，同作为人类劳动的化身的商品 B 发生关系，就使 B 的使用价值成为表现 A 自己的价值的材料。在商品 B 的使用价值上这样表现出来的商品 A 的价值，具有相对价值形式。①

马克思（1954[1887]：59）

马克思非常清楚这一点："使用中的价值"将自身推向市场。因而，关键差别并非麻布的"使用价值"和"交换价值"的差别，而是"麻布"和麻布的"使用"的差别。后者通常已用于等价、替换与计算。正如马克思一开始指出的那样，确切地说，使用价值就是使用中的"价值"。

若不是马克思坚持使用价值对现存政治经济学的杠杆作用，那么，它的不稳定性或许只是一种微不足道的刺激物。"甚至在分析商品时，我没有止步于考察商品所表现的二重形式（使用价值和交换价值），而是立即进一步论证了商品的这种二重存在体现着生产商品的劳动的二重性：'有用'劳动……和抽象劳动"（Marx 1883，引自 Althusser and Balibar 1969：79）。② 此外，整个政治经济学批判赖以维系的"剩余价值"概念，由于同交换价值相对的使用价值的不稳定性而被彻底动摇。因为马克思坚称："剩余价值本身是从劳动力特有的'特殊'使用价值中产生的"（Marx 1883，引自 Althusser and Balibar 1969：79）。③ 如果在哈维的文本中探究使用价值的分解所带来的难以言喻的后果，将会饶有趣味。然而，鉴于我在写作中的限定条件，我将克制这种诱惑，因为我的核心关切是对"剩余价值"的讨论。通过排除的方式便足以说明："某种讨论的意义每次都取决于'有用的'这一词的基本

---

① 中译参考马克思、恩格斯：《马克思恩格斯全集》第 44 卷，中共中央马克思恩格斯列宁斯大林著作编译局编译，北京：人民出版社，2001 年，第 67 页。——译者注

② 劳动迟迟才进入价值领域或许让人感到意外，尽管它肯定不会成为一个结局。鲁宾（Rubin 1973：62）提醒道，事实并非"劳动隐藏在价值背后，或包含在价值之中：价值='物化的'劳动。更准确地表达价值理论的方式倒是相反：在商品资本主义经济中，人们之间的生产-劳动关系必须获得物的价值形式，并只能表现在这种物质形式之中；社会劳动只能以价值来表示。"换言之，"价值"并非物的一种客观属性（如人类劳动的特定数量或质量），而是一种社会形式（如表现在物中的人际关系）。价值是一种形式，而不是一种内容。"正是在内容的'物质性'之中，形式消解了自身的抽象性，并将自身再生产为一种形式"（Baudrillard 1981：145）。

③ 在阐述其对德里达（1994）的反对意见时，斯皮瓦克（1995）未能对所谓"特殊性"和"排他性"提出质疑，而这种"特殊性"和"排他性"是与劳动力的使用价值相关联的。

价值……可以肯定的是，辩论必然会走样，而基本问题也就被回避了"
（Bataille 1985：116）。作为交换价值不在场的证明，使用价值总是使人们
的注意力偏离关键问题：剩余价值的命运。

外部之内

> 我所关心的是……尝试以这样一种方式来重建马克思的元理论，以便把
> 一种对时空性的理解整合到……其框架之中。
>
> 哈维（1996a：9）

65   要理解哈维的"唯物主义"，就有必要探究其著作中的"经济学"和"稳
定性"：不仅是他论述政治经济学的著作，还包括他著作中的政治经济学，
他从未忘记对其加以利用（在该术语的每一种意义上）。坦率地说，我所担
心的是他著作中的政治经济学与他在表面上批判的政治经济学暗相契合。换
言之，他并未建构一种对资本主义政治经济学的表述，使他能够获得一种批
判性的支点，进而实现一种革命性的更替（这是对马克思的第十一个论点的
另一种回应，尽管令人惊讶的是，哈维如此频繁地将其著作描述为变动不定
之世界的一扇"窗户"[①]），相反，其著作中的经济学响应、确证并拱卫了
它在表面上想要更替之物。我为哈维著作的命运感到担忧，因为它将资本所
带来的暴力与毁灭（即是说，由某种著作带来的暴力与毁灭；正如哈维不厌
其烦地告诉我们的那样，资本不是一种"物"，而是一种"变动的价值"，一
种"自行扩张的价值"：价值被转移与推延，价值被置换，价值被传递——从
活着直到消亡）融入自身。

[①] "我们只要从一扇窗户转到另一扇，仔细地记录我们所看见的东西，就能越来越近地理解资本主义
社会及其所有内在矛盾"（Harvey 1982a：2）。"我将对'都市'的阐释集中于'积累'和'阶级斗争'
这两个主题……它们是检视资本主义活动之整体的不同窗口"（Harvey 2001a：79）。

我已经提到，历史-地理唯物主义的"基石"意在提供批判性的杠杆，以再度形成对现实之冲突状态加以组织的"相反"力量。作为一个唯物主义者，哈维拒绝依赖那些持存不变之物。每一事物都应当被置于——被嵌入——适当的历史和地理语境之中。

在此，历史-地理唯物主义的"基石"过去惯于说，辩证法的论证不能被理解为外在于世界具体的物质条件，我们在其中发现自己；并且在严格的"具体"字面含义上（至少与人类行为的时空有关），那些具体条件常常是持久不变的，以至于我们必须承认它们的永恒性、意义和力量。

哈维（1996a：8）

换言之，"基石"必须"内在于"情境。"人应该在实践中证明自己思维的真理性，即自己思维的现实性和力量，自己思维的'此岸性'（*Diesseitigkeit*）"（Marx 1946 [1845]：63）。[①] 因此，哈维拒绝被外部批判的海市蜃楼所诱惑。他所看重的是，"'内在性'即'此岸'，马克思本人已将其与古典哲学的'超在'（transcendence）即'彼岸'对立起来"（Althusser and Balibar 1969：127）。他还倾向于从"上升"转向"下降"，从诸如价值和剩余价值这类"不可观察的"概念，转向诸如货币和利润这类可以从日常生活中观察到的"具体的抽象"。

资产阶级的社会科学……试图从外部建构一种世界观，寻找某些固定不变之点（范畴或概念），希望以此为基础形成对世界的"客观"理解。资产阶级社会科学家典型地试图通过抽象化的方式脱离世界，并由此理解世界。相反，马克思主义者总是试图从内部建构对社会的理解，而不是想象某个外

---

① 中译参考恩格斯：《路德维希·费尔巴哈和德国古典哲学的终结》，中共中央马克思恩格斯列宁斯大林著作编译局编译，北京：人民出版社，2014年，第63页。——译者注

在于社会的固定不变之点。

哈维（2001a：89）

由于万物在任何"时刻"都彼此关联，在哈维的历史-地理唯物主义的"内部"，不允许"外部"的存在。万物都是既定的。如果我们要观察这个世界，那么，我们只能从"内在于"世界的位置加以观察。如果我们要改变这个世界，那么，我们用以改变世界的杠杆只能来自世界"内部"。幸运的是，

马克思主义者在社会生活的矛盾进程中找到了一整套社会变迁的杠杆，试图通过努力推动这些杠杆来建构对世界的理解……资产阶级学术界必须抛弃资产阶级的身份，必须跨越障碍走到另一边，才能真正理解来自内部的观点——即来自劳动者立场的观点——究竟为何物。

哈维（2001a：89）

简言之，制度的杠杆必须用来"对抗"这个制度。这便是制度为何有必要被变动不居、激荡不安、矛盾交织的张力所冲撞和破坏。"资本主义……形成了一股不断革命的力量，扫除了一切旧有的生活方式，释放了扩大社会劳动生产力的无穷无尽的力量。但在资本主义的机体中，同样孕育着自我否定的种子。这些种子的生长，最终瓦解了资本主义植根其上的基础。危机内在于资本主义之中"（Harvey 2001a：310）。若没有这种内在的动力，这个制度便无法改变（无论是出于革命的还是资产阶级的目的）。人们已经感受到了哈维对历史、地理和辩证唯物主义的坚持。恰在此时此刻，整个存在都处于动态的张力状态中，这种矛盾力量的积聚使我们转向另一个层面：（我们担心的）资本的绝对虚无主义，或（我们所期冀的）对敌对状态的"否弃"。我们只能依靠"内部力量"，在重复与重写、复制与改造、持存与否弃之间玩一场双重游戏。正如在他之前的马克思和恩格斯一样，对哈维而言，最重

要的双重动因是无产阶级，他们"失去的只是自己身上的锁链"，而"获得的将是整个世界"（Marx and Engels 1986 [1848]：70）。

这便是哈维的著作告诉我们的东西。首先，只有内部的力量——除了内部的力量外"别无其他"。外部与内部息息相关。它是内部的外部。因而，它总是被内部所涵括、内化和占据。事实上，"马克思不相信在社会过程的全部决定过程'之外'存在着'剩余'或'残留'的观念"（Harvey 1996a：106）。其次，这些内在力量由双重动因构成，它们只有在前者分崩离析时才会发挥作用。万物（至少）都有两副面孔。即是说，万物都是两面性的、表里不一的、矛盾的。"由于矛盾，所以在体制'内部'存在着无数支点，持不同政见的个人构成的群体可以利用这些支点，试图沿着不同道路来改变社会变迁的方向。总是存在着一些薄弱环节"（Harvey 1996a：106）。再次，尽管一些双重动因尚在蓬勃发展（资本家、工人、农民、土地主、产业后备军等），但绝大多数双重动因已走向衰亡（资本大量积累；商品大量积累；财富大量积累；使用价值、交换价值和符号价值大量积累等）。最后，由于双重动因的能动性始终具有两面性，它们的运作同时有助于体制的持存与转变。"因此，资本总会促成积累过程中的'内部革命'——由危机所促发的革命"（Harvey 2001a：83）。

"马克思主义理论在很大程度上是一种关于危机的理论。马克思主义理论认为，历史运动是建立在相互竞争和对立的力量之间的深刻而普遍的斗争之上的，这些力量绝无彼此和谐融洽的可能（除非出于意外！）"（Harvey 2001a：74）。[①] 例如，人们认为，资本和劳动在剩余价值的榨取和分配上彼此对立；社会生产关系对生产力的约束；资本的集中和集中化；利润率下降的趋势促发的过度积累的危机。事实上，"过度积累-货币贬值的理论，揭示了资本主义生产方式所蕴含的极度疯狂、强大的破坏力……资产阶级最

67

---

① 尽管哈维常常暗示"相互冲突的趋势"（即偶然性和关联性）的结合，但他更倾向于谈论的是"主导趋势"与"对抗力量"（即必然性与约束力）的彼此统一。

终成为'历史上最具破坏性的统治阶级'"（Harvey 2001a：309，引自 Berman 1982：100）。因此，"资本主义内部创造世界市场的冲动"在一定程度上吸收了大量过度积累的（即未充分利用的）资本（Harvey 2001a：302）。不必说，依旧悬而未决的问题是，这种对抗与危机的趋势是否会"以铁一般的必然性导致不可避免的结果"（Marx 1954 [1887]：19）。

哈维著作的一个显著特征是，他所强调的是资本的"过度积累"，而不是资本的"不平衡发展"/"不平等交换"。这一点非常重要，因为后者虽然能持续（至少在原则上如此），甚至能够被修正（例如，通过国家干预或城市规划），但前者却不能。过度积累对资本而言无异于一场灾难。哈维对危机四伏的资本主义历史地理学的阐述建基于他的过度积累-货币贬值的理论，这一理论反过来又取决于利润率下降之"趋势"的"定律"（特别参见 Harvey 1982a：chs. 4§Ⅳ and 6§Ⅲ）。由于资本积累不可避免地增加了固定资本（机械、原材料、能源等）相较于可变资本（劳动力）的数量，利润率几乎肯定会下降。生产从劳动密集型向资本密集型的相对转移，意味着剩余价值必须通过不断大量增长的资本而被分享。因此，事实上利润率必然下降。此外，资本家更重视节省劳力而非节省资本的措施，而阶级斗争又有助于控制剥削率，这两个因素都加剧了利润率下降的趋势。鉴于此，哈维的态度十分明确：危机是由资本的过度积累引起的，尽管其后果是使资本和劳动都无利可图。这是一个"资本剩余的问题"（Harvey 2003b：89）。通过价值在运转中的自行增殖，资本会从内部破坏自身。因此，经济危机从长远来看不可避免，尽管其发生取决于这种趋势同其他可能抵消或加剧它的社会、经济或政治趋势的具体关联（如各种资本的不同周转时间，以及它们所夹带的过多金融工具）。哈维的结论是，即使在最理想的情况下，平衡的积累也是不大可能的。事实上，我们所知晓的关于资本流通的一切都表明，它是极不平衡的。尽管如此，在马克思主义的政治经济学中，由资本的有机构成和价值构成的上升所导致的利润率下降的趋势，会遭到彻头彻尾的质疑。这是因为，即使固定资本的"质量"相对于可变资本的"质量"有所提升，也不等于说一旦考虑到生产率的变化（这种变化往往会提升剩余价值，降低固定资本的价值），这种重新构成的"价值"，以及由此带来的利润率，就会发生不利的变化（Sweezy 1968；Bottomore 1983；Howard and King 1985；Catephores 1989）。简言之，哈维的凿凿之言建立在无法确证的基础之上（参见 Harvey 1982a：188）。利润率"或许会"下降，但它是否有下降的"趋势"，则完全是另一回事。

　　然而，从历史-地理唯物主义的观点看，现实为了某个瞬间之物处于一种分崩离析的冲突状态，这便足矣。哈维在其文本中探讨的一个重要矛盾，是资本的流通以自身的形象为固定资本创造了既定环境，从而成为未来资本积累的桎梏。这促成了"资本主义生产体系内的各种周期性危机。这些危机有助于使这一体系'合理化'"（Harvey 2001a：80）。他问道："公民社会能否通过'内部'改革而免于内部矛盾（以及最终的崩溃）……？""还是说，救助之道在于'空间修复'——即一种藉由帝国主义、殖民主义和地理扩张来实现的'外部'变革？"（Harvey 2001a：288）。"黑格尔的'内在辩证法'在马克思的文本中有持续不断的表现。同时，在每个节点上，解决资本主义矛盾的空间问题都可以名正言顺地重新提出来"（Harvey 2001a：299）。

　　围绕对资本流通和积累的内在矛盾加以有效"时空修复"的必要性和不可能性，哈维做出了持续不断的辩证质询。哈维谈道："公民社会的内在辩证法通过不断诉诸空间修复而持续舒缓和复制"（2001a：302）。这样，"推动资本主义内在辩证法的社会关系，只不过是在更广阔的地理规模上重新塑造。在此种状况下，没有长期的'空间修复'来应对资本主义的内部矛盾"（Harvey 2001a：307）。因此，"在空间修复缺席的状况下，这种（过度积累的）危机的……唯一有效的解决之道，便是资本的'贬值'"（Harvey 2001a：300）。因而，无怪乎"对空间修复的追寻转变为帝国主义之间的对抗，以决定由谁来承担贬值所造成的冲击"（Harvey 2001a：310）。尽管承认这种分析的力量，并意识到"内在矛盾和外在矛盾耐人寻味的格局……

69

会迫使论述向上、向外螺旋式发展"（Harvey 1982a：446），但我想知道的是，哈维本人的论述是否试图对政治经济学批判的内在矛盾予以"空间修复"，最明显的是诉诸历史-地理唯物主义的"基石"与"永恒之物"，这些"永恒之物"可以有效地挑战"资本主义从其他开放、流动和动态的社会过程中创造出来的特定永恒"（Harvey 1996a：108）。

危机使一个不合理的制度合理化的观点，呼应了恩格斯对黑格尔"凡是现实的都是合理的，凡是合理的都是现实的"这一命题的辩证反驳：

> 黑格尔的这个命题，由于黑格尔的辩证法本身，转化为自己的反面：凡在人类历史领域中是现实的，随着时间的推移，都会成为不合理性的，就是说，注定是不合理性的，一开始就包含着不合理性；凡在人们头脑中是合乎理性的，都注定要成为现实的，不管它同现存的、表面的现实多么矛盾。按照黑格尔的思维方法的一切规则，凡是现实的都是合乎理性的这个命题，就变为另一个命题：凡是现存的，都一定要灭亡。①
>
> 恩格斯（1946[1888]：13）

因此，真正重要的并非资本主义在两种合理化形式（修复与危机）之间摇摆不定，而是这样的事实，即资本主义在本质上是不合理的，因而注定要走向毁灭。无论资本主义表现为何种形态，它始终有一种过度积累的"趋势"，这种趋势在暂时性的"时空修复"和周期性的"过度积累-货币贬值"危机之间的震荡中表现出来。遵循这种结构主义倾向，哈维（2003c：1）在《新帝国主义》的开篇宣称，他"试图揭示在所有表面的振荡与波动之下所发生的某些更深层次的转变"。然而，我明显感觉到，在努力穿透事件表面的过程中，哈维并未意识到这些事件的逝去（参见 Harvey 1987b；Virilio 1991；

70

---

① 中译参考恩格斯：《路德维希·费尔巴哈和德国古典哲学的终结》，中共中央马克思恩格斯列宁斯大林著作编译局编译，北京：人民出版社，2014 年，第 8 页。——译者注

Smith and Doel 2001）。他所看到的，似乎只是过度积累的"趋势"（作为一种不合理内核的"内部"），这种趋势在时空修复和过度积累-货币贬值危机中的"表现"（作为一种位移、延迟和破坏力量的内部的"外部"），以及他称之为"剥夺性积累"（Harvey 2003b）的"原始"或"初始"积累的"永恒回归"（一种维持资本之资本属性的外部的"他者"）。① 在"这种'内部-外部'辩证法"（Harvey 2003c：141）的追寻中，历史-地理唯物主义无法直面现实。它们并未正面遭遇事件，而是与之擦肩而过——这些事件一去不返，有如消失的中介物一般。话语表现为相对的、而非等价的价值形式。当一切都必须被认识、评价和解释时，便几乎不会有疏离、差异和变化的余地。历史-地理唯物主义给人留下的印象是，尽管它具有开放性和敏锐观察的特征，但它永远不会因出其不意而措手不及。

激荡依旧

这是我所持有的东西，而它反过来又将我牢牢掌控，这是一个承认自己不知道何去何从之人的权宜之计。

德里达（1983：50）

唯物主义不仅使我们注意到语境的特殊性，而且坚持将一切批判嵌入这样的语境之中。至关重要的是，在不诉诸一套既有的价值、理想和力量（按照理想主义的观点）的情况下，唯物主义者所指涉的现实必须存在于一种冲突状态中，以便他们能展开批判性的介入。反过来，如果现实不是存在于一种冲突状态中，唯物主义者就无法获得对于现实的批判性支点。在唯物主义者眼中，一个与自身握手言和的世界标志着一切批判的终结。这便是历史地

---

① "剥夺性积累"这一说法遵循了礼物的逻辑（logic of the gift），按照莫斯（Mauss）和巴塔耶（Bataille）的观点：一种不对称的竞争性互惠的结构意在索取不断升级的回报。"将剥夺性积累和扩大再生产联系起来的脐带是由金融资本和信贷机构提供的，它一如既往地得到了国家权力的支持"（Harvey 2003c：152）。

理学走向终结的梦想，在此，历史地理学被理解为关于生产和征用剩余劳动和剩余价值之阶级斗争的历史地理学。因而，从唯物主义的观点来看，一切都取决于人们如何理解现实之冲突本质。对哈维来说，他（2000a：15）采纳了"一种与辩证法相关的概念，这一概念体现在我称为'历史-地理唯物主义'的研究方法之中"。关系论之所以重要，是因为它使人们注意到这一事实，即在那些貌似完整自足之物中，总是潜藏着一道裂隙。不同于唯物主义的原子观——自足之物在其中（以组合或聚合的方式）在彼此间形成变动不居的关系——唯物主义的关系论揭示了关系是如何融入事物之中的。"任何'物'都可以……'无限'……分解成其他'物'的集合……对于任何有关世界如何运行的理论重建来说，不存在不可还原的'物'之基石"（1996a：51）。因此，"我们理解'物'之质与量的属性的唯一方式，就是要理解内在于它们的过程与关系"（Harvey 1996a：52）。因而，每一事物绝非独立自足，而是有赖于与其他事物的关系；因此，不难发现，它们处于其他事物在表面上所居有之处。"在关系辩证法的思维中，它们总是内在于对方并与之相互牵制"（Harvey 2000a：16）。因此，承认每一事物彼此相关是不够的；每一事物的存在建基于它所形成的关系，对这种关系的再度构造，必然会改变每一事物的形式与功能（例如，在资本主义制度下工作与在另一种生产模式下工作完全是两回事）。人们还必须意识到，这种关系论可推及一切领域。道教中的阴阳关系便是一个绝佳例证："其中一极始终是另一极的核心，而这一核心在其中的扩展又将使之成为另一极"（Lyotard 1993：204）。因此，有可能将火浇灭的水，一旦被搅动和刺激，便会成为沸腾的水，这就已经是火了。相似地，在政治经济学中，"资本被界定为一种过程——即'运动中'的价值，它会通过剩余价值的生产来不断扩张"（Harvey 1982a：83）；只要资本处于"运动中"，它就必须通过表面上与之不同的东西，如劳动、使用价值、消费等，从而"生产与消费"（Harvey 1982a：80）。

由于关系论使一切失去平衡，人们已然能感受到万物分崩离析的可能。哈维以两种方式来遏止这种分崩离析：通过赋予一种稳固的结构——尤其是一个"框架"或一个"总体"——这或多或少是一种结构主义的构型，① 以及通过采纳一种辩证的关系论。首先，他坚持一种"将总体论视为内在关联性的观念"（Harvey 1973a：307）。哈维提出（2001a：75），"马克思的理论是整体性的，尤其关注部分如何与总体产生关联所具有的意义。""总体并非其各种要素的集合，也不具备独立于其部分的某种意义"，而是"具有内在关联之各部分的总体"，每一部分都可被视为"一种可扩展的关系，以使每个完全的部分都足以代表总体"。因此，"任何特定探究对象与其身为其中一部分的总体之间，必然存在某种内化了的关系。这样，探究的焦点便在于认识对象与总体之间的'关系'"（Harvey 2001a：75）。此外，结构还会调节部分与总体的关系。"结构必须被界定为……一个内部关系的系统，该系统通过自身转换规则的运作而处于被建构的过程中"（Harvey 1973a：290）。"当不存在由一种结构衍生出另一种结构的转换时，便可以将结构视为独立自足、明晰可辨的实体"（Harvey 1973a：291）。

　　然而，就其本身而言，在总体中建构关系的事实并不符合存在冲突的现实状态的需要。这便是对一个结构性总体的辩证阐述发挥作用之处：只要这种辩证法是以马克思的方法、而不是以黑格尔的方法来理解的（Althusser 1979；Althusser and Balibar 1969；Arthur 2002）。② "马克思主义思想的辩证面向聚焦于矛盾……这些矛盾……内化于特定的对象或事件之中"（Harvey 2001a：76）。事实上，哈维（2001a：308）提醒我们，马克思的"最大关切……是要拆解资本主义'内在'辩证法的本质"。作为一个唯物主义者，最重要的是使这种能动性与具体情境相适应。因此，"辩证唯物主义是……一种试图辨识重构社会所遵循的转换规则的'方法'"（Harvey 1973：290）。这些转换规则来源于现实冲突的性质。事实上，在一个结构

---

　　① 更多关于总体论的不同观点，参见 Althusser and Balibar (1979)。

　　② 依哈维（2001a：285）之见，马克思"只是力图……将黑格尔的辩证法'颠倒过来'，并赋予其物质基础"。然而，阿尔都塞和巴里巴尔（1979：86）提醒我们："对辩证法的这种'改造'，要想使辩证法建立在唯物主义的'牢固基础'上，就必须使之'重新用脚站立起来'"，这却未使辩证法保持完整（参见马克思将商品——张木桌——"颠倒过来"）。

性总体中，各部分之间的关系构型的冲突，促使总体发生转变。至关重要的
是，辩证法将这种关系理解为一种矛盾，如此，矛盾中彼此冲突的力量总会
推动对矛盾的解决或扬弃。①

> 辩证法……提出了一种理解的过程，这一过程允许对立面的互渗，整合
> 了矛盾与悖论，指明了解决的过程……辩证的方法允许我们在必要时转换分
> 析，将解决方法看作问题，将问题视为解决方案。
>
> 哈维（1973a：130）

因此，"作为总体的社会的演进，必须……被解释为结构内部和结构之
间的矛盾的结果"（Harvey 1973a：293）。此外，"我们有义务对结构'内
部'和结构'之间'的矛盾加以区分"（Harvey 1973a：291）。

矛盾使位移与转换成为必须。例如，想一想在一个矛盾关系的结构性总
体中的无数"片刻"。哈维（1996a：80）开宗明义地告诉我们："每个片
刻都被建构为其他片刻的'内在关系'"，而"当我们认为对一个'片刻'
的研究就足以理解社会过程的总体时，错误就随之产生"。因此，他认为，
"内在关系通过从一个片刻向另一个片刻的'转换'得以形成"（1996a：
80）。然而，

> 不同片刻之间总是存在着鸿沟，以致滑动、含糊性和无意识的后果必然
> 会出现……因此，虽然每一片刻都将来自所有其他片刻的力量内化了，但内

---

① 对差异（即冲突的力量；非同一性）之为"矛盾"的辩证理解，使矛盾有了被"预先"解决的可能
性。人们无法在相互矛盾的立场之间加以选择，因为当这两种立场被允许独立地——静止不动地——充当正
题和反题，某一立场及其反面两者都将是不充分的和有缺陷的。在努力解决矛盾的过程中——回想一下，解
决来源于拉丁语 resolvere resolut，指再度解开，并使之复归循环——辩证法不是静态的，而是动态的。因此，
对辩证学家而言，对矛盾的暂时解决，一经反思，便会无限地引发更进一步的矛盾和更高层次的解决。检视
过去，总是有一些"过剩"（excess）——一些"剩余"（surplus）——尚未得到恰切思考。那种整合所有
过剩之物的冲动——将一切外在之物拒之门外——会让人惴惴不安。

化总是这些结果的转换或变形，而不是精确的复制或完美的模仿。

哈维（1996a：80）

最终，我迄今为止把"片刻"之间的关系解释为"流动"和不受阻碍地从一个片刻向所有其他片刻流动的开放过程。但是，"流动"常常具体表现为"物""要素"以及可以隔离的"领域"或"系统"，它们在社会过程中……具有相对的持久性。自由流动过程的具体化总在我们身边的社会和物质世界中创造着实际的"持久性"。

哈维（1996a：81）

总而言之，历史-地理唯物主义的辩证观从构成总体的为数甚多的矛盾中获取其批判性力量。"马克思强调的总体内部的关系和矛盾，倘若处理得当，便会产生分析与综合的统一"（Harvey 2001a：77）。具体说来，"置入抽象概念机器中的对立被用来引出新论点的思路。我们辩证地展开探究……以这种方式进行论证，可以使我们了解在资本主义制度下对立是如何得以解决，每一种矛盾又是如何在新领域中得以内化"（Harvey 1989a：11）。因为"辩证的/关系的方法，其荼毒之一是，它为那些被其他方法排斥的各种各样的可能性敞开了大门"（Harvey 1996a：12）。

历史-地理唯物主义的辩证观所展现的一切，来源于对现实之冲突状态（即在总体中所建构的一系列矛盾）的理解。这种冲突状态必须是可确定的。

马克思之所以有别于（此前和此后的）资产阶级政治经济学，是由于他强调了背离均衡的"必然性"和危机在恢复均衡时的关键作用。内嵌于资本主义生产方式的对抗性使得这个体系被迫不断远离均衡状态。马克思坚信，在事件的正常过程中，达到平衡只可能是一种偶然。

哈维（1982a：82-83）

从解构主义的观点来看，人们可以质疑关系的连贯性、结构、总体、矛盾，以及历史-地理唯物主义之"基石"的稳定性。[①] 然而，在全文行将结束之时，我只想质疑历史-地理唯物主义辩证观的推动力。如我们所见，这种推动力的来源，在于将关系表述为一个结构性总体中的矛盾。然而，我尚未强调的是，政治经济学批判的落脚点，是一种虽可以完全被事物的既有秩序所解释，却无法被这种秩序所容纳的过剩。这种过剩的矛盾本性是推动结构性总体走向滑动、位移与转换之危机的原因。在由马克思所开创、由哈维所完善的政治经济学批判和历史-地理唯物主义内部，这种过剩被称为"剩余价值"（即由资本家所榨取和占有的剩余劳动的价值形式）。"剩余价值是生产总值中扣除固定资本之后剩余的部分（包括生产资料、原材料和劳动工具）以及可变资本（劳动力）"（Harvey 1973a：224）。人们如何解释

75

在一种自我平衡[即周而复始]的调控系统中存在的价值的剩余？当一个循环结束时，系统的所得如何才能超过生产过程中的消耗？基本上，对这个问题的回答总是如此："这个系统并非孤立的"，它在自身"之外"演绎或接受能量补充，它对这些能量加以转换，将其融入自身的循环中，此后，它仍将保持自身的独特性。重农主义者称之为外在性，马克思称之为"劳动力"，不少马克思主义者或凯恩斯主义者（Keynesians）[②] 则谓之第三世界或不平等交换。但无论如何，有必要引入"边际线"概念，以使周而复始的

① 既然一种关系中的要素已被另一种关系所据有，"'人们便无法设想'在一个扭曲变形、震撼不断、错综复杂的领域内'占据一席之地'。人们必须将这一点铭记于心"（Lyotard 1993：11）。例如，政治经济学总是在源头处便据有了其本身："生产者自身为自己劳动条件的拥有者，使用这种劳动来令自己而非资本家富足"（马克思：《资本论》，引自 Harvey 2001a：306）。然而，尽管所有权、劳动和财富被视为给定的，政治经济学批判却将矛头对准从给定之物中非法谋取的东西：如资本这样的寄生形式。故此，才会有"剥夺性积累"这一矛盾的说法。剩余被扣除。正如巴塔耶（1988）所言，它们是"为增长而保留的"——就像政治经济学批判是为资本"保留"的。
② 凯恩斯主义是建立在经济学家凯恩斯（John M. Keynes）思想基础上的经济理论，强调宏观经济趋向对个体行为的制约作用，主张国家采取扩张性的经济政策，通过刺激需求来促进经济增长。——译者注

系统与一种可资利用的外部能量的储备相关联。

利奥塔（1993：153-154）[①]

　　无论是政治经济学批判，还是历史-地理唯物主义，都充分利用了剩余价值的生产和剩余价值的危机趋向。因此，政治经济学批判可以反身性地运用于政治经济学的"批判"。在资本的流通过程中，价值脱离剩余价值，从而与自身相区分。这种分化过程既是竞争性的，它使剩余价值的生产者与积累者彼此对立；它也是危机四伏的，因为相对于利用资本以获利的机会，存在着资本过度积累的趋势。然而，这一分化过程的核心既非价值，亦非剩余价值，而是劳动："劳动是价值的实体和内在尺度，'但它本身不具有价值'"（马克思，引自 Harvey 1982a：23）。说到底，我所担心的是，政治经济学批判和历史-地理唯物主义将永远踯躅不前，这不仅因为它的整个体系是可以拆解的（Baudrillard 1975，1981；Derrida 1994；Lyotard 1993，1998），而且还因为它将继续依赖于意义和价值。

　　在《〈资本论〉的限度》一书的开篇，哈维（1982a：1）告诉我们："一段漫长的探索之旅……使马克思得出了一个根本性的结论：要揭开商品的秘密，就要解开资本主义本身错综复杂的谜题。"[②] 最后，为了反驳这种历史-

---

[①] 阿尔都塞和巴里巴尔（1979：6）这样说道：政治经济学家所采用的解决方案（劳动的价值等于维持和再生产劳动所必需的生活资料的价值）被马克思作为问题提出来（"劳动的价值等于维持和再生产劳动所必需的生活资料的价值"）。马克思对这一问题的解决方案（劳动[力]的价值等于维持和再生产劳动[力]所必需的生活资料的价值）使他进入了一个新领域，赋予他对现实之冲突性质以批判性的支点："剩余价值"（有别于"剩余劳动"）难以驾驭的过剩，其数额是劳动力注入商品的劳动"价值"，与通过工资的购买力返还给劳动力的劳动"价值"之差。正如"剩余价值"一词使人想到的那样，资本是在榨取并保留部分劳动的基础上形成的，而这部分劳动并未返回其来源：劳动力。简言之，工作的价值超过了工资的价值（这便是对资本主义危机的另一种解释：由总需求不足导致的消费不足）。"花更长的时间挣更少的钱；这样，便有了非等价物的交换"（Spivak 1995：77）。因此，资本主义在实质上是异化和剥削的扩大再生产，其具体形式是剩余价值。

[②] 严格说来，马克思（1954[1886]：43）以"庞大的商品堆积"作为《资本论》的开篇，尽管他的分析旋即起步于——马克思说，"必须"起步于——'单个'商品：这种庞大积累的"单元"。然而，不出意料的是，对这一"单元"的分析每每使马克思复归商品的世界，这主要是因为，如我们所见，价值总是居于他处：价值是相对的，复杂多样的，变动不居的。这将使鲍德里亚（1998）回到马克思所忽视的原点——"丰盛"——并引出了政治经济学批判的这种位移所造成的后果。

地理唯物主义，让我们将目光转向一种全然不同的处理问题的方式：巴塔耶的"基础唯物主义"。

76 　　大多数唯物主义者，尽管想要消除一切精神实体，最终却描述了一种事物的秩序，这种秩序的等级关系使之表现出明确的理想主义特征。他们将死寂的物质置于由形形色色的事实所构成的传统等级制的顶端，却并未意识到，如此一来，他们已沉迷于一种"理想的"物质形式，沉迷于一种较之其他任何形式更接近物质之"应然"状态的形式。

　　巴塔耶（Bataille 1929, 'Matérialism', 引自 Bois and Krauss 1997: 29）

　　任何被赋予之物都必须归还。因而，如果马克思正确地把"价值"当成是"赋予"的，那么，价值也注定要"归还"（Baudrillard 1996）。政治经济学家和历史-地理唯物主义者所面临的挑战，就是要放弃价值，尤其是剩余价值：既不带怨恨，亦不带留恋。这并不是说，价值（及其全部表现形式）注定要回归其合法所有者和适当的位置（活的劳动）。毋宁说，价值注定会消散无踪。因此，我最后的想法非常简单：无需惶恐不安。价值的消散无踪应当成为人们纵情欢笑的理由。

作者简介：

　　马库斯·杜尔（Marcus Doel），威尔士斯旺西大学（University of Wales, Swansea）人文地理学教授。他曾撰写多篇关于德勒兹、加塔利和德里达的论文，并著有《后结构地理学：空间科学的恶魔艺术》（*Poststructural Geographies: The Diabolical Art of Spatial Science*, Edinburgh University Press, 1999）。

译者简介：

庞弘，文学博士，四川师范大学文学院副教授，主要从事西方文论和视觉文化理论研究，出版译著《福柯：关键概念》《导读福柯<规训与惩罚>》。

第四章　重要的差异

梅丽莎·赖特　著　　王齐飞　译

　　戴维·哈维作为一名献身于社会主义和辩证法的理论家，始终如一地以实现团结为目标来探讨社会差异的概念。在经典马克思主义的传统中，他所关注的社会差异的核心问题是阶级分化，这种分化源于并且直接促成了资本不断追求积累背后的过程。因此，哈维相应的对团结的看法是指阶级的团结，这种阶级团结会在社会主义最成熟的演进过程中逐渐消除阶级分化，同时也会消除对资本组织至关重要的其他许多社会差异。

　　哈维聚焦于资本主义制度中十分重要的阶级差异，这在他成果丰硕的30 年学术生涯里贯穿始终。然而，随着 1989 年《后现代的状况》一书的出版，出现了一道断层线，这道断层线把他 1989 年之前出版的著作同以后出版的著作区分开来。从 1973 年出版的《社会正义与城市》，到 1985 年同时出版的《意识与城市体验》和《资本的城市化》（*The Urbanization of Capital*）两部著作，哈维关注的是"积累和阶级斗争这两个主题"（Abu-Lughod 1988：412）。他的目标是要在地理学和城市研究内部发展一种马克思主义的研究方法，并通过将空间问题纳入历史唯物主义的辩证分析之中，以丰富马克思主义的政治经济学（Kearns 1984：411）。哈维坚信这些目标是要捍卫马克思的理论能够适用于当代城市和经济现象，但在 1989 年之前出版的著作中，他没有为自己选择阶级差异而不是其他社会差异作为一种在社会、经济和政治方面意义重大的差异而进行辩护。鉴于存在各种争论，即他在 1989 年前的著作中主要讨论的是马克思主义的城市和地理研究的问题，因而没有必要

做出这种辩护。尽管他发现有必要捍卫马克思主义的分析，以反对那些批评
这种分析在全球市场语境中过于抽象、意识形态化、理想主义、具有决定论　81
色彩并且过时的人们，但他没有必要去解释他对阶级问题的重视（参见
Gutenschwager 1976）。在这些文献中，阶级作为权力和社会差异标志的重
要性，在很大程度上仍被认为是不证自明的。

　　在哈维于 1989 年出版《后现代的状况》一书时，马克思主义不仅遭到
了来自亚洲和美洲的各国政府的猛烈抨击，它们力图摧毁一切形式的马克思
主义政治，而且也遭到了来自后结构主义和女性主义学者的猛烈抨击，他们
对于阶级的原初地位是差异的首要范畴，以及唯物主义分析对于理解权力问
题的相关性（参见 Eagleton 1995）等，提出了质疑。虽然哈维当时已经确立
了自己作为马克思主义批评家的地位对于国家支持的新自由主义进行批判，
但《后现代的状况》一书却代表了他对社会理论和艺术领域中的后结构主义
与后现代主义转向做出的首次回应。贯穿全书的激烈言辞，显示出他渴望与
那些理论家进行直接的辩论，他们或者强调有关物质的话语的重要性，或者
强调身份的复杂性是他们分析的要点，而非资本主义的社会结构。在《后现
代的状况》中，他质疑、有时甚至是挑衅这些理论家（很多人都属于后结构
主义和女性主义圈子），怀疑他们是否可以有效地制定策略以应对资本主义
造成的显而易见的灾难，尤其是在 20 世纪 80 年代恶毒的反劳工的语境中，
里根-撒切尔政权改变了全球的劳资关系。他断言，只要无法提供有效策略，
不仅在政治上是一种转移，在理论和社会方面也是不负责任的。

　　哈维将自己的批判目标从资本主义的辩护士和那些没有考虑到资本主
义进程之空间维度的学者，扩大到后结构主义者和研究身份政治的学者。哈
维此时突然发现，自己是在"左派"的政治和理论领域内捍卫马克思主义的
立场。过去他认为，阶级具有明显的社会意义，与其他差异范畴具有明显的
相关性，这种设想不受置疑的日子已经一去不复返了。相反，他所面对的批
评者指责他和其他教条主义的马克思主义者一样，是性别歧视者、种族中心
论者和精英主义者。他必须解释，他使用"元叙事"来讲述资本的宏大叙事，

但在实际上却忽视了他自己的语言和观点的排他性效果。在这样的交流中，哈维面对的批评者们认为，马克思主义代表了围绕着某些旧式排外主义而组织起来的传统和保守的左派政治的现状。

在随后出版的著作中，哈维回应了这样的批评，并将自己的理论兴趣扩展到囊括了差异本身的含义。在 1989 年之后出版的著作中，他将自己反对资本主义的政治挑战的观点进行了定位，他要证明阶级在众多可能性中是一种重要的社会差异之标志，阶级是复杂话语场域中权力的一种物质关系。在继续探究"积累和阶级斗争这两个主题"的同时，他进行探索的框架转变成要在"共性和差异的辩证法"（1989b：93）内部审视这种动力。这一转变表明，哈维不再理所当然地认为阶级体验有着明显的相关性，阶级体验不能为行动和团结提供共同的基础。恰恰相反，他意在表明，尽管存在着多种跨越身份体验的分化过程，但阶级团结仍然代表着社会正义运动的一个重要战略目标，而不是过去那种结论。这样的目标要求他放弃先前坚守的自足的马克思主义的唯物主义分析，转而关注社会差异在其中跨越多种可能性得以形成的话语实践。

在此过程中，哈维开始认真对待那些批评者，特别是后结构主义和女性主义圈子里的批评者，他们不仅质疑唯物主义，还在更广泛的层面质疑马克思主义分析和社会正义与相关政治机构理论的关联性。他当初对这些批评者不屑一顾的态度，如在《后现代的状况》中表明的那样，在随后出版的著作中转变为努力揭示马克思主义如何为学者与活动家们提供了有用的理论工具，他们从不同的认识论立场出发（包括那些来自后结构主义、环境主义和身份政治的立场）去探究社会差异，并把社会差异视为一种围绕社会正义制定策略的手段。事实上，哈维在自己后半生的著作中，从后结构主义和女性主义的学术研究中汲取了大量资源，用于将跨越社会差异、建立社会团结的策略理论化，同时仍然在理性行动、坦率沟通和集体意识方面强化启蒙运动的信念。在这方面，哈维依然忠实于自己走向"宏大的综合艺术"（引自 Corbridge 1998）的承诺，把它作为理论化和展望社会主义可能性的主要途径，乃至改变自己的论证方式和理论基点，以解释自己对阶级的强调，在多重话语的安排中阐明唯物主义的差异观，以及在其他可供分析的选择中探索资本主义的重要性。结果，构成其 1989 年以前著作之特征的对资本主义的抽象概括，让位于思索具体问题和过程，这些问题和过程并不是教条主义的马克思主义而是那些理论家和活动家提出来的，他们把质疑差异而非设想阶级团结作为探讨正义问题的出发点。

在本章中，我将围绕如下问题来组织我的讨论：紧随《后现代的状况》，哈维相继出版了《正义、自然和差异地理学》《希望的空间》和《新自由主义》，哈维在与其批评者的论战中，如何证明阶级是一种重要的差异。我将聚焦于这些著作和围绕它们产生的争论，因为这些著作提供的基本框架，使哈维将自己的方法扩大到阶级分析和社会正义的策略方面，远离了自足的马克思主义的唯物主义。它们也论证了哈维何以要加强同一些彻底摒弃马克思主义、弱化阶级的意义——在当今新自由主义统治时代有关权力组织、政治和抵抗议题中的重要意义——的势力进行斗争。

下面，我从简单讨论社会差异的概念和术语演变开始，这是后结构主义介入社会理论导致的结果，与雅克·德里达和米歇尔·福柯有关。接着，我会转而关注哈维在自己的著作和对其著作的批判性回应中与这些理论介入所展开的交锋。

界定与差异

"社会差异"这一概念，无论是作为词语还是作为学术探索的范畴，在很大程度上要归因于雅克·德里达在 20 世纪 60 年代中期创造的"解构"这一术语，它与海德格尔对形而上学的"破坏"（destruction）有关（Derrida 1991[1983]）。德里达解构的目标直指结构主义语言学，以及作为一种学术批判模式的"结构主义"。德里达认为，倘若语言如索绪尔所说是通过一对二元对立的差异建构起来的，那么，在德里达看来，语言则是以"差异的同一性"为基础的（1991[1982]: 45）。因此，在每一个明显自足的对立的意义序列里，都包含着无数其他差异的痕迹。因而，任何一对独立的意义都超出了指称它的语言。他的"延异"（différance）这一术语，引发了人们对于将"差异"当作一种分析范畴的迷恋，它是一种对指涉语言中差异之永恒作用的语言（来自法语 différence）的利用，以至于任何单一概念的来源都无法辨识。所以，不仅我们通过语言来把握意义的想法是一种虚构（尽管很有必要），而且我们通过科学探究来理解（概念化）或表达原初意义的想法同样也是一种虚构。20 世纪 70 年代，德里达对结构主义的批判和在解构主义方面的实践，收获了"后结构主义"（post structuralism）这一名称，德里达写道，这个词语"直到它从美国回到法国才为人所知"（1991[1983]: 272）。

84　　　与这种语言批判相关的是，米歇尔·福柯将主体拆解为一个有自我意志、自主的行动者（参见 Foucault 1977，1980）。事实上，通过对主体性的意义进行解构，福柯试图说明人类的现实是如何通过大量赋予意义的活动而被不断生产出来的，这些活动的源头永远无法通过历史、哲学或其他类似于"科学的"探究来确定。相反，主体被具体化为一种可知、可观、可理解的实体，只与那些不可知、不可观、不可理解的主体形成了对比，或者与那些被排除了存在之可能性的主体形成对比（Butler 1993）。这种可能与不可能的主体间的反差，也要通过超越这种二元结构的差异的重复而具体体现出来。肯定性的主体只体现在与对立的、被否定的主体的关系中，它永远无法用这种简单的二元术语来充分说明，因为二元结构的本源并不包含在这些对立项之中。任何社会存在都没有单一的起始点，因为每一种对立项都包含着构成其各部分的、多种多样的对立。按照这种逻辑，主体永远都不是完全可知的，因为它与自己不可知部分的反差从来就不是独立自足的。因此，主体并非作为一个透明实体而存在，其意义也无法被完全理解或假定。相应的意识、经验和能动性的概念同样不可能得到确定，因为主体并不是建立在某一特定知识领域的基础上的。因此，后结构主义——及其核心的"差异"范畴——挑战了历史是由有意识的主体创造的这种见解，那些主体完全能够了解自己的意图，能使自己对他人完全透明，并真正按照自己的意图行事。在这样的理论化之下，马克思号召全世界的工人团结起来就显得只是一种梦一般的希望。假设不同的工人都基于共同的工作经验而共有一种自我体验，就是要假设不仅存在一种可知的主体，而且在不同主体之间也存在一种可知的、共同的经验范畴。在后结构主义看来，这些假设根本就是不可能的。

女性主义学者利用后结构主义对形而上学的批判来质疑普遍性的主体，质疑这种主体能运用普遍理性，这个问题处于马克思对历史能动性的看法的核心。通过揭示这种主体如何围绕着将女性主体排除出公共领域和生产领域而得以具体化，这些学者证明马克思关于无产阶级的观点复制了一种基于某些传统的性别区分的能动性和政治的保守观念。这种批判进一步延伸到束缚马克思对剥削进行分析的关于物质性身体的诘难。通过将人的身体拆解为一个植根于物质现实的场所，这些学者表明，剥削的根源在于具身化主体的生产——在于它作为一种可理解的实体的物化过程中。因此，反对剥削的政治不仅必须关注商品生产的机器，还要首先关注将人的身体构建为可被剥削之场所的话语。在这种视野中，马克思主义以普遍理性武装起来的普遍主体的设想代表了一整套话语，它促成了持续生产既缺乏理性、又缺乏存在于历史中的能动性的女性主体。因此，马克思主义本身就代表着一种必须解决的剥削模式（参见 Scott 1988）。

经常取代"后结构主义"这一术语的是"后现代主义"，它是一场基于艺术的运动，20 世纪 70 年代在西欧发展为一种社会批判的理论。后现代主义的含义比后结构主义更加晦暗，尽管两者在一般用法上总被混为一谈，还不时互换。让-弗朗索瓦·利奥塔 1984 年出版了《后现代状况》一书，后现代主义便开始与一种知识批判相联系，并与艺术和科学领域中使用的"元叙事"相联系，以解释和表现人类现实。艺术和建筑领域中的"后现代转向"，将无政府状态置于等级制度之上，游戏胜过用途，偶然胜过设计，表演胜过作品，不在场胜过在场，外表胜过深度，能指胜过所指（Best and Kellner 1991）。在这类文献中，关于社会秩序和恒常稳定之现实的主张，仅仅有助于那些横贯社会连续体的表征力量不断的相互作用。它们和其他主张一样都是真实的。

　　后现代主义批判的主要目标之一是马克思主义，其标志性的主张包括：历史发展，超越意识，意识的真伪评判，一致的历史主体，以及历史的起源和意义。后现代对这种"宏大叙事"（big stories）中组织信息、对政治变革的分析和看法所进行的批判，在诸多方面把马克思主义打造成了理解后现代主义"不是什么"的一种标准（参见 Eagleton 1995）。按照典型的马克思主义的分析，后现代主义拒绝关于一致的社会秩序和一致的被要求改变社会秩序之主体的叙事。后现代主义者认为，任何特定的社会秩序都不存在什么先天的、可以直接获得的物质现实的基础。他们强调的是作为舞台的表征领域，在这个领域里，物质通过多种不同的解释最终成型，每一种解释都构成了现实的不同版本。因此，马克思主义者声称，资本主义代表的社会现实的物质基础，只构成了诸多解释中的一种，那些解释不断地创造着难以捉摸的现实。

86　　　另一个重要的学术思想领域也与"社会差异"的论争有关，即为人熟知的"身份政治"。身份政治的认识论基础非常庞杂，其复杂程度远远超过我可以公正对待的能力。但总的来说，身份政治源于民权运动和政治，尤其是在 20 世纪 60 年代到 70 年代的美国，那时的口头禅"个人即政治"席卷了西方的学术和政治领域。相较于后结构主义和后现代主义，身份政治的拥趸坚守社会主体的概念，这种主体或许四分五裂，却能作为社会变革的政治力量采取行动，可以行使法律权利。贯穿于身份政治的共同主线是这一理念，即某些身份相对于其他身份而言被边缘化了，而意识的政治化必然要颠覆这种权力的动因（hooks 1990）。

　　身份政治已然成了西方国家诸多公民运动发端背后的驱动力，其目的是要通过修宪来扭转历史上人们因种族、性属、性别、族裔、身体，尤其是身份而遭受的不公正待遇。身份政治运动也要处理学术界和更广泛的知识建构领域中由种族主义、性别歧视、种族中心主义所造成的不公正现象。这些运动迫使大学建立了女性研究、拉丁美洲研究、非裔美国人研究和性别研究等基于身份研究的学术项目，旨在纠正课程设置和就业实践中的歧视。

身份政治的拥趸在马克思主义者与后结构主义者之间在政治动因方面的争论中抱着一种模棱两可的态度。一方面，身份政治运动内部反对后结构主义和后现代主义的理论家与活动家声称，基于身份和政治主体的政治在认识论上是不确定的。另一方面，身份政治的鼓吹者一般也会批评马克思主义者组成了一个排外的学术和政治俱乐部，他们一直忽视性属、种族、族裔和其他"非资本主义"范畴在经济和社会阶层再生产中的重要性。例如，社会主义女性主义者将阶级与性属身份政治结合起来，证明在马克思的分析中，原本就有基于自然性别差异的生产和再生产、公共领域和私人领域之划分的设想；这些学者还论证了马克思的阶级观如何再造成了性别歧视的暴力。他们提出的一个根本问题是，如果在马克思主义的学术和学者中不解决性别歧视的问题，那么，社会主义怎么可能是公平的？

到 20 世纪 80 年代中期，后结构主义、后现代主义和身份政治批评的合流，汇聚成了对马克思主义的强有力挑战，它并非来自通常保守的批评者，而是来自左翼政治和学术领域。马克思的历史唯物主义基于承认资本主义及其阶级划分是现代生活的典型特征，基于资本主义发展的目的论，相信超验意识、有可能统一的无产阶级、将劳动与资本分开的固定划分以及对社会主义之可能性的共同愿景，但到 20 世纪 80 年代末，所有这些都被宣布已经"过时"。1989 年苏联的正式解体似乎只是为迅速埋葬马克思主义思想的棺椁提供了更多的钉子。众多描述表明，社会主义已经"失败"。真理和客观性的普遍准则，在面对具体解释"现实"的残忍时支离破碎，这种解释破坏了一切对同一性的基本体验，不仅是对他人，对自身而言也一样。马克思主义所希望的那种自觉的、革命的、超凡的英雄，在多种话语的力量之下已然崩塌为碎片化的主体，既缺乏内在的一致性，也无法寻求与他人的团结。尼采的"上帝已死"，到 20 世纪 80 年代末得到了一个"主体已死"的世俗伙伴。与此同时，马克思作为鼓舞人心的思想家的重要意义，很快便与其他"现代主义”的偶像一道，被贬低到了阴暗角落之中。

哈维把自己 1989 年的著作《后现代的状况》置于这些政治和学术的论争之中，为的是直面对于马克思主义的这种新挑战，直面对反对资本主义的一致政治行动的社会主义观点的新挑战。在后来反思 1989 年后重新定位自己出版物之轨迹的决定时，哈维写道：“迄今为止，[后结构主义、后现代主义、身份政治]……都本能地反对马克思主义——我认为，它们中的多数是这样……它们正在摧毁阶级政治的构想……[它们是]一种对阶级分析和马克思主义思想的正面攻击”（1998a：727）。

一本书带来的差异

在《后现代的状况》中，哈维实际上试图把后现代主义及其后结构主义表亲框定为一场学术和艺术运动，它主要是由资本主义在历史-地理方面的发展塑造出来的（1989b）。通过从这种角度来呈现后现代主义和后结构主义，哈维提出了一个具有两面性的论点。[①] 一面旨在证明，如果不理解现代艺术和文化与现代资本主义的动态联系，就不可能理解这些理论。另一面挑战后现代主义和后结构主义者，以回应新一轮的资本主义积累，他将其称为“灵活积累”。

哈维在该书的第一部分陈述了自己的论点，即后现代主义实际上代表了一种内部批判和重构的现代规划的延续。他写道：

我也得出了结论：在现代主义广泛的历史与被称为后现代主义的运动之间更多的是连续性，而不是差别。在我看来更为明显的是，把后者看成是前者内部的一种特定危机，一种突出了波德莱尔所阐述的分裂、短暂和混乱一

---

① 哈维并非总会在自己的著作中区分后现代主义和后结构主义，他经常用后现代主义来笼统地涵盖后结构主义。

面的危机（马克思十分钦佩地把这个方面当作资本主义生产方式的整体来分析），同时又表达了对于一切特定处方的深刻怀疑态度，正如怀疑应当如何设想、表达或表现永恒与不变一样。

哈维（1989b：116）

哈维是一位信奉现代思想的学者，他称赞后现代主义的"积极影响"，因为它"承认产生于主体性、性属、性别、种族和阶级的多种形式的他者"（Hyssens 1984：50；1989b：113）。然而，他告诫说，当其积极的批判转变为一种对一切寻求"通过调动技术、科学和理性的力量来追求人类解放"（1989b：41）的规划产生"愤怒"时，那么，这种批判就成了一种危险。他认为，这种愤怒已经导致了一场"启蒙思想的"危机，表征着"我们时代的道德危机"（同上），根源在于后现代主义对不断强化的全球资本的力量保持沉默，对工人阶级的不安全感、脆弱感和痛苦同样保持沉默。

他围绕着自己的论题来组织本书的后半部分，即后现代主义对"创造性的破坏"和"差异"的全部关注，都需要与关注对于资本主义的固化回应的创造性愿景保持平衡。为此，他将调节理论同他的空间化的历史唯物主义观点结合起来，以证明马克思主义的分析工具必须理解新一轮的资本主义生产，即他叫做的"灵活积累"。虽然他承认应当对教条主义的马克思主义作某些调整，但对他来说，马克思主义仍然提供了一些基本的观念，这些观念根植于平等、自由和普遍理性的启蒙思想之中，对于揭露处在资本主义核心的剥削问题，对于设想组织社会权力和生产的可行性替代方案，都很有必要。哈维承认，对差异的思考很重要，但前提是它应当有助于我们实现阶级团结，以反对资本的无情扩张。

89

因此，在《后现代的状况》中，哈维挑衅地反驳了后现代主义在政治上的可能性。他以最直接的方式提出了一连串的反问，诸如："[后现代主义和后结构主义]……凭借反对一切形式的元叙事（包括马克思主义、弗洛伊德主义和一切形式的启蒙理性），并且密切关注长期以来保持沉默的'他者世界'和'他者声音'（拥有自己历史的妇女、同性恋、黑人、殖民地人民），就会拥有革命性的潜力吗？或者说，它只不过是对现代主义的商品化和驯化，把现代主义已被玷污的抱负变成一种'自由放任''怎么都行'的市场折衷主义吗？"（1989b：42）另外，"倘若真的如后现代主义者坚持认为的那样，我们无法向往任何统一的对世界的表达，或者无法把它描绘成一个充满联系和差异的整体而不是不断流变的碎片，那么，我们又怎么可能希求与世界相关的连贯一致的行动？"（1989b：52）。对这些问题，哈维经常会或含蓄或明白地提供自己的回答，如他对前一个问题的回答如下："后现代主义者的简单回答是：既然清晰的表达和行动不是压迫性的就是幻觉般的（因而注定是自我消解和自我废弃的），那我们就不应试图介入某种全球规划"（1989：52）。换言之，后现代主义或许只是一种有趣的"智力时尚"（1989b：7），但马克思主义却要关注身边的现实问题。

对这部著作广泛的、批判性的回应，对哈维此后十年的研究方向产生了巨大影响，使他跨越地理学的学科界限，成了"社会理论家"。一方面，他将马克思的对价值和不平衡发展的分析与"调节理论"融合起来，导致他创造了"灵活积累"的概念，在各个学科中获得了广泛赞誉。本书令人印象深刻的视野跨越了人文学科和社会科学，也显示出哈维跨越学科边界的理论论辩和综合分析能力。另一方面，哈维彻底驳斥了后现代和后结构主义理论在政治上的可能性，提出阶级是"重要的差异"，这激怒了他希望说服的那些人：研究社会正义的学者，其中的很多人都运用了马克思主义理论，他们密切关注阶级与种族、性属、性别、族裔和其他社会差别的范畴之间的交叉关系。

90   两种最强烈的批评来自地理学家多琳·梅西（Doreen Massey）和文化批评家罗莎琳·多伊切（Rosalyn Deutsche），她们在 1991 年出版的《社会与空间》（*Society and Space*）中指责哈维缺乏对女性主义研究的参与，把社会差异变成阶级差异，傲慢自大地轻视非马克思主义者对权力、政治和能动性的概念化（Deutsche 1991；Massey 1991）。多伊切批评哈维讨论了除阶级之外的所有社会差异，这些差异似乎都是"假象"，掩盖了内在于资本主义的真实物质关系；她还批评哈维没有认真考虑后结构主义和女性主义对马克思主义的批判。她指责哈维沿袭了马克思主义的长期传统，将一切优先考虑除阶级之外的社会范畴的理论家边缘化，将不符合马克思主义模式的理论家边缘化，在这个过程中，他犯下的错误与他所责难的后现代主义者和后结构主义者一样：没有关注自己的话语所产生的影响。这些影响之一就是要重复对理论家们的排斥，其中很多人是女性主义者，他们利用后结构主义来展开关于政治和能动性的论争，超越了传统马克思主义关于普遍性和男性主体的观点。此外，多伊切认为，哈维根据众多其他主要关注社会正义的理论家创造出了一个稻草（女）人，以证明自己思想的优越性。如果说马克思主义对于作为一种消极占位符的后现代主义和后结构主义具有重要意义的话，那么，按照多伊切的批评，除了其他理论外，女性主义和后结构主义都被认为偏离了阶级进程的现实，这对他在《后现代的状况》中的分析同样重要。

梅西则巧妙地利用了哈维关于灵活积累是资本主义新一轮发展的观点，认为他的分析表达了新一轮的性别歧视，或者如她所称的"灵活的性别歧视"。她写道："哈维的现代主义是围绕着一种假想的、其特征尚未得到确认的普遍性建构起来的（也许我应该说还未建构起来）。例如，女性并未被纳入论证的发展过程，女性主义对这些问题进行解读的可能性也没有得到考虑"（Massey 1991：40）。相反，她认为，哈维延续了马克思主义对女性主义的贡献视而不见的长期传统，没有看到女性主义围绕后现代主义和后结构主义的论争可能有助于丰富他自己的分析。此外，她批评哈维的"普遍性"（阶级关系在他看来是普遍的）其实只是一种"特殊性"，它反映了哈维对普遍的白人、男性、异性恋作为历史变革的主要推动力的设想。实际上，她批评的是哈维的团结观，认为它只能通过一种非常熟悉的差异政治产生出来：即性别歧视的马克思主义。①

91　　哈维后来撰写的《后现代道德游戏》一文，在很大程度上是为了回应梅西（1991）和多伊切（1991）对他提出的批评。哈维（1992b）捍卫了自己所进行的阶级分析，同时也承认自己没有充分意识到女性主义理论，从而限制了自己的论证。结果，哈维第一次在他的著作中认真审视女性主义，以便运用某些女性主义和后结构主义的方法来证明自己的"共同事业"，并用这些方法来分析资本主义物质领域的话语生产。为此，他充分利用了唐娜·哈拉维（Donna Haraway）的观点，他写道，她"认识到了这一两难境地：'差异'不那么重要，'重大'的差异才重要"（1990：304）。下面这段话引自哈拉维著名的《反赛博宣言》，并率先在哈维后来的著作中频繁出现：

在意识到我们的失败时，我们冒着会陷入无边差异的危险，放弃令人困惑的建立局部、真实联系的任务。某些差异十分有趣，某些差异是世界历史支配体系的两极。"认识论"涉及对差异的认识。

哈拉维（1990：202-3，in Harvey 1992b：304）

写下这些话是为了回应20世纪80年代撕裂处在女性主义学术和研究中心的争论，是哈拉维（也是很多女性主义者）在不放弃通过民权政治取得的来之不易的政治力量的情况下，为改革女性主义研究而做出努力的一部分。这种努力与那些激励哈维的人们的情况没有什么不同，这使他坚持认为，我们必须支持工人阶级政治，否则就有可能丧失西欧和美洲工会通过多年暴力斗争而取得的成果。

　　这段引文反映出哈维在对待差异概念、女性主义和后结构主义理论时在方法上的转变。《后现代的状况》出版以来，虽然哈维仍旧坚持马克思主义

---

① 这种女性主义对传统马克思主义中存在的性别歧视或男权主义设想的批判，源于许多进行跨学科研究的学者。例如，可参见 Massey 1984；Hartsock 1987；Scott 1988；Christopherson 1989；Barrett 1991；Gibson-Graham 1996。

理论的自足性，并将后现代主义和后结构主义置于其框架内，但在《后现代道德游戏》中，他表达出某种"[他的]失败意识"，没有建立某些对于他跨越各种差异领域形成团结的规划来说至关重要的联系。这种坦白在 1996 年的《正义、自然和差异地理学》中表现得更加明确，他开始着手这一规划，即要证明自己的马克思主义方法与那些女性主义和后结构主义思想家的方法的兼容性，他们力图在差异话语与权力的物质显现之间建立联系。其实，他非常依赖唐娜·哈拉维的观点，以此来阐明社会差异的意义，以及他在女性主义对资本主义在全球流动情况下的具身化主体的理论化中发现的各种联系。他经常借鉴埃里斯·马里恩·杨（Iris Marion Young）关于对社会差异的认同而产生联盟的观点，他还借助埃德里安娜·里奇（Adrienne Rich）、南茜·弗雷泽（Nancy Fraser）和朱莉娅·克里斯蒂娃（Julia Kristeva）所提供的隐喻来阐述自己的核心观点。他对语言的协调深入到了团结愿景背后的概念深处，不再相信"有机的"团结，它产生于某种预先决定的集体意识。相反，他借助杨的"战略同盟"的观点，在这种战略同盟中，主体的确能基于相似的目标而非经验的认同来做出选择。这种战略同盟的政治理想平衡了启蒙的主体，这种主体是教条主义的马克思主义的核心，他们可以根据明智的选择去行动，同时拒绝那些包含在行使普遍理性的普遍主体的假设中的排斥。

92

重大的差异

《正义、自然和差异地理学》带着一种近乎渴望的怀旧情绪开篇，怀念那些被"批判性思潮"搅浑政治和理论这潭水之前的时光。然而，从一开始，哈维就围绕着对差异理论的思考来架构这部文本，而不像以前那样抱着驳斥的态度。他在本书的导论中提到了这种思考过程中的一个关键时间点：1994 年，他发现自己身陷一场全球化会议，其中充斥着复杂的后结构主义的论争，以及令人耳目一新的圣灵降临节的复苏，对所有不具有宗教权利的人来说，这种统一性令人恐惧地牢固。在原教旨主义五旬节派教徒与反原教旨主义理论家之间的这种反差中，哈维陷入了对构成本书的两难处境的沉思：如果他丧失马克思主义的原教旨主义立场，他就可能侵蚀其政治力量，但如果他拒绝这样做，他就可能丧失理论上的公信力。他用这些话描述了这一困境：

> 我不知道，如果我在全球化的会议上谈论基本信仰，到底会发生什么。解构主义者会带着冷冰冰的缜密开始发言，相对主义者会报以冷酷无情的嘲笑，批判理论家会搓着手说"这根本不可能"，后现代主义者则会叫喊"整个一个恐龙时代！"而我自己则会同意说，所有基本信仰都应当经过仔细审视和质疑。但令我困惑的是这一想法：当一个政治群体以强大和毫不含糊的基本信仰武装起来，去对抗一帮怀疑一切的人，他们唯一的基本信仰就是怀疑所有的基本信仰，那么，预测胜算就轻而易举。这使我有了如下的反思：批判性分析的任务肯定不是要证明基本信仰（或真理）的不可能性，而是要为基本信仰寻找到一个更加可信和适当的基础，它能使解释和政治行动富有意义、创造性和可能性。

> 哈维（1996a：2）

虽然他不愿放弃自己对社会主义的执着，但他确实认识到了，只有通过跨越多个差异的领域的持续对话，这种可能性才会出现。对此，哈维选择了一些主要的后结构主义和女性主义的对话者，要论证马克思主义如何同其他理论潮流相结合，这样就能为努力实现更具包容性的社会正义的愿景提供重要工具。因此，他在《正义、自然和差异地理学》一开头就围绕着马克思主义的团结理论与各种关于差异的理论之间的这种对话进行理论思考。因此，他运用和以前的著作一致的方法辩证地处理这个话题，以良好的马克思主义的方式不断寻求综合。

他组织本书所围绕的关键辩证法之一，用雷蒙德·威廉斯的话来说，他称之为"激进特殊论"（militant particularism）与全球资本主义"普遍"维度之间的对比。激进特殊论一词捕捉到了"在特定条件下做出个人选择和特殊选择的方式，正是历史-地理变迁的实质"（1996a：28）。这些条件并未构成某人身份中不可磨灭的一部分，而是构成身份形成语境的系统过程。这个着重点对哈维来说非常关键，因为它降低了所有人的特定身份的重要性，将核心关注点完全集中在决定身份重要性的社会舞台上。他借用威廉斯的理论表明，他拒绝用身份问题取代政治、经济和社会权力问题；换句话说，他拒绝用能动性理论取代结构理论。他的逻辑类似于另一位马克思主义学者杜波依斯（W. E. B. DuBois），后者的早期著作也曾努力把个人身份与种族主义制度和资本主义压迫动态地联系起来。他在《黑人问题》（*Negro Problem*）中写道："黑人"简直就是"在乔治亚州被'吉姆·克劳法'所控制的人"。[1] 因此，要理解"黑人"（或任何种族）的身份，我们就必须从种族主义及其与阶级的融合开始。对于杜波依斯来说，个人的特殊经历或身份观并不是出发点。

在讨论激进特殊论时，哈维把我们引向了相似的逻辑路径，他问道：

> 在某个地方运作的某种压迫性工业秩序下形成的政治和社会身份，在这种秩序崩溃或者彻底改变后，还能幸存下来吗？我将提供的直接回答是"不会"……如果是这样的话，那么，这些政治身份和忠诚的持久不变，就要求产生它们的压迫性条件持久不变。
>
> 哈维（1996a：40）

因此，如果说特定身份的经历是压迫性的话，那么，对这些身份的忠诚就是错位的。反之，我们必须质问我们特殊的受压迫的经历，将其变成激进的政治，它并非基于被压迫的身份，而是基于从系统性剥削中解放出来的政治。这种断言重申了哈维的核心主张，即以社会差异为开端的身份政治并不

---

① 这句引文和我对杜波依斯意图的理解来自 Fields 2001：54。

能成为政治变革的起点；否则，它将会成为终点。

为了引导我们远离这条路径，哈维拓展了威廉斯"激进特殊论"的概念，用地方的理论化，将关于社会差异的争论，从确认差异转向根据相似性来定位差异。他解释说，诀窍在于，要思考"政治认同的问题取决于空间范围，在这个范围中，政治思想和行动才可能得到解释"。这种思考意味着，不应询问"谁是否与我相似"，我们要问"谁是否与我处于相同的处境？"这个问题就是要问："能动性在哪里？"当然，这个问题与女性主义立场的理论产生了深刻的共鸣，此外，还有另一些社会理论家运用空间隐喻来处理这一古老的问题，即连贯一致的社会政治是怎样从独特个体的愿望和经历中产生的。但是，哈维认为，基于糟糕的地理学隐喻将完全无法深入到这个问题的复杂性之中。他认为，我们有可能相信"边缘"和"来自外部的声音"的隐喻，以为它们指涉在受其批判的真正权力势力之外发现的某种本体论地位。他认为，这种风险造成了一些危险，其中之一就是"不知不觉地接受后现代的碎片化世界和无法解决的差异，成为一个好像在定义上完全开放的、万物汇集的纯粹的点"（Harvey 1996a：104）。他强调，关键是要建立跨越地方（特殊）尺度和全球（普遍）进程的联盟。

对哈维在此的论点至关重要的是，他声称阶级身份并不属于激进的特殊性，而属于在既定的资本全球性中沟通地方与全球的桥梁。在他看来，阶级政治与其他身份政治之间的差异在于，前者试图将其身份消解为一种达致完善的社会秩序的手段。这种政治的要义不在于要编纂这种身份，而是要摧毁它。因此，哈维认为，社会主义作为一场"要否定它自身政治认同的物质条件"的运动，提供了一种方式来解决由身份政治造成的难题，身份政治不断强调社会差异，而不是创造团结的手段（1996a：41）。按照他的分析，没有任何一场身份政治运动提供了这样的可能性，包括女性主义、环境保护主义、种族运动等等。

在详细阐述身体是身份最特殊的场所时，他澄清了这一论点，即身份陷入了全球资本主义潮流的连续统一体之中。为此，他汲取了女性主义对身体是一种社会建构、而不是天然的、主体性之场所的质疑，以便把后结构主义的主体性理论与马克思主义的资本积累的理论联系起来。正如他指出的，他以这种方式把"身体对话"与"全球化对话"结合起来，以说明主体性话语的生产如何跨越差异的不同图式，在全球层面助力资本主义的物质再生产。他的目的是要表明，后结构主义和女性主义对"作为万物尺度"（1996a：279）的身体进行的解构，如何与马克思主义对资本积累的批判和谐兼容。

　　例如，在《正义、自然和差异地理学》中，哈维广泛援引了伊丽莎白•格罗兹（Elizabeth Grosz）的著作《不稳定的身体》（*Volatile Bodies*，1993），用她的话说，该书的目的是"探索肉身与大都市之间构成性的和相互限定的关系"（1993：277）。接着，哈维总结说："这也是马克思关于社会和环境变化之辩证法论点的一个无懈可击的版本"，因为"人类的身体是一个战场，时空性生产的力量在其中并且围绕它持久地发挥作用"（1996a：279）。因此，个体的身体体验本身并不是衡量社会差异的尺度；它既是与社会过程相关的经验的生产性，也是这种经验的产物，社会过程在跨越诸多身体（及其相关的身份）组成的社会领域中产生了差异与综合。哈维在《作为一种积累策略的身体》一文中明确提出了这一论点，这篇文章同时也是《正义、自然和差异地理学》中的一部分（Harvey 1998d）。在这篇文章里，哈维很好地利用了唐娜•哈拉维的表述，即身体"代表了最深刻意义上的一种积累策略"（Haraway and Harvey 1995：512）（这是她在与哈维交谈时所作的陈述）[1]，这样，作为证明这一点的方式，身体代表着全球资本主义积累以及内在于它的斗争的最在地化的场所。

　　哈维把女性主义的后结构主义同马克思主义结合起来，去探索作为地方-全球资本主义进程之纽带的身体。然后，哈维转向自己的核心问题：我们如何根据差异化身份的特殊经历精巧地构建一种激进政治，并向延伸到全球每个角落的全球资本主义的影响发起挑战？他的答案非常简单。在事物宏大的

　　① 《自然、政治和可能性：戴维•哈维与唐娜•哈拉维之间的一场辩论和讨论》，参见 1995d。

规划中，你必须选择哪些差异是重要的。哈维再次运用了哈拉维关于"认识差异"的认识论表述，宣称"重要的不是'差异'，而是'重大的'差异"（1996a：358）。他认为，从本质上讲，倘若我们要实现任何切实可行的社会正义的愿景，那么，我们在构建埃里斯·杨所设想的那种"战略同盟"时，就必须确定重要性的条件。哈维援引杨的话说："我们对社会正义的设想'并不要求消除差异'，而是要建立没有压迫、促进群体差异再生产和尊重群体差异的机制。"本着这一观点，哈维放弃了一切产生于阶级经验的有机团结的概念。确切地说，在《正义、自然和差异地理学》中规划的地理-历史唯物主义批判所要求的团结观既要承认差异，同时也要围绕一致的规范和愿景来协调行动。

最终，在把"身体对话"与"全球化对话"结合起来之后，哈维得出结论说，他的很多后结构主义和女权主义对话者都断然拒绝接受。他巧妙地利用他所需要的后结构主义的女性主义对具身化的主体和话语生产的诘难，来证明阶级差异和资本主义进程在经验领域的重要性，尽管他用来形成这一论点的许多理论家都拒绝确认任何具体差异都是原生的或重大的（Haraway 1990；Butler 1993）。

然而，哈维不愿完全接受这种分析的意涵，即赋予身体作为抵抗场所的特权，或者消解有意识的和内嵌的能动性概念。正如《正义、自然和差异地理学》的一位批评者机敏地评论的："哈维要证明自己对身体边界瓦解的焦虑，而哈拉维的宣言却故意地、倔强地为此欢呼"（Reineke 1997：369）。哈维对于社会主义的执着，意味着他要致力于一种一致性的历史主体的概念，这个主体的具体化提供了在可承认的社会结构中的基本经验。这位批评者还注意到，他把"具体化的细微差别简化成了货币流动的单一视角，这就导致了一种作为决定性差异的阶级特权"（Reineke 1997：369）。

就连哈拉维和杨这些经常出现在哈维对差异进行探索中的理论家，都拒绝把某个特定差异确定为重大差异，尽管他们都认识到需要围绕重大差异来制定策略。哈维却不愿像他们那样让论证继续围绕着就差异进行对话的普遍

要求，无论差异可能是什么，都是行动的共同基础。他也不愿意淡化自己的 97
观点，即认为资本主义进程产生的共同经验可以在可证明为同一的主体层面
上加以理解。因此，他坚持认为，尽管我们会遇到各种各样的差异，甚至就
像我们不能、也不应忽视差异的多样性那样，但我们必须明白，如何在这个
资本主义世界中驾驭这个棘手的社会领域，以便为在他看来最重要的一个特
殊差异——阶级——来制定策略。与他在 1989 年前的著作中没有为自己对
阶级的选择进行辩护不同，这次他之所以这么做，是基于他认为，在资本主
义内部，忽视阶级完全是不合理的，因为政治要围绕着社会正义来进行组织。

　　因此，哈维毫不客气地带着一种启蒙主义的（肯定不是后结构主义的）
信念总结说，他相信人们有能力围绕阶级政治寻找到共同的事业。虽然他在
《正义、自然和差异地理学》中要寻求与他以前在《后现代的状况》里反驳
过的一些理论家进行对话，但他仍然将他们的著作用于自己的工具性目的：
要证明资本主义进程的重要性，当代的社会分化是这些进程所固有的。即使
他放弃了自己从前秉持的信念，即阶级团结直接源于工人阶级的共同经验，
尤其需要有一种围绕着这种差异进行组织的战略决策，但他的决心依旧没有
动摇：在他的世界版图中，最重要的社会差异就是阶级差异。因此，他用后
结构主义和女性主义的理论化来论证他的马克思主义的相关性，后者可以审
视社会差异持续不断产生的过程，但也造成了确定阶级高于其他社会差异的
情况，这并非一种激进的特殊性。他认为，正是社会差异，才跨越了从特殊
到一般的尺度。

心随所愿

　　在对《正义、自然和差异地理学》的批判性回应中，哈维对社会主义的
忠诚和致力于将阶级差异作为资本主义制度下普遍状况的标志置于优先地
位的做法，遭受到强烈抨击，有些抨击甚至来自与其总体目标一致的人
（Corbridge 1998；Hartsock 1998a；Young 1998）。例如，埃里斯·杨写道：

"提出女性主义或环境保护主义比工人阶级运动更加排他的观点看来有点奇怪。妇女到处都有，至少可以作为工人的一个普遍范畴"（1998：38）。哈特索克赞赏哈维对辩证法的运用，却批评他对边缘的分析忽略了有些人是如何被边缘化的，以及他们如何发现自己在身份方面总是不合适，但却像旧衣服一样无法立刻脱掉。有些人批评他工具性地利用后结构主义来得出自己未经证实的结论，即阶级就是"重大差异"（Braun 1998：715）。另有很多人指出这部著作杂乱而"崎峭"的性质，它自身的元叙事在不同学科和修辞风格之间迂回（Eagleton 1997；McDowell 1998a）。这些评论涉及诸多观点和学科，强烈批评了哈维坚持认为阶级在资本主义世界里始终都很重要，因此，在其他更特殊的差异中，应当给予阶级在理论上和政治上以优先权。

在《洪堡通信》（1998a）一文中，哈维概括了自己对诸多批评者的回应。"首先"，他写道，

> 我的基本论点是：差异不仅与地理学（地点、生态学、空间、地方等）相关，也与种族、阶级、性属、族裔、宗教等相关。差异产生的这种角度不幸被众多传统文献所遮蔽，尽管挖掘其重要性并非难事。这意味着，对很多人文学科和社会科学中的差异的理解，需要以非常重要的方式来补充，即对不均衡地理发展的强烈认知。人文学科并没有对什么是或什么不是重大差异的界定进行垄断，我的部分目的是要用某些传统的地理学常识来挑战它们在这一话题上流行的学识。
>
> 哈维（1998a：728）

这些话直接转到了他后来出版的著作《希望的空间》（Harvey 2000a）的引言中，该书读起来有点像是对他在《正义、自然和差异地理学》中的主要观点的澄清，那些观点曾在很多评论中受到逗弄。哈维承认，《正义、自然和差异地理学》是他"最不连贯的"一本著作，他解释了努力把（后现代主义、女性主义、后结构主义、拉康的）"身体对话"与（马克思主义、现

代主义、结构主义的）"全球化对话"结合起来如何导致了散乱的理论阐释。然而，他的目标是"探索建立这种联系的政治和智力结果"，从而理解"在知识建构"和政治实践中"'特殊性'与'普遍性'之关系的难题"（2000a：15）。

哈维坚持"激进的特殊性"概念，将威廉斯的《希望的资源》与自己的《希望的空间》进行比较，以便把他确认为后现代主义和后结构主义悲观的失败主义与"智力的乐观主义"并置在一起，后者的目的是要说明结盟的可能性，而非不可能性。他写道：

> 现在令人惊讶的是，一种近乎童话的信仰占据了统治地位，控制了类似的所有方面，这种信仰一度是结构主义、现代主义、工业主义、马克思主义等等，现在则成了后结构主义、后现代主义、后工业主义、后马克思主义、后殖民主义等等……我在此的观点是……要直指要害：对"那时"和"现在"之间的差异所进行的童话似的解读，已经妨害了我们回应身边发生的变化的能力。切断我们与马克思的联系，就是要阻断我们探究的嗅觉，以满足当代学术风气的肤浅外表。
>
> 哈维（2000a：12）

99

在本书的结尾，哈维讲述了自己的童话故事，它基于一个叫做"埃迪莉雅"（Edilia）的乌托邦梦想。这个乌托邦是一个后革命的世界，由"未来人之母"领导，"与科学家、知识分子、精神思想家和艺术家结成联盟，他们把自己从使人麻木的在政治和意识形态上对阶级权力和军事神权的权威献媚中解放出来"（2000a：263）。在这个乌托邦世界里，无数个体差异（性属、种族、地域……）作为社会集体的积极属性存在着，阶级已然消失了。在哈维想象的这个世界里，他最终会承认资本主义毫无意义。《希望的空间》的这个奇特结局紧跟着的几个章节详细说明了他所熟悉的一些核心关注，它们全都围绕着地理-历史唯物主义展开，这种唯物主义认识到"阶级斗争的普遍性起源于人的特殊性"。哈维的"埃迪莉雅"之梦传递了一个清晰的信息：甚至在他的潜意识里，他对差异的想象始终伴随着团结的想象。正如这一章的副标题使人想到的那样，他不希望为自己的社会主义梦想辩护，而要让自己的读者"心随所愿"。

鉴于哈维是当代最多产的学者之一，而且他还在继续广泛地发表关于差异和综合辩证法的成果，在这里试图对他在这个话题的研究上盖棺论定是不明智的。在他的近著《新帝国主义》中，他继续挑战自己的读者，要他们思考在一种日益敌对的景观中社会主义的可能性。显而易见的是，在这些著作中，特别是在收入《新帝国主义》中的最初的演讲稿里，他并没有为马克思主义的差异理论进行辩护，差异理论曾经是跟随《后现代的状况》而来的其著作的标志。相反，他把关注点转向了思考新马克思主义学者所提出的政治可能性，尤其是哈特（Hardt）和奈格里（Negri）广受推崇的《帝国》（*Empire*, 2000）一书，他们在书中提倡去中心化的政治联盟观，这与去中心化的帝国主义观相呼应。

哈维不介入女性主义、后现代主义和后结构主义思想家所阐明的差异理论的决定，使他避免了抽象地讨论同一性与差异性的辩证结构，以及它们对于能动性的意义。相反，他更坚定地把自己的著作置于当代马克思主义的论争中，强调需要合并不同的能动性和政治的观点，不放弃对围绕资本主义和帝国主义利益而组织起来的统一力量的分析。然而，虽然哈维支持这种"更具包容性的政治"的号召，它承认社会差异是一种核心组织策略，但他却警告说："仍然潜伏着危险，排他性的地方政治将支配在各种地理尺度上建构选择性的全球化的需求"（2003b：177）。

他著作中的紧迫性源于他的这一结论：当前在伊拉克和阿富汗的战争，通过他所称的剥夺性政治，反映了新一轮的资本主义积累。哈维将自己的论点定位于围绕一种直截了当的呼吁，要求学者们寻求建立联盟的策略，无论是在国际上还是跨越不同领域，以此对抗推动战争的力量。因此，他甚至同意哈特和内格里的观点，认为这种联盟应该从世界各地诸多不同的反全球化或替代全球化的运动中吸取教训，他呼吁，尽管存在多样性，但我们要设想这种联盟围绕着人们普遍理解的资本主义剥削和帝国主义的观点。他写道：

> 我们必须找到承认多重身份（基于阶级、性属、地点、文化等等）之重要性的方式，多重身份存在于从这些方式中产生的人群、历史轨迹和传统之中，他们以这些方式使自己应对资本主义的入侵，因为他们认为自己是具有独特性的社会存在，经常具有矛盾的品质和愿望……我们必须找到某种超越无定形的"多重性"概念的方式，无论是理论上的还是政治上的，不要陷入"我的社区、地方或社交群体是对是错"的陷阱。最重要的是，必须努力培植扩大再生产和反对剥夺性积累的斗争之间的联系。
>
> 哈维（2003b：179）

　　如何实现这种联系尚不清楚，而哈维在这方面对哈特和内格里就联盟无定形的概念化的批评有些敏感。他从未提出通向形成这些重要联系的路径，而我们想知道，来自全世界的人们到底怎样才能在斗争的生活经验与认识之间实现飞跃，斗争的生活经验的呈现方式极为特殊，而认识是在某种抽象层面上，以某些重要方式把这些经验联系在一起的共同问题。这样的飞跃是必要的，在左翼或进步政治中，很少有人不同意这一点，但如何跨越不同领域和尺度的差异以实现飞跃，仍是学者与活动家们不断面临的挑战。

　　人们还想知道，在以前的著作中进行了如此多的讨论之后，哈维在《新帝国主义》中为什么没有把女性主义、后结构主义和后现代主义的差异理论囊括在他要求把它们联系起来的呼吁之中。他不这么做的决定给他提供了一个简单的尺度，这是他在《正义、自然和差异地理学》与《希望的空间》中所渴望的。这种简单在于这一双重假设：可以承认差异本身，然后，通过对话、协商或诉诸理性的其他某种启迪，可以为了战略目的而搁置这些差异。按照哈维的看法，支持这些策略的明显必要性在于，这足以激励它们。这种立场并不容易获得后结构主义、后现代主义和女性主义核心学者的支持，他

101

们坚定地认为，把"超越差异"的目标当作实现团结的手段不合时宜。正如很多学者所认为的，这个重点从诸多方面转移了注意力，因为差异本身经常可以为行动提供焦点。

哈维在自己广阔的著作中并没有解决这一争论。他参与其中，然后出于自己的战略目的而将它搁置。这个决定到底表示他的分析失败了，还是使他更加接近自己的目标，去设想对资本主义做出统一回应，仍要拭目以待。当然，我们尚未听到他在这个问题上的最终意见，因为他还在继续漫长而艰难的旅程，在一个充满差异的世界里去设想一种综合的政治。

作者简介：

梅丽莎·赖特（Melissa Wright），美国宾夕法尼亚州立大学地理学系和女性研究系助理教授。她从 20 世纪 90 年代初开始就一直在墨西哥-美国边境进行研究，特别是在华雷斯市。她发表过地理学、人类学、女性主义研究和文化研究方面的文章，和安德鲁·希律（Andrew Herod）合编过《权力地理学：设置规模》（*Geographies of Power: Placing Scale*, Blackwell, 2002）一书。

译者简介：

王齐飞，四川大学文学与新闻学院博士研究生，专业为文艺学，研究方向为文艺美学。

第五章　戴维·哈维论城市

莎朗·祖金　著　　高然　译

多年前，在我开始教授城市社会学课程时，发现了戴维·哈维的《社会正义与城市》一书。在这本书中，哈维追溯了自己艰难的思想历程，他从一个对社会不平等的空间组织的自由主义观点转变为"革命性"观点，并将这种不平等的空间组织的根源定位于资本主义的政治经济学，将城市置于资产阶级——尤其是房地产业主——的中心，这个阶级不断努力提升他们相较于其他社会群体的道德、政治和经济地位。我作为一名对地理学教育一无所知，却被社会学的批判传统所吸引的学者，感受到了即刻顿悟的刺激。美国的社会学具有丰富的城市民族学传统，20 世纪 60 年代末和 70 年代初的社会学家，特别是在法国和英国，对国家、实业家和房地产开发商在城市重建中的作用进行了批判性的研究。但哈维的研究——与社会学不同，是话语性的（尽管他不喜欢这个词语），而不是经验研究，带有强烈的古典经济学理论气息——清楚地揭示了当时的主流社会学家谨慎地避开或完全忽视了的城市问题：贫民窟、近邻富人区和城市贫困化，以及"不过是将贫困转移了"的再发展（Harvey 1973a：143）。哈维写道："我们有充分的理由相信，市场机制是这场肮脏闹剧的罪魁祸首。"

将城市问题归结为市场的持续存在，对社会学家来说是陌生的。"这不是社会学，这是城市经济学"，在我把哈维的研究说成是"新"城市社会学的一部分时，一位年长的社会学家这么说，我钦佩他的敏锐判断。或者如另一位社会学家善意地说的："如果你对空间感兴趣，就应该和地理学家们谈谈。"但是，哈维唤起了另一种社会学的传统——马克思关于不平等的持久存在和恩格斯关于统治集团在城市改善的光鲜外表下掩盖贫困的能力——并利用空间颠覆了芝加哥学派的城市社会学家的观点。他质疑了芝加哥市历史发展中著名的同心圆图形的空间中心性，把城市不平等的根源归结为位置优越的土地的稀缺性及其带来的价值。哈维对描述人们在城市里的生活不太感兴趣，他甚至也没有兴趣——尽管在《社会正义与城市》的第一章里做了一种半心半意的尝试——去解释空间或建筑的社会和文化象征意义。不过，他确实很关注控制城市土地范围本身带来的利益。这导致他不顾社会学家倾向于深入细致研究的邻里和社区，断言存在"中央商业区的帝国主义"，"郊区对中心城市的剥夺"，以及邻里的优势不在于社会的集体行动，而在于分隔种族、宗教和社会阶级的凝聚力，以及最小化对立群体之间的联系和冲突（Harvey 1973：78，81）。哈维的强项不是记录城市贫民窟丰富的社区生活，也不是分析城市贫民区社会资本积累的成败得失。相反，他的方法有赖于选择性地阅读城市经济学家、规划师、政治学家和社会学家的研究成果，他们指出了城市领域中明显的赢家和输家。赢家住在具有集体象征价值的中心区域，或者住在绿树成荫、空气清新的郊区。输家则在贫民窟中生活。

难怪哈维的研究会使社会学家有些恼火。他的全部著作都是基于这种零值状况（zero-sum situation）——几乎不考虑意外情况，因为他的方法论来自马克思的《资本论》和一个在专业上致力于空间研究的地理学家。他对美学也视而不见或充耳不闻。他与我所认识的大多数城市学者都不同，他并不声称自己迷恋那些使城市变得独特和真实的视觉的与整体感觉的特质。他也与费尔南·布罗代尔（Fernand Braudel）这样的唯物主义历史学家不同，他冒险掩盖了城市的独特性，通过强调城市在结构上与提高经济价值的总体策略相一致。哈维告诫我们，城市是为资本流通而修建的——无论这种资本是人（劳动力）、商品（货物与信息），还是抽象的金融（用于购买资产和营造新建筑的信贷）。这样看来，穿过布朗克斯的高速公路不过是奥斯曼大道的升级版；巴尔的摩海滨广场的敌托邦（dystopia）或者纽约世界贸易中心居高临下的高度，都会受到人们记忆中的巴黎公社的乌托邦以及"9·11"事件后纽约联合广场公园更简洁的乌托邦式公共空间的反击。

然而，这种冥顽不化的马克思主义的结构主义并没有错。哈维对城市发展和衰退的动力的把握，相比那种更偏狭、更谨慎、更少简化论的观点，为当下的事件提供了一种更可靠的指南。尽管具体情况不尽相同，但随便翻阅报纸就可以证实哈维 30 年前提出的对城市的总体看法：纽约市市长"公布了一项雄心勃勃的计划……要在未来五年内将城市中无家可归者的数量减少三分之二，计划建造数千套新住房"；新的时代华纳中心悬挂了一条巨型条幅为三星电子做广告，它的店铺是在一家室内购物中心里租用的，条幅覆盖了其巨大的玻璃幕墙，试图阻止报纸摄影师从公共人行道上给建筑物拍照；私营的区域规划协会是一个市民组织，长期以来都主张在曼哈顿西区修建跨越大都会的交通线路和办公大楼，它已正式表态反对市长计划在那里为职业橄榄球队修建一座花费昂贵的体育场；还有，尽管犯罪率极低，但大批匪夷所思的"肆无忌惮的暴力"事件还是使游客和居民感到担心（《纽约时报》2004 年 6 月 24 日）。经历了选举的变化和无休无止的改革之后，这座城市仍然受到人类基本需求供给不足的困扰，一个私营部门即使存在各种内部矛盾，也会闯入并接管公共领域，还有无法控制的暴力行为，表现了现代城市生活安全感的缺乏。这些确实都与戴维·哈维对城市的看法（1985a：1）相吻合——结果是"一种潜在的过程，它阻止了从阶级统治更具压迫性的方面以及随之而来的所有城市病和令人焦躁不安的不一致中解放出来"。

尽管哈维这些年吸收了一些新的要素，但其愿景依然保持着惊人的一致性。他致力于将性属、文化和环保主义整合到自己的分析中，但这并没有改变他对资本创造和再造城市空间之力量的一贯强调。然而，哈维在方法上的调节对政治和文化提出了一种更加广泛的理解，并且为他自己可能达到的一种更具隐喻性的城市想象敞开了大门。戴维·哈维的研究开始和结束于把城市作为资本的表现形式，经历了更多对文化比喻的思索，如企业精神和身体政治。如果说"资本"使人想到投资者和雇主再造城市自然环境和社会关系的

能力，那么，"思索"则意味着社会关系和思维习惯，反思资本从公共领域

105 溢出到私人领域。"企业精神"是由此产生的城市和居民文化，因为居民为了生存而要冒险。"身体政治"是城市通过我们的集体行为和个人梦想设想出来的想象形式；它代表着理想主义和机会主义，也代表了艺术和生活。

资本的城市

20 世纪晚期的马克思主义者非常富有特点地要努力界定资本相较于一般认为自主性的因素——文化、政治和性属——在创造社会生活中的决定性力量。城市似乎属于那些嘲笑了自主性之局限的社会创造之一，因为城市完全由人类行为建造，它们既反映了基本的社会结构，又以不可预知的方式塑造了城市。此外，与乡村生活截然不同，城市创造了一种明显的差异氛围——一种强调机遇、陌生感和自由选择的生活方式：一种既引诱又遗弃的精神范式。"新"城市社会学的社会学家和地理学家受亨利·列斐伏尔的影响，倾向于通过分析性地区分由经济决定的城市空间组织，与作为一种集体自我表达形式的、文化上更自由的城市主义，来达到平衡。尽管曼纽尔·卡斯特尔（1976）在巴黎进行研究时大胆宣称，在现代资本主义之外没有"城市"世界，戴维·哈维（1973a：307）在巴尔的摩写作时，更谨慎地区分了"作为一种建筑形式的城市"——主要由营利的动机和生产的需求形成——与"作为一种生活方式的城市主义"。

哈维（1973a：306）接受了列斐伏尔的观点，认为城市主义"更像是科学"。随着时间的推移，两者的差异变得越来越大，以应对全球生产系统的日益标准化，而且两者既有助于也会妨碍占主导地位的生产组织。像科学一样，城市主义发展出了自己的意识形态、话语意象，我们或许还可以加上玩弄权术者。它发展出了自己的认知模式，用以表征这些玩弄权术者的利益，但也从更民主甚或自发的实践中呈现了不同的模式——它们可能采取亚文化、选择性的政治或乌托邦的形式。与其他批判性的城市学者一样，哈维承

认，"实际空间"压迫性的潜力与"创造出来的空间"解放性的潜力之间有着巨大差异。然而，创造出来的空间——以及创造空间的活动——看来经常都超出了"我们个人或集体的控制，[并且]是由异在于我们的力量塑造的"（Harvey 1973a：310）。关键问题在于，压迫与解放的主轴线共存于城市中，因为这是现代经济的核心所在。

与那些还没有完全摆脱以大小、密度和异质性的常识性现象学去界定城市的社会学家一样，哈维最早的系统阐述（1973a：224-240）也以一种相当静态的方式来界定城市，将其作为社会剩余（social surplus）在地理上的集中场所。但是，他通常将城市的发展与广阔的历史变迁联系起来，从基于互惠原则的经济到基于再分配的经济。城市的发展取决于市场的发展以及运送人员与货物的国家机制，当不同的再分配模式在社会活动中被常态化时，它们也会被固定下来。所有的再分配系统都会导致制度化的等级体系，它将塑造出它们自己的道德地理学和地理秩序。正如研究人员当时认为的那样，经济整合的每种形式——以及它们自身强大的精英或统治阶级——都会创造出自身独特的城市形式和标志性的建成环境。哈维（1973a：32）为使用这种"粗俗的例子"而带着歉意写道："这并非偶然，教堂和小教堂的尖顶梦幻般地笼罩着牛津（一个教会统治时代建立起来的城镇），然而，在垄断资本主义时代，沉闷地笼罩着曼哈顿岛的是克莱斯勒大厦和大通曼哈顿银行大楼。"

尽管这并不像文学评论家约翰·伯格（John Berger，1985：67）所描述的那样富有诗意——"在资本主义的历史中，曼哈顿是为那些被诅咒的人保留的岛屿，因为他们的希望过度了"——但它确实迫使我们将城市形象化为权力的景观。如果不需要进行个案研究和证实假设，那我们马上就能将地点理解为一个社会问题。实际上，所有城市问题都是无需证明的社会问题，它们以权力冲突为基础，而不是——像其他范式所说的那样——要尽力恢复平衡，提高效率，或者从人们与活动的运动中挑选出"自然的"生态区位。确实，最初的芝加哥学派在 20 世纪伊始就已经理解了这些运动的某些政治-

经济性质，因为同心圆区域理论（concentric zone theory）除了是一幅根据社会和经济精英们做出的区位决策而对土地进行限价和贬值的图景外，还能是什么呢？他们也理解到，要根据城市人口的社会和种族多样性刻画出单一的"道德秩序"是很有问题的。但是，正如哈维（1973a：131；2001a：68-89）写道的那样，他们并没有直接关注到那些冲突——尤其是经济冲突——造成了社会团结。相比之下，将城市视为一种权力景观，不仅提出了独特的城市社区在哪里形成的问题，而且还提出了为何形成的问题。随意的种族隔离、获得抵押贷款的权利不平等、将工业和高档住宅从城市迁移到市郊未开发地区的能力和欲望：这些在 20 世纪 70 年代异常显著的因素，在早期芝加哥学派的时代就已经在重塑美国城市了（参见 Rae 2003）。然而，多年来，主流的研究没有将他们纳入城市发展和衰退的结构性动力之中。

107　　哈维的早期文章顺便提到了社会力量的杠杆作用，如区域划分、种族歧视和种族亚文化。但是，他本人更感兴趣的是经济力量对劳动力和土地的利用机制。他跟随列斐伏尔提出，资本家不断把自己的投资从一种资本循环转移到另一种资本循环——从一个工业部门转移到另一个工业部门，从工业转移到金融，从金融转移到房地产，再转移回去——以获得更高的利润。虽然这并不能确切地表明不同城市区域的兴衰，但它确实说明了增长动力的潮起潮落，指出了投资缩减是资本主义经济的必然过程，这在当时才刚开始得到讨论。我自己的兴趣受到了这一想法的激发，即已建成的城市环境可能被迫变得陈旧。虽然哈维对此的思考是从物质淘汰的角度，但他提及的有计划地淘汰汽车之类的消费品，也开始成为广泛批评的主题（例如 Rothschild 1973），它也能用于对个人建筑、建筑类型和城市区域的"文化"淘汰。我们开始了解到清理贫民窟的政治——从 20 世纪 40 年代持续到 70 年代初，以国家资助的城区改造的名义——突显了房地产业主、市长、议员和公共部门的官僚的操纵，他们宣布城市已建成的大片环境已"衰败"或要淘汰，以便从大规模拆迁和新建中攫取利润与赞誉（参见 Caro 1974）。出于同样的原因，围绕城市中心进行重建的高风险，反映了对独特商品收取垄断性租金的机会——无论那种商品是得益于交通网络、历史建筑的土地，还是被高估值并贴上标志的"地块"的某些其他表征（Harvey 1973a：176-194；2001a：394-411）。这些说法直接导致了尼尔·史密斯（Neil Smith，1979）的理论，即住房投资的转移要遵循一种"租隙"（rent gap）理论，也导致了我自己（Zukin 1982）的研究，即人为淘汰制造业的阁楼，以便把它们改造成艺术家和中产阶级的住宅（也可参见 Topalov 1973）。甚至在我们读到列斐伏尔的著作之前，我们就已从哈维那里得知，空间、建筑和区域的生产是一种"社会"过程和物质过程——不仅是从社会学事件的角度而言，比如志趣相投的人决定住在一起，从经济和政治的自身利益来看更是如此。

　　哈维对 19 世纪中叶巴黎的历史性考察（1985a），在一幅更大、甚至史诗般的画布上描绘了这些过程。资本从一种循环到另一种循环的运动，为建设交通基础设施付出了代价，特别是铁路，金融家、制造商、消费者和城市本身都从中受益（1985a：70-73）。"土地用途的租赁分类"（1985a：93）成了由银行家和国家共同操纵的巨大房地产繁荣的一部分，其中一个具有竞争力的银行业王朝是"佩莱勒斯"（Pereires），它与路易·拿破仑统治下臭名昭著的巴黎市长奥斯曼男爵一致行动（Harvey 1985a：79）。优先获得信贷不仅助长了投机，导致房地产价值在 19 世纪 50 年代和 60 年代翻了一番，而且还形成了工业布局和社会阶层隔离的新模式（1985a：92-96）。国家支持的拆迁、新型建筑和更高的租金将工厂和工人赶出了市中心——这明显为 20 世纪的城市改造埋下了伏笔。此外，到哈维撰写有关巴黎的著作的 20 世纪 80 年代初期，美国和英国的城市正受到工业向低工资地区搬迁和中产阶级化的影响。这些过程也以奥斯曼在 1870 年前主导的社会空间变迁为预兆："巴黎大部分住宅市场的'中产阶级化'（embourgeoisement）"，以及"城市中心的去工业化"（1985a：94，103）。

　　研究曾经用来将巴黎重建为一个帝国城市的精心策划的策略，撕碎了观察我们当代城市变化过程的最后一丝天真。过度拥挤和无家可归显然与城市中心附近的经济适用房数量的减少有关。每天从家里到工作地点的漫长路程

108

反映了对市中心的占领或再次占领，以便作为高级用途和非生产性用途，主要是国家办公机构、古迹和银行。在传统的工人阶级社区附近找不到工作——我们在 20 世纪 80 年代开始称之为"工作与技能不匹配"——其根源不仅在污染严重的大型工厂迁往郊区，还在于市中心的物业收取更高的租金，只有银行、奢侈品专卖店和富裕家庭才能负担得起。简言之，巴黎的重建显示出国家通过新的交通基础设施、工业搬迁和中产阶级来支持不断上涨的土地价值的强大手段。国家和市场共同塑造了现代城市的资本积累和流通。

但是，资本主义现代化为城市发展开辟了一条矛盾的道路。一方面，巴黎占统治地位的社会集团——共和派的资产阶级——为其经济和政治利益进一步开辟了空间；另一方面，这个集团将空间的用途限制于像他们一样支付得起娱乐活动（咖啡馆，剧院）和（展示在百货商店橱窗里的）商品的富裕消费者，这些娱乐和购物场所现在装点着现代城市（1985a：204-205）。其他一切人都注定要扮演旁观者的角色。毫无疑问，大多数巴黎人都以现代性的这些可见展现为骄傲，但他们却无法通过购买进入这些场所。然而，大量私人的、以阶级为基础的公共呈现也助长了不满情绪。高昂的物价和政治腐败激起了旧怨，而痛苦的被剥夺感和对各种基层组织的创造性运用，最终动员起民众去进行积极的反抗。正如瓦尔特·本雅明（1999）写道的，现代城市催生了各种梦想。尽管哈维并未将这些梦想明确化，但他同本雅明一样，将城市体验与对商品拜物教的负面指控和城市社会运动的正面冲击联系起来——新的宽阔的街道和林荫大道，新的通讯方式和刚来的流动的男男女女都有可能成为替代性的选择（也可参见 Fritzsche 1996）。

解读瓦尔特·本雅明（1973）和马歇尔·伯曼（Marshall Berman，1982）对 19 世纪中叶巴黎的论述，哈维不禁想知道在那个时代的这座城市里的生活是什么感觉。在这个问题上，他像其他人一样，试图从文学中寻求答案。波德莱尔的诗歌，福楼拜和左拉的小说，都描写了人群的孤独，城市漫游者（flaneur）面对快节奏的变化之时的异化感，以及 1848 年被政治当局逼上街头构筑街垒的民主派的背叛感。像波德莱尔和他的同时代人一样，哈维对财富与贫困、技术进步与社会保守主义、疏离与联合同时并存、令人眩晕的意象感到着迷。像他自己的同时代人伯曼一样，他为富人阶层对他们当中的穷人的随意漠视感到震惊。所有这些都将城市与现代性的广泛主题联系起来，导致了对贪婪的资本主义"增长机器"的政治经济学（Molotch 1976）和城市工人阶级顽强的社区文化的双重强调。毫无疑问，这些话题传播开来，因为随着本雅明论述巴黎的文章被翻译成英语，以及伯曼在面对国家资助的高速公路建设时雄辩地捍卫了社区，在哈维发表《巴黎，1850—1870》一文（Harvey 1985a：63-220）之后不久，这些话题都进入了美国主流的城市社会学，包括约翰·洛根（John Logan）和哈维·莫洛奇（Harvey Molotch，1986）对使用价值（在社区的社会空间形式中）和交换价值（在贩卖增值的企业家的空间转型中）之间持续斗争的考察（1986）。

然而，与这些著作不同的是，哈维研究巴黎的大部分文章的数据都是关于不断变化的工业结构、工人阶级的工资、家庭劳动分工、工人阶级内部的分工，以及社会历史的真正基础——营养、教育、社会和道德的控制。他利用了档案研究和新的法国劳工史，尤其是阿兰·科特罗（Alain Cottereau 1980）版中的一篇关于工人阶级生活的评论《公社之前》（*avant la commune*），其作者曾是一名工人，后来晋升为杰出的制造商，该文于 20 世纪 80 年代初在巴黎引起了极大轰动。如果要说我对哈维的文章有什么抱怨的话，那就是材料太多，这么短的文章难以囊括。此外，利用社会历史提出了方法论上的问题：要了解一个城市，我们应该对社会阶级的形成有多少了解？社群意识在何种程度上反映了社会阶级，它在何种程度上是由地理区域促成的？正如哈维表明的那样，城市社会运动被技能、工资和空间划分碎片化了，男男女女痴迷于奇观式的购物、娱乐和大型活动，它必然是革命性的吗？但是，哈维的目标是要在"资本主义现代性"的关键之处创造一种详细的、深入的城市全景（1985a：108）。这篇文章不仅仅意在对一座躁动不安的城市进行研究，也意在成为恩格斯研究 1844 年曼彻斯特工人阶级的著作的姊妹篇，是对创造一个非凡的乌托邦——从 1870 年到 1871 年的"巴黎公社"——的条

110

件的解释：“一个奇异、特别和引人注目的事件，也许是同类资本主义城市史上最特别的事件”（1985a：218）。如果说这篇关于巴黎的文章与在它之前的著作相比不属于那么正统的马克思主义的产物的话，那么，它仍然也受到了一种革命性的末世论的指引。

投　机

哈维接受了格奥尔格·齐美尔（Georg Simmel）的经典阐述：现代城市的心态，或者说意识，会不断地适应变化。但在《巴黎，1850—1870》的姊妹篇中，他（1985a：1-35）坚持以货币的社会力量来建构社会学家对城市居民心态的关注。正如齐美尔所描述的，大都市的不断流动的行人、活动和事物的震荡效应，被哈维（1985a：29）描述为“混乱和不连贯的感觉”，反映了土地所有权、社区、时空和谐的碎片化——全都是由货币经济引起的。城市通过许多不同市场折射出的货币经济的社会力量从而强化了它——这些市场主要是住房、土地和劳动力，但也包括资本本身。尽管投资重建 19 世纪巴黎的金融机构通过为不同收入水平的巴黎人提供不同规模的投资机会而造成了货币的大众化，但它们也普及了金融投机活动并增加了债务。正如齐美尔的著名说法道出的，对这些刺激因素的典型反应不仅是一种“厌倦的”态度；它同样也是投机者的态度。

后来，当哈维将他的文章扩展为一本书的篇幅来论述巴黎时，他借用了杜米埃的版画、巴尔扎克和左拉的小说来说明整个 19 世纪城市生活的各行各业都盛行投机活动（2003a：33-35，39，51，55）。房地产开发商的投机方案会使这座城市分崩离析，然后再按他们的想象重建，这些投机方案在那些从外省移居巴黎寻找职业和财富的年轻男子的梦想中找到了相似之处，也在希望进入时尚界和名人圈的年轻女子的野心中找到了相似之处。无论男女都懂得把自己对服饰的选择当作一种投机性投资，因为巴黎人会以貌取人。他们也要努力使自己依附于赞助人、朋友和恋人，以获得别人能够提供的社会优势，这使得城市关系比以往任何时候都更具有投机性。现代城市使社会向上流动成为可能——代价是背叛旧的团结，以及令人眩晕的命运逆转："当个人参与对金钱、性和权力的高风险追求时，就会出现快速的变化"（2003a：39）。

在城市重建、城市意识和金融信贷扩张之间，存在着一种显著的协调效应（1985a：76ff；2003a：117ff）。即使在 19 世纪，证券交易所——股票市场——仍然支配着个人发财的梦想以及城市本身的财富。《巴黎，1850-1870》（1985a）和后来的《巴黎，现代性之都》（*Paris, Capital of Modernity*，2003a）都再现了夏尔戈特（Chargot）1875 年的戏剧性版画，它们把证券交易所描绘成一个捕食巴黎人灵魂的吸血鬼，并在书中以左拉的《爱情的一页》(*La curée*)和《金钱》(*L'argent*)的一些段落作为支撑（1985a：81；2003a：118、122）。投机既是这个城市的命脉，也是耗尽其生命力的机制，它是贪婪的煽动者，把男男女女都变成吸血鬼，使债务缠身。正如哈维认识到的，这种尖刻的观点与对于我们时代金融投机对城市影响的控诉形成一种令人振聋发聩的类比，这种类比始于汤姆·沃尔夫（Tom Wolfe）20世纪 80 年代的小说《虚荣的篝火》（*Bonfire of the Vanities*）描述的"宇宙之主"和 20 世纪 90 年代互联网的繁荣与萧条，随着整个 20 世纪广泛依赖投机性股票市场投资，为抵押贷款、养老金和消费者债务进行融资而变得更加不祥。

挖掘 19 世纪巴黎投机活动的社会动力，会发现近年来笼罩着城市命运的两种结构性变化的动因：第一，通过时间消灭空间，第二，创造性的破坏（1985a：25-29）。正如 19 世纪新建的公路和铁路加快了乘客和商品从城市一端到另一端的速度一样，航空运输系统、传真机以及最终的万维网的发展，也能够使计划和库存的迅速移动变得足够快，工作也可以从世界上某个地区的公司总部和设计中心，迅速转移到另一地区的工厂（1989b：293）。正如哈维指出的，这两种剧烈的结构性变化的动因，都可以追溯到前工业化时代。消灭空间"和"时间最初是由亚历山大·蒲柏（Alexander Pope）以

112 隐喻方式提出来的，后来又被歌德采用，在 19 世纪 40 年代被包括卡尔·马克思在内的铁路旅行观察者作了工具性的修正（1985a：15；2003a：48）。"创造性的破坏"一词也起源于 18 世纪的一个隐喻，并在一本以笔名出版于 1867 年的巴黎旅游指南中重新出现。到哈维将这些概念应用于城市重建之时，与其说这些概念是隐喻，不如说是将资本投资从世界上的高薪地区转移到低薪地区、从低利润领域转移到高利润领域的实际策略。对城市来说不幸的是，那些被想象出来的、哈维称之为"空间修复"的转移，在空间里并不是永久固定的。对任何类型的城市基础设施的大量投资，都只代表着资本家寻求更高利润的临时解决方案。

当哈维发表他论述巴黎的第一篇文章时，已经很明显的是，西方的工业城市作为资本积累的场所正在被淘汰。从纽约到格拉斯哥，最大、最商业化的城市正在消除制造业的一切痕迹，从钢铁厂和高层建筑物，到货运码头和工人阶级的住宅，都在试图把其改造成消费空间、旅游目的地和全球金融经济的指挥中心（1985a：269-271）。像利物浦或巴尔的摩这种规模较小的城市，有着更为重要的工人阶级基础，选择的余地就更小。事实上，这些城市经常竭力用它们枯竭的资源去补贴富有的公司，以延迟关闭生产设施或将新的工作留在城里。那些在早期经历过大致类似的工业开发的地方，如今面临着城市之间对新投资和就业机会的激烈竞争，却无法提供任何特别的、更不用说垄断的优势。在这些情况下，城市居民没有反抗，尤其是如果他们通过购买房屋来对自己社区的未来进行投机；他们"倾向于支持任何统治阶级联盟的事业，只要它们看来会提出能暂时或部分缓解货币贬值威胁的措施"（1985a：270-271）。然而，与当时许多其他观察者一样，包括迈克尔·摩尔（Michael Moore）在内，他的电影《罗杰与我》（*Roger and Me*，1989）对通用汽车公司在迫使密歇根州弗林特市陷入大规模失业和破产浪潮中所起的作用提出了尖锐的看法，戴维·哈维预测，持续失业、企业补贴和地方政府的财政危机将导致灾难，包括"无法控制的挫败感在不断扩大的城市下层阶级中爆发"（1985a：271）。

　　但是，老工业城市的衰落，既不是必然的，也不是普遍的。正如极具现实意义的矛盾修辞法所暗示的那样，创造性的破坏在消除产出率较低的投资的同时，也播下了经济增长的新形式的种子。抛开熊彼特（Schumpeter）对无畏的企业家的浪漫主义描述不谈，创造性的破坏断言，各种资本主义投资者都将不断提出新的积累策略，以克服旧管理体制的失败。如果城市确实是资本的空间，它们将——以某种形式——再次崛起。然而，不管投资者是押注全球金融市场扩张的银行家，还是在车库里敲键盘的电脑迷，或是将工厂阁楼翻新成工作空间的未充分就业的艺术家，始于 20 世纪 70 年代的创造性破坏从一开始就创造了一个看起来截然不同的世界。机器人生产和电子通讯加快了变化的步伐，似乎使整个社会的社区和地理空间都变得过时了。政府打破了资本和劳动力之间的社会契约，这一契约支撑了数十年的工业和平与生产力，为稳定就业者提供了丰厚的报酬，捍卫了凯恩斯主义的大规模消费。现代性的文化范式基于进步、规划和相信基本社会安全能够得到保障，已经被碎片化的新表现——以及恐惧——所动摇。总之，社会哲学家、艺术家和作家都认为，世界已然进入了一个后现代的新时代。

　　然而，戴维·哈维（1989b）对此并不太确定。全球资本主义的许多新特征看起来都很熟悉。对金融市场的管制放松增强了金融资本的力量。及时交付和劳务外包重新开始了通过时间消灭空间。在制造业转移到许多低薪国家的同时，金融公司则集中于少数几个全球性首都，这表明了一种复杂的资本积累框架的重组：一种同时发生的、在空间上将生产分散化和组织上将权力集中化。哈维借用法国经济学家的社会调节学派的语言提出（1989b：121-122），资本主义仍然在使用我们多年前就熟知的生产方式，只是用了一种不同的调节模式——以及一种不同的表征社会意识的方式。

　　对城市而言最重要的是，投资转移和时空压缩，使挫败感得以通过宏伟的城市振兴项目发泄出来。在纽约、伦敦和全球经济的其他金融首都，资金大量涌入新摩天大楼的建造，经常是为了对历史悠久的金融中心进行补充和扩展。高层多用途商务楼项目美化了个体的城市投机者，如纽约房地产开发商唐纳德·特朗普（Donald Trump）和多伦多奥林匹亚与约克公司（Olympia and York），也美化了新的跨国订单的集体投机者，主要是一些大型金融公司和投资银行。著名新建筑师的"签名"设计，在城市天际线上留下了它们的印记，使房地产投机的一种产品得以与另一种产品区分开来。然而，虽然城市起初看起来不同，尤其是在地价昂贵的中心城区，但时空压缩塑造出的一系列视觉图像迅速应用于全世界各地。像制造业一样，城市产品的差异化和形象的价值化，也建立了一种特征化和标准化的新辩证关系，这只会加剧城市间的竞争。

因此，哈维将"后现代转向"的起源追溯至资本主义市场的竞争动力。但与现代主义在 20 世纪中叶的鼎盛时期不同，后现代城市重建的宏大新规划起源于并服务于私有部门。房地产开发商通过在过去的废墟上竖立起新的博人眼球之物来掩饰资本的不稳定性；通过提供玻璃和大理石、最终是钛金属一类新材料的反光表面，反射出经济复苏的浅表。当选官员和社区团体与城市设计师合作，折衷地借鉴当地的历史，向流行的、平民主义的地方特性致敬——至少是在视觉上。但是，哈维把从福特主义到全球生产体系中灵活积累的巨大变化，与诸如时尚、传媒和金融等城市工业中的形象生产的不稳定性联系起来（1989b：285-287）。他将城市政府赞助的短暂的奇观活动，从庆祝运动队获胜的游行到近期的"奔牛节"，与迅速周转的时间带来的压力联系起来（1989b：157）。通过所有这些形象管理，闪闪发光的后现代城市成了"一种假象、一种舞台布景、一块碎片"（1989b：95），旨在掩盖真实的城市及其社会问题。

如果说后现代建筑创造了一种虚构的城市（1989b：97），那么，它就是一个适合金融的或虚拟的、马克思主义意义上的资本的场域。新的城市规划中还有很多"奇幻城市"的因素（Hannigan 1998）。购物中心或节日集市，经常取代码头工作区，在市中心危险或衰败的公共空间混乱的拼凑物中提供了洁净的、有人看守的私人场所；它们在对消费者开放时，却对生产者关闭。与波士顿的法尼尔厅（Faneuil Hall）一样，其中的很多都以当地历史为视觉主题，同时贩卖中国制造的纪念品（Zukin 1991：50-51）。面对当地劳动力市场和社会团结基础的急剧分解，这些空间的生产突显了一种地方形象——部分原因是为了恢复一种公民自豪感，这种自豪感曾在 20 世纪 60 年代的城市起义中被击得粉碎，并在 70 年代和 80 年代的工厂倒闭中化为尘埃（1989b：89），另一部分原因是为了激发一种比其他城市更具竞争力的优势，以努力吸引新的投资者、游客和富裕居民（1989b：92、295）。

　　哈维非常熟悉的巴尔的摩，为他提供了一个难得的机会去撰写一篇个案研究，以说明这些策略如何创造了一种新的权力景观（1989b：88-91；2001a：128-157）。毫无疑问，20 世纪 60 年代末和 1970 年的骚乱动摇了这座城市的根基，证明了在大量非裔美国人和被异化的白人青年中存在着深刻的不满。这座于上个世纪 60 年代建成的现代主义城市中心，显示出当地商业领袖决心不"放弃这个象征性的和政治性的中心……要把它留给贫困的黑人和被边缘化的白人底层阶级"（2001a：132-133）。然而，与费城和哈特福德等其他美国城市一样，市中心新建的办公楼并没有掀起新的商业活动浪潮。建造办公空间的交易很典型地会以公共补贴的杠杆来对抗私人基金，并且从某种程度上说，这些建筑是盈利的，金钱都流入了投机性私营开发商的口袋。虽然以较低的税收评估形式提供的补贴多年来一直在消耗城市的财政收入，但那些早上乘车进入巴尔的摩、晚上离开该市的郊区居民，却大多在新市区就业——尤其是在较高层次的工作中。

　　20 世纪 70 年代初期，社区团体联合银行家、律师、市中心开发商和好心的社会精英一道，重新唤起了这座城市的自豪感。他们开创了一种重要的公共活动——定期集市——在城市街道上举行并"建立在街区的传统上"（2001a：136）。在最初的三年里，集市吸引了越来越多的人群，这些人表明了他们"能被市中心吸引"，在"没有骚乱的情况下"度过美好时光（2001a：137）。集市明显的成功加深了人们对公众庆典活动的兴趣，它是城市复兴的一种形式和象征，当它从新的金融中心搬迁到一个已废弃的码头工作区时，为内港的商业重建提供了舞台，使之成为节日主题的海滨广场。虽然哈

115

维注意到，1971 年在该市的钢铁厂和港口被关闭、联邦补贴被取消的语境下选出了一位强势的新市长，但我认为，海滨广场得到房地产开发商詹姆斯·罗斯（James Rouse）的支持也很重要，他以在波士顿和纽约推广城市集市和致力于城市化而闻名。无论如何，私人开发只是在市政府启动的、由公众支持的民族节日和特殊活动的稳步推动下进行的，并得到了对新科学中心、水族馆、会议中心和游艇码头的公共投资的支持。酒店、餐厅和商店紧随其后，主要为旅游业而修建。与此同时，人们对市中心的新的兴趣蔓延到了一些拥有历史住宅的邻近街区，促使中产阶级进行再投资。所有这些都创造了一般认为的后现代和后工业化场景，它从巴尔的摩到毕尔巴鄂，已经变得如此为人熟悉：一座曾经的工业城市被重新想象成一个文化消费中心。

116　　　　然而，正如哈维（2001a：141-156）提醒我们的那样，巴尔的摩并未取得完全的胜利。很多规划尚未实现，大多数旧工业用地还没有变成新的活动场所。很多新建筑受到腐败的困扰；虽然部分资金来自市政补贴，却并没有给城市带来回报。商店和餐馆非常明显地集中在海滨广场，掩盖了城市其他地区购物质量低下和娱乐设施匮乏的事实，尤其是在较贫穷的街区。此外，尽管"银行和金融机构主导着市中心的天际线"（2001a：147），但巴尔的摩并不是一座总部城市。由于仍然依赖于全球首都做出的决定，这座城市还没有找到一条明确的生存之路。新的权力景观——就像从巴尔的摩的联邦山看到的景色——引人入胜，却具有欺骗性。

创业型城市

　　　　哈维在"一种奇观式的建筑……对这类规划来说是必要的"（1989b：91）中发现的经济决定论是否正确，还不那么清楚。但后现代建筑在放大、甚至是创造一个城市与时俱进的形象方面明显起到了很大作用，它能够摆脱过去逐渐形成的增长——或者资本积累——的阻碍在支持新的增长策略方面扮演一种创业型的角色。后现代主义以非常明显的方式提供了一个概念工具箱（Swidler 2001），以创造一种不同的城市空间；在某一特定时刻，它成了新一波金融投机浪潮的表征的空间（Lefebvre 1991[1974]）。20 世纪 70 年代和 80 年代期间，抛弃那些已经成为公共住房和政府办公室的一成不变的现代主义设计，意味着要摆脱官僚主义和国家调节，同时以更有趣的观点来看待城市本身。甚至是在私人企业承担了大部分建筑工程、市政府缺乏资金和远见去进行规划时，设计就成了一座城市的营销工具和体现城市差别的关键。后现代设计将城市的工业历史审美化——同时也清楚表明城市工人阶级已经过时。

对戴维·哈维（1989b：77）来说，阅读皮埃尔·布迪厄的著作《区隔》（*Distinction* 1984）使他想到，建成环境作为集体象征资本有着巨大作用。在城市看来已经丧失其独特性的时代，建成环境——历史的、不拘一格的、能够引发审美愉悦的——可以宣称自身既是基于地方身份的一种有形形式，又是一种可交易的价值符号。建筑，尤其是我们现在称之为"标志性的"那种显而易见和可复制的建筑，会成为一个城市的商标或品牌。经历了这么多年的对垄断租金之价值的有意识关注，哈维相信（2001a：405），一个城市独特的建筑代表了一种象征性资本，它能够提供巨大的经济回报。与布迪厄相比，哈维将象征性资本与地方而不是与社会群体联系起来。与一些研究者对旅游业的单一关注不同，他认为，建成环境的象征性资本吸引了金融资本的普遍流动。客观地看，"消除空间障碍赋予资本家以剥削的力量……劳动力供给、资源、基础设施及类似方面……中的细小差别"。在主观方面，"随着空间障碍的消除，我们因此变得对全世界空间所包含的东西更加敏感"（1989b：294）。当然，建成环境的增值也取决于媒体对设计的大肆宣传，从建筑杂志开始，然后扩大到电视、旅行指南和一般杂志。建筑不仅如弗雷德里克·杰姆逊（Fredric Jameson 1984）指出的那样是资本主义的象征；它也是一种以媒体为基础的象征性经济的资本（Zukin 1991：260；1995：1-11）。

象征性经济的崛起基于金融、信息、时尚和其他优势快速变化的形式，它促使人们在最广泛的意义上变成了创业者。这些行业中的许多工作都是兼职或临时性的，取决于项目能否成功取悦客户、工人的自我投入和公司在市场上的成功。在文化上，个人和群体都旨在从优越性（"下一个新事物"）和区位（"独特的"事物）获得暂时的利益。对城市和个人来说，这种创业行为都会受到经济压力的刺激。公共资源的日益私有化和联邦（或中央）政府基金的减少，使得以任何手段聚集财政支持都变得很有必要。但企业家并没有减轻压力。城市和国家都在竭力追求资本投资，这只会加剧竞争。工人和社区的创业主义近乎于受虐——加薪和福利被暂时降低，公共产品被取消，所以他们投票支持不会反对抛弃"管理型"中央政府的地方联盟（Harvey 1993c）。很典型的是，像在巴尔的摩一样，集体创业者是一种公私合伙的关系，它利用公共和私人基金为私营部门牟利。地方政府的这种做法（*modus operandi*）与早期政策取向的不同之处在于，他们愿意吸收金融风险，但并不相信真正有保证的回报（Harvey 2001a：353）。

　　然而，地方官员继续辩称，城市必须投机，否则就会灭亡。哈维（2001a：363，406-407）是为数不多的对诸如巴塞罗那主办 1992 年奥运会这种创业项目持批评态度的人之一，因为他认为，这种投机行为的代价可能很高，让城市无法承受。为运动员的住房、体育场馆和娱乐设施提供杠杆式的公私合作融资，可能会产生新的城市基础设施——但最终由谁来使用，产生哪种财务收益，以及基于何种审美制度？此外，这类大型项目的收益可能狭隘地集中在城市的少数地区（Harvey 2001a：353）。这些问题依然紧迫，因为各城市之间争相举办 2012 年奥运会和其他大型活动，建设更多的体育场馆和会议中心，支持现代艺术博物馆和文化产业的"创意集群"。

　　我无意贬低哈维对革命性的替代性选择持续的乐观态度。他（2001a：410）在文化运动和反对资本主义全球化模式的联盟中看到了很多希望。但在一个文化事业常常会带来巨星作为回报的时代，人们很容易跟随创业之笛的节奏而翩翩起舞。城市就像艺术家一样，似乎不会从固守一种懒散的形象和一种陈旧的风格中获益。

身体政治

戴维·哈维幸运地选择了为最近编辑的那卷《受伤的城市》（*Wounded Cities* 2003e）撰写一篇主题论文，因为自从哈维开始研究法国大革命中代表自由的女性形象以来，城市作为一种身体政治就一直是贯穿他著作的一个主题（1985a：191-197；2003a：59-89）。甚或更早：从他开始认为城市就像简·雅各布斯（Jane Jacobs 1961：430-434）所描述的那样，是有组织的、复杂的、自主管理的身体时起，但他却没有雅各布斯对社区的浪漫的理想主义或她对国家调节的不信任。

城市的图像学因其所处的直接政治环境而异。像一个国家那样，一座城市可以被描绘成养育孩子的母亲、饥饿的妓女，或年轻而好斗的勇士。哈维提醒我们说，这些象征代表了集体的理想，而集体的理想又反过来反映了对规则和规范的意识形态选择。并非巧合的是，他为《后现代的状况》（Harvey 1989b）的封面选择的插图，显示了最著名的表征正义的女性之一——自由女神像——跳出克莱斯勒大厦，其四周是等级制文明的建筑废墟：金字塔、狮身人面像、帝国大厦和一幢后现代摩天大楼。哈维暗示说，图像可以摆脱常规，也可以坚持传统。虽然艺术家帮助我们把这些选择形象化，但选择却是我们自己的。

如果我们选择的规则是依靠国家来约束资本主义市场，我们就有机会建 119 设更加民主、更加平等的城市。但如果我们赞同那种由投机性的地产开发商、兜售增长的公共机构和创业型的公私群体为我们做出的选择，那我们就有可能创造出一个怪物，就像 19 世纪中叶的版画里捕食巴黎人的证券交易所的吸血鬼那样。重要的是要记住，虽然我们面临着极度的竞争，但我们有选择的余地。尽管如此，我们不得不痛苦地承认，在房地产"泡沫"膨胀、人们对房产投资价值的不断上涨而欢欣鼓舞的日子里，"地租"制度却使城市陷入了困境（Harvey 2003e：37）。至少在美国，有太多的人相信，繁荣和控制犯罪都要求提高房租——代价则是驱逐，个人破产，以及同质化城市丰富的社会、种族和功能多样性的混合。

哈维把纽约世界贸易中心大楼作为城市身体政治可塑性的关键。双子塔由一个未经选举授权的强大公共机构设计和运营，代表了公共和私人创业者颠覆这座城市诸多民主传统的意志。这些建筑体现了金融资本在城市经济构成中的显赫地位，体现了一个大部分业务通过电子方式和海外完成设计的商业机构的傲慢自大，也体现了市长鲁道夫·朱利安尼（Rudolph Giuliani）对该市穷人和少数族裔的随意漠视："因此，在全球乃至当地事物的格局中，双子塔都不是中立的或无辜的空间"（Harvey 2002c：59）。但双子塔在 2001 年被恐怖袭击摧毁之后，哈维（2003e：39）发现了"一种不同类型的身体政治潜伏并隐藏着"。商业电视广播被不停地讨论袭击及其受害者所取代（2002c：61）。人们"围绕着社区、患难与共、齐心协力和利他主义的理想而团结起来"，经常表现为在像联合广场公园那样的公共空间集会（Sorkin and Zukin 2002；Harvey 2003e：39）。"一个粗糙并制造分裂的市长成了街道上救死扶伤的天使……政府，除了在其减少税收和犯罪之外，在过去 20 年里被严厉批评得一无是处，又在突然间被看作是安慰和善行的根源"（Harvey 2003e：39）。尽管有着明显的差异，但这听起来非常像哈维对巴黎公社的看法。然而，从个人角度而言，作为一个在纽约生活了很多年的人，我不知道他何以会如此惊讶。

也许，哈维想让身体政治表现出一种比阅读《资本论》所暗示的更温和、更可变的城市视野。作为一种比喻，它开启了政治、文化和经济分析的大门。无论"身体"是一个女性形象、一幢建筑的钢梁，还是政策选择的集体遗产，它确实可以指引未来，就像它讲述过去的权力冲突那样。在我们这个时代，身体政治被股票和房地产价值上涨的"超大量"快餐搞得臃肿不堪，加上沉迷于不诚实的政客们的陈词滥调，使得要设想一条民主变革之路变得愈加困难。但是，对权力景观的批评总是比思考如何超越和重塑它们更容易。如果有哪位分析者可以激励我们希望能够改变城市，那一定是戴维·哈维。他的批判的一致性，以及他对资本空间之外的"生活空间"坚定不移的挚爱，迫使我们为改变规则而不断地思索。

作者简介:

莎朗·祖金（Sharon Zukin, 1946-），纽约城市大学布鲁克林学院和研究生中心的社会学讲席教授。她是《阁楼生活》（*Loft Living*, Rutgers University Press, 1989）、《权力的景观》（*Landscapes of Power*, University of California Press, 1991）和《城市文化》（*The Cultures of Cities*, Blackwell, 1995）的作者。她最近出版了《购买点：购物如何改变了美国文化》（*Point of Purchase: How Shopping Changed American Culture*, Routledge, 2003）一书。

译者简介:

高然，四川大学文学与新闻学院博士研究生，专业为艺术学理论，研究方向为艺术理论与艺术批评。

第六章　戴维·哈维与辩证的时空

埃里克·谢泼德　著　高然　译

　　空间对地理学家来说仍然是决定性的疆域，戴维·哈维也不例外。自地理学家在 20 世纪 60 年代转向为这一学科寻求一种理论基础以来，一个持续存在的问题是，在地理学的学术研究中产生了哪些特有的理论问题。地理学的其他特征有时也会被提及，如它对自然-社会关系的综合研究或它对地图的关注（重新发现地理学委员会 1997）。然而，空间对于理解社会和自然是否重要，以及如何重要的问题，仍然是这一学科认同的核心。

　　空间问题始终都是哈维所有著作的核心，要对他的学术研究的这个方面做出任何评价都令人望而却步。幸运的是，有六本书，每一本都标志着他思想演变的关键时刻，其中包含了对空间和时间的广泛讨论，可以用来作为这方面解释的文本：《地理学中的解释》《社会正义与城市》《〈资本论〉的限度》《后现代的状况》《正义、自然和差异地理学》和《希望的空间》（Harvey 1969a；1973a；1982a；1989b；1996a；2000a）。这些著作包含或者重申了他对时空进行理论化的很多内容，它们共同为空间是否重要这一问题提供了成功的肯定性回答。

　　"年轻"时期和"成熟"时期的哈维之间有着很大的差异，以他在 1973 年前后的转变为标志，在他从布里斯托尔移居到巴尔的摩的同时（参见本书 Barnes），他的哲学基础从逻辑实证主义转变为马克思主义。我认为，他对空间和时间进行思考的连续性大于变化性：对空间和时间两者的关注；对时空建构论的和关系性的解读；关注如何体验、感知和想象时空；以及在西方古典哲学方面的坚实基础。我也将评论他在空间方面的学术研究所带来的影响。虽然这在学科之外已经产生了广泛的影响，在批判性的人文学科中形成了日益增长的对空间性的兴趣，但其他地理学家似乎对此并不那么感兴趣："奇怪的是，我再也没有受到多少地理学系的邀请"（Harvey 1998a：725）。我认为，这种不对称的关系结构，既反映了学科政治与他的引证策略的交叉，也反映了批判社会理论中后马克思主义哲学影响的兴起。

最后，我将评价哈维对资本主义制度下的空间所进行的概念化：这是他自 1982 年以来的政治经济学著作的一个持久的关注点和落脚点。在分享他以关系性的辩证方法对待空间和时间问题的同时，我将提出，他在某些方面没有把他所提倡的辩证法的张力坚持到底。我认为，对资本主义空间性的密切关注，揭示了哈维在必要时倾向于赋予马克思的价值规律以特权的问题，也揭示了他关于时空压缩的论点正在将相对区位的重要性边缘化这方面的问题。这为超越哈维和对其进行的后结构主义批评之间出现的对立，开启了可能性。

谱　系

逻辑实证主义

《地理学中的解释》（1969a）是地理学对逻辑实证主义的经典阐释，哈维在书中强调了三个关于空间的主题：为人类体验世界的空间和时间的概念奠定基础，放弃绝对论的空间概念，提出一种分析空间的形式语言。在其分析中，人类关于空间和时间的概念不仅依赖于个人的经验，还依赖于对空间的想象和文化派生的对空间的表征。他基于这些考虑提出，地理学家必须断然拒绝空间和时间的绝对论概念，即认为它们是外在的和固定的观点。他追随"空间科学"的其他倡议者，拒绝接受在康德、赫特纳（Hettner）、洪堡（Humboldt）和哈特向的古典地理学中把空间视为一个容器的观点；也拒绝牛顿认为空间和时间构成了一种外源性的坐标网格的立场，以及牛顿认为空间和时间"独立于一切物质"的观点（1969a：207）。他赞成一种相对的概念，即空间是一种"世界上的位置特性"（1969a：195），追求其作为空间分析语言的几何学的独特含义。欧几里得几何学由于依赖笛卡尔式的直角时空坐标网格，无法捕捉到人类的空间和时间概念的复杂性与多样性，但也有很多可供选择的非欧几里得几何学。他认为，一个关键的挑战是，在独特的空间体验和概念所隐含的不同几何学之间正在出现转变。

　　逻辑实证主义的空间科学曾因其方法论上的个人主义和空间拜物教（spatial fetishism）而面临来自社会和文化理论家们的广泛批判，但这些问题从未困扰过哈维的逻辑实证主义。在《地理学中的解释》和在哲学上同源的《社会正义与城市》的前部分章节中，他强调了空间概念是如何被社会过程形塑的（"文化变迁经常涉及空间概念方面的变化"，1969a：194）。他借助卡西尔（Cassirer）的观点阐明了将经验划分为感官的（由生物学塑造）、知觉的（个人的和文化的）和象征性的（在我们的想象中）三个部分（Harvey 1973a）。哈维的距离并不是牛顿意义上的度量，而是"只能根据过程和活动来度量"（1969a：210）。他（借爱因斯坦的观点）指出，"活动和目标本身界定了影响的领域"（1969a：209），并引入莱布尼茨（Leibniz）的关系性的空间概念，认为空间"只是一种关系的系统"（196）。在《社会正义与城市》中，他强调了社会过程如何塑造空间，也强调了建筑师和规划师如何寻求以空间形式来塑造社会行为。他通过强调社会过程和空间形式是相互关联的，预示了后来著名的社会建构主义（social constructionist）的空间概念，这是自20世纪80年代中叶以来地理学理论的一个经久不衰的比喻（参见 Gregory and Urry 1985）。他还预示了激进地理学家后来对经济地理学中的空间拜物教的批判，指出区位理论家们忽视了自己只专注于外源性的、无界限的、同质性的空间如何决定了他们的"均衡的规范"（specification of equilibrium，1973a：48）。

马克思主义政治经济学

《社会正义与城市》的后半部分开始阐释一种马克思主义研究空间的方法，运用马克思的地租理论来探讨马克思主义与空间概念之间的关系。他指出，垄断地租采用了绝对的或容器的概念，因为垄断所有权意味着对空间的绝对控制。级差地租和绝对地租同相对空间（relative space）有关，因为它们取决于链接不同经济活动领域的社会空间关系。关系性空间（relational space）可以用来理解地租价值的总体测定：“地租是由所有地点的所有生产领域的关系性决定的，对未来的预期也包括在内……任何一块土地的价值‘包含’了所有其他地块的价值……以及对未来地块的预期”（1973a：186）。 124 简言之，“城市空间不是绝对的、相对的或关系性的，而是三者的结合”（1973a：184）。

从这一观点来看，相对空间即地方之间的相对距离，应该有别于莱布尼茨的关系性空间，后者是连接所有其他地方的“关系系统”的单一尺度。有趣的是，空间科学也对此做过正式的区分，在没有探究哲学意涵的情况下，按照距离矩阵来描述相对位置，并按照地理位势（geographic potential）来描述相关位置（Sheppard 1979）。正如哈维指出的，在用关系性的方法研究空间时“有一种重要意义，即空间中的一个点‘包含’了所有其他的点（例如，这就是人口统计学或零售潜力分析中的情况……）”（1973a：168）。

他转向亨利·列斐伏尔，以寻求一种马克思主义的空间社会建构的理论化，突显了列斐伏尔的论点，即用创造的空间取代实际的空间，是地理学体制的首要原则（1973：309），以及他的双循环模式（生产投资的循环与建成环境的循环），它们将空间的生产置于资本主义动力的中心。然而，哈维对列斐伏尔更广泛的主张（后来被爱德华·索亚[Ed Soja 1989,2000]所接受）仍然持怀疑态度，即空间构造（即城市主义）现在支配着经济过程（工业社会）：“这种假设在此时此刻尚无法得到证实”（1973a：311）。

《〈资本论〉的限度》包含了哈维对资本主义制度下空间和时间最持久、

最一致的经济分析（Harvey 1982a）。他围绕着危机理论的三种"削减"来展开分析，从传统的马克思主义的危机理论开始，通过对时间和空间的关注逐步使其复杂化。他的"第一种削减"强调了资本主义特有的过度积累和货币贬值的周期性动力。按照这种描述，资本家获得利润靠的是付给工人的报酬低于工人们付诸于生产的（劳动力）价值。此外，资本家削减劳动力，是因为他们试图通过引进节省劳动力的技术来提高生产率，以求在竞争中胜出。这样做加速了积累，因为更多的产品进入了市场，但工薪家庭用于购买这些商品的钱更少了。这种过度积累的趋势迟早会导致危机的出现（产品无法售出，这意味着投资无法作为利润回收）。正如马克思指出的，价值规律的运行往往会降低（价值的）利润率，导致经济重组：企业倒闭，机器和设备被抛弃。[①] 这种固定资本的贬值最终足以抵消之前的生产所需的过度积累，从而引发新一轮的繁荣与萧条。

125　　哈维的第二种削减的危机理论，考察了时间修复能在多大程度上缓解生产所需的时间对积累造成的阻碍（在列斐伏尔的双循环模式的基础上，哈维增加了金融资本的第三种循环，Harvey 1978a）。大规模生产需要筹集大量资金，以用于购买大量的固定资本设备，这些设备可能很多年都不会赚钱。金融和信贷对大宗采购筹集必要资源来说是实质性的机制，也是管控投资与回报之间多变的、有时漫长的时滞（time lags）的实质性机制。金融市场缓解了资本从低赢利经济领域流向高赢利经济领域的压力，消除了过度积累和价值贬值的循环周期。虚拟资本（如衍生品）进一步增加了投资者的选择权与灵活性。在所有这些方面，金融信贷体系都承诺会暂时修复资本主义的危机。然而，哈维指出，这是一种虚假的承诺。金融市场通过放宽资本的流动，加速了积累和技术变革，也加快了淘汰旧设备的速度。旧建筑和机器设备成了积累的障碍，在它们的经济价值尚未分期偿还之前，新技术就出现并取代

---

① 根据价值规律，在资本主义的充分竞争下，随着投资从较低获利的机会流向更高获利机会，整个经济的（就劳动价值而言的）利润率将趋于平衡。

了它们。虚拟资本的价值完全植根于投资者的信心，容易遭受投机性繁荣和萧条的剧烈冲击。繁荣和萧条的循环只是暂时被转移，因为时间修复可以缓解价值规律的运行（从而也缓解了"第一种削减"的危机）。

通过空间修复来控制危机的可能性，是哈维的第三种削减的主题。他确定了四种空间修复。首先，土地市场通过把土地投资引导到"最高和最好"（即级差地租的最大化）的利用，有助于重新配置建成环境，使其变得更加灵活。因此，土地市场调节空间的方式与金融市场调节时间的方式相同。其次，生产场所（资本投资之地）和消费场所（投资产生利润之地）之间在地理上的分隔，造成了不确定性，减缓了资本的积累：发展交通技术以加快商品和资本的流动，可以缓解这种利润变现的空间障碍。再次，资本主义的全球扩散为海外投资创造了新的市场，从而缓解了国内的积累问题。最后，领土管理机制的出现促进了地方资本的积累；通过对调节体制的理论、工业区和地方创业主义的研究，随后对这一主题进行了检验。哈维再次指出，任何形式的空间修复充其量都是暂时的改善。缓解资本跨越空间的流动，加速资本主义的流动性和扩散，承保地域积累战略，这些机制只会促进资本的积累和竞争——使价值规律得以更加自由地运作。经济再次返回到第一种削减危机理论的繁荣与萧条的动态循环。

哈维在《〈资本论〉的限度》中对马克思的空间化，强调了空间是如何由资本主义生产出来、同时又塑造了资本主义本身的（参见 Soja 1980）。如上所述，资本主义创造了建成环境和交通运输的基础设施以促进资本积累。然而，哈维也表明了空间和地方如何对利润率产生积极的影响，从而影响到资本主义的动力。例如，尽管李嘉图（Ricardo）和冯·杜能（von Thünen）将地租概念化为利润和资本积累的消耗，但在马克思的理论中，地租可以提高、从而形成赢利。更广泛地看，资本主义生产空间的生产力是暂时性的：对资本主义某个阶段来说理想的建成环境和交通系统，可能会在后来时代成为累赘，减缓资本积累。结果，资本积累突然从一个地方流向另一个地方，形成了他所谓地理上的不平衡发展或空间经济重组的循环。简言之，与第一

126

代区位理论家关于空间重要性的论点相似（Harvey 1999a[1982a]：xxvi），资本主义新兴的空间结构塑造了其经济轨迹。

辩证的阐述

尽管《〈资本论〉的限度》提供了关于资本主义空间动力的基础性论点，但哈维并不满足于就此止步。他做出了四种重要论述，要考察：空间和时间的非经济方面；在当代全球化背景下地方、空间和尺度不断变化的重要性；对关系性空间和时间的辩证说明；替代性的地理学想象。

非经济方面

这三个问题处于他对非经济方面分析的核心：感知与体验、美学和自然。[1] 他借助列斐伏尔的观点，将对空间的体验、感知和想象分别等同于列斐伏尔的空间实践（spatial practices）、表征的空间（representations of space）和空间的表征（spatial representations）的概念（1986b：220-1）。然而，这并不能令人信服。这里存在着混淆，因为列斐伏尔提供了不同的分类，他将空间实践等同于感知，将空间的表征等同于空间的概念，将空间性表征（或表征性空间）等同于体验的（"生活的"）和想象的空间（Lefebvre 1991[1974]：38-40）。[2] 此外，哈维本人似乎也不太信服。虽然哈维严格借鉴了列斐伏尔对资本积累和资本转移的循环进行的理论化，却很少利用列斐伏尔那些有点令人困惑的（至少是在英语中）空间的表征和表征性空间之间的区分（不同于其他马克思主义空间理论家，如尼尔·史密斯和爱德华·索亚；也可参见 Gregory 1993）。[3] 与列斐伏尔的另一条思路相似，他转向了身体，质疑

---

① 我在这里不讨论自然问题。参见布劳恩（本书 Braun）。
② 也可参见索亚（1996）。
③ 重要的是要注意，没有单一的马克思主义对空间的理论化，尽管这一领域的轮廓尚未得到充分分析。哈维严密借鉴了马克思在《资本论》和《大纲》中的理论化，但其他理论家却有不同的理解。

"时空的生产不可避免地与身体的生产联系在一起"（1996a：276）。资本主义的空间动力在这里起着核心作用，但空间和时间的建构也反映了人类在物质生存的日常斗争中所遭遇的空间和时间的形式，并且在文化上嵌入到了"语言、信仰体系，等等"之中（1996a：211）。

哈维转向了美学，部分因为它是替代性地理学想象的一种潜在资源。他认为，美学理论是辩证地与社会理论对立的：社会理论更注重时间和变化，而美学理论则将时间空间化——在流变的旋涡中寻求表达不变的真理（1989b：205）。他赞同海德格尔对空间与地方的区分。空间在资本主义制度下不断地被重塑，是变化和生成（Becoming）的领域，而地方则与存在（Being）和美学有关——海德格尔将其称为"存在之真的现场"（1996a：299）。哈维认为，基于地方的美学会优先考虑空间性。"存在充满着空间记忆，超越了形成……而如果……时间总是被记忆的……是对经历过的地方和空间的记忆，那么……时间[必须让位于]空间，是社会表现的基本材料"（1989b：218）。然而，将时间空间化并要创造永恒真理的这种美学观，却引发了一系列问题。我无法在这里详细说明，但如果要举例的话，就很难用这些术语去构想音乐。①

哈维认为，基于地方的审美感觉会起到一种重要的地缘政治的作用，因为审美判断是基于地方的社会行动的强大动因，能够表达替代性的地理学想象。这种政治的审美化必须当作资本主义条件下地缘政治学的非经济方面来认真对待。然而，尽管它会导致积极的选择，能增强边缘化社区的权利（Escobar 2001），哈维却担心基于地方之想象的保守狭隘。从地区分离主义运动，到使海德格尔着迷的国家社会主义，再到将美国的保守价值观全球化的当下企图，"地缘政治的审美化……对自由的社会进步信条提出了各种深刻问题……会在世界经济的不同空间之间引发地理上的冲突"（1989b：）。 128在哈维看来，海德格尔迎合激进特殊论，是因为他"拒绝一切超越[地方]直

---

① 我要为这个例子感谢德里克·格雷戈里。

接经验世界的道德责任感"（1996a：314）。

全球化、地方、空间、尺度和价值观

这些关注点阐明了哈维对当代全球化进程中地方、空间和尺度变化着的重要性的分析。他认为，时空的商品化、时空压缩和流动资本掌控空间的能力，一起向以地方为基础的社会运动发难，无论这些运动基于什么形式，它们都在与作为特殊论的资本主义进行殊死战斗，并且总要面对被金钱的消解力量连累的危险。哈维讲述了时间和空间在资本主义制度下如何被商品化（也可参见 Harvey 1985a：ch. 1）：时钟时间的出现，以及能更精确地测量时间的精密计时器的出现；通过地籍和地形测绘对空间和资源进行编目和私有化。他提出，作为全球化资本主义（《后现代的状况》）的一个独特的当代特征，这种商品化导致了时空压缩。反过来讲，这是马克思分析的倾向性的"通过时间消灭空间"的结果（Harvey 1985a）："用时间去消灭空间，就是说，把商品从一个地方转移到另一个地方所花费的时间缩减到最低限度"（Marx 1983[1857-1858]，445）。[①]

《〈资本论〉的限度》概括了经济学的逻辑，其中的第二种空间修复（参见上文）需要消除与交通运输有关的一切空间事务的成本，将资本周转的时间障碍减少到最少。哈维认为，全球化显著降低了这些成本，促成了时空压缩。这使得全球经济中的相对位置对于资本积累的重要性降低了，使地方特征变得更为重要。随着交通成本相对于其他成本的下降，一个地方是否比另一个地方更容易到达就不那么重要了。因而，例如选择一个新的计算机装配工厂的厂址，就不会基于接近市场或资源的机会（即相对地点），而会依据地方条件的不同，如劳动力成本和技能、税收或监管环境。这些地方之间的

---

① 本文作者对马克思的德文原文的英文翻译。这里的译文采用马克思：《马克思恩格斯全集》第 30 卷，中共中央马克思恩格斯列宁斯大林著作编译局译，北京：人民出版社，1995 年，第 538 页。——译者注

区域差异并非既定的，而是通过不平衡的资本投资、劳动力的地理区划、再生产活动的空间隔离和空间安排上（通常是隔离的）社会差别的出现而产生的。当相对位置不那么重要时，它们就变得越来越重要（《正义、自然和差异的地理学》），促成了一种地方政治，各个城市和地区在其中彼此激烈竞争，为地理上的流动资本提供有吸引力的地方条件。在这种地方创业主义的影响下，全球各地越来越多的地方卷入彼此的直接竞争中，基于地方的跨阶级联盟相对于阶级斗争来说变得更加重要——这说明了空间如何使标准的马克思主义原理复杂化了（Harvey 1989c；Leitner 1990）。

由于相对位置不再被认为是至关重要的，哈维在《希望的空间》中转而根据尺度（scale）来对不平衡发展进行概念化。他明确根据 20 世纪 90 年代期间对尺度生产进行理论化的地理学文献（Delaney and Leitner 1997；Marston 2000），使自己远离了早期对不平衡发展的构想，像其他关于依赖性和欠发达的马克思主义理论一样，将核心区域如何剥削外围区域的情形理论化。相反，"总体构想……需要融合不断变化的尺度和地理差异的生产"（2000a：79），因为资本会跨越到任何许诺更大利润、具有新兴地域差异的地方。一家"全球本土化"（glocal）公司利用其全球能力来优选其设施必须位于哪里：在全球范围内为生产过程的每个环节挑选具备恰当区域条件的地方，并迫使当地政府为资本提供更有利的条件。随着世界的缩小，各个地方之间以邻为壑的竞争加剧，每个地方的工作条件也在恶化。

哈维坚持认为，对时间和空间的这种重新界定是政治性的：尽管它们经常以"客观事实的全部力量"来运转，但它们仍然在不断地挣扎中（1996a：211）。他认为，实质上，资本控制着空间，而工人们却要努力控制地方。随着周转时间的加快和空间障碍的瓦解，资本主义的动力在逐步加速并使世界缩小，而无产阶级却要对抗这些进程，对工作日提出异议，寻求对地方的控制。尽管资本始终会多少要依赖地方，要通过对建成环境和当地劳动力进行沉没式投资（sunk investments），但是，其更大的地理上的流动性却使其在争夺空间和地方方面更具有优势。因此，尽管地方激进主义持续存在，资本对空间的控制最终会胜过工人对地方政治的掌控。时空压缩加剧了这种斗争的不平等，因为固定的地方要通过改善"商业环境"来吸引投资，要争取更多流动资本的关注。

130　　　最后，哈维指出，商品化和时空压缩促使金钱成为评估时空价值的主要方式。他认为，时空和估值总是紧密相关的："信息的流通和关于事物的话语建构……彼时彼地就像此时此地一样……在时空关系的建构[和]人与物的价值构成中……至关重要，尽管都被拜物化了"（1996a：221）。确实（如《社会正义与城市》中对地租的讨论），"价值是一种社会建构的时空关系"（1996a：287）。在资本主义制度下，金钱成为一种价值形式，既塑造了商品化的时空，也被商品化的时空所塑造。这意味着，当基于地方的运动要寻求一种替代性的地理学想象时，它们同时也要寻求重新思考价值、时间和金钱。然而。它们面临着"一种似乎无法改变的悖论……运动不得不遭遇价值问题……以及与其自身的再生产相适应的必要的空间和时间组织。在这样做的过程中，它们必然会向消解金钱的力量敞开大门"（1996a：238）。

辩证的时空

哈维在《正义、自然和差异地理学》中为空间和（相对较少的）时间的关系性概念提供了完备的辩证法基础。由于在其他辩证学家中难觅先例，他关注到莱布尼茨和怀特海（Whitehead），因为这两位哲学家对空间所做出的描述与哈维自《〈资本论〉的限度》以来所青睐的关系性的辩证法相吻合。对莱布尼茨来说，空间和时间"除了是事物'本身'以外什么都不是"，并"将其存在归之于事物中的秩序关系"（Rescher 1979：84，引自 1996a：251）。对怀特海来说，空间只是处于那种空间中的主体相互作用的表现。莱布尼茨的宗教唯心主义和怀特海的经验主义倾向，都未构成理想的对话者，但哈维却把他们思想中的关键想法纳入了自己的辩证阐述。首先是时间与空间的不可分割性。其次是怀特海的"持存性"的理念，哈维认为，这相当于辩证地说明了看似固定的物体合并了产生于一个世界中的不断变化的关系。这些观点被用来分析空间和地方："在某个地方发生的事情不能在支撑那个地方的空间关系之外被理解，正如空间关系不能独立于特定地方发生的事情而被理解一样"（1996a：316）。在资本主义制度下，地方被确定为资本的循环流动在其中的持存性：内在的异质性，辩证的和动态的构成（参见 Massey 1991b）。

第三个关键概念是多重空间性的可能性，它有两种含义。首先，处于不同情境的主体在同一个"宇宙"上形成不同的时空视角或时空性。这就要考虑到情境知识，同时提出了一个问题，即如何将不同的时空性带入彼此的对话中。莱布尼茨提到了情境性地将世界理解为"可共存的世界"之间这种潜在的共同基础，而怀特海则将其称为"同步性"（cogredience）——"多种过程一起流动，以构建一个一致的、连贯的、多面的时空系统"（1996a：260）。其次，是莱布尼茨的"可能的世界"概念：想象与我们所处的资本主义世界截然不同的世界的可能性。这两者都是哈维最近关注的核心问题，即如何实现与资本主义相关的商品化时空想象的替代性选择。

替代性的地理学想象

替代性的地理学想象这一主题在哈维的著作中变得越来越重要，最终在《希望的空间》的一系列文章中达到高潮（Harvey 2000a）。他接受了替代性的可能世界的观点，对应于他自己经常对大规模社会变革的悲观情绪，致力于更具前瞻性、更有希望的对空间的思考。其核心是对基于乌托邦思想的时空设想进行分析，确认出一个分别对待空间和时间的有问题的倾向（这个问题与他在《后现代的状况》中对审美和地理学想象的分析有关，参见上文，尽管他没有抓住这个反思性批判的机会）。他指出，空间形式的乌托邦设想了一个理想的世界，忍受着一种不切实际的信念，相信隔离的可能性和固定的最终的乌托邦状态，不愿承认从零开始创造这种乌托邦所涉及的社会工程的独裁主义性质。他指出，相比之下，将乌托邦概念化为一种时间过程，没有认识到这种过程必须建立在真实的地方和体制的基础上，这些地方和体制不可避免的固定性必然会形成并限制乌托邦的活力。相反，他提出了一种"乌托邦辩证法"，将在空间形式的乌托邦与过程的乌托邦中是分离的空间和时间维度联结起来。他认为，这是一种将乌托邦思想固定于当下地理环境之具体可能性中的方式，尽管也面临着权威和封闭的问题。哈维感到，辩证法可以使乌托邦思想落到实处，使它难以被视为不切实际的，也不会因为被视为与变革的政治动员相分离而被抛弃。"任务是要凝聚成一种时空的……辩证的乌托邦理想——它要植根于我们目前的可能性之中，同时也指向不同的发展轨迹"（2000a 196）。

132　　　　然而，他对目前的可能性并不乐观。为了让替代性的地理学想象去挑战资本主义世界的"主导叙事"（1996a：286），即金钱将时空联结成一个相互冲突而又一致的体系，就必须克服激进的地方特殊论。他认为，资本主义通过对空间的掌控，使各个地方（以及它们特定的受地方限制的审美政治）相互对立，这激发了他对当前批判社会理论强调差异的怀疑。在他看来，要成功建构一种全球资本主义的替代性选择，就要求在各种特殊论的世界中找到同步性。

　　　　要在一个极具表现性的世界中揭示出制图学上的密切关系和统一性，差异性就越来越成为时代的关键问题……空间的关系性概念使时空的社会建构的多样性成为可能，同时坚持不同的过程可以相互关联，因此，这些过程所产生的抵抗性的时空秩序和制图法在某种程度上也是相互关联的。

（1996a：290）

　　　　马克思对此提出了设想。海德格尔强调直接体验的力量，即地方的力量，马克思则超越了这种观点，建构了类存在（species being）的概念以使集体行动成为可能。

很典型的是，哈维认为，空间与地方、普遍与特殊并不是二元对立的，而是辩证地相关的对立，并始终贯穿于现代性之中（《后现代的状况》）。"我们未来的地方要由我们自己创造。但是，如果不在地方、空间和环境中以多种方式去进行斗争，我们就无法做到这一点……重新恢复一种能力，一种再次理解历史地理差异之产生的能力，是为了重新恢复一种能力，一种未来地方的构建走向解放的可能性的关键的第一步"（1996a：326）。他提出，实际上，这意味着放弃列宁主义的先锋党策略，因为这没有考虑到不平衡的地理发展使被政治运动当作基础的社会身份复杂化了。由于身份、议程和想象是由地理位置和社会定位所塑造的，所以进步运动必须超越传统的劳工问题，学会以矛盾的方式同时、经常在多种地理规模上运作（2000a）。

启　示

戴维·哈维对空间进行概念化的研究轨迹包含四个经久不衰的主题，它们超越了他从逻辑实证主义到马克思主义的哲学转变。首先，他坚持空间是关系性的建构，是社会的和生物-物理过程的重要组成部分。在以更为完善 133 的关系性和辩证法的概念取代相对性概念的同时，他的空间哲学的精神并没有改变。因此，哈维预见到了 20 世纪 80 年代将认为空间是一种社会构建而非笛卡尔式的网格的观点（Soja 1980；Peet 1981；Smith 1981；Gregory and Urry 1985；Sheppard 1990）。

其次，哈维试图将时间和空间结合起来进行分析。有时，他使自己局限于研究两者间的平行关系，如《地理学中的解释》的结构，对资本主义重塑空间和时间的阐述（《后现代的状况》）。更重要的是，他努力用空间和时间来取代这种二元论，这可以追溯到《地理学中的解释》，以及成为其核心的《正义、自然与差异地理学》。这使他有别于人文科学中绝大多数把时间与空间分离开来的空间理论家（也可参见 Massey 1999b；May and Thrift 2001）。《正义、自然与差异地理学》的核心部分是迄今为止对时空、社会和自然最为明确的辩证分析，哈维（1998a）有理由为此感到自豪。

　　第三，哈维认为，在对空间进行概念化时，需要认真关注经验和文化。他对此的理论化从《地理学中的解释》对个人主义的关注（尽管他认识到了"文化"也会塑造经验），转移到《希望的空间》中身体与社会结构的关系性辩证法。与其他马克思主义空间理论家相比，他很少关注列斐伏尔的空间实践、表征的空间和空间的表征的三部曲。为了挑战理性选择在方法论上的个人主义，以及他认为的后结构主义在身体研究方面的类似问题，他采用了一种关系性的解释，即在身体与社会（尤其是其政治经济学）的交叉点上产生的明显客观而高度分化的个人空间。[①] 他还关注地理学想象——规划师、建筑师、资本家与活动家——如何塑造空间。不管怎样，他一方面坚持将表现与想象"串联"起来，另一方面坚持将它们与资本主义的空间动力"串联"起来（Gregory 1995：411）。

　　最后，哈维根据经典的西方哲学来调整自己的论点。莱布尼茨反对牛顿的空间哲学仍然是关键，海德格尔的出现是作为陪衬。康德、亨普尔、卡西尔、福柯和怀特海只不过是众多配角中的一部分。相比之下，除了他自己的门徒以外，他很少关注地理学家关于空间的著作。

　　哈维对空间和时间的理论化产生了巨大影响，塑造了整个人文科学对空间的思考。正是这一点，以及他对资本主义的研究，获得了非常广泛的追随。然而，却出现了一种奇怪的不对称。随着他作为空间理论家的声誉在地理学科之外的提升，他作为社会理论家的贡献却在地理学科内部遭到了越来越多的挑剔。部分原因可能是由于人们对他不愿明确地运用地理学中广泛的社会空间理论的不满，这与其他地理学家频繁引用他的著作形成了鲜明对比。这使他的著作更容易被跨学科的读者所接受，他们也因此不需要为了阅读哈维的著作而让自己去熟悉地理学文献，按理本可激发人们对地理学的更广泛兴趣。但是，这在学科内部却制造了紧张局势。部分原因不过是困扰我们所有

---

① 列斐伏尔也对身体进行过详细讨论，但较少关注直接阐明身体与经济过程的联系。

人的个人嫉妒和脸皮薄的问题。但在其他方面，无意识地造成的印象是，这就是关于空间的地理学研究的全部内容，哈维所产生的实际影响在于，怎样的空间理论研究被接受了或没被接受。

举一个最近的例子，他在《希望的空间》中将注意力转向了尺度，确实认识到了地理学家们开创了尺度的生产的理论化，但在将注意力集中于史密斯、斯温格多夫（Swyngedouw）和希律（Herod）这一系列人时，他却忽略了很多有趣的著作，它们较少关注资本主义的空间动力，却更关注政治、话语和性属如何塑造尺度（参见 Delaney and Leitner 1997；Kelly 1999；Marston 2000）。独特的对空间的基于女性主义的理论化，特别考察了悖论性空间的可能性、地方的全球意义、非资本主义的空间和地形学，它们也都被弃之一边（参见 Deutsche 1991；Rose 1993；Massey 1994；Gibson- Graham 1996；Katz 2001）。

来自地理学文献中不断增加的对哈维的批判性评价（参见 Saunders and Williams 1986；Katz 2001；McDowell 1998b；Jones 1999），几乎没有涉及他对空间的理论化。当然，如上所述，在这一点上确实存在着分歧。即使在地理政治经济学中，安德鲁·塞耶（Andrew Sayer，2000）对空间也有独特的看法，这种看法明显不是辩证的，也怀疑空间能否被理论化（Castree 2002：205）。尽管如此，没有任何人对哈维的辩证时空观进行持续的批判。相反，他（和塞耶）受到的批评大多是因为集中关注商品生产、阶级和辩证法，而没有给予差异性和行动者网络（actor-networks）应有的重视。他也因为对女性主义的洞见缺乏关注而受到抨击。还有，其中一些批评可以归结为学术界的日常竞争，在学术界，抨击著名的意见制造者可以开启一个人的职业生涯（哈维并非不熟悉这一策略 1972c），他自己在回应批评者时偶尔的不节制也使情况变得更糟。然而，还是存在一些实质性的问题。

哈维的资本主义制度下的空间理论，对他在经济、自然和差异等问题上的立场来说至关重要。回想一下，哈维在《〈资本论〉的限度》中分析过，对资本主义矛盾动力的时空"修复"，不能凌驾于价值规律之上。因此，时

135　空的辩证法与马克思确立的资本主义的辩证法不可分割。正如我在前文指出的，哈维对身份政治、环境和其他非阶级社会运动的有效性的怀疑，就植根于这种分析。然而，即使在马克思主义经济地理学中，他的分析也可能受到质疑，这意味着哈维与批评他的社会理论家之间的分歧，可能比表面上看起来的更容易弥合。

评　价

　　哈维的资本主义制度下的空间理论仍然植根于一个论点，即空间和时间的修复不能从马克思的价值规律所表达的资本主义的矛盾（《〈资本论〉的限度》）中转移出去。这个在 20 多年前就形成的论点，在后来的著作中没有做过根本性的修改。例如，空间和自然的价值是《正义、自然与差异地理学》中持续性的主题，他在书中指出价值本身就是空间性的：是资本主义关系性的和商品化的时空产物。如上所述，这个问题最先是在《社会正义与城市》中提出来的，它预示了在《〈资本论〉的限度》中对其在资本主义制度下的运作所做的详尽阐释。《正义、自然与差异地理学》虽然没有包含一种明确表达出来的价值理论，但其论点却应和了《〈资本论〉的限度》：话语的和物质的空间相互作用始终与空间如何获得意义有关，它们被逐渐瓦解为交换价值。有鉴于此，看来最合适的是返回《〈资本论〉的限度》，以评价哈维对资本主义制度下时空的辩证阐述。[1]

　　《〈资本论〉的限度》的核心是价值规律（1999a：142）。[2] 因此，他将其与整个经济体有保障的积累率（由经济中剩余价值的平均率决定）联系起来，如果保持这种水平，就能使所有利润（扣除奢侈品消费）再投资于资本积累，使经济得以通过扩大再生产而无休止地进行自我再生产（1999a：

---

① 这里借鉴了谢泼德（2004）更详细的讨论。
② 参见本文第一条注释。

159-60）。然而，哈维追随马克思，拒绝了萨伊定律（Say's Law）。萨伊定律声称，供给创造了自身的需求，从而为古典政治经济学中维持这种动态平衡提供了一种机制。相反，资本家提高利润的策略往往会产生意想不到的后果，会降低整个经济的盈利能力（利润率下降理论），导致哈维的第一种削减的危机理论所说的过度积累与资本贬值的循环。简言之，在价值规律下，有保障的积累率给予的动态平衡是不稳定的（1999：176）。时空修复可以克服时间与空间的协调问题，但它们会促进竞争，最终强化价值规律和经济的不稳定性。

价值规律的第二个含义是，积累的动力成了经济的驱动力。哈维甚至拒绝认为阶级斗争会起决定性的作用（1999a：55-56），虽然有趣的是他承认阶级斗争是地租均衡分配的决定性因素（1999a：362）。许多分析家对此的反应是，把哈维称为"资本逻辑"的马克思主义者，即他认为资本积累的逻辑是资本主义的驱动力。

此外，哈维发现，辩证的时空观没有强迫我们去质疑马克思关于价值、积累、危机和阶级斗争的核心主张。然而，他的分析并不是基于一种周密的分析，即资本主义的时空怎样由不断发展的交通运输业和基础设施共同创造，这些行业的发展是为了克服时空协调的问题，也会对积累动力产生相互影响。一项详细描述这些相互关系的分析证实了哈维对很多方面的分析（Sheppard and Barnes 1990），包括资本主义的不稳定性、作为空间关系的价值、空间和时间的构成作用、资本家为自己制造的意想不到的后果，以及地方同盟使阶级冲突复杂化的方式。价值和交换价值的地理学确实是对资本主义的关系性空间的一种表达——甚至延伸到了《社会正义与城市》中直觉到的形式主义，即关系性空间、地理学的位势和价值地理学的平等（Sheppard 1987）。尽管如此，哈维分析的其他一些方面也被证明是有疑问的。

首先，哈维对价值规律的依赖迫使他将劳动价值作为其分析的基础。他最初宣称（1982a：4），交换价值和劳动价值是"关系性范畴，两者都不……能被当作一种固定不变的构件"，不能用于他分析中的关键问题，即劳动价值成了资本主义动力的一个充分而独立的决定性因素。相反，在我们的分析中，这两者彼此间确实存在着一种辩证关系：劳动价值和交换价值都不能作为分析资本主义空间经济的基础。其次，有保障的积累率并非一个外生的参照点，无法将过度积累和资本贬值追溯到这个参照点。有保障的积累率会随着技术变革而改变，随着空间重组而改变，而最重要的是，会随着形成实际工资率的社会力量而改变——这些力量并不是由经济决定的。

第三，确实存在萨伊定律得以成立的诸种条件，以及未来的需求与当前的供给相匹配。对任何既定的有保障的积累率来说，都可以构建出一种社会劳动分工以使产出与未来的需求相匹配，从而使无限延长的积累成为可能（参见 *Capital*, vol. 2）。① 这意味着过度积累并非不可避免的，虽然资本家最周密的计划也确实常常误入歧途。正如哈维指出的，这种增长路径并不稳定，但并不只是因为这一点，他提出：过渡积累是由价值规律驱动的。任何技术变革、地理上的重构，劳工或资本家为提高其剩余份额而进行的有组织的成功行动，都有可能破坏未来的需求与当前的供给之间的这种平衡。例如，这意味着，在空间和时间方面展开的社会和政治斗争，能对资本主义动力单独产生巨大的影响。

因此，对空间的建构作用的详细考察导致了对资本主义危机的更为复杂的叙述，在这种叙述中，劳动价值、价值规律和有保障的积累率各自所起的决定作用，都没有哈维在《〈资本论〉的限度》中认为的那么大，这是关键性的问题。资本主义是一个不稳定且具有危机趋势的体系。资本主义的空间性只会加剧这些复杂性和矛盾：资本家的创新性会产生各种意想不到的后果；资本主义的动力取决于阶级斗争；空间使阶级身份变得极其复杂。哈维在对价值规律的讨论中所描述的不稳定性，对理解资本主义至关重要，但我们不能由此断定它们比阶级、甚至比空间更具根本性。简言之，哈维关于空间之重要性的论述可以比他所承认的更进一步。空间不仅迫使我们重新思考

① 这种"社会必要的"劳动分工并不是由劳动价值决定的（与 Rubin 1973 的观点相反）。

资本主义的动力，也迫使我们重新思考马克思的基本支点的作用：价值理论。巴恩斯（1996）确实把这一点当作了他阐释经济地理学的文化转向的出发点。①

哈维的时空压缩理论非常重要，因为它为哈维提供了对这种批评的潜在还击。时空压缩意味着相对位置正在变得不如地方与地方间的差异那么重要，也意味着前述批评以之为依据的差异化的交通地理学的重要性正在减弱。时空压缩对马克思从具体劳动到抽象劳动的理论抽象，以及由此产生的劳动价值论，看来也是必不可少的。相比之下，在相对位置持续地和显著地差异的情况下，劳动价值通常会因空间的不同而不同，将劳动价值普遍化的抽象就成了不可能的（Sheppard and Barnes 1990；Webber 1996）。这使共同的阶级利益（更不用说身份）能够超越空间差异这种说辞的合理性变得更加复杂。

然而，我们应当谨慎地接受表面意思上的时空压缩。尽管很少有人质疑世界在绝对意义上正在变得越来越小、越来越快，但这并不意味着相对位置不再重要了，或者说同样地，地方和尺度成了捕捉当代资本主义空间性的充分隐喻。为了概括出一个更广泛的论点（Sheppard 2002），有很多证据表明，这种绝对变化掩盖了持久的相对差异。正如所有社会成员实际工资的绝对增长，完全可能与贫富之间相对不平等的加剧共存一样，跨越空间的交通成本的绝对下降，也可能伴随着全球经济中相对可抵达性或位置性的持久差异。例如，细想一下全球电信网络依然要避开南半球的大部分地区，几乎与殖民主义开始以来汽轮、铁路、电报和公路系统所做过的一样。如果要说有什么不同的话，即使是美国庞大的电信基础设施，也增加了城市之间相对位置的差异，以及城市内部贫富之间的差距。正如霍米·巴巴（Homi Bhabha，1992：88）讥讽地说的："1492年的全球视野与1992年一样，都处在权力视野之

138

---

① 虽然我不会像巴恩斯那样沿着这条道路走得那么远，但我同意对价值理论的这种批判为他的分析创造了可能的条件。

内。地球为拥有它的人而缩小；对无家可归或无依无靠的人来说，对移民或难民来说，没有什么距离比跨越国界或边境的那几英尺更令人畏惧。"

在用传统地图来表现时，全球化已经深刻地改变了相对位置的地形图。它越来越类似于虫洞（worm-holes）、根茎、网络、碎形和褶皱。遥远的地方被无缝连接成一个散布于全球各地的全球性的精英空间，通过航空旅行、互联网和共同利益、身份和消费标准连接在一起。南半球可能就在隔壁，处于不健康的社会和生物物理环境中，但却与工作、有意义的娱乐活动和社交网络脱节。当南半球过于明显地直接影响到精英阶层的日常生活时，防御性体系就会建立起来以防靠近：从闭路电视和封闭式社区，到"三振出局法"（three-strikes-and-you're-out law）①和全球反恐措施。②

哈维当然很清楚这些过程，但他并没有分析出这些过程对他的资本主义制度下的空间理论的影响。事实上，他对发达资本主义国家地理边界之外的南半球的关注有限。即使在《新帝国主义》中，哈维（2003b）也很少关注中东或后殖民世界其他地区的具体发展情况。他的"剥夺性积累"的概念很好地描述了旧式殖民主义与当代帝国之间的连续性，但其空间性却没有被展开。在我看来，他最近强调的地方和尺度主导着不平衡的地理发展（《希望的空间》）这一论断需要更多的限定。对空间的这种容器式视角，就像嵌套在更大区域内的有界领土一样，存在的危险是忽视跨越空间的连接性的持续影响（Massey 特别指出了这一点 1991b）。尽管其具有流动性和不断变化的具体地理位置，但连接性仍然（重新）造成了地理（以及社会文化）位置性明显的不平等，这破坏了世界上大多数人的可能性的条件。

139

---

① "三振出局法"：这是美国联邦层级与州层级的法律，要求州法院对于犯第三次（含以上）重罪的累犯，采取强制量刑准则。"三振出局"源于棒球术语，指连续失误三次就会被判出局。——译者注
② 我在这里没有使用南/北半球（global South/North）来描述不同的世界区域，而是要指出埃斯特瓦（Esteva）和普拉卡什（Prakash）所称的"三分之一"世界和"三分之二"世界在全球经济中占据着截然不同的地位（Esteva and Prakash 1992；Mohanty 2003；Sheppard and Nagar 2004）。

弥合分歧？

这种评价是根据一种共同的知识框架提出的内部批评。它与现有的外部批评形成了对比：后结构主义认为哈维未能正确接受社会理论的文化转向。然而，我认为，这种内部批评为弥合哈维和他的外部批评者之间的分歧提供了某种基础——目前，分歧的双方都在以同样激烈的态度对峙着。为了说明这何以可能，我考虑到了吉布森-格雷厄姆（Gibson-Graham，1996）的研究。和哈维一样，吉布森-格雷厄姆主要关注阶级，试图将空间理论化。[①] 她也赞同哈维对乐观主义的希望："我们都有兴趣促进一种理智的反悲观主义，这是一个重振意志的条件"（Gibson-Graham 1996：237）。"无法找到'一种理智的乐观主义'，现已成为进步政治最严重的障碍之一"（2000a：17）。然而，尽管吉布森-格雷厄姆在后结构主义地理和经济分析家中颇具影响力，哈维却对她持怀疑态度。尽管吉布森-格雷厄姆和哈维拥有共同的愿景，但他们对如何实现这一愿景提供了截然不同的分析。

吉布森-格雷厄姆（1996，2003）认为，在当代资本主义中有很多被忽视了的非资本主义的空间，对此的认识能为批判理论家提供一个支点，使他们得以想象和提出真正的替代性选择。[②] 他们从家庭开始，却将其分析扩展到覆盖所有并非基于商品生产的经济活动。他们吸收了后结构主义的女性主义，试图打破将这些空间视为资本主义边缘的和次要的二元对立。在他们看来，这种实践的意识和地方参与提供的"微观政治"，对于想象的替代性选择和改变对资本主义的想法必不可少。这种地方实践的社区之间的和内部的差异，不应被提升为一种共同规划，但必须得到尊重和发展。"在被表达出来和被听见时，这些多重的……视角能帮助每个人对自己面临的问题做出更客观、更全面的解释"（Young 1998：41）。

---

① 我同意哈维的观点，即空间是差异性的一个来源，他的批评者们大多不愿意承认这一点（Harvey 1998a；1999e）。吉布森-格雷厄姆没有犯这种错误。

② 这种讨论与其说是分析性的不如说是提示性的，因为吉布森-格雷厄姆对空间的处理是草率的。

相比之下，哈维认为替代性的基于地方的实践活动，始终都面临着被资本家对商品化时空的掌控和金钱的消解力量所击垮的危险。价值在他的分析

140　中的核心作用意味着，资本主义制度下空间抽象的非商品化的方面（参见Hayden 1982；Poovey 1995），以及像家庭中的那些非货币的经济活动，很少被给予自主权。他没有借助替代性的地方实践，而是试图通过理论批判来激发替代性的想象。他认为，要好好发挥地方想象，就需要克服地方特殊论，跨越尺度，去确认和建立一种基于可能的共同利益的共同身份。

如果说将资本主义制度下的关系性空间理论化意味着劳动价值在哈维的分析中不能被赋予其所占有的特权地位的话，那么，把吉布森-格雷厄姆与哈维分隔开的二元性就会开始消散。那些追随哈维的人们被迫要为阶级和空间之外的其他方面的差异腾挪出更大的空间，也要为货币之外的其他价值的时空区域腾挪出空间。这就为承认替代性实践创造了更大空间。那些追随吉布森-格雷厄姆的人们被迫要对全球资本掌控商品化时空所带来的困难做出现实的评估，以便地方的创新性能培育出能够维系乐观主义的可持续的替代性选择。当然，也必须致力于一种知识生产的伦理，使不同观点能发出平等的声音，有机会批判性地相互参与（Longino 2002）。知识生产不断前行的步伐和当代学术界对声誉和生产力给予的奖励，即便是在象牙塔里，对于追求这种激进的民主也是不利的，不利于我们基于此宣扬它对整个社会的价值。尽管如此，一种具有本体论意义的资本主义制度下的空间理论，对于哈维及其批评者来说，就是一个起点。

致　谢

自不待言，我要感谢特雷弗·巴恩斯、诺埃尔·卡斯特里、德里克·格雷戈里和埃里卡·舍恩伯格对本文初稿所提出的意见。

作者简介：

埃里克·谢泼德（Eric Sheppard，1950-），地理学教授，明尼苏达大学全球变化与美国研究跨学科中心兼职教授。他著有《资本主义空间经济学》（*The Capitalist Space Economy*，与 T. J. Barnes 合著，Unwin Hyman，1990）和《差异的世界》（*A World of Difference*，与 P. W. Porter 合著，Guilford，1998），编著《经济地理学指南》（*A Companion to Economic Geography*，与 T. J. Barnes 合编，2000）和《规模与地理调查》（*Scale and Geographic Inquiry*，与 R. B. McMaster 合编，Blackwell，2004），发表了 90 篇参考文章和书籍章节。目前的研究兴趣包括资本主义的空间性和全球化、环境正义、批判地理信息系统，以及新自由主义城市化的论争。

译者简介：

高然，四川大学文学与新闻学院博士研究生，专业为艺术学理论，研究方向为艺术理论与艺术批评。

第七章　空间修复、时间修复和时空修复

鲍勃·杰索普　著　　阎嘉　译

特别富有成效的是，探究与这些主要思想家的研究相关、并被普遍认为是他们强项的核心问题。因此，我的文章评述了哈维对资本主义和资本主义社会形态的空间性和时间性的关注。哈维因强调空间性对于一种充分的历史唯物主义的重要性而著名。如果要用一个词语来表示这一点，那一定是"空间修复"（spatial fix）。哈维还揭示了资本主义如何依赖于一种时间政治经济学，并且探讨了现代社会和后现代社会中时空压缩的动力。最近，他引入"时空修复"（spatio-temporal fix）这个词语来解释资本主义的帝国主义的动力，及其在资本主义与权力的领土逻辑之间互动的基础。这些兴趣体现在他对三种互相关联的修复连续的但重叠的描述中：空间的、时间的和时空的修复。每种修复的作用都以自身的方式来延缓或转移资本主义固有的危机趋势，但只有靠随后加剧这些危机趋势及其后果才能起作用。我的文章肯定了哈维对这些问题的重要贡献，但也表明它们具有显而易见的本体论、认识论、方法论和实质性的局限。本文还提出了一种可能更富有成效的时空修复的解读，这依然与他的方法是一致的，并且确实受到了其方法的启发。

哈维论方法论、辩证法和内在关系

哈维对空间修复的研究显然植根于他对土地使用模式和地方动力、空间构成、空间正义和城市化的长期兴趣，以及他后来持续研究马克思的方法和

理论，研究资本主义的动力（2001a：8-10；Merrifield 2003）。但这也贯穿了一种更深层次的本体论和方法论的规划，即"用空间（和'与自然的关系'）来重建理论，在其中明确融入作为基本要素的空间"（1996a：9）。这个规划部分符合他的愿望，即要克服传统辩证法中时间优于空间的特权（1996b：4；参见 1989b：207,273）。因此，哈维提出："通过诉诸于空间性的特性（网络、层次、连接）……可以很容易摆脱黑格尔和马克思的目的论"（1996a：109）。后来，进一步的证据表明，尽管新古典主义经济学在遭遇空间问题时崩溃了，但它们却是马克思的政治经济学批判的基础。[①] 这既坚持了马克思对社会生活中的地方和空间在一般本体论上的重视，也坚持了对在不同地方和时间中进行的性质上不同形式的劳动之间可能的联系或脱节的实质性重视，以及对它们作为抽象劳动融入资本流通的实质性重视。最后，无论哈维在理智上的动机是什么，他对空间和地方的兴趣也反映了他受到雷蒙德·威廉斯启发的政治实践观，即根植于地方动员、却与更广泛的社会运动相联系的"激进特殊论"（1996a，2000a，2001a）。

鉴于哈维接受过地理学家的训练，他对城市的探究、他的智力和政治规划都激发了他对空间的兴趣，但他对时间修复的兴趣更多地要归功于他对马克思政治经济学批判的了解，要归功于他自己对金融资本自治化趋势日益深入的认识。因此，他对积累的时空性的主要贡献植根于马克思在 1857 年的《导言》《大纲》（1973a）和《资本论》（1970）中提出的辩证方法。哈维运用这种方法来重新界定和详细阐述经济学的关键范畴和危机机制，揭示它们的内在时空特性。他对历史-地理唯物主义更广泛的贡献，进一步植根于对辩证法、内在关系的本体论，以及具有不同时空性的社会关系的复杂性和共存性的更广泛理解（Harvey 1973a：285-301；1982a：286）。这种双重方法得益于马克思的政治经济学和内在关系理论，由此形成了他对三种修复

---

① 我把这一论点归功于我与德里克·格雷戈里在 2003 年 11 月 26 日的个人交流。他和诺埃尔·卡斯特里也提供了其他的精彩评论。

的全部解释。

　　哈维评论说："马克思从未选择要制定辩证法的任何原则……理解他的方法的唯一路径是遵循他的实践"（1996a：48；参见 1973a：286）。在此基础上，哈维深刻地总结了马克思的总体方法。这涉及从抽象到具体的运动，即某一特定现象（如一般商品与实际工资相比）的日益具体化。这也涉及从简单到复杂的运动，即引入某一特定现象的更深层面（例如，一般资本与国家之间代表各自国家资本控制新市场的竞争）。因此，概念从来不会只引入一次，而是不断发展、扩展和细化。事实上，"由于我们不可能从一开始就有这样的理解，因而我们不得不在不了解它们的确切含义的情况下使用这些概念"（1982a：1-2）。哈维的"第一种削减"的危机理论基于利润率下降的趋势，相对抽象简单，例如，主要适用于一般资本。第二种和第三种削减理论则变得更为具体和复杂。在此语境下，哈维对马克思主义分析的具体化的关键贡献在于，他对"社会必要周转时间"的探索；在复杂性方面，则涉及他对金融资本和资本积累固有的空间性的研究。然而，理论永远无法完成。因此，概念和论证的一致性与解释力，总是相对于从抽象的简单到具体的复杂的螺旋运动的特定阶段而言的。所以，我们不应仅仅因为其运动不完整而批评一种理论方法——这一点也与哈维的研究有关。但我们可以对它进行适当批评，因为提出较早概念的方法阻碍了后来富有成效的发展。

　　哈维把自己的方法描述为："辩证的、历史的、地理的和唯物主义的理论……[它]以某种方式处理总体性、特殊性、运动性和固定性，坚持在理论化的框架之内接纳诸多其他可能性的前景，有时对原初理论的完整性只有很小的损害"（1996a：9）。同样，他否认有兴趣提出一种资本主义的国家理论，他把自己的任务说成是：

　　　建构一种资本主义制度下的空间关系和地理发展的普遍理论，除了别的之外，可以解释国家职能（地方、区域、国家和超国家）的意义和演变、不均衡的地理发展、地区间的不平等、帝国主义、城市化的进程和形式等。只有用这种方式,我们才能理解领土配置和阶级联盟是如何塑造和重塑的,领土在经济、政治和军事力量方面,在对国家内部自治(包括过渡到社会主义)的外部限制下是如何失去或者获得的,或者说国家权力一旦建立,它自身是如何成为不受妨碍的资本积累之障碍,或者成为进行阶级斗争或帝国主义之间斗争的战略中心。

哈维(2001a: 326-327)

这两段引文说明了哈维对纯粹价值理论分析的局限性的认识,以及探索资本主义社会内在关系之总体性的必要性。但是,这些关系包括什么呢?

哈维的回应提出了各种主张,特别强调过程和关系优先于事物和结构;内部矛盾的重要性;外部边界和内部关系的重要性;空间、时间和时空的多样性;部分和整体的相互构成;关系性分析中因果关系的可逆性;异质性和矛盾中转化过程的基础;以及所有系统中变化的普遍性。这些原则也适用于辩证探究本身,他写道,辩证探究是一种反思的、自我增强的过程,必须探索各种可能的世界,以及各种实际存在的世界(1996a: 49-56)。①

虽然在发现过程中试探性地运用内在关系的本体论几乎没有什么害处,但如果它成为一种呈现研究结果的通用方法,以牺牲对特定领域的具体因果机制和动力的细致关注为代价,就会产生危险。哈维在对资本主义批判的价值理论维度的分析中避免了这种风险。因此,尽管他声称《资本论》采用了一种基于内在关系的辩证方法,但他也对马克思的方法作了更加具体的阐述。他提出,马克思为自己的论点建立了越来越具体的样本,以确立资本积累高度分化的、内在矛盾的性质;马克思在没有完成分析的情况下就使用了这些日益具体的样本作为解释手段(1996a: 62-67)。同样的精神也渗透在哈维《<资本论>的限度》的评论中。

---

① 《社会正义与城市》包含着一种不充分、但大体相似的对内在关系的描述(1973a: 287-296)。

试图将金融（时间）和地理（叫做全球和空间）方面在马克思整体论证的框架内与积累整合起来。它试图以整体的而不是削减的方式来这么做。它提供了基础理论之间的系统联系……以及这些力量在不均衡地理发展和金融运作调节基础上的表现。

哈维（1999a [1982a]：xix）

在这些方面，哈维的方法与最近批判现实主义对马克思的解读非常相似（例如，参见 Brown et al. 2001）。然而，当哈维转向资本关系的超经济的方面时，他倾向于返回到一种更为普遍的内在关系的本体论上，那种本体论对具体因果关系机制缺乏同样的关注，追求日趋具体复杂的分析，将资本流通与更广泛的社会形态联系起来。

146　哈维论空间修复

哈维的"品牌"概念"空间修复"是松散而笼统的。这个总括性的词语是指空间重组和地理扩张的诸多不同形式，至少在一段时间内，这些形式有助于处理内在于积累过程中的危机趋势。哈维最早在一篇关于黑格尔、冯·杜能和马克思的文章中详细讨论过"空间修复"（2001a）。令人好奇的是，他的研究通常被认为是牢固建立在马克思著作基础上的，后来他强调了马克思的空间基础理论。哈维的文章认为，马克思把他对资本主义的批判置于一种"非空间的模式"中，并将积累的经济层面（市场调节，以赢利为导向）与政治层面（以地域为基础，以权力为导向）割裂开来（2001a：308）。哈维在这里并不是说马克思忽视了空间或经济与政治之间的有机联系——只是说马克思认为它们在理论上不恰当，或者在政治上不需要强调它们。因此，他写道：

马克思虽然非常清楚地意识到政治和经济事件潜在的统一性以及资本

主义的全球动态，但却排除了把外贸、地理扩张等问题整合到理论基础中去具体思考空间修复，仅仅把它们当作不必添加任何新东西的复杂问题。在关于"殖民化"那一章里，他再三谋求关闭黑格尔留下的可能性的大门……马克思几乎没有描述空间修复的动机，只是把资本主义的诸种矛盾猛烈地抛掷到世界舞台上。他在《资本论》中的最大关注和贡献在于揭示资本主义内在辩证法的本质。

哈维（2001a：308；参见 2000a：28-30）

因此，马克思的积累理论"在很大程度上是用纯粹的时间术语来阐明的"，[①] 忽视了"资本关系的外部转变"。后来的马克思主义者（如布哈林、列宁、卢森堡）在探索资本主义的帝国主义的历史地理时，重新将经济和政治联系了起来（1981a：308-309）。当然，哈维遵循了后来的传统，长期以来一直强调资本主义导致暴力和战争的倾向（2001a：309-310；1982a：438-445；2003d：64，80-81）。最近，哈维强调了现在熟悉的、在连续的空间和时间中运作的移动个人资本的全球化逻辑，与——不太明确和不太有依据的——以居住在相对固定边界内来界定的、以想象的集体利益为导向的国家领土化逻辑之间的差异、交织和潜在的矛盾（2003b：27-32；也可参见下文）。这两种逻辑在当前美国霸权所追求的战略中得到了最详尽的阐述（尽管仍然有矛盾），因为它在全球的经济扩张推动了军事力量、政治和"软性"意识形态能力的相应扩张，以支持和保护其经济利益（2003b：34-36）。

在空间修复问题上，哈维提出了两种在分析上不同却有重叠的观点，每种观点都有自身的内部复杂性。这些观点对应着两种不同类型的修复：一种更侧重字面意义上的修复，其含义是资本以物质形态在某地持久地固定下来；另一种更侧重隐喻意义上的"修复"，指基于空间重组和空间策略的临

[①] 不清楚这一主张是否应从目的论或金融的角度来解读，即关于资本主义不可避免的未来，或者描述信贷在为积累提供时间修复方面的作用。

时或暂时解决资本主义特定危机趋势的方案。① 哈维有时暗示说，这些含义也对应着资本主义变革的两种类型：内部的和外部的。后一个术语源自黑格尔，但哈维却没有明确地或一致地界定它。以下我将分别把这些术语联系到：（1）以某种结构上的一致性为标志的特定领土空间或经济区域内的资本主义的内部变革；（2）通过将剩余资本或劳动力出口到其产生的空间或区域边界以外而进行的变革。虽然对帝国主义的研究经常把这种空间当成一个国家的空间，但却没有理由赋予这种空间以特权。因此，哈维还认为，结构上的一致性是区域空间的一种关键特征（参见下文）。

空间修复在内部变革中的作用与资本的扩大再生产有关。哈维强调，对固定的、非流动的资本进行长期投资的普遍需要是为了促进其他资本的流动性，并探讨了这种投资如何影响到地区的动力。他从"一方面是交通运输的可能性与另一方面是地方决策之间的接口"开始（2001a：328）。这反映了马克思的主张，即资本主义的生产力包括通过交通运输的投资和创新以克服空间障碍的能力（2001a：328）。这与扩大再生产相联系，因为资本增长的规则会导致市场的扩大，因而需要加强特定区域内外的交通运输联系（Marx 1970：351-364；1973a：524ff）。这些方面的对策缩短了产业资本的周转时间，加快了商业和金融资本的流通。除了基础设施在"以时间消灭空间"和扩大市场方面的常规作用外，哈维还谈到了它们在一般生产条件下"通过固定投资购买时间"方面的作用。他特别说明了，如何通过吸收"当前"剩余资本、提高"未来"生产力和赢利能力而进行投资，以便在短期到中期内克服危机趋势。这涉及"修复"的两种意涵。因为这些不仅仅是典型的长期投资，它们也通过扩大市场提供了摆脱危机的可能性。随着生产力提高、相对剩余价值增加，或者有效需求增长，就会使这些投资事后得到验证。哈维还把这种内部空间修复的第二次逃离时刻说成是时间上的位移（偶尔也说成是

① 虽然哈维在探究新帝国主义时首次确定了这种双重含义（2003b：115；2003d：65-6），但这种观点却隐含在他1981年关于空间修复的讨论中，该讨论受到黑格尔、冯·杜能和马克思以及后来几部著作的启发。

时间修复），因为它涉及长期使用的物质和社会基础设施（如交通运输网络，教育和研究），它们需要很多年才能通过它们所支撑的生产活动使其价值返回到流通中（1989b：182-183；2003d：63）。[①]

　　哈维认为，这些通过内部变革来解决资本矛盾的努力，反映了在任何特定时刻和随着时间的推移，资本的"固定性"和"流动性"之间的内在张力。这种张力在固定资本本身（如固定的机场和移动的飞机之间互为前提）、流动资本（原材料、半成品、成品与流动货币资本相比），以及固定资本和流动资本（如商业中心与商品流动）之中是显而易见的。它会随着时间推移而展开。因为"资本必须在其历史上的某个时刻为其自身发挥作用而建造一个必要的固定空间（或'景观'），只是在后来的某个时刻才不得不破坏那个空间（使投入其中的大部分资本贬值），以便为新的'空间修复'（对新空间和新领土中的新积累开放）让路"（2001e：25；参见 1996b：6）。当然，物质和社会基础设施的创新，促进了连续几轮的空间修复；但其特定形式的变化则对应于资本是否要寻求空间修复以克服生产过剩（新市场）、减少过剩人口、获取新材料、解决本地化的过度积累（新的投资机会）等（1982a，2003d）。此外，基础设施的生产与维护中的固定资本和劳动力（无论是由国家还是由私人资本来承担），只有在剩余资本"沿着空间路径和时间跨度，并与地理模式和此类承诺期限保持一致"时才会起作用（1985c/2001a：332）。总的来说，这意味着"对资本主义的内在矛盾来说，不存在长期的'空间修复'"（1981a/2001a：307）。

　　这一论点使哈维能够将马克思对积累的历史解释与列宁对积累的地理学解释联系起来（1981a/2001a：332-333）。因为资本"外部"变革中的空间修复的作用，据说在马克思的"非空间"分析中被忽略了。[②]哈维认为，这种外部修复尽管是暂时的，但在解决资本和劳动力过度积累的趋势方面确　149

---

① 这表明，要么是"空间修复"概念的混乱，要么是所有解决资本危机趋势的方案内在的时空性。
② 考虑到马克思在《大纲》和《资本论》中有很多关于空间、地方和规模的参考文献，这是理解这种批评的唯一解读方式。

实具有一种积极作用。当资本和劳动力无法再以平均利润率（或者更糟的是任何利润）再投资于其原初的领域或空间时，就会出现过度积累。这可能造成"资本'贬值'，如货币（通过通货膨胀）、商品（通过市场供过于求和价格下跌）、生产能力（通过闲置的或利用不足的厂房和设备、物质基础设施等，最终导致破产），以及劳动力贬值（通过劳动者实际生活水平下降）"（1981a/2001a：300）。将剩余货币资本、剩余商品和剩余劳动力输出到它们原产地以外的空间，可以使资本至少在一段时间内避免贬值的威胁。因此，"空间修复"的必要性源于"资本主义通过地理扩张和地理重组来解决其内在危机趋势的永不知足的驱动力"（2001e：24）。

空间修复只可能是暂时的。因为通过剩余资本在其他地方进行有利可图的再投资以寻求摆脱资本主义的矛盾和危机趋势，通常会扩散这些矛盾和危机趋势，并因此在其后加剧矛盾和危机。这适用于所有四种外部化的矛盾模式：（1）发展资本主义世界其他地方的外部市场，以应对消费不足；（2）与非资本主义社会进行贸易以拓宽市场；（3）输出剩余资本以建立新的生产设施；（4）让农民、手工业者、自谋职业者乃至某些资本家失去对各自生产资料的控制而扩大无产阶级。每种解决方案在平衡国内外资本和劳动力流动方面都会产生自身独特的问题，这反过来又会在从本土层面直到帝国主义链条和世界市场的区域和空间结构中产生长期的不稳定性（1981a/2001a：304-306；2001e；2003b；2003d）。

时间修复

重要的是将词语与概念区分开来。因此，尽管哈维很少使用"时间修复"这个词语，但它的"概念"却隐含在他对资本主义危机的第二种削减的理论中，以及他对危机的时间转移的反复思考中。这个词语的缺失可能源于哈维的早期著作中忽视了时间的重要性。他认为：

抽象地看，空间……具有比时间更复杂和更特殊的属性。在空间中可以转换场域，朝诸多不同方向运动，而时间只是简单地流逝并且不可逆。空间的度量也不太容易标准化。在空间中移动的时间或成本不一定相互匹配，两者对简单的物理距离都有不同的度量标准。与此相比，天文钟和日历非常简单。地理空间始终是具体和独特的领域。在马克思的资本主义积累理论的普遍和抽象的确定性语境中，有可能建构一种具体而独特的理论吗？这是要解决的根本问题。

150

哈维（2001a：327）

这种说法只考虑到时间的度量。这似乎意味着，在天文钟和日历发明之前时间更复杂。如果是这样的话，那么，现代空间和时间（或时空性）的复杂性和异质性，将来自于一种实质上的"世界时间"的"特殊空间"的过度决定。然而，这并不符合哈维后来承认的对时间的测量和控制是社会权力的来源（1989b：226，252），也不符合哈维后来的著作中揭示的许多特殊的具体复杂的时间性（例如，1982a，1989b）。这些讨论涉及有差异的周转时间、国际货币市场的时空性相对于长期规划的环境变化、信贷在管理不均衡发展方面的作用，以及资本主义为了摆脱危机，"在如此截然不同的过程之间建立'同步'或'共存'机制时所诱发的问题"（1996a：286）。他还谈到了自然时间、环境时间的异质性，个人生活世界的日常生活，货币化关系的合理化时间，以及更为普遍的时间和时间性的社会建构与论争（1989b，1996a，2002）。此外，虽然哈维曾经强调需要引入空间以弥补时间在辩证法中占有首要地位的不足之处，但他后来却宣称：

马克思把时间的重要性置于空间之上不一定是错误的。毕竟，从事资本流通的人们的目的和目标必须是支配剩余的劳动"时间"，并在"社会必要的周转时间"内将其转化为利润。因此，从资本流通的角度看，空间最初显得只是一种不便，是一种需要克服的障碍。

哈维（1985c/2001a：327）

《〈资本论〉的限度》中对作为资本积累之关键契机的时间和时间性的这种再发现进行了广泛阐述。事实上，它的主要贡献之一就是社会必要的周转时间的概念，以及它与社会必要的劳动时间同时发挥的核心作用。这与马克思在"时间经济"中建立资本积累的基础相对应，也与他对时间范畴高度原创性的发展以探究其动力相对应（Grossman 1977；Postone 1993）。这就是说，当超出社会必要劳动时间的问题时，哈维在《〈资本论〉的限度》中和别的地方往往将时间问题与金融和信贷积累方面的问题等同起来，将地理问题与全球和空间方面的问题等同起来（1999a [1982a]：xix）。这说明了他对信贷和金融如何提供一种时间方案来解决资本危机趋势的兴趣。这也说明了他在分析以长期酝酿和周转时间为基础的空间修复时的时间方面。就"时间修复"本身而言，哈维"第二种削减"的危机理论，揭示了信贷体系如何才能确保短期的、暂时的、矛盾的、最终是为了积累而加剧危机的"时间修复"。这种情况出现于阐明不均衡发展和差异化周转时间，股票市场和资产证券化，通过建立私人和国家信贷来虚假证实长期投资的有效性，与资本主义的外部变革相联系，输出货币资本、商品或劳动力，以弥补在其他地方的不足（1982a；2003b：98-99；2003d；）。然而，"诉诸信贷体系同时会使领土容易受到投机和虚拟资本流动的影响，这些资本既能刺激也能破坏资本主义的发展，甚至像近年来一样，被用来对脆弱的领土实施野蛮的贬值"（2003d：67）。

在哈维对"时间修复"的分析中，区分词语和概念还有另一个重要意义。他近来对原始积累很感兴趣，并将其重新命名为"剥夺性积累"（accumulation by dispossession），这表明了一种为危机四伏的资本主义寻求时间修复的新方法；一种分期的新基础，依据的是在资本主义的帝国主义的最新阶段中这种时间修复的首要地位，以及金融资本相对于工业资本的首要地位（参见

2002a，2003b，2003d）。这种特殊修复中最明显的时间方面，可以在彻底剥夺"公共地块"资源中看到，这些公共地块是经过多年建立起来的，或者对某一特定资源的经济开发速度超过了其自然更新的速度或环境的吸收能力（参见 Stahel 1999；Brennan 2000）。可以在公用事业的私有化、集体消费、为了即刻获利而征用职业的或公共养老金、其他受资助的未来福利津贴中发现类似的过程。尽管哈维提到了这些由私人资本家发起或者由政府资助的剥夺形式，但他并没有在时间修复的议题内思考这些问题。然而，这有可能成为一条卓有成效的研究路径。

论时空修复

152

哈维的诸多兴趣都集中在他最近论述新帝国主义的著作中。这种论述引入了"时空修复"的概念，以探讨资本主义的帝国主义的形态和分期，并解释其最新的新保守主义阶段的总体逻辑。然而，尽管哈维直到最近才明确地论述到时空修复，但他一直都在强调当代资本主义时空性的重要性、复杂性和异质性（1996a：234-247），时空距离化的动力，尤其是，尽管最初是以一种相当机械的方式，时空压缩（1989b），以及"空间与时间的最终统一性和多样性"（1996a：218）。[1] 哈维声称，所有这些都要求我们"确定从一种时空性到另一种时空性的转化和变换的方式，尤其要关注事物的中介作用"（1996a：233）。[2]

哈维在论述"新帝国主义"时指出，时空修复是"通过时间的延缓和地理的扩张来解决资本主义危机的一种隐喻"，涉及吸收现存资本和剩余劳动力的诸多不同方式（2003d：65；参见 2003b：115）。他声称，基本观点非

---

① 在《新帝国主义》中，哈维甚至声称："从 20 多年前开始，我就提出了一种'空间修复'（更准确地说是时空修复）理论，以解决资本积累中容易发生危机的内在矛盾"（2003b：87）。这种长期关注时空修复的主张是一把双刃剑，因为它将他随后的理论论点的创新性降到了最低点。

② 马克思写道："资本不是物，而是人们之间的一种社会关系，它是以物的手段建立起来的"（1964:717）。

常简单：

    某一特定领土系统中的过度积累意味着劳动力过剩（失业率上升）和资本过剩（被标记为市场上没有损失就无法处置的供过于求的商品，闲置的生产能力，缺乏生产和赢利投资渠道的过剩货币资本）的状况。这种过剩可以通过以下方式加以吸收：（1）通过长期资本项目或社会支出（如教育和研究）投资而进行的时间转移，延缓当前过剩的资本价值重新进入未来的流通，（2）通过开辟新市场、新生产能力和新资源、社会和其他地方劳动力的可能性而进行空间转移，（3）即（1）和（2）的某种组合。当我们专注于某种嵌入已建成的环境中的独立固定资本时，（1）和（2）的组合就特别重要。

哈维（2003d：64；参见 2003b：109）

    这段话把哈维早期著作中关于时间和空间修复的主题结合了起来。它没有提出一种独特的、包含超过其他两个部分总和的第三种修复类型（例如，参见 2003b：121-124）。这部新著的新要素，是将焦点集中于时空修复的长时间周期及其当前的动力，因为输出资本的每一组接受者都被迫轮流把资本

153 输出给另一组。因此，哈维现在审视了国际性的时空修复，提出了帝国主义的三重划分周期，突出了美国资本主义不断变化的结构和动力，探讨了美国在精心策划的延续美国霸权的最后两个阶段中的霸权作用——从基于生产性资本优先的战后某种"嵌入式自由主义"的术语，到基于新自由主义金融资本优先、以剥夺性和好战的普遍倾向实现一轮又一轮原始积累为特征的一种开放式的帝国主义（2003b：46，124）。像在他的早期著作里一样，他得出结论说："这样的地理扩张、重组和重构经常会威胁到……固定于地方但尚未实现的价值。大量固定于地方的资本阻碍了在其他地方寻求空间修复"（2003d：66；参见 2003b：100）。

时空修复、区域结构化的一致性与国家规模

正如哈维没有使用"时间修复"这个"词语"、但依然在其第二种削减的危机理论中引入了这个"概念"一样，他早期的著作提出了一种隐含的时空修复的概念，这个概念超过了空间和时间修复的总和。这一点最明显地表现在他使用了菲利普·艾达洛（Philippe Aydalot 1976）所采用的"结构化的一致性"这一概念。哈维这样介绍这个概念：

> 有一些过程在起作用……它们限定了"区域空间"，在其中，生产和消费、供给和需求（商品和劳动力）、生产和实现、阶级斗争和积累、文化和生活方式，都在一种生产力和社会关系的总体性之内结合在一起，成为某种结构化的一致性。
>
> 哈维（1985c/2001a：329；参见 2003b：101-103）

哈维就这种有界限的区域空间提出了四种可能的基础：第一，资本可以在其中流通的空间，流通的成本和时间不会超过与特定社会的必要周转时间相关的赢利潜力；第二，可以每天在其中替换劳动力的空间——劳动力每天流动的成本和时间限定了通勤者的范围；第三，正式的领土，地方、区域或民族国家的经济和超经济的政策以其为导向，产生出一致性和凝聚力；第四，由地方或区域文化赋予意义和认同的非正式领土（2001a：328-329）。他补充说，这种结构化的一致性为防御性的区域阶级联盟提供了基础，松散地限定在一片领土内，通常（尽管不是专门或唯一地）通过国家组织起来。这些联盟的出现是为了捍卫区域价值和一致性，并通过提供有利于进一步积累的新经济和超经济条件来提升这些价值和一致性（2001a：333）。然而，由于植根于潜在危机趋势的种种原因，由于在寻求新的空间修复时日益增加的边界空隙，由于资本主义重组的持续逻辑，由于阶级和派系分裂潜在的爆发特性，所以，区域阶级联盟注定是不稳定的（2001a：329-330，336-339）。

154

哈维得出的结论是："面对如此强大的力量，任何一种结构化的区域一致性的持续存在都会令人惊异"（2001a：330；参见1989a：147，150-152）。

此后，哈维还阐述了国家在塑造结构化的一致性和区域联盟方面的关键作用。他把这归因于国家对领土和领土完整性的特别关注，它有能力把相对稳定的边界强加于原本多空隙和不稳定的地理边缘，它有广泛的财政金融和监管的权力，它具有通过各种政府和治理机制塑造区域阶级联盟的权威性。因此，国家积极地促进和维持由资本主义动力产生的结构化的区域一致性，并赋予其政治的和经济的特征（2001a：334；2003b：105-106）。但是，这种能力也与区域统治阶级联盟的崛起、巩固和战略能力密切相关（1989a，2003b：105）。这意味着结构化的一致性不仅产生于政治和文化进程，也产生于经济动力——这一点在《新帝国主义》中得到了明确阐述（2003b：102-103）。

虽然这种解释集中于区域规模，但哈维也在其他地方考察了国家规模和民族国家。他认为，国家与资本一样，是一种社会关系，从历史上看，它的出现是为了控制一个分裂为不可调和的阶级对立的社会。接着，他提出了一种资本主义国家类型的构成决定论，得出了资本主义在其中的独特功能，强调了自由资产阶级民主的矛盾和局限性，并解释了统治阶级倾向于尽可能通过霸权来进行统治的偏好（参见1976a）。这些观点再次出现在《〈资本论〉的限度》中并得到了补充，但哈维认识到，对资本主义再生产至关重要的制度（如中央银行）与那些与再生产劳动者和劳动力相关的机构是分离的；如果要再生产作为一个整体的社会，国家机构就必须达到某种统一。这就提出了关于阶级斗争转移的问题，即从生产的问题转移到控制国家机器及其政策的政治和意识形态的阶级斗争（1982a：449）。

155　　在这种语境中，哈维优先考虑的是国家而不是区域规模。同样的优先考虑后来又出现了，他写道："政治权力要行动，要决定社会-生态规划，调节其意想不到的后果，它也必须在一定规模上受到限制（在当代世界，过去几百年中形成的大多数民族国家都保持着特权地位，尽管它们没有必要具有政治-意识形态的意义）"（1996a：204）。然而，尚不清楚国家规模何以如此重要。因为正如哈维自己指出的："如果……一切事物都可以简化为没有任何基本构成的单位，那么，选择来考察各种过程的规模就变得既关键又成问题。人类活动的时间和空间规模也一直在变化，这一事实加剧了这一困难……产生于资本积累、商品交换等实践中的规模的界定具有不稳定性"（1996a：203）。在提到这个问题时，哈维促使我们考虑时空修复的其他方法。

资本主义的和领土的权力逻辑

虽然哈维的《新帝国主义》涉及了逐步拓展空间、时间和时空修复的研究，并且重申了他关于区域（和区域性）结构化的一致性的论点，但他也试图在熟悉的资本主义的权力逻辑和"领土的权力逻辑"交织的基础上，提出一种崭新的资本主义的帝国主义理论。然而，相较于他从抽象简单到具体复杂的系统运动来分析资本主义的积累逻辑，他对领土逻辑的分析则在一般的跨越历史和特殊的连接陈述之间进行转换。因此，哈维对政治权力的领土化以及国家和帝国的普遍政治进行了一些简单的特别概括。就他在资本主义国家的框架之外来确定这种领土逻辑的独具特征而言，它们涉及的是国家管理者和政治家们的自身利益、国家建设和治理的特殊风格、政治上的阶级斗争方面力量平衡的具体凝聚、对战略地缘政治资源（如石油）的争夺，或者麦金德式的争夺控制欧亚中心地带的斗争（2003b：19-20，23-25，27，42，44，85，124，183-189，198，209）。在实践中，他把焦点集中于资本主义国家内部（国内）和外部（国家间）维度上多因素决定的领土逻辑（和战略），实际上，在分析这些资本主义的权力逻辑时，他认为这对国家来说是理所当然的（2003b：93）。此外，虽然哈维确实顺便提到了资本主义社会的国家历史发展的路径依赖效应（2003b：91-92，183-184），但他却没有提到这些政治轨迹与作为普通资本主义国家的国家履行功能的能力之间有疑问的

156

176

关系。相反，他直接转而去专门陈述历史上资本主义的帝国主义在特定时期、阶段中特定资本主义的和普遍的领土权力逻辑的相对重要性。这意味着，他对领土逻辑的解释已经被资本逻辑过度决定，而不是在用资本逻辑进行阐述前，先用纯粹的地缘政治学术语来展开论述。

哈维论证的基本步骤可以重构如下：

1. "权力"（在这种分析中未界定的原始术语）可通过领土和资本逻辑来积累。这些逻辑可以不同地描述为独特的、交叉的、交织的、有关联的、相互依赖的、有内部关系的、辩证相关的、在相互关系中主要的或次要的、互补的、相互制约的、相互挫败的、矛盾的、对立的，甚或是以潜在的灾难性结果互相加剧的（2003b：27，29ff，33，89，103-104，140，183-184，204）。

2. 鉴于国家首先是以固定领土边界为导向的政治、外交和军事权力的领土逻辑为基础的；资本主义首先是以经济权力的空间逻辑为基础的，这种权力能够跨过和穿越连续的空间和时间。

3. 每一种逻辑都会产生必定被另一种逻辑所包含的矛盾。当矛盾处于从一种逻辑转移到另一种逻辑的相互调节和反作用的连续过程中时，就会导致螺旋式运动。这一点反映在不均衡的地理发展、地缘政治斗争和帝国主义政治的不同形式和动力中。

4. 帝国主义指的是国家间的关系，一旦资本积累的逻辑支配了经济组织，帝国主义就获得了一种特殊的资本主义形式。对哈维来说，资本主义的帝国主义可以通过"诉诸于双重辩证法来理解，首先是领土的和资本主义的权力逻辑，其次是资本主义国家内部和外部的关系"（2003b：183-184）。

5. 资本主义的帝国主义有不同的形式，这要取决于资本主义的或领土的权力逻辑在控制领土的战略政治与在空间和时间中资本积累的分子化过程的辩证融合中的相对优先性（2003b：26）。"政治-经济过程是由国家和帝国战略所引导的，国家和帝国总是出于资本主义的动机而运作的"，这种假设是错误的（2003b：29）。相反，这些逻辑之间存在着潜在的张力、分

157

离、矛盾甚至对立。如果领土的逻辑阻碍了资本的逻辑，就有发生经济危机的风险；如果资本主义的逻辑破坏了领土的逻辑，就存在政治危机的风险（2003b：140）。

表 8.1（参见下页）详细呈现了分析清晰但对比鲜明的权力逻辑，它尽可能地把《新帝国主义》一书中做出的多种多样的分散评论系统化。

哈维略微提到了他在很大程度上"浓墨重彩描述的"这些对比鲜明的逻辑——但经常令人迷惑不解——他把资本主义的帝国主义划分为三个时期，认为两次世界大战之间的这些逻辑间的分离导致了这一时期出现的经济和政治灾难，在分析新自由主义和新保守主义的帝国主义对比鲜明的逻辑时，更充分地对这些逻辑进行了探讨，并最为充分地利用它们来说明作为全球规划的美国帝国主义最新阶段的内部矛盾（分别参见 2003b：42-74，140-141，69，204-205ff）。他还表明，这些逻辑在战略方面可以被看成是帝国主义和附属帝国主义的战略要素，是附属的和反对霸权的国家战略抵抗帝国主义的要素，也是区域的或中产阶级、工人阶级抵抗掠夺性资本的战术要素（2003b：82-83，185-186，188-189，202）。在这里特别有趣的是他评论说，美国根据资本主义逻辑努力把欧盟作为潜在的霸权集团来削弱它，又按照领土权力逻辑，通过利用北约作为一种仍在美国控制之下的运用军事（领土）权力的独特机器，而把欧盟当作潜在的"欧洲堡垒"（2003b：82-83）。

因而，总的来说，哈维近来试图将权力的领土逻辑整合到他对资本主义的分析中，但这一尝试仍然不成熟，在很大程度上还停留在前理论阶段。两种逻辑的概念发展不对称，导致他在理论和实证分析两方面都更注重权力的资本主义逻辑。事实上，他明确说明过，资本主义的帝国主义很有代表性地与这种资本主义逻辑的优先性相联系，但他却没有解释这种情况的原因。因此，他优先考虑资本的长期逻辑——国家管理者、属地部分的资本和从属阶级促进相对自治的领土逻辑的努力，无论是进攻性的还是防守性的，都不同

158

表 8.1 资本主义的和领土的权力逻辑

	资本主义的权力逻辑	领土的权力逻辑
主要参与者	流动的、潜在的短期私人资本在开放的、动态的积累空间领域的运作。	领土上有边界的永久国家按不同规模运作以捍卫或扩大领土边界。
主要逻辑	资本流动的地缘经济学、新兴的空间垄断和新经济规模生产，会产生不可避免的政治影响（如作为统治阶级基础的区域经济权力的节点要寻求参与区域的和帝国主义的扩张）。区域利益可以控制领土国家。	国家和帝国的领土战略的地缘政治集聚起的对领土的控制，会产生不可避免的经济影响（如军事工业联合体的增长，获取资源的机会，危机期间的保护主义，促进自由贸易）。政治利益至上可能导致"失败的"或"流氓"国家。
核心特征	经济力量以网络化的、分子化的方式跨越连续的空间和时间流动。跨领土整合是垄断性的空间战略的结果。流动和时空修复无视边界。	政治-军事力量捍卫和扩大被切割的领土控制，以促进国家自身的利益。这涉及国家层面的战略决策和主张，并与领土边界有关。
空间和领土在主要逻辑中的作用	资本主义的逻辑利用了不均衡的地理条件，"不对称性"根植于空间的交换关系中，但也溢出了领土边界。分子化的过程溢出了区域和国家边界，各国必须设法管控分子化的流动。	领土逻辑是以损害他人利益来增加一方领土的财富和福利为导向的。这可能涉及国家以下的各州、地区集团等；可能导致以领土为基础的全球霸权国的崛起。如果领土逻辑被推到极限，帝国就有过度扩张的风险。
次要逻辑	资本主义的逻辑最好通过领土国家来推进，它能确保资本流通关键的外部条件。资本主义国家要使其政策适应以赢利为导向、以市场调节的资本主义的经济、法律、政治、社会需要。后者还要求国家（尤其是领土霸权国）有制度建设的能力。国家的领土活动也要为私人资本开放新的投资领域。	政治军事力量取决于能够创造财富和资源、强大的税收基础和军事实力的经济。因此，国家管理经济是为了最大限度增加货币、提高生产能力和军事实力。它利用高压、外交和政治手段来促进经济利益，这也符合国家的领土利益。领土霸权国要运用资本逻辑来维持自身势力。
相互依存	各国为了维护私营企业在国内外的利益，会支持资本主义逻辑的优先性。如果不这样做，就会削弱自身的财富和实力，最终可能成为"失败的"国家。	各国都要按自身的政治利益来控制区域动力。它们都试图在自己的边界内控制资本积累在空间和时间中的分子化过程。
操纵方式	经济逻辑是私人的，分散的，分子化的，难以事前控制的。	政治逻辑是公共的，允许不同观点辩论，以目标为导向。

159

续表

	资本主义的权力逻辑	领土的权力逻辑
危机	这要通过与资本主义的剩余逻辑相联系的新的时空修复来解决。这涉及更复杂的固定性和运动性的接合，强化了积累的空间逻辑和资本流动（即转换）在减轻危机中的关键作用。	这要通过区域之间和国家之间的冲突来解决——经济和军事对抗导致了地方和区域的资本贬值与破坏。领土的持续扩张可能导致帝国的过度扩张。
帝国主义	（新）自由主义的帝国主义是建立在自由贸易基础上的——国家权力被用来强化（或抵制）自由贸易的条件，包括对知识产权的采用。	新保守主义的帝国主义旨在巩固等级制的世界政治秩序，以确保美国剩余资本的出路，并通过剥夺来推进累积。

程度地造成了"失败的"或者变成"流氓"国家，在帝国或帝国从属集团内部出现潜在的经济灾难或者经济的边缘化。这有悖于哈维本人的愿望，即"对实际情况的具体分析……要保持这种辩证法的两个方面同时运动，不要陷入一种单纯政治的或者以经济为主导的论证模式"（2003b：30）。倘若他把自己对空间、时间和时空修复的价值理论的兴趣，与对"领土修复"的更具体、更复杂的国家理论的兴趣结合起来，这种愿望或许就能够实现。这种结合通过将资本逻辑的运作范围限制在确定的边界之内，能够促使权力的领土逻辑去限制资本逻辑有可能倾向于生态学的优势，从而限制资本主义世界市场的充分实现（Jessop 2002：24-28）。

一种替代性的方法

哈维对资本主义的时间性和空间性的研究可以从三个方面进行批判。首先，在他同时注意到它们的运作时，多年来，他都把时间和空间修复看成是不同的，或者以一种叠加的方式而不是互动的方式把它们结合在一起。这在《〈资本论〉的限度》里尤其明显，涉及的不只是呈现的顺序问题。因为这两种修复都是为了解决不同的危机趋势而提出来的。并且，虽然空间修复被认为取代和延缓了由时间修复所产生的矛盾，但后者似乎在取代或延缓空间修复的矛盾方面毫无作用。[①] 最好是要分析这两种修复的时空复杂性。信贷机制难以分解地既是空间的，也是时间的，因为它与植根于国家货币和国际货币之间张力的特定空间的流通相联系。进一步说，正如哈维指出的，固定资本和流动资本之间的区别既涉及时间问题，也涉及功能问题。这些修复中的空间性和时间性的相互牵连，在他最近的著作中表现得更加清晰。

其次，哈维对扩大再生产中的空间修复的说明，只聚焦于一种与资本相互关联的经济矛盾。这涉及生产资本的交替"存在模式"，即在稳定物价的过程中时间和地方专项资产的具体存量，以及运动中的抽象价值（特别是可用于再投资的已实现的利润）。[②] 尽管哈维提到了关于两种存在模式的时间问题，但他所确定的解决方案却是空间的。正如我们所见，它涉及资本流通中固定性和流动性的辩证关系。长期基础设施投资（地方关系的、领土组织的和相互关联的地方的）的本地化地理景观被生产出来，只是为了后来破坏它，然后重建，以适应一种新的积累动力（1996b：6）。这低估了其他经济矛盾的重要性，每种矛盾都有其自身的空间和时间方面的问题，都有相关的困境（Jessop 2002：19-22）。在哈维对空间修复在危机管理和危机转移的说明中，当资本从一个地方、空间或部门转移到另一个地方、空间或部门时，这些问题更为重要。一种连贯的时空修复，一定会反映出资本的空间和时间矛盾中的所有方面，既与扩大再生产的"正常"时期有关，也与或多或少被延长了的危机时刻有关。

第三，哈维对时间和空间修复的分析主要属于价值理论。很少明确关注对经济范畴解释的局限性，尽管他强调"内在关系"，资本关系的超经济维度通常只出现在他更广阔和更具体的历史分析中（例如，关于巴黎连续的空间和时间修复），并以相对"特别的"方式出现。因此，哈维对阐明经济和

---

① 这个观点在从第一种危机的削减理论到第二种危机的削减理论的转变中已有所暗示。
② 鉴于马克思主义分析持续的、螺旋式的发展，这本身并没有问题：空间修复的非价值方面稍后可以整合。

超经济之兴趣的最明显的例证，出现在他对结构化的一致性（尤其是在城市化的语境中）、国家的构成和功能，以及对帝国主义的分析之中。与马克思一样，他强调资本的经济规律在历史上是具体的，要通过阶级斗争来调节；国家在确保资本积累的条件方面至关重要；阶级意识和阶级行动的发展存在着深刻的问题。但是，马克思也认为，资本主义生产方式既是政治的，也是经济的（Krätke 1998a）。这一点可以在马克思打算撰写的《理论的进一步发展》（"Weiterentwicklung der Theorie" 1977[1847]）中看到，它允诺对国家的政治经济学进行批判，将关注"税收在经济上表现了国家的本质"；从他的意图来看，《资本论》应该包括一卷论述国家的部分。因而，经济规律肯定不是与政治无关或非政治的，而总是具有深刻的政治性（参见 Théret 1992）。

　　这不足为怪。因为如果不包括现代政治的独特形式和资本主义的国家类型，人们就无法充分确定资本主义生产方式的基本范畴——商品、货币、交换、工资、资本。尤其是，国家的基本经济形式（税收、国家货币、国家信贷、国家支出等）也是司法-政治形式；国家在资本的经济形式和组织资本流通中具有本质性的作用，包括生产和信贷（参见哈维 1982a：281-282，306-312，321）；国家自身的经济活动是在政治的首要地位下进行的，即在一个阶级分裂的社会中维持社会凝聚力的重要性（Poulantzas 1979）。这为对资本主义的历史唯物主义批判引入了一个不可避免的政治维度。当然，这不仅适用于个别国家，也适用于国家之间的体系（Rosenberg 1994）。简言之，"政治"是每一种资本主义经济的一种内在需要，如果没有它，资本主义经济就无法表现为一个"封闭的"和自我再生产的体系（Krätke 1998b：153）。此外，根据《〈资本论〉的限度》，一旦"正常的"原始积累的边界在 19 世纪末关闭，国家间的战争就成为原始积累的一种新形式和货币贬值的最终手段，此时，"正常的"、市场调节的和以赢利为导向的竞争就变

162

得无效（1982a：445）。①

　　要理解资本关系的政治特征是经济和超经济的接合，我们就必须追问，为什么单靠市场力量不能再生产资本主义。答案在于资本主义的不确定性和对抗性的三个方面。首先，资本天然就没有能力按照商品化的自我扩张逻辑完全通过价值形式来进行自身的再生产。这与土地、货币，尤其是作为商品的劳动力的虚拟特性有关，也与依赖各种非商品形式的社会关系的积累有关。第二，更具体地说，这些问题被资本关系固有的结构性矛盾和战略困境所强化，也被它们不断变化的表现方式和形式所强化。第三，在通过时间修复、空间修复、时空修复的各种组合，并通过有助于稳定（尽管是暂时的）资本流通和更广泛的社会构形的制度化妥协来调节和管理这些矛盾与困境时，会产生各种冲突（Jessop 2002）。

　　简言之，从长远来看，没有单一的最好方法来调整积累。相反，随着不同的积累机制、调节模式和相关的体制化的折中方案，出现了各种次优解决方案。这些方案部分弥补了纯粹资本关系的不完整性，并通过其经济的和超经济的要素之间的连接赋予其特定的动力。这使得对时空修复作出替代性解读成为可能。时空修复在最好的情况下只是部分或暂时地解决资本主义固有的矛盾和困境，靠的是建立能够确保相对持久的"结构化一致性"的空间和时间界限，并把确保这种一致性的某些成本转移到这些空间和时间界限之外。这种时空修复在特定的经济空间和政治领域之内与之外转移，延缓了各种矛盾。它也涉及来自特定修复中的赢家和输家的内部与外部分化，这与来自特定修复的利益在社会和空间中的分配不均相关，也和它与不均衡发展的联系相关。对这种时空修复的充分解释必须考虑到它们的超经济维度和价值理论维度。如果没有前者，对时空修复的分析就会退化为对资本逻辑具体化的、在很大程度上是经济主义的分析；如果没有后者，就会退化为一种"软

163

---

　　① 哈维当时写道，原始积累，改名为"剥夺性积累"，是资本主义的一个永久但起伏不定的特征（2003b，2003d）。

性的"经济和政治社会学。哈维给了我们许多有用的概念来抵制后一种诱惑——以见证他对新兴的后福特主义时代中的时空压缩与灵活积累的价值理论洞见（1989b：121-197以及各处）。但是，他并没有像研究经济维度那样，在同样高度抽象的层面和相同程度上探讨资本主义的超经济维度，也没有令人信服地表明它们何以属于资本主义社会的基本"内部关系"。哈维在《后现代的状况》中简要地提及过一些对规则研究有贡献的作者，他们尝试过这些研究——尽管常常以放弃价值理论问题为代价，而且有时总体结果令人失望，这也许可以说明哈维没有进一步提及他们的原因。简言之，相较于在批判现实主义地解读马克思著作基础上提出的更有层次和不对称性的本体论（参见 Brown et al. 2001；也可参见 Sayer 1995），存在的一些严重局限在于，经常都有对于内部关系的平庸累赘的强调，以及聚焦于一般体制的联系。哈维也没有提出不同阶段或不同积累形式的时空修复形式，没有提出它们与制度化的阶级妥协或调节模式的联系。因为他虽然列举出了一些资本主义不同阶段的空间和时间修复的例证，但他并不认为不同规模或时间视野在特定时期或资本主义构成中具有或多或少的重要性。

这并不排除未来将会将这些问题整合到哈维的研究中去。事实上，他已经暗示了对时空修复更广泛和更深入理解的一些要素。因此，他讨论了积累发生于其中的具体"时间-空间框架"的重要性（1982a：236）。他指出，"第三种削减"的危机理论假设了相对封闭、自给自足的区域与其边界之外更开放的空间的共存，这为危机管理或转移提供了机会，可以在一定范围内把它们转变为"附属物"（1982a：427）。他在《〈资本论〉的限度》重印版的介绍中指出：

危机在资本主义自身创造的时空性矩阵之外是不存在的。危机是对阶级关系的时空形式的重新确认（通过压力调整的所有方式），危机同样也与在某种绝对和不变的空间和时间中确定的资本主义内部的阶级矛盾有关。

164

哈维（1999a：xiv）

这些矩阵中的相关空间因素包括基于社会关系的地方、已建成的环境、土地市场、城乡劳动分工、城市等级制度、区位政策、政治权力的领土化以及管理不均衡地理发展的努力。哈维还提到了时间方面，诸如固定资本和消费基金、日常生活的节奏（包括家庭领域、个人和集体消费）、社会再生产和阶级斗争的动力。由此产生的时空框架（或者用我的话来说，叫时空修复）不可避免地具有政治的和经济的性质，在转移、延缓和化解危机趋势与矛盾方面发挥着关键作用。它们在战略上也具有选择性，即处于这些时空边界内的一些阶级、少数阶级、社会阶层或其他社会力量被边缘化、被排斥或受到胁迫。在这些边界之外，积累的过程更加混乱无序，缺乏结构化的一致性，并被证明更具破坏性和剥削性，因为特定资本（或其国家）寻求将外部空间转化为有用的附属物。积累的总体过程取决于世界市场上不同解决方案的互补性（或非互补性），以及由此产生的不均衡的地理（和时间）发展在多大程度上能激起日益增加的反对和抵抗（1982a：427）。

结　语

本章探讨了哈维关于时间和空间、时间和空间修复、时空修复和结构化一致性的论点。这些论点都是他对马克思的方法及其在积累中的运用的丰富论述不可或缺的组成部分，它们在他对以下问题的精辟分析中发挥了关键作用：（1）货币形式及其各种矛盾；（2）信用形式、积累的时间修复和金融危机；（3）随着资本寻求通过地理扩张、不均衡地理发展和转向新投资来解决危机，积累的局部的、临时的空间修复；（4）危机趋势之间的联系，一般资本与单个资本之间的冲突，阶级斗争和竞争。然而，他对这些问题的研究局限于对资本关系片面的、价值理论的分析，以至经常忽视其超经济的维度。此外，在他的研究确实超越一种纯粹价值理论分析之处，则受到马克思关于内在关系的一般本体论的强烈影响，并且大力关注被认为是总体性的资本主义社会形态的性质。这意味着，哈维对于作为一种社会关系的资本的"外部构成"没有"系统性的"设想（虽然在这方面提出的所有问题都是为了确保对资本扩大再生产所必需的超经济和经济条件），或者对挑战当代社会构成中自我稳定物价的主导地位的社会化模式也缺乏系统性的设想。《新帝国主义》确实半嘲讽地提及过"外部构成"（2003b：141），也提供了一些对于作为一种可替代的社会化模式的领土权力逻辑的前理论的评论。但是，哈维并没有系统地提出这些评论。我认为，对时空修复的另一种解释，引进关于资本逻辑生态优势发展倾向的论点，可能有助于纠正他片面强调对资本主义的价值理论分析，纠正他忽视资本主义社会形态固有的不完整性和社会化的可替代模式，以及他没有对依然在某些历史条件下盛行的资本逻辑的原因进行理论化。不过，正如细心的读者会注意到的那样，我所偏爱的对时空修复的解释，延伸并扩大了哈维的解释，而且我认为，我的解释至今都与哈维的解释在总体发展路线上是一致的。

作者简介：

　　鲍勃·杰索普（Bob Jessop，1946-），英国兰卡斯特大学高级研究院主任、社会学教授，因对国家理论和批判政治经济学的贡献而著名。他最新的著作是《资本主义国家的未来》（*The Future of the Capitalist State*，Polity，2002）。

译者简介：

　　阎嘉，文学博士，四川大学文学与新闻学院教授、博士生导师。主要从事文艺理论和美学研究。

第八章　全球化与原始积累：戴维·哈维对辩证的马克思主义的贡献

南希·哈索克　著　　刘聪　译

　　有人从各种角度宣告马克思主义已经死亡。当然，新自由主义者乐见它随着柏林墙、苏联和它所有的希望与失败一同倒下。形形色色的后现代主义者也热烈欢迎利奥塔宣告的宏大叙事的终结。甚至有些马克思主义者自己也告别了马克思主义。正如罗纳德·阿隆森（Ronald Aronson）指出的，这项规划本身作为一种"人类力量的庆典"难以维系；此外，"女性主义摧毁了马克思主义"。然而，他认为，鉴于社会主义女性主义的影响，马克思主义已成为"诸多叙事中的一种"（Aronson 1995：124-139）。但是，马克思主义远未消亡，事实上，它的某些最经典的形式对于理解 21 世纪的资本主义具有巨大的贡献。尽管我是阿隆森援引的对马克思主义形成伤害的女性主义者之一，但我还是说了这些话，我们的理论认为，马克思主义理论并不是那种可以毫无疑问地将女性和其他群体受压迫的问题纳入其中的总体理论。我对马克思的理论仍然存有疑问，这是我大约 20 年前提出来的，其中包括：（1）被集中理解为人们之间一种关系的阶级，是唯一重要的划分；（2）这种分析在根本上是男权主义的，因为工人的妻子及其劳动都是假定的并且没有经过分析；（3）同性社交诞生的想象在各种重要方面表明了这一分析；（4）女性在分析中来来去去，而在他对剩余价值的抽象中完全不在场——这是他分析的核心（Hartsock 1984：145-152）。

　　但我仍然认为自己是一个马克思主义者，也是一个女性主义者，拒绝将马克思主义单纯视为另一种形式的男权主义或经济学的理论化。我仍然认为，马克思主义的某些著作对于理解当代全球资本主义是必要的。我最近在讲授《德意志意识形态》，马克思和恩格斯对资本全球化之重要性的强调再次令我震惊——他们认为，资本全球化在 19 世纪中叶就已经存在了。

　　我发现，戴维·哈维的著作对理解当今全球资本主义统治下的世界很有帮助。我很有兴趣地阅读了本书的内容简介，编者注意到，哈维著作的独特之处在于，它提倡一种非常"经典"的马克思主义。他们也提到他的著作是"顽固守旧的"，并认为哈维成功地展现了历史-地理唯物主义"原初版本的持久解释力"。因此，很多人都感到有点奇怪的是，他还与弗雷德里克·杰姆逊一起被称为"可能的"后现代马克思主义理论家（Burbach 1998）。[①] 看起来似乎很难将这两种对哈维的解读统一起来，但实际上两种解读都是正确的。哈维确实十分密切地关注马克思本人的著作，但也会辩证地解读和理解马克思。正是这种特质，才能在回归马克思本人文本的意义上使他立刻被解读为"经典的"和后现代的思想家。[②]

　　正如哈维在描述自己的著作时所说，他选择把马克思主义看成是对"实际存在的资本主义"的一种批判，这种资本主义在美国"很猖獗"，因此认为美国应当成为他关注的合适焦点（Harvey 2000d）。从戴维·哈维对资本主义的关注，尤其是对资本积累过程的集中关注中，我学到了很多东西，并将继续从中受益。他对《〈资本论〉的限度》在其知识生涯中的重要性的讨论很重要。他表示，这种努力实际上是要理解马克思，也要讨论"固定资本形成的时间性，它与货币流动和金融资本的关系，以及它们的空间维度"（2000d）。

---

　　① 也可参见哈维有点恼怒地回应"在《正义、自然和差异地理学》中对[他]似乎要把现代主义和后现代主义、结构主义和后结构主义的论点融合起来而感到吃惊和怀疑"（Harvey 2000d:12）。

　　② 我会认为，我自己的著作也具有一些这类特点。例如，可以参见我的论文《客观性与革命：马克思主义理论中的观察与愤怒的统一》（Hartsock 1998b；也可参见 Hirschmann 1997）。

事实上，我认为，把焦点集中在资本积累上，是其著作的一个根本、核心和持续的主题。他对资本积累的强调在《后现代的状况》中得到了拓展，他在该书中提出了四项不同任务，它们需要"将（具有各种转变的开放机遇）整合到对资本主义动力的理解中去"（Harvey 1992b：305；1989b：355）。这些任务包括：承认差异问题在理论上是根本性的，承认表征是重要的而非次要的，确信应当更好地理解空间和时间，最后是强调"元理论的方法"可以调节对差异的理解，"只要我们能理解辩证法论证的全部潜力和永恒的开放性"（1992b：305）。简言之，人们可以将这种表述理解为要努力囊括存在的多种维度。但是，哈维确实坚持认为："在这个时代，不能将自身置于资本主义统治关系中的任何人都是……十足的自我欺骗"（1992b：305）。因此，哈维的规划在根本上是对资本主义统治关系的分析——但也包含对其他统治形式的分析。尽管他要努力调节差异，这使他比其他很多马克思主义者都走得更远，但他仍然致力于解释阶级统治这一马克思主义的规划。

与此同时，我读他的著作受到过两篇文章的激励，它们对我的研究非常重要——理论的和政治的。第一篇是关于费尔巴哈的第十一篇论文："哲学家们只是用不同的方式解释世界，而问题在于改变世界。"（Marx and Engels 1976：3）[1] 第二篇是恩格斯在马克思墓前的讲话。恩格斯说，马克思"发现了现代资本主义生产方式和它所产生的资产阶级社会的特殊的运动规律"。[2] 他接着指出，但更为重要的是，"这在他身上远不是主要的……因为马克思首先是一个革命家"（Engels 1978：681-682）。[3] 因此，他强调了马克思政治遗产的重要性，以及他作为一个革命者致力于为工人阶级的福利而改变世界的作用。哈维也强调说，"迫切需要了解社会生活中真正变革

---

① 译文采用中共中央马克思恩格斯列宁斯大林著作编译局编译：《马克思恩格斯选集》第1卷，北京：人民出版社，2012年，第140页。——译者注
② 译文采用中共中央马克思恩格斯列宁斯大林著作编译局编译：《马克思恩格斯全集》第25卷，北京：人民出版社，2001年，第597页。——译者注
③ 译文采用中共中央马克思恩格斯列宁斯大林著作编译局编译：《马克思恩格斯全集》第25卷，北京：人民出版社，2001年，第597页。——译者注

和革命性变化的可能性和潜在来源"（Harvey 1992b：30）。

　　哈维始终都是一个活动家，也是一位学者。我第一次见到他时，我们都在巴尔的摩的约翰·霍普金斯大学任教，他和巴尔的摩南部的活动家们一起工作。他的激进主义还在延续——在巴尔的摩，在英国，我确信，现在也在纽约。因此，为正义而斗争也是哈维理论信念的一个重要方面。他指出，马克思把正义的观念理解为简单的再分配，但他也认为，马克思主义理论中确实包含着其他的正义观念（Harvey 2000d）。在这个方面，也在他对马克思的辩证解读中，我把他看成是一个志趣相投和不断给人以灵感的人。

　　重要的是，哈维没有把马克思理解为必须恪守的理论权威，而是能产生诱惑力的理论家；他聚焦于马克思主义向理论和实践开放的可能性。因此，我在这里建议要把哈维本人理解为，为思考重要的当代问题提供诱惑力，这些问题在被过度使用和界定不清的术语"全球化"中达到了顶点。在这样做时，重要的是要就哈维一般对待辩证法这一话题的方法发表意见，尤其是要对他将信息化或全球化资本主义的当代契机进行理论化时的"契机"概念发表看法，因为正是他对马克思主义辩证法的理解和运用，使我相信有理由把他的著作看成是"经典的"和"后现代的"。正是这种辩证的理解，对于理解各种力量与过程非常必要，这些力量和过程在当下被"全球化"这一术语所界定的契机汇聚到了一起。

　　我自己近年来的研究与哈维的一些研究有相似之处，因为我已开始考虑，资本的全球积累要将这些过程重新理论化为原始积累的一种新契机。我想把哈维的著作和他对资本积累的持续关注当作一种诱惑，以唤起自己的论点，即资本的全球化应当重新理解为原始积累的一种契机，它非常显著地以性属为标志，这就是说，这种契机对男性和女性具有截然不同的后果，它为男性和女性在经济上和政治上的参与开启了不同的可能性。简言之，我所说的（和已经说过的）原始积累出自马克思的说法，他把原始积累描述为一系列过程，即大致上从 15 世纪到 18 世纪期间，资本集中到西欧越来越少的人手中。这些过程是暴力的、虽然经常也是合法的剥夺过程，它使人们脱离乡村、劳役、偷盗，有时还有谋杀。具有象征性的实践包括跨大西洋的奴隶贸易，英格兰、爱尔兰和苏格兰的圈地运动，在美洲开采黄金和白银，消灭这些地方的原住民。正如哈维在《新帝国主义》中做过的那样，我在当代全球资本主义中发现了一些不同机制，但其作用过程相似。

不过，我认为，这些过程包含了重要的性属维度。第一，当代资本积累的过程并不是性属中立的，主要是建立在女性基础上的——就对女性的剥削、伤害而言，但也有对女性开放的机遇。第二，重要的是，从历史上看，女性在理论上对这些过程越来越警觉。第三，正如哈维本人非常有趣地指出的那样，当代资本积累的性属和"女性化"的维度会使政治变革的不同动因有发展的可能（Harvey 2000a：46）。不幸的是，他没有延续这种想法，他对性属的忽视导致他忽视了目前推动全球资本积累过程的一个核心特征。

171　女性主义批评对女性主义批评

粗心的读者可能会把我的论点当成另一个女性主义者对哈维著作的诋毁。然而，我所认可的只有多伊切（1991）、梅西（1991）和莫里斯（1992）等作者提出的一些批评。她们作为一个群体，既不了解哈维的规划，也代表着女性主义立场局部的和单面的形象（非描述性的）。哈维的规划是辩证的历史-地理唯物主义，它聚焦于构成和塑造资本积累的诸过程。但他所聚焦的政治经济学并不单一，虽然在他的批评者看来，他缺乏对性属、种族、阶级、性别"等"声名狼藉的问题的关注。我现在的规划与他的规划非常相似，但我比他更强调积累带有性属、种族、民族和阶级的标志。

让我描述一下多伊切犯下的三个最明显的错误（梅西和莫里斯在不同程度上也犯过这种错误）。作为一个群体，这些批评涉及几种动机，它们与我在这里的目的相反。首先，她们误解了构成哈维的历史-地理唯物主义之基础的辩证的认识论。其次，她们摒弃哈维聚焦于资本积累的规划，认为它是经济主义和一元论的，因而抛弃了政治经济学领域。第三，他们把女性主义的观点统一在后现代主义的旗帜下，从而摒弃和忽视了广泛的女性主义立场。这些动机牵涉到两种转换：一是哈维的马克思主义被转换为实证主义的一种形式，二是女性主义理论被简化为后现代主义思想的一种变体。我想使自己的观点与她们的观点区分开来，以便更清楚地展示哈维的规划，也要将我自己的女性主义批判并非定位于形象、表征或后现代理论领域的研究，而要定位于他的规划的核心问题之上——理解资本积累。我应表明，我发现他对后现代主义的批判写得很好，在本质上是正确的。

多伊切表示，哈维希望把所有社会关系和政治实践"统一起来"，"靠的是把它们的起源定位于单一的基础之上"（1991：6）。此外，"哈维话语的主题引起了一种错觉，让人感到他是站在世界之外，而不是置身于世界之中。因而，他的身份既不取决于他的真实处境，也不取决于他的研究对象"（1991：7）。梅西附和了这一观点，莫里斯同样如此（Massay 1991：46；Morris 1992：274-275）。多伊切（1991：9）接着提出，哈维认为自己的方法是"公正的，因为它完全是由对社会正义的客观思考和解释能力决定的"；她还提出，哈维可能认为知识是中立的（1991：10）。既然她把对正义的关注作为哈维努力分析的一部分，就难以理解她何以会认为哈维的研究是实证主义的。

多伊切把哈维转换和改写为一个实证主义者，认为"自主性的现实具有最终的可见性和可知性"（1991：10）。她继续把他的特征刻画为一个"未被碎片化的、至高无上的、无条件的"主体，他所理解的"客观现实"只为他而存在，她还明确表示，"客观的理论家是一个男性，不是普遍性的主体。"她相当正确地问道："谁的主体性是那产生了整个存在的认识论的牺牲品？"（1991：12）她说得对，正是男性的主体性受到了威胁（Hartsock 1987，Hartsock 1989）。梅西也持类似的立场，并得出结论说，哈维的观点是"白人、男性、异性恋、西方人：男性在这种观点中不被认为是性属化的"（1991：43）。我很熟悉那种不知从哪里看万物的上帝的把戏，但这并不是我或哈维所知道的马克思主义。这些主张和指责把辩证的理解变成了实证主义的理解，因此，我必须花点时间来描述构成哈维研究基础的辩证的认识论与本体论。哈维对她们论点的回应非常有效地将自己的研究定位为一种情境化的认识（1992b：302）。这成了本章下一节的主题。

其次，这些批评家反对哈维对资本积累的关注，认为这是经济简化论的一种形式。我认为，在此完整地援引《后现代的状况》中的一段话是有用的。哈维所推崇的理论发展的领域之一是：

> 不把差异和"他者"当作某种附加于更为根本的马克思主义范畴（如阶级和生产力）之上的东西来对待，而是当作试图把握社会变化之辩证法时从一开始就应当无所不在的东西。在历史唯物主义的探究（及其对货币和资本流通之力量的强调）与阶级政治（及其对解放斗争的统一性的强调）的全面框架之内恢复种族、性别、宗教这些方面的社会组织的重要性，不能被估计得过高。
>
> 哈维（1998b：355）

多伊切在其批评中只引用了这段话的第二句，这样就更容易把哈维的观点定性为一种"唯阶级政治"。我虽然不会像她和其他人一样走得那么远，但却有一种感觉，哈维可能不会重视女性主义、反种族主义、女同性恋、男同性恋、双性恋、易性癖研究深刻的革命性特征。①

173　　然而，人们读到她们的批评时会产生一种感觉，即她们看不到资本积累与性属或女性主义批评之间的联系。因此，多伊切认为哈维希望着眼于理解社会关系和政治实践的单一基础，断言经济关系是当代社会状况的根源（Deutsche 1991：6，13），这是她反对的。梅西也提出了类似的观点，她认为，哈维对女性主义文献缺乏了解所导致的结果是"唯一

---

① 例如，哈维认为，位于北卡罗来纳州的帝国食品公司鸡肉加工厂的火灾本可以通过"简单的阶级政治"来解决（1992b：322）。我认为，必须看到阶级政治要受"种族"和性属问题的影响。

的敌人就是资本主义"（Massey 1991：31）。莫里斯则认为，哈维涉足的是一种"阶级原教旨主义"，还涉及"经济决定论"（Morris 1992：256-7），她反对说，政治经济学不是"学科的女王"（1992：273）。但在提出这些论点时，她们既把政治经济学的领域局限于男性演员、思想家和关注点上，又放弃了将它作为女性主义理论研究的核心领域。正如我要提出的，无论是政治经济学领域还是资本积累领域，都存在着明确的性别、种族和阶级成分。

第三，这些论点支持女性主义理论与后现代主义的整合与均等，这就把女性主义理论的主要部分排除在了版图之外。因此，莫里斯在回应哈维时提出："如果有一种元理论［可用］……为什么不采用它？"她肯定地表示，正是"女性主义声称，不存在这样的元理论"（Morris 1992：258）。相反，"女性主义和精神分析批评"主张，元理论只不过是一种"幻想，是由一个主体投射出来的，那主体想象自己的话语立场可以外在于"历史的"真实"（Morris 1992：274-275）。哈维受到的指责是，在碎片化成为现实之时要寻求统一（Deutsche 1991：29）。当然，并不是所有女性主义理论家都赞同这种对元理论的摒弃，或者赞同这一主张：唯一可选择的就是接受后现代主义关于碎片化、复杂性和不可知性的主张，要求退回到实证主义和不知从哪里看万物。我在这里提出的首先要纠正对哈维著作的这些改写和转换，就是要审视他对辩证法的理解。

辩证的思维

戴维·哈维对马克思主义理论的当代讨论最重要的贡献之一在于，他坚称世界不是由"事物"而是由"过程"构成的。此外，事物不是"存在于创造、维系或破坏它们的过程、流动和关系之外或者之前"（Harvey 1996a：

49）。① 但是，辩证法远不止于此。虽然马克思发展并运用了辩证的方法，

174 但他从未写过一本黑格尔的逻辑学指南。因此，人们必须考虑这种实质性的研究，探究内含于其中的方法和认识论。有些学者已经承担了这项规划。奥尔曼的《辩证法研究》（*Dialectical Investigations*，1993）或许是最为系统的。然而，哈维却做出了非常简洁和重要的说明（1996a：46-68）。他认为，马克思强调了按照过程来思考的重要性，强调要记住每种历史形式都是由其变动不居的运动构成的。马克思要求我们与其去思考运动中的事物，不如去思考一系列的过程，这些过程有时会凝结成"持久性"，尽管"持久性"肯定不会真正常驻。此外，他非常清楚地阐明了人类的机遇和诸如制度、结构等"持久性"是如何被社会地建构起来的，而不是我们选择的。

哈维将"契机"（moment）概念发展为一种特别有用的在世界上获得支点的方式，这个世界必须被理解为一系列运动中的过程。如何进行抽象，如何提出能够在总体中识别过程之嵌入性的概念，概念如何识别涉及的复杂性，都是重要的问题。马克思为特定目的建构了分析的范畴，要把各种要素从社会结构中分离出来，而不是把它们从作为整体的结构中排除。马克思的《大纲》（*Grundrisse*）中有一个著名段落，最令人兴奋地（且形象地）阐明了契机的概念，这是哈维提到过的，值得在这里详细引述。

我们得到的结论并不是说，生产、分配、交换、消费是同一的东西，而是说，它们构成一个总体的各个环节、一个统一体内部的差别……因此，一定的生产决定一定的消费、分配、交换和这些不同要素相互间的一定关系。当然，生产就其单方面形式来说也决定于其他要素。例如，当市场扩大，即交换范围扩大时，生产的规模也就增大，生产也就分得更细。随着分配的变动，例如，随着资本的积累，随着城乡人口的不同的分配等等，生产也就发

---

① 也可参见引述的奥尔曼的说明（Harvey 1996a：48）："辩证法重构了我们对现实的思考，用'过程'这一包含了其历史和可能之未来的概念以及'关系'这一包含了自身与其他部分之联系的概念，取代了'事物'是某种拥有历史和与其他事物的外部联系的常识性概念"（Ollman 1993：11）。

生变动。最后，消费的需要决定着生产。不同要素之间存在着相互作用。每一个有机整体都是这样。①

马克思（1973b:99-100，原文为斜体字）

　　这段话提供了很多关于马克思的契机概念的信息——哈维采纳了其中的一些，有些是我要充实的。最根本的问题是要理解权力关系——在马克思看来，权力关系集中在资本主义的发展和人类生存的更大领域的商品化。但是，理解权力关系的要点在于要改变它们。为此，马克思的范畴（以及哈维的范畴）是运动的和流变的，塑造了当代众多后现代主义理论家发现很有吸引力的流动性。（也许正因为这样，才有人把他描述为"或许是"一个后现代马克思主义者。）因此，认真对待"契机"概念，就要注意到在资本的不同特征成为分析的核心时，就可以认为它存在于一些不同的契机之中。例如，在不同的问题上，资本被说成是"原材料、劳动工具、各种生活资料，'它们被利用'来生产新原材料、新劳动工具和新生活资料"，是"积累起来的劳动"，是"服务于积累起来之劳动的生活劳动"，是"资产阶级的生产关系""社会的生产关系"，是"一种独立的社会力量"（Marx and Engels 1976：176，207，208）。资本是各种契机下的所有这些事物，为的是各种分析的目的。因此，当马克思想要引起人们对生产过程之特殊性的关注时，他很有可能是指作为原材料和劳动工具的资本。但在他要提到建构作为一个整体的社会的资本力量时，他更有可能是指作为一种独立社会力量的资本。②

　　哈维指出，契机概念提醒我们，社会过程必须被理解为一系列的流动，辩证的分析已经将其中的"事物"融解到流动的过程中，它可以假定在某个点上并从一个角度来看是货币形式，也可以在另一个点上并从另一个角度来

175

---

①　译文采用中共中央马克思恩格斯列宁斯大林著作编译局编译：《马克思恩格斯全集》第30卷，北京：人民出版社，1995年，第40-41页。——译者注

②　我在读马克思著作时，认识论和本体论的分离被打破了。因为他强调，我们所为和我们所知的人类活动的中心性是相互构成的。我发现，这些问题在《1844年经济学哲学手稿》中最为突出。

看是独立的社会权力的形式。哈维提出，契机能以所有简单的方式与时间或空间相连，但不受其限制：相反，它们是概念工具，可以帮助我们处理复杂的、被过度决定的社会关系。或许，另一个能够捕捉到这种意义的术语，就是"节点"（nodal points）。

我想把契机想象成透明的滤镜，人们可以通过它看到社会关系的总体性。这块滤镜将决定社会生活的哪些特征会出现在前台，哪些会消失。当人们的分析在不同的契机之间移动时，滤镜也会被改变。于是，社会关系的不同方面就会被揭示出来。其次，人们必须关注历史进程，以理解每个契机在决定其他契机时是如何起作用的。对马克思来说，生产创造了一类特定的消费者，他们需要特定的产品。人们可能也会这样想，性属支配关系如何产生了那些愿意、甚至要求延续这些关系的人们。尽管"契机"一词使人想到一种静止的画面感，但它与时间的联系推动分析去探究契机所包含的过去和未来的可能性。第三，契机的概念，加上我们通常称为"事物"的过程，最好被理解为不仅仅是契机，而且是深刻地相互构成的契机，这会使我们想到社会关系的相互关联。从契机的角度进行思考，能使理论家考虑到不连续性和不可通约性，也不会忽视社会系统的存在，这些特征嵌入在系统之中。因此，不可通约性和差异化不需要重新界定为不可理解性。因此，"契机"概念在分析上可能非常有用，既能分离出理论家想加以关注的社会关系，同时也提醒我们这些社会关系实际上与其他社会关系有联系，也要由其他社会关系来界定，具有自身的过去和未来的可能性。

原始积累的新契机

在此，我想提到的契机是当下的契机，戴维·哈维最近将其特征刻画为剥夺性积累的契机。哈维在《新帝国主义》中采取了这种立场，并得到阿伦特（Arendt）和卢森堡的著作支持，即马克思在《资本论》第一卷中描述的原始积累的过程并未结束，而是继续存在着。

直到现在都强有力地存在于资本主义的历史地理学中。在过去30年里，墨西哥和印度等国的农业人口流离失所，失地无产阶级的形成加速；很多从前的共同财产和资源，如水，都已被私有化（经常在世界银行的坚持下），被纳入资本主义的积累逻辑中；生产和消费可选择的（本土的，甚至美国的小商品生产和消费）形式受到压制。国有企业私有化；家庭农业被农业综合企业接管；奴隶制并未消失（尤其是性交易）。

哈维（2003b:145-146）

哈维认为，有很多"剥夺性积累的全新机制"。首先，他认为，列宁、希尔费丁和卢森堡在20世纪初研究过的信用体系，通过公司欺诈、掠夺养老基金、对冲基金投机等方式，已成为一种更为重要的积累方式。其次，哈维列举了全球公共领域在发达国家和南半球被封闭的很多新方式，其中有：

1. 知识产权的发展，尤其是遗传物质的专利，以及用于对抗开发这些物质的人群的种子；　　177

2. 现在所需的资本密集型农业的全球环境的公共领域（土地、空气和水）的枯竭；

3. 将以前的公共资产，如大学、水和公共设施公司化；

4. 撤销监管机构，使国家养老金、福利事业和全民医疗保健的"共同产权"受到冲击。

哈维（2003b:147-148）

我大体上赞同哈维的观点，也赞同其他一些理论家的观点，他们认为，原始积累是资本主义的一个持续性的特征，而不是一种简单的前资本主义现象。然而，哈维的规划与我的规划不同。他的兴趣在于他所称的"剥夺性积累"，因为这可能有助于解决资本过度积累的理论和实践问题。我对过度积累还是消费不足的问题持不可知论态度。相反，我的关注点是积累的性属动力。此外，哈维指出，原始积累或剥夺性积累并不像卢森堡等理论家所认为的是外在于资本的，而是内在于资本的。我相信，这些过程的性属维度使其既是内在的，也是外在的。

因此，我关于原始积累的论点与哈维的论点相似，也与他有差异。首先，我认为，原始积累不是性属中立的，而涉及对女性和男性重要的差异化处理。其次，我认为这些过程既内在于资本积累（如哈维认为的），也外在于资本积累，因为全世界的女性在某种程度上都存在于资本市场之外。女性涉足社会再生产的程度远大于男性。但是，第三，我认为，他关于政治行动的结论是正确的：扩大再生产的积累与新社会运动对剥夺性积累的强调辩证地交织在一起。因此，也许正是剥夺性积累，才成为"阶级斗争的支点，应当解释为与阶级斗争相关"（Harvey 2003b：176-178）。这将从根本上改变对阶级斗争的理解，使它与新的社会运动不可分割；它将坚定地把人们的注意力从任何经济学的理解上转移开，哪怕只是一点点——我对此表示赞同。

然而，我认为，哈维忽略了与当代全球化的契机有关的几个重要问题。首先，目前正在发生的事情与 15 世纪到 18 世纪西欧发生的事情在基本模式

178 上非常相似，即使不是在准确的经验主义形式上（在过程本身的性质方面，而不是所采用的机制）：现在主要分布在南半球的全球贫困人口，正在被系统地剥夺养活自己的能力，正被迫在工厂里找工作，并在世界各地的主要城市寻找其他就业机会。"原始积累"这个词依然恰当，因为它标志着所涉及的胁迫和暴力，无论它是否采取法律形式。此外，这个词还引起了对野蛮状态的讽刺性关注，文明的力量正是利用这种野蛮征服了世界上野蛮的和未开化的民族。因此，虽然哈维和我在许多实质问题上意见一致，但我的焦点更多地是要重述资本得以集中到越来越少的人手里的过程，而他更多关注的是各种剥夺性工具借以助长资本积累的新机制。

其次，哈维忽视了在资本主义积累的契机中所发生之事的性属维度。当然，在这个问题上他不是孤身一人，而且他在辩护时比很多研究当代全球资本主义的理论家更加关注性属问题。非常引人瞩目的是，无论是哈特和奈格

里的不朽之作《帝国》，还是萨米尔·阿明（Samir Amin）不那么雄心勃勃的《全球化时代的资本主义》（*Capitalism in the Age of Globalization*），甚至都没有包含"女性"的索引条目。卡斯特尔（Castells）在其规模庞大的三卷本对"信息资本主义"的论述中用了一章来讨论"父权制的衰落"，他在其中涉及了全球女性的状况、女性主义和男女同性恋权利运动。值得注意的是，该书的标题是《身份的力量》（*The Power of Identity*）。在他关于重塑全球经济的著作中，几乎没有提及性属问题（Castells 1997；Hardt and Negri 2000）。[①]

据我所知，很明显的是，在跨大西洋奴隶贸易时期男女之间的遭遇有很大差别，而卢森堡对英格兰、爱尔兰和苏格兰各种圈地运动时期的描述，说明了非资本主义环境对资本积累的重要性。我要补充的是，在全球化目前的契机中，女性正在被塑造成更加普遍意义上女性化的、当代全球化资本主义和灵活积累所需要的"虚拟"工人的榜样。这就是说，随着女性日益被吸引到全世界的雇佣劳动中，男性日益被迫在以前只对女性实行的条件下工作——包括增加劳动的灵活性、兼职工作、缺乏工作晋升机会等。因此，我想建议，当代全球化的契机应当被重新理论化为原始积累的契机，同时也是劳动力女性化的契机，在这种契机中，工人被诋毁，变得无能为力，不可见和不真实。[②]

第三，有重要意义的是，有些具有非凡谱系的女性理论家在关注有时候实质上是非市场的过程。[③] 我想提出，这也许是由于女性的结构性位置不同，

179

---

　　① 我还没有做过历史研究，不知道在前几轮的原始积累中性属关系发生了什么变化，但在大革命时期的法国，法律禁止三名以上的女性在街角聚集，而在整个 19 世纪，法国、英国和美国的各色社会主义理论家对女性境况的矛盾关注，使我相信女性的状况正在发生一些重要变化。（西雅图郊区有一块指示牌，上面写着"禁止在人行道上骑马"。必须禁止的事情很重要。）可以肯定的是，当前契机中的资本积累不是性属中立的，而主要是建立在女性基础上的。然而，玛利亚·密斯在自然的从属关系和欧洲女性的从属关系之间，以及这两个过程与土地和民族的殖民化之间，做了一些重要而富有启发性的联系——因此，迫害女巫、现代科学的兴起、奴隶贸易和破坏殖民地自给自足的经济之间存在着联系（Mies 1986；Pinchbeck: 1969 [1930]）。

　　② 参见娜奥米·克莱恩（Naomi Klein）在《拒绝名牌》（*No Logo*, 1999）一书中援引迪士尼的说法，声称他们在海地没有雇员（ch.10）。

　　③ 我发现，哈维对阿伦特的引用非常有趣，并打算在未来探讨她对这个问题的理论贡献。在我早期著作里关于权力概念的讨论中，我发现她的著作对一种类似的女性主义的谱系非常重要（Hartsock 1983, 1984）。

与市场之间存在着更复杂的联系，并被禁止进入市场，这可能使女性理论家更容易注意到资本主义再生产和积累的语境与非市场语境的某些联系，无论她们是否对说明女性在社会劳动分工中的作用感兴趣。这对理解当代全球化具有一定的意义。

原始积累：那时与现在

如果我们回到马克思论述原始积累的章节就会发现，他写到了"原始积累的方法决不是田园诗式的"，而是"征服、奴役、劫掠、杀戮，总之，暴力起着巨大的作用"（Marx 1967：714）。[①] 根据定义，原始积累"生产者和生产资料分离的历史过程"。马克思继续说道："这个过程所以表现为'原始的'，因为它形成资本及与之相适应的生产方式的前史"（1967：714-715）。[②]正如马克思对这一过程的描述，它需要的是从土地上征用农业人口。在欧洲，对小农场主和农民的征用得到了宗教改革的助力，它把教会的财产交给王室宠臣，或廉价卖给投机者，投机者接着便把租户赶了出去（1967：721-2）。正如马克思明确指出的：

美洲金银产地的发现，土著居民的被剿灭、被奴役和被埋葬于矿井，对东印度开始进行的征服和掠夺，非洲变成商业性地猎获黑人的场所——这一切标志着资本主义生产时代的曙光。这些田园诗式的过程是原始积累的主要因素。[③]

马克思（1967:751）

[①] 译文采用中共中央马克思恩格斯列宁斯大林著作编译局编译：《马克思恩格斯全集》第44卷，北京：人民出版社，2001年，第821页。——译者注

[②] 译文采用中共中央马克思恩格斯列宁斯大林著作编译局编译：《马克思恩格斯全集》第44卷，北京：人民出版社，2001年，第822页。——译者注

[③] 译文采用中共中央马克思恩格斯列宁斯大林著作编译局编译：《马克思恩格斯全集》第44卷，北京：人民出版社，2001年，第860-861页。——译者注

他接着说：“掠夺教会地产，欺骗性地出让国有土地，盗窃公有地，用剥夺方法、残暴的恐怖手段把封建财产和克兰财产转化为现代私有财产——这就是原始积累的各种田园诗式的方法”（1967：732-733）。[①]

虽然马克思坚持认为，这些积累形式的出现先于资本主义的发展，是资本主义发展的先决条件，但我想提出，按照罗莎·卢森堡和玛利亚·密斯的看法，这些积累形式代表了资本主义积累本身持续进行的一部分。哈维本人认为，马克思的论述需要补充。因此，他提出，掠夺和欺诈在当代资本主义内部仍在继续；无产阶级化的过程比马克思所承认的更为复杂，需要借助地方文化；一些原始积累的机制（如信贷）也比过去变得强大得多（Harvey 2003b：144-147）。然而，我们都同意，“马克思提到的原始积累的特征仍然强有力地存在着……直到现在”（Harvey 2003b：145）。哈维对这些过程的运作进行了复杂的说明，我在很大程度上赞同他的观点。但是，我并不认为存在着在起作用的全新机制，我想强调的是，首先，基本原理正在以非常相似的方式重复，其次，一些重要的性属维度需要得到审视。正如马克思对 16 世纪到 19 世纪英国的考察一样，他发现，《资本论》中记录了大约七个过程，我认为它们在资本全球化的当代契机中确实在重复，每个过程对女性和男性都有不同的后果。它们是：

1. 征用土地和工人与土地分离，加上针对被征用的法律。部分旧的征用法也是流浪法，在某些情况下，在前额烙上记号表示第二次犯法。现在，随着女性在全世界移民中的比例达到 50%，我们看到，世界各国正在收紧移民法，对北半球非法移民的惩罚也在加强；然而，南半球的一些国家对女性施加了更大的压力，要求她们移民，以支持她们养家糊口并为自己的国家赚取外汇。

---

① 译文采用中共中央马克思恩格斯列宁斯大林著作编译局编译：《马克思恩格斯全集》第 44 卷，北京：人民出版社，2001 年，第 842 页。——译者注

2. 一些地区人口减少并被遗弃，因为最初的圈地被改造成了羊圈，然后变成了鹿园。在美国中西部乡村地区、底特律，或者在被资本抛弃、被社会排斥的一些地方，都可以看到类似的情形，曼纽尔·卡斯特尔对此有过详实的纪录，并加上了"第四世界地区"（Fourth World areas）的标签。他以撒哈拉以南的非洲和洛杉矶中南部为例，颇有说服力（Castells 2000: ch.2）。由于世界上的这些地区被遗弃，有时只有女性移民才能赚钱养家，或者必须在非洲的非正式部门或洛杉矶的服务部门工作以维持家庭。[1]

181　　3. 英国的新宗教崛起和宗教改革。我想提到，在过去 30 多年里，新自由主义的崛起和作为一种半宗教力量的市场原教旨主义，重塑了世界上绝大多数人的生活。然而，有一些人向我强调了基督教、伊斯兰教、犹太教和印度教原教旨主义在塑造不同的世界观方面的重要性。我认为，所有这些在以重要方式重新分配资源方面都很重要。这些统治制度在剥夺女性获得资源、尊重和权力方面发挥了重要作用。无论这些工具是世界银行和国际货币基金组织实行的结构调整政策、美国的福利改革法、一些穆斯林国家对伊斯兰教法律体系的原教旨主义解读的运用，还是世界各地天主教或福音教会的教义，其结果都是对女性失去的权利的剥夺，并造成了全世界新一代的女性文盲。

4. 创造出新的无地自由劳动者阶级。现在有很多力量在起作用，它们正在创造新的阶级，尤其是女工阶级。从 20 世纪 80 年代以来，全球女性雇佣劳动者的人数大幅膨胀。此外，新的网络化、信息化经济所需的技能往往有赖于女性的关系性技能。人们还可以提到很多推动或拉动女性进入劳动大军的详细情况：事实上，在很多地方，女性不能拥有土地，各种压力导致她们迁徙移民，寻找工作以抚养子女，全球范围的人口流动，特别是女性和女孩，美国福利改革的影响，以及对接受帮助者的工作要求，等等。

---

[1] 卡斯特尔和其他人注意到，在新的信息经济中需要的是女性的关系性技能，而不是男性的体力性技能（也可参见 Breugel 2000；McDowell 2000）。

5. 政治和经济领导人之间的合作，为了使自己致富，不惜以牺牲穷人的利益为代价。美国最近的减税措施提供了一个重要的例子，大部分福利都进了百分之一最富有的纳税人的腰包。或者说，可以想想，从 20 世纪 80 年代以来，美国首席执行官的薪酬出现了天文数字般的暴增，甚至最近有报道称，在 2004 年期间，三分之二的美国大型企业根本没有缴纳所得税。

6. "高利贷的旧枷锁"和"王室宠儿的财富"消失。原始积累在这方面的原版重复可以在南半球欠北半球债务的增加中看到。私人银行向贫穷国家私营企业提供的风险贷款的方式，在国际货币基金组织（IMF）和世界银行所规定的结构调整政策的条件下成了公共债务，这种情况已经由一名世界银行的前官员简要描述过了（Stiglitz 2003：ch.8）。当然，我们也看到诸如哈里伯顿（Halliburton）、柏克德（Bechtel）等"王室宠儿"在伊拉克重建项目中发财致富。

7. 奴隶贸易伴随着女巫审判，这是从前的社会再生产和生存模式瓦解的一部分。在这里，我们需要看看新奴隶制——尤其是贩运女性和儿童的增加（Bales 1999）。这种贩运现在是全世界有组织犯罪的第二大利润来源。作为一种利润来源，贩卖女性和儿童仅次于贩卖枪支或毒品（我认为，枪支在这方面占第一位）。[①] 哈维接受了卢森堡的看法，认为资本主义具有双重性——既包括平静的再生产，也包括劫掠（Harvey 2003b：137-138 citing Luxemburg's *Accumulation of Capital*, np [1951]）。

女性、原始积累和社会再生产

然而，我想重新阐述涉及原始积累的核心问题，我首先要提出，虽然原

---

① 哈维援引卢森堡《资本的积累》（The Accumulation of Capital,1951）中的观点指出，卢森堡发现了积累的双重特点。一种是资本家和雇工之间的交易。这种交易的出现"至少在形式上，和平、财产与平等占上风"，另一种是资本主义与非资本主义生产方式之间的关系，在这种关系中，"暴力、欺诈、压迫和掠夺"司空见惯（Harvey 2003b:137）。这是与明确的性属维度的重要区别。世界上针对女性的暴力行为十分猖獗。

始积累是一个持续的过程，但却是在不平静的风浪中进行的，这与资本的强度相对于一般劳动力的强度有关系，这种强度取决于很多过程和因素的共同作用与相互作用。过去 30 年标志着这些过程在全球尺度上的重要扩张。在最新一轮的原始积累中（很可能与前几轮相似），我认为实际上有四个辩证关联的过程在起作用：首先，打破从前的社会契约意味着，重新协商或重新定格对于社会关系的普遍期望。它们包括雇主与雇员之间的关系，可以期望从下议院得到什么——无论是公立大学、社会保障、社会福利计划的权利、水，等等。其次，宗教和意识形态方面已经发生了变化，在当前周期中这意味着西方的新自由主义、基督教原教旨主义和天主教的崛起，与世界其他地方的穆斯林和印度教原教旨主义的崛起。第三，原始积累加剧了不平等，让穷人别无选择，只能接受富人提出的条件：过去 30 年的原始积累见证了世界范围内不平等的普遍加剧和人民群众的日益贫困。正如曼纽尔·卡斯特尔指出的那样："过去 30 年中，全世界最贫穷的 20% 人口在全球收入中所占比例从 2.3% 降至 1.4%。与此同时，最富有的 20% 人口所占比例已从 70% 升至 85%"（Castells 1998：78）。

183　　　第四，也是最基本的，原始积累涉及社会再生产中的转变。正如伊莎贝拉·巴克（Isabella Bakker）指出的："社会再生产可以被界定为与创造和维持所有生产与交换都赖以存在的社区有关的社会过程和人际关系"（Bakker 2001：6）。她接着详细说明了社会再生产的三个方面：生命的再生产、劳动力的再生产、供应和照料需求的再生产。以这种方式来思考原始积累就非常清晰，也许其核心就是一套性属化的过程，如果不集中关注男女的不同情况，就无法理解这一契机。我想提出的是，这可能更普遍地适用于资本积累。

　　正是在怀疑原始积累始终是一个高度性属化的过程，而我确信这种原始积累的契机肯定是建立在女性基础上的这一语境下，我才想聚焦于积累和社会再生产的问题。正是在这种语境中，女性理论家们可能就特别重要。虽然卢森堡没有把分析的重点放在性属上，但重要的是，她确实把重点放在了消费、社会再生产和非市场的社会关系等问题上——女性可能会更多地涉足这些领域。①

卢森堡认为，资本主义需要新的消费舞台，需要可以在其中扩张的新的市场领域（1951：345）。她认为，马克思最初对社会再生产的图解只包括两个部分，工人和资本家是资本主义消费的唯一代理人。根据这种图解，"第三阶级"——"公务员、自由职业者、神职人员等——作为消费者必须被归入这两个阶级，最好被归入资产阶级"（1951：348）。然而，她认为，资本主义生产所产生的剩余必须卖给其生产方式不是资本主义的社会阶层——非资本主义的阶层或国家，她援引了向欧洲、印度、非洲等地的农民提供纺织品的英国棉花工业扩张的例子（1951：352ff）。② 此外，卢森堡还注意到了这一事实：甚至在资本主义的经济体系内部，"没有任何明显的理由说明生产资料和消费品何以只能按资本主义的方法来生产"。她还列举了靠进口农民种植的玉米来养活产业劳动力的例子（1951：357）。她注意到，资本主义的生产方式只构成了整个世界生产的很小部分，虽然现在已经不是这样了，但我们应该记住，全世界很大部分女性仍然在从事小规模的农业生产。

其次，她对马克思不得不就产业后备军所说的话做了大量补充。在卢森堡看来，（男性）资本家所发动的无产阶级不能提供足够的产业后备军（1951：361）。我把她的观点解读为：需求太大，要求太灵活多变，以至这些劳动力无法胜任。相反，劳动力必须从"资本统治之外的社会储藏"中招募。如她指出的：

184

---

① 我就阿伦特提出过类似看法（参见 Hartsock 1983，1984）。尽管她崇拜古希腊人，但她对权力的讨论为他们对死亡的关注增加了生育的维度——我认为，这种关注提供了启发性的证据，表明有关权力的女性书写比男性书写更能看到不同的维度。这两种观点都不是女性主义的，但都是女性的观点，后来被其他女性用来提出有关女性角色的问题。

② 鉴于马克思的两个阶级和两种人的模式，我设想这是男性劳动力。当然，问题在于，那时卢森堡开始运用现实世界的条件，主张联合国的就业后备军不能仅仅来自工业化的欧洲世界的工人阶级。

只有非资本主义集团和国家的存在，才能保证为资本主义生产提供这种额外的劳动力。然而，马克思在分析产业后备军时只考虑到了：（a）用机器取代年老的工人；（b）资本主义生产在农业方面的优势地位导致大量农民工涌入城镇；（c）从工业中退出的临时工；（d）最后是相对过剩人口的最低残留，靠救济度日者。

卢森堡（1951:361）

由于资本需要劳动力，而劳动力涉及前资本主义和非资本主义的生产形式，所以，卢森堡注意到了现代工资制度和可能产生于殖民制度的原始权威的特殊组合。[①]

与此同时，卢森堡提出了几项主张，我发现这些主张在当代全球资本主义语境中极为有趣。例如：

资本主义的完全成熟，在所有方面也有赖于与之并存的非资本主义阶层和社会组织……如果没有非资本主义的环境，资本的积累在所有的点上都是不可能的，我们无法通过设想资本主义生产方式的排他性和绝对支配性来获得其真实图画……然而，如果国家的这些生产部门主要是非资本主义的，那么，资本就会努力建立对这些国家和社会的统治。实际上，原始条件允许有更大的动力和远比在纯粹资本主义社会条件所能容忍的更无情的措施。

卢森堡（1951:365）

然而，卢森堡指出，对马克思来说，这些过程是"偶然的"（1951：364）。也许，这种看法有点太强烈，但殖民化和从不属于男性劳资关系的部分地区抽取劳动力，并非马克思研究的真正核心。我要对卢森堡的观点提出的问题

---

① 在凯文·贝尔斯（Kevin Bales）讨论当代奴隶制语境的著作（1999）中，在娜奥米·克莱因的《拒绝名牌》对第一世界和第三世界企业不良行为的新形式的讨论中，对此的讨论尤为有趣。

是，资本主义的积累需要非资本主义阶层或国家等的消费。当然，目前南半　185
球对生产的贡献大于对消费的贡献。显然，她的观点对其他马克思主义理论
家来说没有普遍的说服力。但就我的目的来说，资本主义是否需要非资本主
义部门的消费和市场并不那么重要。它当然需要与这些部门进行交换，需要
在一种十分灵活多变的基础上从这些部门获得劳动的有效性和其他资源。

　　然而，哈维对马克思和卢森堡的论点做了重要的修正。因此，他坚持认
为，基于"掠夺、欺诈和暴力"的积累不应被看成是外在于资本主义的，并
提出对这些正在持续的过程进行分析是非常必要的（Harvey 2003b：144）。
他当然是正确的。但是，由关注女性——她们的工作与活动——所引起的复
杂情况，要求说明这些过程既是内在于、又是外在于资本的，在某种程度上，
女性的生活按某种结构上的尺度被界定为外在于资本。

　　卢森堡对非资本主义环境和语境的敏感性，可能会潜在地突显这一事
实：资本积累需要的是行动者，而不只是资本家或工人——马克思本人设想
两者都是男性。这就是说，资本积累需要女性和男性，需要南半球的殖民地
和北半球的大都市，尤其是在原始积累的当代契机期间。

　　玛利亚·密斯在卢森堡分析非资本主义阶层对资本主义积累的重要性的基
础上，对女性劳动的重要性进行了明确的分析。她把劳动的性别划分与国际
劳动的分工联系起来，认为在分析资本主义制度下的女性劳动时也需要包括
这些问题。密斯认为，当代资本主义需要殖民地和家庭主妇作为其扩张的非
市场部门。她说道：

　　一般的劳动分工，特别是劳动的性别划分，不是基于生产力（主要是技
术）和专业化的不断发展的一种"渐进的"、和平的过程，而是一个暴力的
过程，通过这一过程，首先是某些类型的男性，然后是某些民族，能够主要
凭借武器和战争，在他们自己与女性、其他民族和阶级之间建立起一种剥削
关系。

密斯（1986:74）

186 　　她接着指出，掠夺性的父权制劳动分工建立在人类的结构性分离和主从关系的基础上，也导致了人与自然的分离，将资本主义的崛起与重要的意识形态的变化联系起来，这种变化包括"从文化上重新界定自然，以及那些被'现代'资本主义父权制界定为属于自然者：地球母亲、女性和殖民地"（1986：75）。她提出，女性、自然和殖民地的从属地位是资本主义父权制的基层，除此之外的才被称为文明社会。在过去长达四五个世纪的时间里，女性、自然和殖民地并没有成为资本主义积累的前提条件，它们"被外在化了，被宣布为外在于文明社会，是被压抑的，因此，就像冰山的水下部分一样无法看见，但却构成了整体的基础"（1986：77）。

　　这就是说，女性、自然和殖民地的从属地位——这些过程本应处于资本再生产和积累的核心过程之外，现在却构成了资本的"基础"。密斯因而辩证地将当下原始积累的"契机"转变为以女性、自然和殖民地为中心而不是作为外围的和无形的。因此，在哈维试图将这些被排除之物纳入资本主义的内在逻辑时，我发现自己赞同密斯的观点，即我们需要认识到社会过程的辩证关系，这些社会过程既是外在的，又与资本主义相互交织。我在此发现了一系列非常有力的命题——其优点之一是，它们把通常认为完全不相干的一系列过程联系起来。此外，密斯把我们的注意力引向了当代全球化契机的一些重要特征——我要称之为原始积累的女性化。

　　把劳动力相对密集的工作转移到前殖民地，在这些地方利用女性劳动力生产出口产品，在这种语境下，密斯（1986：116）本人认为，国际资本重新发现了"第三世界的女性"，提出了指导分析的一些重要命题：

　　1. 在世界尺度上，是女性，而不是男性，才是资本主义累积过程的最佳劳动力。

　　2. 女性是最理想的劳动力，因为她们现在被普遍定义为"家庭主妇"，而不是"工人"。这意味着，她们的工作可以用比男性劳动力便宜得多的价格购买到，因为她们的工作没有被定义为创造收入的活动。

3. 此外，通过将女性定义为"家庭主妇，不仅可以降低她们劳动的价格，还能获得在政治上和意识形态上对她们的控制权"。她们仍然会关注自己的家庭，工会则会继续忽视她们。

4. "由于这些对女性的兴趣，尤其是对殖民地女性的兴趣，我们并没有注意到一种走向普遍化的趋势，它不属于自由无产阶级和典型的劳动者，而属于边缘化的、家庭主妇化的、不自由的劳动者，他们中大多数是女性。"

5. "这种趋势基于性别和国际劳动分工的日益趋同；男性与女性间的划分……生产者（主要在殖民地）和消费者（主要在富裕国家和城市）之间的划分。"

因此，她总结说，意识形态攻击把女性当作家庭主妇，其工作被认为没有价值，她们在很多情况下无法拥有土地等，这对全球资本的平稳运作来说是必要的先决条件："它使世界市场上大量被剥削和被过度剥削的劳动力不可见"（1986：120）。她正确地说，它们变成了不可见的。但我认为，在当代全球化的契机中，密斯的家庭主妇化的概念应该被重新阐释为工人的虚拟化，是把工人变成并非真正的工人。[①] 虚拟化可以理解为囊括了一系列过程，包括家庭主妇化、灵活化、雇佣临时化、贬值和女性化，最为深刻的是对劳动的普遍诋毁。所有这些都是将女性在劳动力中的作用推广到所有工人中去的过程。

结　语

我认为，哈维对辩证法的理解和他对资本积累的关注，对那些想理解全球化之动力的人们很有帮助。我已经提出，对其著作的一些突出的女性主义批评，并没有理解对马克思主义理论的辩证理解所涉及的内容，也没有理解

[①] 也可参见 Klein，1999：ch.10 对这个问题的论述，她描述了那些只适合学生或其他非（真正的）工人的工作，但这些工作是由 30 多岁的人做的。也可参见 Peterson (2003)，他向我介绍了"虚拟经济"（virtual economy）这个术语。

性属在政治经济学领域里的重要性。但是，这些批评并未穷尽性属分析的范围——尤其是在它们集中于哈维论述资本积累的著作时。

我相信，重要的是要理解原始积累这一契机的动力，理解剥夺性积累这一契机的动力，以便认识到变革的某些政治机遇。因此，我认为，这一轮原始积累不是性属中立的，而是建立在女性基础上的。这轮原始积累要求她们大量加入到雇佣劳动中，与此同时又否认她们是真正的工人，应当获得真实的薪酬；它已经把女性劳动推广到了国际上更加女性化的工人阶级，不论工人是女性还是男性；它根据需要利用非市场或半市场部门，把它们当作劳动力、（有时是）消费者的来源。然而，由于女性被拉进雇佣劳动和资本主义市场，她们在家庭中的权力在一定程度上增加了，她们的选择权也增加了。虽然她们仍然处于工人阶级的较低层次，大多被归为"非熟练工"，但她们至少在一定程度上摆脱了曾经遭受的父权制家庭的束缚。她们已经有一些自己的钱，哪怕很少。她们在某些情况下还拥有了一点自由，这在以前是不可能的。我认为，哈维的建议值得思考，他认为可能会出现一场"激烈的女性化的无产阶级运动（在我们这个时代这并非不可能），[这场运动]可能会成为一种政治变革的力量，与几乎完全由男性主导的运动不同"（Harvey 2000b：46）。虽然他没有详细阐述这一观点，但我认为这可能是一种重要的洞见，尤其是他在《新帝国主义》中评论说，阶级斗争应当围绕着这些过程来进行组织（2003b：178）。

南希·那不勒斯（Nancy Naples）指出，在分析女性的作用时，"全球的、跨国的、国际的、草根"等词语，在后殖民主义、第三世界和国际女性主义学者当中存在着争议。女性越来越多地参与到跨国性的抵抗规划中，但使用的词语不同于男性使用的词语，经常更多地在基于地方的运动中，经常在可能不被承认为"政治性的"斗争中，或者在与所有传统意义上相关的研究中（Naples and Desai 2002：5），存在着相互矛盾的各种问题和机遇。一方面，女性越来越多地卷入全球资本主义中，但却是依照极为不平等的条件。另一方面，女性从父权制的压迫中解放出来。一方面，女性意识到并卷入了全球性和跨国性的进程。另一方面，她们的抵抗大部分是地方化的。要理解这种情境中的问题和机遇，理解辩证法就必不可少。哈维的著作在这种规划中可能非常有价值。

致　谢

由于诺埃尔·卡斯特里、罗伯·克劳福德（Rob Crawford）、迈克尔·福尔曼（Michael Forman）、德里克·格雷戈里和维多利亚·劳森（Victoria Lawson）的评论和指导，本章的内容得到了极大提高。

作者简介：

南希·哈索克（Nancy C. M. Hartsock，1943—），美国华盛顿大学政治学教授。她著有《金钱、性与权力：迈向女性主义的历史唯物主义》（*Money, Sex, and Power: Toward a Feminist Historical Materialism*，Northeastern University Press，1984）和《重审女性主义立场》（*The Feminist Standpoint Revisited and Other Essays*，Westview Press，1998），另有多篇论文发表。她最近正在撰写关于女性被纳入世界经济过程中和被排除在外的著作。

译者简介：

刘聪，四川大学道教与宗教文化研究所美学博士研究生，主要从事西方美学研究。

第九章　走向新地球与新人类：自然、本体论和政治

布鲁斯·布劳恩　著　　曾洪伟　译

人类的物质生活和精神生活与自然相关联，这就意味着自然与其自身相关，因为人类是自然的一部分。

卡尔·马克思

我们不妨把环境生态学改称为"机器生态学"，因为宇宙和人类的实践此前不过是一个机器的问题，或者干脆说就是一个战争机器的问题。

费利克斯·加塔利（Félix Guattari）

引　言

一般而言，戴维·哈维的论著与重申社会理论中的空间问题有关。这在人文学科中尤其如此，自 20 世纪 90 年代以来，人文学科在哈维的历史-地理唯物主义中找到了一种有力的方法，将文化实践"定位"于资本主义不断变化的地理学中（Harvey 1989b）。人们很少关注哈维对自然持续不断的兴趣。将哈维与空间联系起来，在很大程度上是正确的；哈维的文献的很大部分是专门讨论"社会-空间辩证法"的——毋庸讳言，这是他对西方马克思主义最重要的贡献——但却完全忽视了许多非人类的实体，它们同样构成了哈维试图理解的世界的组成部分。同样，布鲁诺·拉图尔（Bruno Latour，1993）对于"现代宪法"的尖锐批判——即假定世界被划分成判然有别的本

体论范畴的思维习惯——既适用于哈维，又适用于其他任何一位社会理论　192
家：人们常常将社会描绘成"人类自己"，是一个遵从其自身历史动力的自
治领域，然而非人类（non-humans）只是作为拜物教化的商品或固定资本才
被写入历史。

　　然而，这样的解读会错失哈维思想的许多关键方面。与他的辩证方法和
对之产生影响的相关的本体论一致，哈维有时是在一个更为宽泛的范畴内描
画、分析资本主义的空间和时间的，这样便于将非人类纳入其中。事实上，
当哈维明确转向讨论这些问题时，他认为无法"脱离"自然生产去思考空间
生产的问题。

　　既然空间、时间和地方在关系性方面是由"过程"来界定的，所以，它
们取决于过程的属性，而过程同时界定和形塑了人们习惯上所称的"环
境"……那种认为可以脱离环境和生态研究中产生的过程而审视时空性的想
法是靠不住的。从这个角度看，在地理学传统内部的空间科学与环境问题之
间、系统地理学与区域地理学之间发现的传统的二分法，看来完全是错误的，
恰恰因为时空、地方和环境全都嵌入到实质性的过程中，所以无法独立于这
些过程所包含的多种多样的时空性来审视它们的属性。地理学思维的哲学意
蕴极为丰富。

哈维（1996a：263-264）

　　虽然我们在后面会找到这一问题的原因，即如何理解这些"过程"，但
对哈维来说，关键问题在于，在这些经过整合的总体之内，"如果没有其他
部分，任何一个部分都无法得到阐释"。

　　本章探讨哈维试图发展一种完全成熟的历史-地理唯物主义的努力，它
延伸至、并吸纳了非人类世界（non-human world）。我们将看到，从西方
环保主义的视角来看，哈维的规划简直就是丑闻，因为他拒绝承认自然是外
在于社会的，而相应地，这也破坏了生态政治的——右派或左派的——作为。

他认为，所有"激进的"环保主义都必须以不同的方式来构想自然。我首先聚焦哈维对二元论自然概念的批判——以及他努力要提出一种研究环境的唯物主义方法。但是，在本章的第二部分，我将探讨这些努力如何使哈维与另一种唯物主义传统"奇怪地接近"的，很多历史唯物主义者，包括哈维，曾经小心翼翼地（如果不是完全怀疑地）靠近这一传统。[①] 这种传统——我将其称为"机器生态学"——利用的资源有卢克莱修（Lucretius）、斯宾诺莎（Spinoza）、柏格森（Bergson）、德勒兹和塞尔（Serres）——其目的是提出一种对自然的唯物主义理解，这肯定是"非辩证的"和"内在论的"。正如我将在后面解释的，从这个角度来看，哈维可能还算不上彻底的唯物主义者。这种比较的要点并非要抹杀哈维对激进环保主义的重要贡献，而是要从分析上和政治上进一步阐明，今天的左翼如何构想社会与环境的利害关系。

资产阶级环保主义存在的问题

让我从一种同义反复的逻辑开始：谈论自然就是预设一种本体论。它要求理解存在：要么把地球理解为一个整体，要么理解构成地球的具体实体。即使没有阐明，这都是"所有"社会-生态思想的一个不可化约的要素。并且，它充满了伦理和政治意味，因为我们如何构想自然与我们的环境实践和生态政治有直接关系。

哈维很少直接提出本体论的问题。相反，他往往从一种隐含的本体论出发，可以用一个简单的陈述来概括这一点：自然是作为一种动态的统一体而存在的。换言之，自然与社会并非分离或对立的领域，而是一个更大总体中

---

① 我使用"奇怪地接近"这一说法意在表示两种方法很相似，尽管具有深刻的差异（参见 Nancy 1996）。它意在避免掉入这一陷阱：要么把思想传统看成是二元对立的，要么将其视为能通过结合加以克服的差异。See below, pp. 203–218。

的内在关系。① 后面我们将会发现，哈维从马克思那里获得了自己的自然概念——还有他的本体论，但是，或许同样重要的是，我们会发现，在 20 世纪 70 年代和 80 年代，他在朋友兼合作者尼尔·史密斯（1984）称之为"资产阶级"环保主义大受欢迎的语境中形成了自己的观点。② 因此，从一开始，哈维对马克思主义的自然理论的贡献既是理论性的，同时也是政治性的。

反对迷恋自然

哈维最早论述环境的著作可以追溯到 20 世纪 70 年代，那时逐渐增强的资源匮乏、空气和水污染、栖息地被破坏的意识，助推了一种生态危机感。现在人们普遍认为，对这种感知到的危机有两种主要反应：一种常被称为技术至上论，它设想环境问题可以通过利用理性得以克服，并高度信任科学和技术；另一种则常被称为生态中心论，它认为问题在于人类对自然的干预，因此，坚称解决之道不在于运用更多理性，而在于减少人类干预。对哈维这样的历史唯物主义者来说，两种方法都有缺陷。前者抹去了环境问题的社会和政治-经济原因，要证明管理者的环保主义为资本积累而奋斗的正当性，而后者则使对环境变化之原因的分析变得不相干了，因为作为整体的人类要受到谴责。

历史唯物主义者最重要的贡献之一是，要表明这两种反应都有同样的缺陷，即把自然理解为一个"外在于"社会的领域。对哈维和史密斯来说，"外在的"自然这个说法在概念上是不合逻辑的，在政治上也是有疑问的：在概念上不合逻辑是因为这一说法使得想象人类在自然"内部"的地位几乎不可

194

---

① 哈维的论点并非总是与其历史唯物主义一致的。例如，在《正义、自然和差异地理学》（1996a）中可以发现，他声称自然能持续产生"新颖性"，并强调"生成"；而在《希望的空间》（2000a）中，他又提出"物种存在"这一来源于早期马克思、有调侃本质主义之嫌、明显非辩证性的概念，要将这些观点进行调和很困难。关于来自另一种同情的批评，参见史密斯（2001）。

② 哈维关于自然和环境的著作显示出尼尔·史密斯对其的巨大影响，史密斯在《不平衡的发展》（1984）一书中对自然做出了一种明确的"马克思主义的"理解（也可参见 Smith 1996）。

能；在政治上有疑问是因为它把环境问题或者变成了技术问题，或者变成了普遍的和非历史的问题，并因此消除了塑造环境变化的特定社会和政治关系。或许，这最直接地体现在生态中心论的立场上，它把自然想象成人类的对立面。从这个角度来说，人类在场的"任何"迹象都标志着自然的"终结"，因为只有在人类不在场的情况下，自然才可能是真正"自然的"（参见 Cronon 1995）。它不仅支持一种环保主义，特别青睐和恩宠在当地社区日常社会-生态环境之上的"荒野"（参见 Di Chiro 1995），而且也导致了史密斯（1996）所称的"迷恋"自然——或者说"自然崇拜"——凭这种方式匆匆将自然从人类中"拯救"出来，公认的"自然"实体的社会内涵也被完全隐藏了起来。哈维（1996）最具人气的主张是，纽约市不存在"非自然"之物，明显旨在反对这种对外在自然的迷恋。他也认为，环保主义者力图"从"人类手中拯救的那个真正的自然，如果没有人类一直以来将劳动与土地结合在一起的话，那个自然也不会以现今的形式存在（也可参见 Williams 1980）。因此，正如诸多生态学家所思考的，撇开人类并不会"拯救"自然，只会改变自然。的确，人类与环境错综复杂地交织在一起，以至无法保护自然，撇开人类，"对已经日益依赖于人类的所有物种和（生命）形式来说"，很可能是灾难性的（Harvey 1996：186）。

最后，哈维和史密斯反对自然崇拜，因为它妨碍了我们有能力去理解环境变化发生的"方式"和"原因"。史密斯（1996）深刻地提出：迷恋自然会导致相互矛盾的政治，因为它一方面要使人倡导自然保护，另一方面又要使人增进和拓展一系列社会和经济实践，不断地对地球进行物化，对之加以利用（也可参见 Cronon 1995；Davis 1995）。要做到这一点，人们只需想象，生态（自然）处于一个圈层，而经济（社会）处于另一个圈层，这样就无法看到二者是如何联系在一起的。

反驳新马尔萨斯主义

答案在于要把人类置于自然"之内"吗？或许，虽然这会承担一种不同的风险——使人类从属于自然，使社会生活服从自然法则。史密斯（1984）指出，如果把外在自然与普遍自然的概念结合在一起，这种风险就最为严重。他接着指出，如果假定自然是外在的，那么可以想象，自然有"自身的"秩序和"自身"恒久不变的法则，它们就会独立于人类活动和观察之外；如果随后这些"法则"与"普遍"自然概念相结合，那么，也可以认为它们能适用于人类，并生成人类无法抗拒的、超验的秩序。

早在 1974 年的文章《人口、资源与科学意识形态》中，哈维就慷慨激昂地批驳了这种理解，这成了他批判社会、政治和生态思想中死灰复燃的马尔萨斯主义的一部分。[①] 在一个层面上，哈维的论点涉及科学与意识形态之间的关系。哈维声称，科学并非中立的；特定的科学方法会导致特定的结论。例如，马尔萨斯坚持经验主义的立场——匮乏明显是"不证自明"的——得出了自然有限度的结论，并始终认定了两个先验的假设：食物是必需的，但却是有限的，两性之间的激情是恒常的。因此，经验主义者马尔萨斯在其周围的世界中随处"见到"的东西——匮乏——可以被理解为一种固有的"自然法则"，它成为一种驱动世界（普遍自然）的方式，即使其假设是彻头彻尾意识形态的。这带来了重大的后果，因为马尔萨斯接着把自己的理念发展成一种政治-经济理论，据称可以解释——但在哈维看来仅仅是认可——土地所有者剩余消费的必要性和劳动者贫困的不可避免。

哈维的批评阐明了，对史密斯来说，"外在的"自然和"普遍的"自然的结合何以促成了这样一种强有力的融合：它将现存的经济和政治关系自然化，用必然性取代了历史和政治。这一解决之道并非要退回到旧的二分法，

---

① 按理说，新马尔萨斯主义在西方环境思想中达到了顶峰，加之罗马俱乐部（Meadows et al., 1972）和保罗·埃尔利希（Paul Ehrlich 1968）都曾宣称未来会面临匮乏。

而是要把自然理解为一个包含人类劳动的"统一体"。诚然，这就把人类置

196 于自然之中，但这样做是使人类"成为自然的一个组成部分"，而不是使其
服从于自然的超验法则。哈维据此认为，自然和资源并不是非社会的馈赠，
而是历史的产物。他此后解释道：

> 说匮乏是寓于自然的和自然存在的限度，这就忽视了匮乏的社会生产性
> 以及"限度"是自然（包含人类社会）"之内"的一种社会关系，而不是某
> 种外在强加的必然。
>
> 哈维（1996a：147）

匮乏拒绝普遍自然的概念，前者可以看成有其"资本主义生产方式特有
的"社会原因（Marx 1967[1867]：632-633）；在这种意义上，资本主义生
产以不变资本取代可变资本，就产生了"人口过剩"，他们经常要面对匮
乏和体验需求。哈维认为，匮乏问题是历史的和政治的，而非自然的和不
可避免的。

要预料本章后面的一些论点，我们应该注意，哈维在其 1974 年的文章
中竭力表明，马尔萨斯陷入了对于世界的一种"亚里士多德式"的理解中。
大多数读者都忽略了该文的这个方面，然而，这样一来，他们就漏掉了哈维
最早——也最明确的——对其根本性的本体论承诺的表述。哈维认为，亚里
士多德思想的问题在于，它把世界设想为由独特的和自主的事物（每一个都
有其本质）构成的一个界域。正是这一假设，导致马尔萨斯设想出一个恒久
不变的自然，它是由没有真正历史的恒久形式构成的，并将其律法延伸到人
类。最终，马尔萨斯的亚里士多德式的本体论与其经验论结合起来，使他把
"不变的工具"强加于"变化着的世界"之上（1974d：176）。这是一个至
关重要的错误，因为正如哈维所说，"要素、事物、结构和体系并不存在于
过程、流动和关系之外或之前，后者创造、维系或削弱了前者"。后面我们
将会发现，对亚里士多德本体论的这种批判，使哈维的著作非常接近于他的

很多同时代人的非本质主义的本体论，包括德勒兹、塞尔、拉图尔和其他人。现在我们只需要注意，哈维在其 1974 年的文章中转向了马克思，提供了想象自然与资源问题的一种选择方式。[①] 哈维指出，马克思的辩证唯物主义拒绝脱离构成事物的关系来理解事物——"资源"甚或"需求"。必须从关系的角度来界定资源，即根据"生产方式"或"社会构成"来界定，它们通过人的体力、精神和技术活动持续"生产"出资源："因此，不存在诸如抽象的资源或作为'物自体'而存在的资源之类的东西"（1974d：168）。对哈维来说，在任何特定时刻被视为资源的东西，以及这种资源的限度，都是由关系的总体性决定的，在这些关系中，资源由物质性和话语构成。[②]

197

总之，马尔萨斯——还有他的很多阐释者——构想了一个具有人类必须服从的恒久不变之自然律法的世界，哈维则设想了一个"被积极塑造"出来的社会-生态世界。这也可以作为一种对经验主义的指控，因为"从关系上来界定要素，就意味着以一种外在于直接观察的方式来进行阐释"（1974：169）。我们必须关注"形塑"世界的动力，而不是接受什么"是"不证自明的或不可改变之物。哈维后来论及环境与社会正义的著作非常引人注目的是，都与这些最初本体论的、认识论的和政治的立场保持了一致性。例如，在其 1974 年的文章中，除了黑格尔和马克思之外，他已经将莱布尼茨和斯宾诺莎视为构成其"关系性"地理解世界的基础。大约 20 年后，哈维（1996年）又返回到这些思想家——这一次在其思想资源库里增加了阿尔弗雷德·怀特海——并借助他们，最为彻底地设想出了一个理解社会-环境关系的"历史-地理唯物主义"的方法。

---

① 至关重要的是，哈维并没有在意识形态之外为马克思争取一席之地，但却将他的意识形态概念延伸到把科学囊括在内。

② 哈维的"内在关系"的概念在这个问题上来自奥尔曼（1971）。

走向非马尔萨斯的生态马克思主义

我将在后面返回到哈维的本体论主张。首先，重要的是要注意到，哈维的历史-唯物主义方法导致他使自己的著作与很多（即使不是大多数）生态马克思主义者（即詹姆斯·奥康诺[James O'Connor]、爱尔玛·阿尔维特[Elmer Altwater]、特德·本顿[Ted Benton]、约翰·贝拉米·福斯特[John Bellamy Foster]和保罗·伯克特[Paul Burkett]）拉开了距离。虽然它最初看来是反直观的，但它需要强调，以免使人误以为哈维的观点是自相矛盾的。虽然很多生态马克思主义者力图促成马克思主义与生态学之间的"和解"，要在生态学中寻找术语和概念以修正马克思主义，但哈维一直试图将生态学和生态-政治学"纳入"扩大的历史-地理唯物主义术语之中。或者更好地说，在谈到生态学问题时，我们在马克思主义内部可以确定两个相对抗的派别：一派试图把历史唯物主义的洞见拓展到环境问题，从而把"自然"理解为其本身是历史力量影响的结果（即哈维、史密斯）；另一派则认可自然的外在性，试图"修复"马克思主义的经济危机理论，以便把外在自然（即自然的限度）纳入思考的范围。

这种差异乍看起来似乎无足轻重，但如果我们看看艾尔玛·阿尔维特（1991）的著作，就能理解其重要性。像哈维一样，阿尔维特对资本主义和环境变化之间的关系很感兴趣。但他的起点和由此得出的结论与政治学却迥然不同。阿尔维特的出发点是热力学定律。这些定律反过来成了批判资本主义"生态学"的基础，因为正如阿尔维特所解释的，资本的扩张逻辑（要求更多的生产）必然会遭遇地球能量的有限数量和质量。其结果便是环境恶化或生态匮乏。在这样说的时候，我们可能最初会认为其问题在于资本主义，因为面对地球的有限能量，资本扩张的逻辑使得有限的能量具有不可持续性。然而，阿尔维特借助热力学第二定律提出，不仅"资本主义"生产增加了地球的熵，而且"所有的"生产都如此；因为创造使用价值必然会牵涉到物质的热力学转换（也可参见 Martinez-Alier 1987）。由于能量无法被创造

（阿尔维特假设了一个封闭系统，或曰"天体约束"），所以自然界的所有活动使能量从"高"向"低"流动。最终，对阿尔维特来说，由于资本的扩张本性，资本主义的独特之处只在于它"增加"熵的趋势。至关重要的是，由于人类必须劳作才能维持生活，所以，熵是"所有"社会构成的"底线"。①

或许我对阿尔维特立场的陈述用了过于直白的措辞。但其著作中毕竟有大量精微之处。例如，他提出，要复杂地理解资本主义的"社会结构"，因为它是形塑和调节资本主义经济之方式的一部分，也是矛盾——经济、社会和生态的——出现与化解方式的一部分。因此，他解释说，不必把资本主义看成拥有某种不可阻挡的"内在逻辑"。这使阿尔维特与某些后马克思主义者（他们试图避免以经济学家的方式去理解社会），以及地理学家（如埃里克·斯温格多夫、加文·布里奇[Gavin Bridge]和卡伦·巴克尔[Karen Bakker]，他们试图发展一种针对生态马克思主义的"调节论"的方法）保持了一致。然而，尽管阿尔维特对"社会"的概念化很复杂，但生态学却给他提供了一种非历史和非政治的底线：自然是外在的，热力学定律是不可改变的——随着时间的推移，人类的行为将逐渐"耗尽"地球的能源和资源。资本主义的问题并不在于其逻辑是一心试图毁灭自然——尽管人类的劳动起着这样的作用——而在于它对增长的急切追求，这就意味着它会极大地提前结束地球生存的"黄金"时期。诚然，阿尔维特想象了建立能减少熵消耗率的经济体系的可能性，但这些体系最终只会推迟末日的来临。

将所有的生态马克思主义者都一概而论是错误的。有些人，如特德·本顿（1989），反对一种更具有历史特殊性、因而具有不确定性的"限度"概念，这更接近于哈维本人的立场。他们希望"使自然回归"到马克思主义的理论，这不应被一概忽视。马克思有可能贬低了非人化的自然在社会生活中

①　尽管哈维没有直接提到阿尔维特（Altvater），但他毫不留情地对这些方法进行了批判：那种认为热力学第二定律与生态动力法则是所有人类社会得以存在的必要条件的观点是一回事，但把它们视为理解人类历史的充分条件则是另一回事。坚持后者将意味着，整个人类历史只是违背自然法则的一种不可持续性操演。这是一种毫无意义的夸大其词（1996a:140）。

的构成作用（这或许是因为他更多关注"工业"生产而非"初级"生产）。如果认为当下的经济和社会实践可以无限持续下去，是很愚蠢的。大量证据证明，在资源匮乏、空气污染或全球变暖开始产生影响之前很长时间，依赖石油的市场经济便难以为继。对生态马克思主义者来说，自然的物质性很重要，忽视这一点的任何资本主义的社会理论都不幸地是不完整的。然而，虽然他们意欲克服二元论，但大多数人在某种程度上仍然保持着一种自然之外在性的感觉。这可能部分因为辩证法代表着一种粗糙的方法，难以克服二元论，即使试图将二元对立关系置于关系中，却把它们保留了下来。世界因此而分裂，所以并不令人诧异的是，"限度"的话语——以及马尔萨斯的幽灵——又滑入到了他们的分析框架中，因为剩下能做的就是将二元——社会与自然——看成受法则管控的双方：社会受资本积累的"铁律"支配，自然则受经典物理学的法则左右。这在阿尔维特身上表现得尤其直接和明显，在他身上，马尔萨斯的幽灵活灵活现，即使它现在以不同的面貌到处游荡，不再表现为两性的激情和无弹性的食物供应，而是表现为热力学第二定律和熵不可避免的增长。

在生态马克思主义者中，在避开"自然"限度的问题上，特德·本顿走得最远，而在一些重要问题上，哈维 1974 年的观点与他类似：

> 马克思发现，资本的积累法则总是将社会推向其潜在的社会关系极限和其自然资源基础的极限，不断破坏"自然和智慧力量开发与交流"的潜能。资源的局限性可以通过技术变革得到缓解，但资本积累的潮流却迅速地延伸至这些新限度。
>
> 哈维（2002:53）

诚然，自然很重要，但确定自然匮乏性的方法——它们被假定为既是外在的又是普遍的——却不值得信赖，因为正如马尔萨斯的著作明示的，这些方法其实就是"对于资本主义观点的悲观的屈从"（Harvey 1996a:

146）。

回到较早期的一个问题，我们可以说，生态马克思主义者的问题就在于他们的本体论出了错；虽然他们效忠马克思主义，但他们的本体论是"亚里士多德式的"固定形式的本体论。人们需要的是一个完全成熟的"历史-地理唯物主义"，在其中，人们都是按事物呈现的特性来理解它们；而且人们认为，自然是通过特定的物质实践活动被"生产"出来的。[①] 如果没有这一点，生态马克思主义就注定要"在极其反马克思主义的历史-地理的抽象层面"运行（Harvey 1996a：183）。

200

马克思与自然的生产

那么，以"马克思主义的"方式处理自然问题意味着什么？毕竟，众所周知，马克思的自然观远不够系统。但是，我们可以比较自信地勾勒出历史-唯物主义方法的大致轮廓，而劳动过程就牢牢地处在其中心（也可参见Schmidt 1971；Smith 1984；Castree 1995）。

正如哈维和其他很多人指出的，马克思把劳动过程——利用和改造非人类的自然以满足人类的需求——理解为一种类似先验的状态（参见Harvey 1982a：100）。马克思在《经济学哲学手稿》中清楚地阐明了这一点：

自然界……是人类的无机体。人靠自然界生活。这就是说，自然界是人为了不致死亡而必须与之处于持续不断的交互作用过程的、人的身体。所谓人的肉体生活和精神生活同自然界相联系，不外是说自然界同自身相联

---

① "与那种认为我们正在翻越悬崖滑入深渊（崩溃）或者我们将要撞上一堵坚实而岿然不动的砖墙（极限）的观点相反，我认为，它与那些更好的环境思想是一致的，也与马克思的辩证唯物主义一致。后者认为我们嵌入到一种持续的生命过程之流中，我们能够通过行动以个人和集体的方式影响这种流动"（Harvey 2000a:218）。

系……①

马克思（1975:328）

人类作为自然的一部分而存在；人们为了生存就必须劳动。这两个陈述至关重要，因为它们合在一起就意味着，劳动并非从外界强加于自然之上的某种东西，并非一种似乎是毁坏自然的外在之力，而其本身就是自然的组成部分之一。马克思后来解释道：

> 人自身作为一种自然力与自然物质相对立。为了在对自身生活有用的形式上吸收自然物质，人就使他身上的自然力——臂和腿、头和手运动起来。当他通过这种运动作用于他身外的自然并改变自然时，也就同时改变他自身的自然。②

马克思（1967[1867]：173）

简言之，社会和自然在一个更大的统一体内命名了一种"内在关系"。

哈维（1982a）认为，在任何特定时刻都存在着人与自然的分离，这是劳动过程的历史效应，在这个过程中，人类积极地使自己对抗非人类的本性。不存在任何先验的本体论差异，因为这从一开始就会使人类与自然分离，这正是资产阶级的自然意识形态的错误。进一步说，如果我们接受这些观点，那么，自然就既不能被看成外在的，也不能被看成是非社会的，而是"社会的产物"。尼尔·史密斯欣然承认，这一观点听起来是"异想天开的"，但他解释道：

201

---

① 译文采用中共中央马克思恩格斯列宁斯大林著作编译局编译：《马克思恩格斯全集》第3卷，北京：人民出版社，2002年，第272页。——译者注

② 译文采用中共中央马克思恩格斯列宁斯大林著作编译局编译：《马克思恩格斯全集》第42卷，北京：人民出版社，2016年，第168页。——译者注

使我们对这种想法感到无比震撼……的是，它挑战传统的、神圣的自然与社会的分离，它这么认为是如此的离经叛道和肆无忌惮。我们惯于认为自然是外在于社会的、原始的和先于人类的，或者说是一个大宇宙——人类在这个宇宙中是渺小而简单的齿轮。

史密斯（1984:xiv）

可以理解，这种说法使很多生态中心主义者感到大为震惊，因为它拒绝断定非人类的自然是原始的和需要保护的。相反，它转向了一种不同的环境政治基础，这个基础坚定地关注未来的自然是如何产生的，以及对人类和非人类有什么样的后果。潜在的本体论条件——人类必须在世界上留下印记——直接引发了有关我们对社会-自然"未来"责任的伦理-政治问题，因为根据定义，它是由历史和政治决定的，而不是由必然性决定的。简言之，虽然资产阶级意识形态想象了一个先于政治的外在自然，但哈维却揭示了需要有一种关于自然的"政治理论"（也可参见 Smith，1995：45）。

显然，自然生产论的优势之一是，它提出自然是一种历史产物。这表明了对自然生产进行"分析"的可能性，我们在一定程度上能够识别和理解塑造日常环境实践的活动与力量。此外，它还表明，也许可以思考"资本主义"如何以新的和独特的方式生产自然，形成特定的——高度不平衡的——社会的自然地理，这对人类和非人类都会产生影响，从资本主义农业综合企业生产转基因种子，到新自由主义的知识产权制度和自由贸易促进的遗传共域的私有化。

尽管有这些优势，但自然生产论并没有躲过批评，其中很多批评还非常尖锐。一种常见的抱怨是，像哈维和史密斯这样的作者提出了一种"经济主义的"、因而也是"简化论的"对自然生产的理解。批评者们认为，自然的生产不单单取决于资本主义的必要性。必须考虑到异质性的文化实践——从科学到美学——它们有助于社会的自然的生产和转变（Haraway 1997；Braun 2000）。另一些人则发现，自然论的生产在很大程度上是以人类为中心的。

我们可以从两个方面来理解这一点。一方面，它赋予了人类的需要和欲望以特权；非人类的自然似乎只在涉及社会目标时才有价值。因此，哈维冒险再现了与非人类的自然相同的"普罗米修斯式"或"工具性"的关系，而在其他方面，他把这种关系置于资本主义及其对利润的无情追求之下。人们对这种人类中心主义的普遍反应是认为自然具有"固有价值"。哈维（1996a）对这种看法深表怀疑，这是正确的，因为它重申了外在的和本质主义的对自然的理解，没有认识到所有估值都不可避免地是"人类"的估值。在另一种意义上，自然论的生产是以人类为中心的，这很难回避：它倾向于把"人类行为"——尤其是"人类劳动"——置于自然动态历史的中心。在马克思主义的方法中，自然历史往往被简化为劳动过程。只有人类，往往只有资本才会起作用：其他一切都要"受制于"人类的劳动。这就险些再次接近于证明启蒙运动的主客二分法，即人类的意志和独创性是在一个被动的地球上发挥出来的。简言之，在自然生产论的命题中，非人类演员的空间很少或者说根本没有空间。不是所有马克思主义者都接受这一立场。像乔治·亨德森（George Henderson 1999）和加文·布里奇（2000）这类形形色色的地理学家都强调了自然的"不可妥协性"（也可参见 Castree 2003），即使是这些描述也倾向于设想非人类的能动性仅限于以环境"抵抗"商品化或对资本流通造成"障碍"的地步，但这种方法仍然坚定地把人类行为置于戏剧的中心。[①]

最后，其他很多学者——如莎拉·沃特莫尔（Sarah Whatmore）、唐娜·哈拉维和布鲁诺·拉图尔——认为，辩证法过于粗糙，无法理解构成环境的异质性过程。例如，对布鲁诺·拉图尔（2004）来说，任何关于"自然"或"社会"的讨论，即使是"有内在关联的"，仍然停留在过于抽象的层面，重复了哈维对生态马克思主义者的指责。对他来说，没有"普遍的自然"，

---

① 哈维（1996a）肯定性地引用了理查德·勒沃汀关于自然是"能动主体"的主张，但这很少（如果有的话）可以用在他对自然生产的描述中。

就像没有一个作为统一整体而存在的"社会"一样——只有由"特定的"人类和非人类行为体构成的混合网络，无论长短，或多或少都是密集的，要在较长或较短的时间内"结合"在一起。他提出，如果我们要成为正宗的生态学主义者，就需要完全忘却"自然"与"社会"——我们需要比历史唯物主义"更加"唯物主义。

这些反对意见值得密切关注。因此，本章的其余部分将比较和对比哈维的历史唯物主义环境观与试图克服这些难点的环境观，哈维的环境观已经开始在社会和环境科学中引起了相当大的关注：如德勒兹、塞尔、拉图尔、沃特莫尔等作者的"新唯物主义"。我没有兴趣进行强烈对比，我感兴趣的倒是两种方法之间的"密切关系"。例如，值得注意的是哈维对马克思的依赖，以及后者坚持把人类的劳动置于自然"之中"，导致他与德勒兹这种作者的非本质主义的本体论有很多共同之处。例如，两者都强调自然（存在）是历史的和开放的。这也许不足为奇，因为德勒兹与马克思——因而还有哈维——都一样，深受斯宾诺莎这种作者的影响，对斯宾诺莎来说，存在的（实体）没有先验的原因，而是地球内在力量的效应。但也存在重要的差异，我们将看到，这些观点对我们如何想象生态政治的场所和目标有着巨大影响。

机器生态学

哈维与新唯物主义者之间的亲密关系，可以在《三种生态学》（*The Three Ecologies*）中清楚地看到，这是吉尔·德勒兹的经常合作者、费利克斯·加塔利（Félix Guattari）的长篇论文。加塔利在文中认为，任何真正革命性的生态学都必须用"机器生态学"取代"环境生态学"。加塔利解释说，事实之所以如此，是因为"宇宙和人类的实践从来都只是机器的问题，我甚至敢说，都是战争机器的问题"（2000：66）。

这是环保主义的奇怪语言，与史密斯的自然生产论一样刺耳。之所以如此，部分因为它公然违背了我们对自然与平衡和秩序的共同联想。因为加塔利的"机器"与其说是指实际的机器或机械过程，不如说是指卡萨里诺（Casarino 2002）恰当地称之为地球"爆炸的物质潜力"的东西。如果地球的特征是生产力，而不是不可改变的对象，如果地球经历了连续的编码和解码、领域化和解域化的过程，那么，它就是一个不断获得新形式的"混沌"或"抽象的机器"。因此，把宇宙（和人类）实践说成是战争机器——主动解域的实践——就是要把思想从对静态形式（"存在"）的沉思，引向理解不断产生或消解它们（"生成"）之力量的方向，这种力量并不局限于人类行为本身。①

204

　　这与哈维对自然之理解的接近度是惊人的，正如我们将看到的，其差异也是惊人的。然而，在我开始讨论这个问题之前，需要更多地谈谈支持加塔利主张的本体论预设，以及如德勒兹、塞尔和拉图尔等相关作家的著作。首先需要注意的是，它们是在一个彻底的"唯物主义"和"内在"本体论话语中进行言说的，用迈克尔·哈特（1993: xiii）的话来说，"拒绝任何深层的或隐藏的存在基础"。对这些作者来说，"存在"没有任何隐藏的或消极的含义，"它在世界上得到了充分表达"（xiii）。这种内在性的学说——及其对外在决定的厌恶——拒绝了这种可能性，即现实可能有任何"补充的"维度来命令它，就像从外部命令它一样，这一点稍后再谈。对德勒兹来说，他借助了斯宾诺莎的观点，指出地球是由"所有身体、所有思想和所有个体都位于一个共同的内在层面"构成的（Deleuze 1988:122）。

　　我们从中可以得出几个结论。首先，它表明所有事物都平等地参与存在——没有任何实体比其他实体更真实或更不真实，没有任何实体具有不同的本体论地位，没有任何实体高于、低于或脱离世界。所有存在的事物——无论是有机体、经济体、制度还是文本——都是力量博弈的不确定结果。正是基于这样一个"内在性的共同平台"，我们才应该理解布鲁诺·拉图尔（1993）对

---

① 对德勒兹（1990：172）来说，战争机器"与战争无关，但与占领、占据时空或创造新时空的特定方式有关：革命运动……还有，艺术运动都是战争机器"。尽管如此，德勒兹的语言带有明显的男权主义色彩，德勒兹为此遭到了尖锐批评。

"非现代"本体论的呼唤，即避免所有关于"自然"和"社会"的讨论。对拉图尔和唐娜·哈拉维来说，这些范畴让我们无法理解这个世界生动的物质性，以及其中发生的"可怕"变化。这一立场的重要方面类似于史密斯（1984）和哈维（1982，1996）对自然统一性的坚持，尽管这无疑使他们的经济简化论和人类中心主义受到质疑，也使他们对自然生产的讨论处于抽象的层面。值得一提的是，德勒兹的本体论远离了经典物理学及其固定法则和不变的对象，也远离了超验主义及其由终极原因支配的宇宙（Deleuze 1990b:176；也可参见 Ansell-Pearson 1999；DeLanda 1999，2002）。这并不是说世界上没有组织，一切都是混乱的，也不是说各种主体没有持久性，只是说没有"预先存在的"秩序来界定地球的社会-生态结构。任何在特定时刻存在着的任何组织，都必须被理解为使事物以特定方式结合在一起的力量和实践的结果，即使在我们看来世界上的"事物"显得是稳定和不变的。

不难看出，德勒兹的非本质主义的本体论，对自然问题和更普遍的生态-政治都产生了影响。例如，如果我们接受它的条件，那我们也必须接受自然没有需要保存的本质，没有必须恢复的原有平衡，也没有等待我们去发现的恒久真理。用德勒兹和加塔利的话来说：

> 自然的参与或婚礼……是跨越自然王国的真实"自然"。这些集合既不是遗传性的，也不是结构性的，它们是王国之间的……这是自然运作的唯一方式——对抗自身……生成既没有开始，也没有结束，既没有离开，也没有到达，既没有起源，也没有目的地。
>
> 德勒兹和加塔利（1987: 241-242, 293）

因此，地球被看成是纯粹的虚拟：

> 地球完全不是解域化的"对立面"：这一点早已可以在"出生"的神秘中看到，在那里，地球作为热情、古怪或强烈的焦点外在于领域，只存在于

205

解域化的运动之中。更重要的是，地球、冰川是"绝佳的解域化"。

德勒兹和加塔利（1987:509）

远离了发生运动的地面，地球就是"运动本身"。正如帕特里克·海登（Patrick Hayden）指出的，地球就是它自身：

> "解域化"和"再域化"的力量，由于其不断发展变化的运动，呈现出物质与力量的新关系……从这个意义上说，地球是……多种要素在不断的相互作用中形成的开放性总和，而不是超越自然界构成的存在的绝对秩序。

海登（1997:191-192）

正是基于这样一种自然主义——一种没有本质或终极原因的自然主义，一种人类既是被建构的又是构成性的自然主义——德勒兹和加塔利最终将他们的研究描述为地球-哲学，一种"发生在领域[编码]和地球[解码]关系中的思维"（1994：85）。

从"环境"或"浪漫"生态学的角度来看，这种非本质的本体论只能使人迷失方向，如果自然既没有起点也没有终点，那生态政治的目的是什么？难道生态政治不需要一个运作的坚实基础吗？这种方法似乎充满了危险，然而，正如曼努埃尔·德兰达（1999）简明扼要地解释的那样，实际上可以获得很多东西，因为在从经典物理学继承来的现代本体论中，"时间"在自然界中是没有位置的（未来已经在过去确定了，因为物理学定律被认为是普遍的和恒久的，或者因为自然被认为是外在的和固定的），而在德勒兹提出的非现代的非本质的本体论中（得到了塞尔和拉图尔的拓展），时间既是有方向的，也是不可逆的（尽管不一定是线性的），因为地球一直在"生成"。① 德勒兹的本体论允许把地球理解为始终都在"生成中"，始终受到构成它的力量和实践的影响，而这种影响无法简单地"消除"。换言之，它将未来呈现为开放而非封闭的状态，从而使我们面对的不是事物的本质，而是权力、伦理和政治问题。那里没有怀旧的空间。事实上，德勒兹本体论的根本生态学结论是：在某种程度上，"所有"实体都是人为的和历史的。正由于这个原因，我们必须超越专注于从"不纯粹"中解析"纯粹"、从"不真实"中解析"真实"、或从"人造"中解析"自然"的环境生态学（参见 Haraway 1997）。机器生态学认识到了尚未到来的自然的未来，并承担起了对它的责任。

也许，我们现在能够理解德勒兹的非本质主义本体论的激进意义和革命性诉求，以及它与环境伦理和政治的关系。塞萨尔·卡萨里诺（2002:xviii）指出，任何认为存在就是生成的本体论研究，都会"立即将存在奠基于政治之中"。换句话说，政治先于存在。实践造就自然。正是考虑到这种情况，加塔利认为，我们必须使我们的环境伦理适应"这种可怕而迷人的情况"（2000:66）。这种情况需要一种"关注人类命运"的政治（2000:67），这就意味着必须参与地球政治，因为"人类"是关系性的——是在这种内在性的共同平台内构成的。因而，要忠实于非现代的本体论"可怕的真理"，就要追随德勒兹和加塔利，直面现实，不畏惧现实，必须以"力量"和"情感"而不是以"真理"和"本质"来理解伦理和政治，生态政治必须与创造乃至实验有关，与"生态艺术"而不是与保存有关。加塔利以富于煽动性的语言指出，它必须是而且永远是关于"战争机器"的，是关于编码和解码实践的。归根结底，内在性的哲学所提出的是，生态政治必须从"事物中间"开始，因为正如卡萨里诺解释的，这是唯一存在的世界。②

在这里，我们应该再次注意到，哈维对自然的历史唯物主义态度与其非

---

① 在后期著作中，尤其是利用普里高津（Prigogine）和斯腾格斯（Stengers 1984）的著作，德勒兹和加塔利运用非平衡物理学来建构他们的本体论主张。

② 也可参见 Latour 1998 and 2004。

常接近。像德勒兹和加塔利一样，哈维想象的自然的未来是开放的。或者正如尼尔·史密斯（1984:31）精辟地指出的，自然生产论"意味着一种历史的未来'仍有待于'政治事件和力量来'决定'，而不是技术（或生态）的必要性"。[①] 而且，与德勒兹和加塔利一样，哈维坚持认为，我们按构成事物的过程来理解"事物"。在这方面值得注意的是，哈维最近很喜欢哲学家-数学家阿尔弗雷德·怀特海对"错置的具体性谬误"（1948:52）的讨论。怀特海并不把实体理解为本质，而是理解为"事件"，在这些事件中，"一个真实实体的潜力在另一个真实实体中得以实现"（1929:28）。"错置的具体性"因而是指以类似于马克思对商品拜物教的批判方式，[②] 将事物误当成独立于它们的构成关系的具体实体。因此，并不令人吃惊的是，哈维将对自然的理解定位于怀特海，称之为"对新奇事物的不断探索"（Harvey 1996a）。也不令人吃惊的是，我们得知怀特海的"过程哲学"与德勒兹和加塔利的"机器本体论"之间正在出现一种对话（参见 Keller and Daniell 2002 的论文；Stengers 2002）。正如安妮·丹尼尔（Anne Daniell 2002）解释的那样，这种比较研究在保留思想家之间差异的同时，力图"用一种更流畅、多层面、不断物化的宇宙学来对抗现代西方基于实体的二元宇宙学的设想"。最后，哈维（2000a）最近呼吁"乌托邦式"的思维，避免诉诸"形式"或"目的论"，这与加塔利提出的激进生态学家的"生态艺术"或德勒兹和加塔利提出的作为地理-哲学任务的积极实验产生了共鸣。

---

① 史密斯的目标不仅是新马尔萨斯主义者，而且还有法兰克福学派的悲观主义，后者的成员只能想象这样一种未来：在其中，外部自然和内部自然都完全服从于"工具的"或"技术的"理性（Schmidt 1971；Horkheimer and Adorno 1972）；有关摘要参见 Vogel（1996）。史密斯正确地指出，法兰克福学派的悲观主义部分是他们坚持"资产阶级"的自然意识形态的结果，这使他们设想人类理性（和劳动）必定会导致对"外部"自然的主宰。

② 唐娜·哈拉维(1997)指出了马克思对"拜物教"的批判与怀特海对"错置的具体性"的批判之间的相似之处。

历史唯物主义与新唯物主义者：外部决定论与内在因果律

显然，我们已经与"资产阶级"的自然意识形态，或在许多生态马克思主义者的著作中发现的新马尔萨斯主义的回声拉开了一定距离。把哈维的历史唯物主义瓦解为德勒兹及其阐释者提出的新唯物主义，将是一个严重的错误。尽管二者有相似之处，但哈维始终都对后者深表怀疑，他的不一致颇具启发性。最终，他们相互竞争的唯物主义的利害关系，无非是我们如何"理解"和"干预"当前的社会-生态状况。在这里，我将聚焦于两个论争点：一是应当强调流动性还是恒久性；二是具体地说到"资本主义的"自然生产意味着什么。

流动性与恒久性

哈维在《正义、自然和差异地理学》（1996a）中指出，当代社会理论中 　208
对"流动"的强调被过分夸大了。用他的话说，"把一切都简化为流量和流动，并因此强调所有形式和位置的短暂性是有其局限性的"（1996a：7）。他坚持认为，我们必须同等地对待在这些流动中构成的"恒久性"，对哈维而言，这与政治语用学有很大关系："如果一切固态的事物总能瞬间融化到空气中的话……做成任何事情或下定决心去做任何事情都是非常困难的"（1996a：7）。

这种抱怨司空见惯，并且对我们设想生态政治的地位和目标具有相当重要的意义。不过，在讨论这个问题之前，有必要避免把哈维对恒久性的强调解读为一种对过时的本体论的重申，这种本体论在固定的形式和明确的过程中寻求安慰。作为辩证学专家，哈维力图避免任何把对事物的解读简单地回归到事物本身。相反，可以将其解读为放大非本质主义本体论层面的一种尝试。虽然德勒兹和加塔利等作者已否定了这种尝试的声音，但这一尝试在柏格森的"持续性"概念中，在拉图尔对网络系统"相对稳定性"的坚持中，在地理学家莎拉·沃特莫尔对事物如何"保持一致"的关注中得到了更加充分的阐述。尽管每个人都支持非本质主义的本体论，但实体和流动特定构造的稳定性——它们保持在一起并继续产生自我效应的方式——被认为具有相当大的影响，形成了分析和政治学的焦点。

对哈维来说，特定的社会-生态形式是历史性的，反映了产生它们的过程。与此同时，它们也会对未来产生影响。这一观点和他在 20 世纪 80 年代对空间和空间性的研究一致，尤其是在其权威性著作《〈资本论〉的限度》中显得最为突出。在该书中，哈维在分析导致空间形态必然消解的推动力时，试图理解空间形式（如建成环境）的产生、持久性和后果。在该书的大部分内容中，虽然没有对非人类进行讨论，但类似的强调却普遍存在于哈维后期著作中关于空间、地方和环境的"辩证法"中：

> 我认为，在著名的"终审"中断言某种"所有固定性和恒久性的消解"毫无意义，就我们人类而言，终审是看不到的……辩证的论证不能被理解为外在于我们所处世界的具体物质条件；这些具体条件通常是按实在的具体性设定的（至少与人类行为的时间和空间有关），以至于我们必须承认它们的持久性、重要性和力量。

> 哈维（1996a:8）

在哈维看来，流动不断地"具体化"为事物。这些都需要持续关注，正是怀特海和马克思为他提供了必要的概念框架。怀特海的"过程"本体论使哈维避免了其早期著作中批判的"亚里士多德式的"陷阱，同时也使他能够关注世界上事物的"相对固定性"：

> 迄今为止，我已将"瞬间"之间的关系解释为流动，解释为可以不受阻碍地从一个瞬间转换到所有其他瞬间的开放过程。但是，流动常常会具体化为"事物""要素"和可分离的"领域"或"系统"，它们在社会进程中具有相对的恒久性（有时甚至取得了有限的因果力量）。自由流动过程的具体

化总在出现，在我们周围的社会和物质世界中造成了真实的"恒久性"……
怀特海的"恒久性"学说巩固了这一想法。"恒久性"作为过程之外的"广
泛关联"体系而出现。在一段时间内，实体在其边界获得了相对的稳定性，
它们对过程的内在安排创造了空间。

哈维（1996a:81, 261）

坚持地理学家马库斯·杜尔（1999）的观点——"恒久性是流体学的一
种特殊效应"——是不够的，暂且停止争论。人们必须关注恒久性，因为它
们对历史"有所贡献"；它们不仅是建构过程的产物，而且会影响这些过程。

马克·汉森（Mark Hansen 2000）更多从生态学的角度提出了评论，他
通过反对德勒兹经常依赖的生物学话语，对德勒兹的"创造性参与"概念提
出了异议。德勒兹的概念——受柏格森"创造性进化"观念的影响——涉及
存在的不断折叠和重叠，已被一些人当成重振包含人性的生物-哲学的基础
（参见 Ansell- Pearson 1999）。汉森认为，德勒兹误读了柏格森，依赖生物
学的过时观点，以致他所设想的"机器生成"被认为是完全独立于实际存在
的实体的存在性和能动性而运作的。争论的焦点不是"事物"或"有机体"
的本体论地位（同德勒兹和哈维一样，汉森认为它们具有历史性），而是可
能性，即"事物"或"有机体"可能不只是历史演变的结果。

尽管德勒兹有赖于柏格森，但汉森认为，这两位作者对有机体的理解多
少有些不同。汉森认为，对柏格森来说，有机体既是创造性进化的"产物"，
也是对存在的开放性实现的"障碍"或"限制"。此外，如果加上生物学家
的最新见解——作为品质和性能的集合——有机体也将被看成"塑造"未来
的一部分。正如汉森解释的那样：

德勒兹和加塔利所寻求的是对复杂和相关的因果关系的理解，从分子的
角度来看，这种因果关系是有机体效应产生的基础，也就是说，从本体论的
角度看，或在本体论的层面上，有机体没有因果自主性。这种观点非常简单，

与当代生物学和复杂性理论的概念领域格格不入，在这概念领域中，形态发生有利于"自然物种"（Goodwin, Kauffman）和"自我"（Varela）分形多级性质的趋势，使有机平台和内在平台之间的相互关系，初始秩序与横向沟通之间的相互关系成为必需……[这]充分阐释了此处的关键信息：涌现的实相并不是通过否定的操作来限制虚相，而是表达一种具体的差异，该差异"仍然与产生它的强度域（或虚拟域）保持着联系"。

汉森（2000：18）

对汉森来说，德勒兹过于强调人口生态学和次有机传播概念中的流动性。他认为，德勒兹的著作中没有充分体现的是有机体本身的"生产性"，以及"特定于"任何特殊集合并由任何特殊集合产生的效果，而不只是阻止运动，使地球不可阻挡的运动停止一段时间的东西，而是作为积极地生产和指引它的东西，从而对它的未来做出贡献。

尽管汉森使用了更多的生态学语言，但他与哈维的相似之处很明显：将事物完全消解在它们之间的关系中——将所有理论的和哲学的重点放在强度平台上——与相同的生物科学背道而驰，后者为德勒兹的非本质主义本体论提供了丰富的概念源。把自然——或地球这个"机器集合"——设想为"宇宙表现主义，在这宇宙表现主义之中，自然通过跨越一切边界不断地产生差异"（Hansen 2000：21），这似乎是没有根据的。

我们是否同意汉森的批评——及其在更多社会和政治实体中的应用——部分取决于我们赋予从生物科学中获得的知识的地位。① 这也关系到我们如何解读德勒兹（和加塔利）的著作。尽管德勒兹经常被解读为一个无政府主义者，甚至是一个虚无主义者，但他的著作不完全是关于解域化和偶然性的。211 即便是德勒兹最严厉的批评者也意识到了这一点。比如，阿兰·巴迪欧（Alain

---

① 值得注意的是，虽然德勒兹（1990）看重的是科学概念所能"做"的事，而非它们对世界的指称，但他的许多解释者都认为他使用科学概念是对复兴的现实主义的认可，这类现实主义设想科学可以揭示自然及其过程，从而提供了关于本体论的"真理"（参见 Massey 1999 年的批评文章）。

Badiou 2000）指出，德勒兹的拥趸很有可能追随这种虚无主义路线。的确，在德勒兹的著作中，可以找到很多能预见到像汉森那样的批评概念和警示。例如，他的"集合"概念非常灵活，可以理解为要素的不断演变的配置，但"也"可以理解为实体和力量的配置，这种配置可以获得某种时空的持久性。简言之，它将偶然性"和"组织结合在同一个概念中。同样，他与加塔利区分"质量"和"分子"形态——他们一直强调每种形态的共时性——是为了避免对流动性的迷恋，就像他们提醒人们可以在根茎中发现"树结"一样。他们对"状态思维"的讨论也是如此，"状态思维"被理解为限制、引导和约束生成运动的东西。最终，德勒兹和加塔利都没有提出，任何和所有存在的配置都是可能的——或令人向往的——只说实体不是作为自然的种类而存在，就像在历史之外一样。① 在任何特定的时刻，结合的规则都是精确的：它们必须与"这种"实践、"这种"联系、"这种"分叉有关——这就是生成属于伦理和政治领域的原因，而不是盲目的机遇，这也是政治始终必须从"事物的中间"开始的原因。就此而论，哈维希望我们重新关注"恒久性"的愿望确实是合理的，但这可能更多地是受到当前政治焦点的激励——面对急剧的社会-生态变化，我们如何理解和应对世贸组织、世界银行和贸易立法？——而不是德勒兹和加塔利等作者的哲学差异的激励。因为哈维同样关注、甚至赞美地球的"未来生成"，要牢记地球以很多可能的社会-生态结果界定了一个潜力的领域。

　　有一个更为严肃的问题亟待解决，哈维也为之困扰多年，这就是尽管非本质主义本体论将社会-生态的未来描述为权力和政治问题，但它们本身并未指明这些政治应该是什么样的。因此，困难的问题在于要知道，在当前什么样的情况下需要什么样的政治。

---

　　① 人们常常忽略的是，在关于德勒兹的著作中，他经常告诫人们不要过于迅速地解域化。

资本主义和自然的生产：铁律抑或内在的实践？

对哈维来说，自然的问题总会开启资本主义及其未来的问题，因为正是资本主义才提供了"生成过程"，自然的生产通过这种过程发生。在这个问题上，他明确地说：

212

> 资本流通……使环境变成了现在的样子……普遍的实践强行使环境条件在利益驱动下发生了改变，自然被看成可随意处置的资产，可以被科学地评估、利用，并以商业（金钱）标准来估值。
>
> 哈维（1996a）

这是为人熟悉的语言。它附和了詹姆斯·奥康纳（James O'Connor）、约翰·贝拉米·福斯特（John Bellamy Foster）等生态马克思主义者的观点，大量借鉴了尼尔·史密斯的著作，史密斯声称，准确地说，正是那些"生产"自然的事件和力量，"决定了资本主义生产模式的特点和结构"（1984:31）。史密斯继续说，在资本积累过程的支配下，"资本在地球上四处搜寻自然资源……无论是地球的表面、空气、海洋、地下地质层，还是生物覆盖层，都不可避免地因为资本而发生这种转变"（1996a:49,56）。

因而，生态政治的核心就必然要分析资本主义及其造成的生态的和地理的影响。在这里，马克思的重要性再次突显了出来。对哈维来说，马克思提供的远不止是一种作为一个统一体存在的自然的本体论；他的经济学著作还提供了理解社会-生态条件发生历史改变的分析工具。因而，哈维（1996a）分析自然界的生产必然要从价值形态开始。正如我们早就看到的，在马克思那里，使用价值的生产被理解为人类作为"物种存在"的一部分，为了生存必须改变自然。另一方面，交换价值，也是自然生产在资本主义制度下所采用的一种特定的"历史形态"。那么，后者更应该是分析的焦点，因为只有理解了资本主义生产和交换特有的动力，我们才能够充分理解自然界生产特定的空间和时间特征。这个话题延伸到了一系列的环境问题，哈维曾在《〈资本论〉的限度》中第一次陈述过此类观点，他在书中表明，战胜周期性生产过剩危机的需要，导致了资本主义发展特定的、虽然是不断变化的历史的地理学（即通过"空间修复"）。因此，非人的自然在某种程度上成了生产条件的一部分，对哈维来说，把这个观点融入"已经成熟的"历史-地理唯物主义中，是一个相对简单的问题，因为造成不均衡发展的相同的"生产性过程"，可以用来解释特定的自然生产发生在特定地方的原因，还能让我们理解发生在这些地方纠缠不清的社会的和生态的关系。

这使哈维的论述具有一定的阐释力，但可能显得过于总体化和简化，因为社会-自然的未来很快被简化为资本主义的时间节奏和空间组合的一种"内在"运动（参见 Braun 2000）。尽管哈维致力于多种流动性和力量的本体论——至少在名义上包括非人类行动者的代理——他的分析和政治立场倾向于基于决定论的阐述，这样的阐述可归结为"偶然事件中的铁律"（2003b:152）。事实上，在这个问题上，哈维自己偶尔也显得很矛盾。比如，在《正义、自然和差异地理学》一书中，他坚持认为我们必须把焦点集中在价值形态上，因为这是资本主义经济中所有环境、文化产物和社会关系所承载的形式（也可参见 Castree 2002）。然而，有些时候，他又退一步想到，自然能以多种方式存在，也能以多种方式来"估值"，并且表明价值的其他形式——例如美学和神话价值——在世界上具有真正的影响。毕竟，价值理论分析本身无法解释北美洲（部分由其对荒野的关注形成）和欧洲（以其更具田园般的美感）特定的自然生产之间的差异，更不用说随处可见的"文化-自然"复合体。这种价值理论分析也不能充分把握技术性科学实践的异质性和创造性，它们现今正日渐成为我们社会生态集合的中心（参见 Haraway 1997）。在哈维最近对 19 世纪巴黎的自然的研究中（Harvey 2003a），同样的矛盾得以再现。尽管哈维充分注意到了田园般的或阿卡迪亚式的景象影响到奥斯曼眼中巴黎的生成的自然，但他的潜在故事却是资本主义的发展。又一次不完全清楚的是，他是否认为后者决定了前者，或者这种阐述是否更多地是暂时的和不那么单方面的，似乎在田园思想的力量下，资本主义采取的形态"本身"会发生改变。哈维著作中的强烈倾向是要维护前者，而不是由后者所暗含的复杂性。因此，难怪诺埃尔·卡斯特里（2002:13）担心，以哈维那样的方式来理解，"正是资本主义……似乎采取了所有举措"，而唐娜·哈拉维感到有必要提醒自己的读者，"事物的形体化[主体的物质-符号化]……不是简化为资本化或商品化"（1997:141）。

最终，哈维想找到"基本概念"并定位"生产性过程"，这与他在《正义、自然和差异地理学》开头几个章节里提出的普遍的关系性自相矛盾，因为后者暗示了在异质性的社会-生态领域里没有先在的或外在的决定因素，也没有单一的时空性，前者设想了一种潜在的逻辑，它在最终的分析中驱动了所有的社会-生态变化。有人可能想要以此为理由，来反驳哈维对资本主义及其造成的生态后果的关注，或者干脆不提及资本主义。然而，更加富有成效的一种回应，或许是要追问，如果我们按照"唯物主义"和"内在"本体论去思考资本主义——以及资本主义的自然生产，我们的分析会有什么变化。为此，我们最后必须返回到与哈维"奇怪地接近"的德勒兹和拉图尔之类的作者那里。

因此，在"所有实体、思想和个体所处的"相同的"内在性平台"中定位资本主义——或"经济"，可能意指什么？（Deleuze 1988:122）与哈维相反，这样的方式可以把资本主义——以及资本主义的算计形式——理解为一系列异质性的、经常是平凡行为的产物，而不是脱离或者高于世界的抽象逻辑的产物。这并不是说任何关于"逻辑""生产性过程""资本主义的重要性"乃至"资本主义精神"的话题都必须回避。一切皆有可能，但从内在性本体论的观点来看，它们像其他一切事物一样，都被看作述行性的术语而不是决定论的术语，脱离了构成它们可能性的诸种条件的无数实践。同样，对自然生产的价值论解读不是"简单地"排斥，它仅仅表明要运用于特定的情景，而不是要穷尽构成社会-生态并使之各异的过程。哈维推测，要使对自然生产的价值论解读在一般的、普遍的意义上是有效的，"只有使资本算计有实现可能的条件得到延伸并且在空间和时间中结合在一起"。从其他角度想象一下——把"全球资本主义"设想为一个包罗万象、不断扩张的体系，它把自然和社会的一切都纳入自身的逻辑之中——就会成为一种"资本中心主义"的牺牲品，就会超出范围地赋予资本主义更大的关联性（参见 Gibson-Graham 1996）。结果可能在政治上是无效的，因为这妨碍了人们将资本主义看成是真正危险的成就。实际上这无非是说，资本主义"在所有方面都是本土性的"——它的存在作为一个连贯的实体，只能通过网络的连接和扩张，而网络本身是由具体的、情景化的实践行为组成的（例如，构成世贸组织和世界银行的平凡实践，通过电子通讯链接的金融市场，或者是有关知识产权国际体系的谈判）。

因此，根据唯物主义和内在性本体论来理解资本主义，就是要把它理解为"一连串的网络"（Latour 1993），所有网络都是具体的、有限的。没有这些网络，其稳定性就毫无基础，即便产生出的"恒久性"有其自身的生产性效果。对德勒兹和加塔利来说，资本主义就是一个"非中心的多种结合体"，它

　　由一些自动装置的有限网络构成，其中的沟通任意发生，起始和通道并　215
非事先存在，所有个体都可以互换，只受他们在特定时刻的"状态"限定——
以至本地的运作要相互协调，最终的、总体的结果在没有核心代理的干预下
同步发生。

德勒兹和加塔利（1997：17）

对任何特定网络的干预在某种程度上必然会改变这些非中心化系统的构造，"每种政治同时既是'宏观政治'，又是'微观政治'"（1997：213）。这并未排除越来越全球化的资本主义形式的可能性（或者说需要政治上的组织）。德勒兹和加塔利对此很清楚：对他们来说，资本主义建构了一种"公理"（为交换而生产），它变得越来越全球化，但这种公理只"保留"在特

定的社会-技术-经济网络中，只有当这些网络的扩张跨越了空间和时间，才是"全球"的。用他们的话来说，"只有当网络的网格足够良好时，才可能成为世界经济"（1987: 468）。

这是一种冗长的迂回，但它对我们将自然的生产进行理论化具有直接影响。哈维的方法存在的困难之一在于，自然的生产似乎受到某种处于实践层之下或者之前的东西指引，仿佛存在着两种现实——一种现实由日常实践和构成社会-生态条件的自然力量组成，另一种现实由决定社会-生态条件的逻辑构成。用这些术语来设想资本主义，就要想象一种双重本体：一方面是实践和事物的世界，另一方面是逻辑和精神分离的世界。

在蒂莫西·米切尔（Timothy Mitchell 2002）以复杂方法进行的才华横溢的研究中，水电站大坝、武器、蚊子、水源、独裁者和资本在第二次世界大战后的埃及被联系在一起，阐明了这些论争中的利害关系。他不仅揭示了抽象的"资本主义逻辑"依赖于"以集中化、微型化、视觉形式呈现的复杂统计信息"（2002:9），以及"构成经济整体的政府、法律、统计生产和经济知识的力量"（2002:11），他也通过考察所有非人类要素（水源、血液、蚊子）的方式表明，很难把所有东西都压缩为一种简单的"经济"——以及最终的人类中心论的——关于资本扩张性质的解释：

216

> 如果战时埃及的事件之网提供了某种对[抽象]解释的抵制，部分原因也许是它囊括了各种并非专属人类的要素：疟蚊、恶性疟原虫、硝酸铵的化学特性、谢尔曼坦克的 75 毫米口径火炮、河流的水力……这些都不只是与人类要素的相互作用。它们可能形成的世界似乎是人类理性和规划的结果。它们形塑了各种社会过程，有时按照人类的计划，但经常与人类计划相左，或者至少不完全符合人类的计划。我们需要探问一下，为什么计划、专长、利润这些理性形式产生于这种效果？
>
> 米切尔（2002:30）

源于这种效果，而不是驱动它。假定后者就是要赋予资本、理性、专长以"魔力"。米切尔提出，个人进行的算计并非"自我"的固有属性。自我也并非仅仅将抽象的理性（资本）"拟人化"。正如米切尔以一位埃及资本家的例子解释说的：

阿布德试图控制并转化为利润来源的循环，包括家庭网络、食糖和硝酸盐的特性、收割甘蔗的劳工、帝国的人脉、战争带来的短缺。利润或剩余价值的生产只有通过在这些其它力量和储备里运行并加以转化才能产生。因此，像"资本主义发展"这样的术语涵盖了一系列的要素、逻辑、连锁反应以及偶然的相互作用。

米切尔（2002:51）

我们的不同想法是，这是一种戏法的结果，借助这种戏法，特定地方的特定事件被置于一种"普遍的框架"之中，在这种框架中，这些事件仅仅被看作是"更具普遍性的事物的具体呈现"，在其中"总能提前知道主角是谁"（2002:28,29）。

这里没有证据表明，当我们诘问社会-生态集合的形塑时，我们不能谈及资本主义。用更平常的话来说，米切尔的说明中并没有什么东西使人想到，在一个私人产权、商品生产和竞争性市场交换的综合系统里，面对利润率问题，个人或公司不会寻求降低生产成本，在"根茎地球"上寻求更加便宜的原材料，使生产的生态代价"外在化"，等等。这样的实践每天都在发生。这仅仅意味着，在任何特定时刻，一种特定的"资本主义"理性形式的可能性，必须在一个实践网络中去理解，这种实践把产权法、贸易集团、科学实验室、机器、立法者和官僚等连接成一个稳定的网络，更不用说昆虫、病毒和血液。以此观之，资本主义并不是"一个朝各个方向强有力地延伸、无处不在的实体，而是……一种网络，它在某些地方要比在其他地方强势，它需要不停地运作以保持其在时间和空间上的一致性"（Leyshon 1998:435）。

这种网络体系不可避免地是异质性的和开放的，要由构成它们的实践和行动者——人类和非人类——不断地强化或拆解、稳固或失衡。

与其批评者的观点不同，德勒兹和加塔利并没有放弃对资本主义的批判。他们的意见有所不同：在 21 世纪初，如果资本成为一种公理，之所以如此并非因为资本神通广大，而是由于精细的实践之网——从世贸组织大会到世界银行的会议室，从知识产权法到发展中国家的劳动立法，从美国大学的实验室到墨西哥和哥斯达黎加的基因材料田野测绘——这为价值"法则"的运作创造了一个"领域"，以利润为导向的经济理性得以实现，并推动由这些网络所界定的社会-生态集合的"解码"。既然网络以这种方式构成，由此对资本主义、它的机制和它的迫切性的分析，显然就提上了议程。既然这些网络"集合在一起"，哈维由此完全正确地提醒我们关注，利润的驱动如何将新的地方和新的生态环境联系起来，资本主义如何能够对大地进行"再域化"。正如德勒兹和加塔利（1987）认为的，只要今天资本成为公理，它就会不断地对现存社会-生态集合进行"解码"（并在此行为中创造新的——有可能不合需要的——自然）。但是，这个过程本身并没什么神奇之处，它奠基于赋予资本主义本体论的世俗和日常实践。

以此考虑，有可能发现哈维对自然生产的讨论中存在的悖论：由于他很快滑入了总体的抽象概念，他的分析看来与他声称的建立一套完善的历史-地理唯物主义这一目标格格不入。正如拉图尔（1986）对历史唯物主义的总体论断一样，哈维可能是一个"不够格的唯物主义者"，因为追求利润必须像航海钟与航海日志要保持在同一平面上那样：两者互为因果。

坦率地说，哈维与新唯物主义者之间的差异，就是内在因果论与外部决定论之间的差异（参见 Hardt 1991）。关键在于，我们并不能简单地"割裂"它们之间的"差异"，尽管这样做显得十分诱人（就这种尝试参见Swyngeduow 1999）。人们无法拥有一种"不那么严密的"内在性哲学，也无法拥有一种"修正过的"超验主义。结果只会导致相互矛盾的论断，如诉诸于对网络及其异质性联系的"历史化"或"语境化"，仿佛存在着一种与构成第一历史的内在实践分离的第二历史。不论世界有多少维度，它"绝没有一种叠加在其上的补充维度"（Deleuze and Guattari 1987：266）。

结语：政治化的自然

我在本章的开头认为，哈维提出了一些暧昧的环保主义术语。在他看来，"自然"命名了一个统一体；它无法脱离作为自己自治领地的社会。因此，应当毫不奇怪的是，哈维把所有生态规划都看成是社会规划，反之亦然，因为脱离一个去想象另外一个，都将沦为二元论思维的牺牲品，这种思维阻碍我们去理解世界的"生成"。自然无始无终：一切自然都是政治化的自然。

哈维在《正义、自然和差异地理学》中把这一思路表达得最为透彻，他在其中清楚地把生态-政治与自以为是的中产阶级区分开来，中产阶级按照国家公园、荒野保护区和那些未被人类触碰的"最后的好地方"的意象来想象"自然"，一直忽视那些最直接影响到"穷忙族"和种族化社区的环境问题——空气和水污染，含铅涂料，居住条件恶劣，工作场所的危险——天真地把当地人、通常是土著群体或贫困的乡村居民排除在外，这些人居住在并塑造了中产阶级迷恋的那些看似"蛮荒"的地方，并不了解自己的经济活动与生态变化之间的关系。这就是环境正义运动批判主流环保主义的基本内容，并表明了他们努力要把种族和阶级置于生态政治的核心地位。它也强烈要求中产阶级环保主义者重新思考塑造其政治议程的资产阶级的自然意识形态（参见 Di Chiro 1995）。哈维挑衅性地宣称纽约市是一个"生态系统"的主张，正是对这种资产阶级意识形态的颠覆，但更大的问题在于，对于哈维来说，"所有"自然都是城市的自然，由于生产、交换和消费体系已经全球化，"遥远的"自然和日常城市环境都被编织进紧密的社会-生态和空间关系的网络中。这远不止扰乱了自然与社会之间的差异；它还从根本上重塑了绿色政治的领地与目标。它使城市问题——供水、清洁的空气、污水和垃圾、内城的绿色空间、消费和过度消费——变成了对环保主义者来说的荒野地区和徒步旅行线路那样的问题。但是，这也要求我们对城市的思考要从其时空性的角度，从构成城市自然的错综复杂的联系网络的角度出发，以纽约市的（以前是公共的）基础设施为例，其联系网络包括魁北克北部的詹姆士湾水电大坝，从纽约州北部的湖泊和河流抽水到纽约的渡槽和管道，以及为城市街道和人行道提供原材料的新泽西州的采石场（参见 Gandy 2002）。再加上该市居民的消费习惯，这些政治-生态网络延伸到地球尽头，囊括了从巴西的咖啡种植园到中国大陆廉价工厂的生态和劳动条件。正是由于这个原因，哈维的历史-地理唯物主义非常适合激进的环保主义，因为它提供了把自然理解为通过附近和遥远的无数行为者的情景化实践不断创造和再造出来的某种东西。因此，自然的"未来"——或更准确地说，"社会自然"的未来——是一项持续性的道德和政治工程。

恰恰是哈维对开放性未来的坚持，使他与其他生态马克思主义者相距甚远，他认为，那些生态马克思主义者对一种静态的、马尔萨斯式的地球观妥协。可以说，这也是他最近转向"乌托邦"思想（2000a）背后的原因。就社会-自然所标示的开放领域而非封闭领域而言，生态政治不必以保护为导向，因为世界永远不会停滞不前，而要面向即将到来的"新地球"和"新人类"的可能性与结果。当然，"新地球"和"新人类"的说法属于德勒兹和加塔利，而不属于哈维，不过，哈维最近诉诸于"空间游戏"（如我们所知，"空间游戏"必然会涉及非人类）的惊人之处在于，它与新唯物主义者的"本体论政治"非常相似。加塔利也希望避免一种形式固定的、决定未来的政治。他的自然是"机器的"，他的未来的自然全都与实践相关。世界的运作全都不是事先决定的："一切皆有可能——最严重的灾难，抑或最灵活的演变"（2000a：66）。

一切自然都是政治化的自然。然而，所有生态政治都等同于政治化吗？我已详尽论述了哈维与新唯物主义者之间的"奇怪地接近"，以便唤起人们关注他们对待自然和环境的唯物主义方法的异同。因为尽管他们共同批判了现代物理学和环境生态学的本质主义本体论，但他们各自都引导我们以不同的方式去想象生态政治的立场。可以说，哈维所依赖的"元理论"立场，与德勒兹和加塔利的"语用学"形成鲜明反差。尽管德勒兹和加塔利坚持认为我们必须从"中间"开始，但他们之所以这样做是因为他们拒绝预设将自身表现为最迫切的政治干预场所的前提。正如德勒兹和帕尔奈（Parnet 1987）指出的，存在着"多种小写的政治"，而非"大写的政治"。正是当前时刻——任何特定集合的组成方式——"赋予我们"以政治：我们无法预知政治化的领地。另一方面，哈维很有可能预设需要什么样的生态政治，正因为他为某些抽象概念保留了一种特权地位——"资本""积累的逻辑""生产性过程"——它们似乎具有与微观实践和聚集时刻不同的神奇力量，这两者对德勒兹来说意义重大。因此，虽然对他们来说，"生态艺术"确实就是"生成"的艺术，但对哈维来说，这种艺术可能或应该是什么，有时却显得相当勉强。于是，我们必须追问，经常针对德勒兹的指责——说他使政治变得难以设想——是否也适用于哈维，甚至更加适用于哈维。因为哈维虽然诉诸于对当下进行"价值理论"分析，这似乎是一种更加"唯物主义"和"实用"的方法，但其风险在于，如果它以整体的方式生产"资本主义"，赋予它比实际上可能拥有的更大的权力和一致性，那么，它就会为激进主义者提供不那么准确的、乃至更少的希望。在此具有讽刺意味的是，德勒兹提出的更适度的解释，可能顾及了一种更有效的生态政治，因为这是"这种"身体，"这种"集合，"这套"实践，"这些"联系，才必须在能够恰当地设想政治斗争之前为人理解。

　　或许正是在这种情况下，我们才应该理解最近生态活动家围绕世界银行的活动所进行的斗争：就世界银行而言——作为一套特定的制度和环境实践——它创造了一张更加密集的由实践、法律和规则交织着的网络，使资本得以成为一种"全球公理"，其结构必须服从一种"解码"的政治。正因为世界银行的微观实践——其报告、会议、公约和协定——都有助于为资本主义创造一个安全的"全球"空间，"微观"生态政治与"宏观"生态政治之间的差别于是化为乌有。自然的未来——新地球和新人类仍将来临——在这种空间游戏中依然悬而未决。

作者简介：

布鲁斯·布劳恩（Bruce Braun），任教于明尼苏达大学，主要讲授政治与环境地理学。著有《酷烈的雨林：加拿大西海岸的自然、文化与权力》（*The Intemperate Rainforest: Nature, Culture and Power on Canada's West Coast*, University of Minnesota Press, 2002），与诺埃尔·卡斯特里合编《再造现实：千禧年的自然界》（*Remaking Reality: Nature at the Millennium*, Routledge, 1998）以及《社会化的自然：理论、实践与政治》（*Social Nature: Theory, Practice, Politics*, Blackwell, 2001）。目前从事生物安全政治研究。

译者简介：

曾洪伟，西华师范大学公共外语学院教授，博士，主要从事西方文艺理论研究。

第十章　戴维·哈维：难以对付的人

奈杰尔·思里夫特　著　　　王周迅　译

> 战争从未停止。在这场冲突中，偶然的喘息已是我们最大的奢
> 望。你们可曾想过，这对你们来说或许是场无妄之灾？
>
> 　　　　　　　　　　　　　　　穆尔考克（Moorcock 2003: 229）

> 君王一定比他的部下或子民更有智慧吗？
>
> 　　　　　　　　　　　　　　　塔尔德（Tarde 1999 [1898]）

> 宇宙间充斥着各种形式的韵律，并且都在无休止地相互交织。
>
> 　　　　　　　　　　　　　　　塔尔德（1999 [1898]）

引　言

　　为了写这篇文章，我经历了漫长而艰苦的挣扎，好几次的开头都不如人意。要解释其原因便会涉及一些个人经历，故我在此恳请读者宽容：以下内容并非拙劣的自传式书写，而是尝试为后文作铺垫。

　　我在地理学这门学科中长大成人，戴维·哈维的著作在这一学科中已然成了经典。实际上，在该学科众多当代地理学的论述中，戴维·哈维似乎经常都是最重要的参照点之一：他的著作决定了后续的诸多讨论。其中的原因之一，无疑是哈维的著作在该学科之外的旅行中获得了成功。反过来，这意

味着他的著作从全球所有的点上折射回这个学科中，可以说，也进一步确证了这一学科。

然而，很长时间以来，无论在学术上还是在政治上，我都试图做一些与**224** 戴维·哈维不同的事情，因而，对我来说，哈维的著作成了某种困扰。我应当尊重、反叛，还是处于这二者之间？说实话，我在不同时期采取过所有这些立场，缺乏立场同样是由于缺乏自信或过度自信，以及渴望逃往别的地方。

在本章中，我想反思戴维·哈维取得的成就，记住这些片段的生平思想。本章分为三个部分。在第一部分里，我将试图非常简单地利用某些指标大致呈现哈维影响的广度。在第二部分里，我会尝试解释这种影响缘何如此深广。尽管哈维著作的品质无疑非常高，但我认为，在解释其著作之所以卓越时，也需要考虑到一些有趣的社会和文化因素。然后，在本章的最后部分，除了最简要的总结外，我还将提出，或许有可能建构另一种更普遍的研究资本主义、政治和世界事务的方法，这种方法无疑借助了哈维的著作，但在转移的节奏上却没有那么确定。

戴维·哈维著作的影响力

在相当长一段时间中，戴维·哈维的著作都葆有非凡的影响力。我们固然可以用各式各样的手段来呈现这一影响发生的过程，但我将聚焦其中的三个方面。其一，机械地依靠引文指数。在不过分认真对待引文指数的情况下，它们确实有其用处。在最近的研究中，我也注意到了，社会科学与人文学科被引次数显示，戴维·哈维在 1981 年到 2002 年间有 3508 条引用量，[①] 其中有 1920 条出自《后现代的状况》（Yeung 2002）。这一数据远远超过了最近能与哈维媲美的其他杰出人物的被引数据，诸如地理学中的多琳·梅西，

---

① 据社会科学引文索引（SSCI）和艺术与人文学科引文索引（A&HCI）综合分析得出（2004 年 5 月 16 日）。

社会理论家乌尔里希·贝克（Ulrich Beck）、米歇尔·福柯、布鲁诺·拉图尔，或其他知名社会学家和人类学家，如阿尔让·阿帕杜莱（Arjun Appadurai）和曼纽尔·卡斯特尔。只有社会科学家安东尼·吉登斯，以及经济学家迈克尔·波特（Michael Porter）、约瑟夫·斯蒂格利茨（Joseph Stiglitz）和奥利弗·威廉森（Oliver Williamson）的引用数据高于哈维。其二，另一影响力指标是：哈维著作的非英语版已大量出版。哈维已经让自己的著作翻译成了汉语、意大利语、日语、韩语、葡萄牙语、罗马尼亚语、俄语、西班牙语和土耳其语。

　　但是，我们还可以使用同样有效的其他指标。例如，哈维曾于2003年在牛津大学地理学"克拉伦顿系列讲座"发表了三个晚上的演讲，[①] 每场都吸引了大量听众：第一晚至少有500人，随后两晚的人数几乎相当，其中很多都是渴望启蒙的青年人。换言之，戴维·哈维已然成了一个学术品牌，甚至可以说是君王，被其同行们引用以显示他们在那个世界里的在场，跨越了语言的边界，启迪了一代又一代人。

戴维·哈维如此卓越的原因

　　戴维·哈维的著作何以能长时间吸引大批拥趸？我把这理解为：他的著作很出色，鉴于他的马克思主义倾向，它总会在世界各地预先形成的众多左翼社群中流传。但我认为，它们之所以变得如此具有偶像般的地位，还有一系列社会和文化的其他原因。

　　首先，解读戴维·哈维之所以引人入胜，很大程度上基于这一事实：在一个不确定的世界上，他为我们提供了一个可靠的理论支点。他知道自己在想什么，他在想自己知道什么。当然，他决不是粗糙的唯物主义者。他对玻姆（Bohm）和怀特海的深入研究，他对19世纪巴黎的研究（Harvey 2003a），

[①] 演讲的具体时间是2003年2月5-7日，这几次演讲启发了哈维构思《新帝国主义》一书。

他对"自然"动力的涉足，全都显示出他对不确定性的理解和研究，都具有辩证法的视野：既重视连贯的过程，也关注偶然的涌现。然而，与此同时，20 世纪 70 年代末或 80 年代初以降，他并未根本改变自己的理论立场。相反，他不断地对其加以修正。这一点对很多读者都极具吸引力：他们可以把他解读为一个喧嚣世界中不变的稳定点。他从理论大山中带来的信息，通常是清晰的，几乎总是毫不妥协的。虽然哈维本人不断强调纯粹批判的艰苦工作，但对很多人来说，我猜想，艰苦工作就是通过他的著作为他们付出的。

其次，他也提供了批判的确定性。他知道自己喜欢什么和不喜欢什么。他绝对清楚什么是坏的——资本主义——他也非常清楚要终结资本主义需要什么：阶级政治。因此，"抵制资本主义、改造社会并使之走向社会主义的必由之路，就是通过全球性的斗争，在斗争中，全球工人阶级的形成，也许是以一种循序渐进的方式，从地方到国家再到全球关注，获得了足够的力量和存在，以实现其自身的历史潜能"（Harvey 2000a: 39）。①

第三，也是最简单的，他的身体状况非常好。即便年逾古稀，他依然马不停蹄地到世界各地参与会谈或出席活动。在 2003 年的一次邂逅中，他掏出行程表向我介绍了那一年的行程，这是一种令人生畏的体验：我会为自己的健康感到担心！第四，他代表着一个特殊的历史节点，我认为，它依然具有真正的标志性：20 世纪 60 年代。哈维身体力行地代表了另一个时代。与其同时代的好友迈克尔·穆尔考克（Michael Moorcock）不同，他不断把一系列价值观和形象付诸行动，那种形象表征着左翼的盛期之一，我猜想，他的风度（蓄着长发和胡子）所引起的历史联想，确实培育出了一种合法的反合法性（Watts 2001）。

第五，与此密切相关的是，他代表了一种特殊的学术形式：美国激进派。尽管哈维是牛津大学终身教授，其品性中也确有英伦风范（参见 Harvey

226

---

① 哈维在此描述了《共产党宣言》的政治轨迹，并明确表示了赞同。（译文采用马克思、恩格斯：《共产党宣言》，中共中央马克思恩格斯列宁斯大林编译局编译，北京：人民出版社，2018 年，第 34-40 页。——译者注）

2002b），但我认为，公平地说，他的政治态度和友谊中的很大部分是在 20 世纪六七十年代美国左翼的狂热社群中铸就的。这类社群过去和现在都一直爱发表宣言，总是被边缘化并饱受诘难。[①] 就此而言，我认为，可以说，美国左翼在政治与文化主体性上与欧洲左翼相去甚远，纵然后者在过去 20 年中遭受了一些挫折，但距离权力依然要近得多，依然能够——无论程度大小——号召广泛得多的公共知识领域的保护和支持。结果就是哈维的著作中反映出一种特殊文化风格，例如，与法国同行的风格有着明显反差，这种风格赋予学术论坛的政治声明以巨大的正当性，正因为这样一种政治在其他行动语境中的控制力如此之小。正如迪尤尔（Duell 2000:97）[②] 所言：

> 很多最杰出的范式[在美国]……显然都是政治性的，并经常将其合法性的基础建立在这一看法上，即它们代表了那些离经叛道的观点……知识的土壤似乎已被政治化充分渗透，就连那些本不愿与"政治"沾边的学者们经常都爱莫能助，常常透过政治的棱镜来观察他们的日常行动……

但这就是说，知识实践的这种形式在全世界的特定社群中也能很好地发挥作用，正因为它所提供的明确的政治立场，后续行动可以据此向前推进或被证明有理。

第六，哈维提供了强有力的论述。有时，这种论述可能过于强有力——或者更有可能的是由于众多读者的解读方式。例如，我注意到，艺术与人文学科中的文化评论者们在引用哈维的著作时经常会使用一种相当具体的方式：寻求可以迅速供他们据以展开论述的经济分析。因此，对那些愿意承认经济问题、但又不想把它作为自己关注点的人而言，哈维的一些著作为他们

---

① 这或许解释了哈维本人的引用习惯，例如，哈维很少提及那些与他的规划不相干的地理学学者，甚至连马克思主义的其他地理学学者也不在其考虑之列。那些经常被其引用的地理学者往往是他曾经指导过的学生。更一般地说，我们或许可以论定，哈维事实上对地理学的最新进展毫不关心，我怀疑这在一定程度上反映了他的幻灭。

② 迪尤尔谈到的是文学研究，但他的描述同样广泛适用于当前美国的众多学科。

227　提供了不错的捷径。^① 据此，青安娜（Anna Tsing 2001：119）对人类学研究现状的解读富有启发性。她指出，哈维在《后现代的状况》中所运用的方法确定了时代变迁的事实，为后续的阐释奠定了基础。那些为人熟悉的理论标签，如"灵活专业化"和"时空压缩"，已然成了用来悬挂预先确定的论述的挂钩。

　　《后现代的状况》一书是论辩式的。它涵盖了对后现代美学的广泛多样的学术批判。这不是一种科学实验，毋宁说，它是一篇一本书那么长的论文。然而，不知何故，哈维对经济发展的描述，在拉到全球主义人类学（globalist anthropology）之中时，竟然取得了事实的地位。哈维拥有解读经济学的能力，这种技巧在人类学家中是少有的。这也可能是人类学家认为自己比哈维更了解文化，因而忽视了对美学的讨论，被积累策略和相关的时空调整要求所吸引，因为他们认为宏观经济学的事实超出了自己的知识基础。由此导致的结果就是，哈维所用的术语被选择出来，用以建构一种既非文化又非情境的未来主义式的"超越文化"的框架。正如青（2001：119）接着指出的：

　　这造成了某些迫在眉睫的问题。其中一系列问题源于试图使这种未来变成全球性的：如人类学家迈克尔·卡尼（Michael Kearney）承认的，哈维的论题"并未涉及全球化本身"。事实上，哈维对北方主流文化和经济之外的一切都视而不见；要让他的论述适合北方和南方的风气，并非不可能，但这是一项挑战。另一系列问题看来更加棘手。倘若我们要推动哈维对（作为文化的）美学的讨论，却继续无视人类学家用以鉴别文化的人种志资源，那么，我们将如何知道塑造空间与时间？人类学家偏爱的精简版的哈维读物，甚至已经丧失了对时间和空间过程进行电影的与文学的表现；只给我们留下经济事实……哈维的著作可能被利用的另一种方式，就是缩减其更具划时代意义

---

　　① 尽管很明显的是，这些评论家中没多少人读过《〈资本论〉的限度》，这本书远比《后现代的状况》要耗费心神。

的主张，转而关注美学与经济之间某些有限但却强有力的关联。哈维声称，后现代主义与灵活积累具有某些相辅相成的关系，这一论断还可以通过对各种模式及其所涉及的对象进行更加精准的定位来达成。

第七，正如提到的《后现代的状况》所表明的那样，哈维有意识地并且成功地作用于他自己预计的读者，这在某种程度上无疑是创造性的。他希望更多的读者了解他的观点，他也为了他们采取了相应的策略。因此，他的研究规划既包括针对普通读者的部分，也包括按照任何可以想象的指标都能赢得很高学术严肃性的分数。在采取这些策略方面，哈维已经足以媲美许多一流的公共知识分子，他们都试图同时接触到很多读者。

228

如果我们将这些社会和文化因素综合起来，它们就能解答哈维著作的吸引力为何能远超学术性质所包含的范围。我认为这很明了，这从诸多方面来看都是一件好事。比方说，哈维是推动地理学实践的人物之一，他把这种革新后的实践面对面地与几乎被抛弃的政治世界联系起来。同样，他的著作还为好几代激进青年竖立了标杆，为他们提供了理论和实践的指引，从而激励了他们。但如果读者在我迄今为止写到的内容中也觉察到了某种提醒的话，那是没错。使哈维的著作大获成功的必然性，也是我有意要回避的。在某种意义上，我想我会用本章的后半部分来提出一种温和的异议，并提出一条略有差别的研究路径。

另一条路径

哈维的著作基于很多恒久的看法，它们共同构成了一项明确的规划，他一直借以防范所有对手。① 第一个看法就是，存在着一种叫做"资本主义"

---

① 事实上，哈维的辩护经常印证了一句格言：最好的防御就是进攻。哈维的论证或许足够强势，但采取这样一种居高临下的姿态难免使人更难向批评者学习（如一些女性主义作者），也难以吸纳其他经验（如那些来自南半球的经验）。更广泛地说，这很难去发现意料之外的事物，哪怕可能是重要的新政治资源。

的连贯一致的关系系统。第二个看法是，主要政治任务是建构联合的政治意志和形式，使之能够反抗资本主义的掠夺。第三个看法是，空间对资本主义和战斗任务来说都至关重要。但是，虽然这些看法看似无可争辩，但我认为存在另一种可能，即从接近同一个起点的某个地方出发，通过对世界的经纬做出不同设想，从而产生出截然不同的说明。这一说明不仅在内容上有别，但更关键的是，在风格上不同。

为了说明这个问题，我打算从哈维《正义、自然和差异地理学》中简短的第三章《莱布尼茨的奇想》（"The Leibnizian conceit"）入手。这是一篇了不起的文章：简练，非常清晰。从某种意义上说，这一章全然不像哈维的多数著作，那些著作很少并且缺乏政治性陈述，但该文可以解读为他的很多晚近著作的关键，因为它为辩证法和对政治清静主义（political quietism）的反复抨击奠定了基础。哈维把莱布尼茨的单子论（monadology）解释为预示着一种遁入自我的内在状态的沉思；单子象征着一种个人主义的绝对论，而共同体仅仅是这些单子的聚合。现在，我完全无法确定（委婉地说）这就是莱布尼茨的意思，但在此暂且把抱怨放在一边。哈维接着把这一概念当作武器来抨击唯心主义，并用一个更加开放的概念来替代它，即"'内在关系的概念，它并非处于一个由单子式的实体组成的世界中（这意味着'恒久性'），而是整个政治-经济再生产过程中不同'契机'（事件、事物、实体）的持续变更与内在化之中。"（Harvey 1996a: 74）[1]

然而，其实还有其他更具同情心的以单子论来思考和研究的方式，[2] 它们仍然可以容纳哈维的流动的形而上学（fluid metaphysics）。或许，阐明这一问题的最佳方式，要靠把时钟倒拨到 19 世纪末和 20 世纪初，返回到加布

---

① 应当说，哈维的这一观点提示我们，其思路与许多当代思想家的思路并非像看上去那么一致。实际上，鉴于两人同以怀特海为鼻祖，哈维与其所批判的德勒兹的著作显然有着明显的相似之处。

② 我在此以塔尔德为例，但无疑，同样可以拿德勒兹（参见 Deleuze 1993 [1988]）或拉图尔为例。不过，既然德勒兹承认塔尔德"仅次于莱布尼茨，是最后的自然哲学大师之一"，看来与其鼻祖一道研究是明智的。有趣的是，德勒兹早期对塔尔德的微观社会学的解读，也为他对福柯后期著作的评价做了准备（参见 Lambert 2002），而拉图尔（2002）现在也声称，塔尔德是行动者网络理论的鼻祖。

里埃尔·塔尔德与新贵埃米尔·涂尔干（Emile Durkheim）之间的分歧。当然，涂尔干轻而易举地赢得了这场战斗，只是到最近，塔尔德的研究才被发掘出来，它与当代的相关性才得到了人们的重申（Millet 1970；Deleuze 1994[1968]；Alliez 1999；Latour 2002，2003；Toews 2003）。[①] 涂尔干想通过社会来解释社会（作为人类符号秩序的特殊领域），在这么做时，他禁止所有其他形式的聚合体留下自身的印记。对世界剩下的一半不提供任何说明。而在另一方面，塔尔德从不做这类区分。在他看来，世界是一系列的单子——像各种中介、影响和模仿一样，可以按各种方式聚合。塔尔德做出了另一项创新：他没有对大小进行区分："大、小、巨大，都不比单子优越，而只是单一的、更标准化的、认识单子目标的一种视野，其中的部分观点得到了其他人的赞同"（Latour 2002：122）。最后，塔尔德很清楚，无论付出多大努力，任何社会秩序都不可能占据完全的优势。社会秩序不过是一套标准化的关系，它在一段时间内占据了一些单子。它有可能控制单子的某些方面，却永远不可能完全主宰那些单子："叛乱、抵抗、崩溃、谋反、取代，比比皆是。"（Latour 2002：124）社会从来都不是一个整体。它始终都是一部分——而且是相当脆弱的一部分。一旦它的微小网络被抛弃，"你就再也不在社会中，而会陷入由无数单子组成的令人眩晕的等离子体中，一团混沌，一堆大杂烩，一种需要社会科学家们做点什么以避免目瞪口呆的状态"（Latour 2002：125）。

　　塔尔德的观点具有非常明显的影响。最特别的是，它强调了世界上如此多动荡的偶然性，以及由此产生的无法被社会理论中肤浅的复杂性所涉及的无能为力。世界不断溢出理论为其设置的各种边界。但事情远不止于此。首先，社会成了一种结果，而不是原因。其次，社会的法律与受这些法律影响的行为主体之间并没有泾渭分明的区别：法律与受其约束的主体不能分离。

230

---

① 这一重申成为可能，应该归功于过去几年来塔尔德著作的绝大部分都已在法国重印，这主要是圣德拉堡研究所（Institut Synthelabo）的贡献。

它们共存于行动者网络中。这并不是某种疯狂的个人主义：所有要陈述的是，要理解行动者，就必须跟随网络，而要理解网络，就必须寻找行动者。在每种情况下，对联系进行追踪的工作都代替了社会这一想法。第三，因此，聚合这一工作就是至关重要的。塔尔德想让我们思考的不是存在或身份，而是占有，创造附属物及其转换，反过来，它们产生了我们认为属于财产和渴望程度的东西。

我们现在可以回到资本主义、政治意志和空间问题上来。因为在这种描述中，"资本主义"不再以单一实体或一套法律的形式而存在。它不是来自机构或个人的放射物，也不是对这类事物的一种投射物，而是一套不断变化的转换，取决于数量众多、彼此相异又相互纠缠的、为了自身生存的行动者网络，体现在这些网络中，并从这些网络中涌现出来，正如它们挣扎着要重复自身一样（Castree 2002；Thrift 2004d）。最近，米歇尔·卡龙（Michel Callon，1998）有一个臭名昭著的观点，即"资本主义并不存在"，这种说法引起了很多人的强烈反对，他们似乎认为，这种举动将驱散和去除他们所关注的目标。但是，卡龙的意思是说，资本主义只是作为一个不断更新的绘图板而存在着，它描绘了不同行动者网络以及行动者网络之间的联系，试图命名一头野兽有时在政治上很方便——甚至是必要的——但始终无法涵盖正在做的一切。在我看来，卡龙做出的这种举动，也为更加积极地反资本主义政治做好了准备，这种政治愿意认真对待这个世界惊人的性质。因此，资本主义并不是一种从任何世俗入口中发出的神性力量①——因而，就没有必要为政治活动的阶级斗争内容打满分。

当谈及政治，政治意志就成了一种传播更广但同样活跃的资源，它基于完全不同的"述行式的"（performative）政治风格，依赖莱布尼茨"发明"（inventio）的方法，而不是与事实相符的真理（truth of adequatio）的游戏，按照出生（birth）的形而上学运作（Battersby 1998）。这是一种更为开放的

---

① 正如马克思在其著作中所做的，他并未让自己的辩论天赋去接管一切论述。

政治，与功能上不统一的实践理念息息相关，用科尔利特（Corlett 1993）的话来说，是"没有统一性的共同体"（community without unity）。这种政治更倾向于聚合，而不是简单地同化为单一概念或共识点，更能够理解重要的、往往也可能是荒谬的事物，更难以宽容已经成为激进政治特征的政治道德主义（political moralism），因而更不愿宣扬其自身的确定性。这种政治风格的基本原理已具雏形（参见 Thrift 2004a,2004b, 2004c）——尤其是在欧洲①——但其实践已经随处可见。最后，空间（更确切地说是时空）成了关键所在。行动者网络不断制造出众多频繁交叉的时空，因而产生了大量的干预节点（Thrift 2003）。时空生产的新状况已然成了政治运作的一个关键点，促使列斐伏尔的观点如今变得广为人知——但人们对待这个问题比他自己还要重视得多。

231

反过来，这些想法可能会导致一种完全不同的规划。坦率地说，它将是一个更加包容、更愿意参与多元对话、更倾向于形成多边联盟的规划。因而，它不再需要如此严格地管控理论与实践的边界，因为边界不再被看成是一种威胁，而是一种复苏与振兴的机遇。它再也不需要如此确定，但也不会将这种不确定性解读为一种软弱的迹象；相反，它将被看成是自以为是的希望的象征（Zournazi 2002）。它再也不需要仿效资本密集型的，或纪念碑式的大规模公共风格，而是执着于各种各样外在的所有物（Probyn 1996），为了自身而执着。它再也不会赞成超人政治（superhuman politics）（很多个案都能说明这一点），而是认识到探求杰姆逊（1979：136）所称的"未完全界定之物"（underdefined something）潜藏着的极端复杂性，从而拓展可思考的民主形式的范围，以及社会归属之集体感的意象（Berlant 2003）。它再也不……但是，这当然再也不是戴维·哈维的规划。实际上，我猜测，他会将之视为一种和解。对此，我们只能持不同意见——然后继续前进。

---

① 尽管北美洲也有一些典型代表，尤其以简·本尼特（Jane Bennett）、威廉·康诺利（William Connolly）和邦妮·霍尼（Bonnie Honig）等人为最（最近关于北美洲方面的评论可参见 Castronovo and Nelson 2003）。

结　语

在这篇短文中，我试图简要概括戴维·哈维为何能产生如此之大的影响并激励了如此之多的人。他的成就堪称里程碑式的。但我也试图表明，如果他不曾将莱布尼茨等人的观点解释为对手的观点，那么，其流动的形而上学何以能变得更为复杂。事实上，我发现，戴维·哈维的信念于我而言有如万钧之力：至少，他的理论著作对我来说无论如何都是一种主宰，其中早已包含着接受的期待。[①] 但是，我并不希望使自由的意义等同于必须赞同。我完全无法确定，与经常看起来总是旗鼓相当的某种东西遭遇，是否能提供一个持久的答案。最后，我想说的是，单凭一套工具，是无法与非正义、仇恨和荒芜的人格相抗衡的。需要各种各样的艺术和科学来形成对立面，并催生出新的世界。

致　谢

与往常一样，德里克·格雷戈里的评论极大地提升了本文的音调和内容。

作者简介：

奈杰尔·思里夫特（Nigel Thrift, 1949-），牛津大学研究部副校长、地理学教授，英国布里斯托尔大学地理学名誉教授。主要研究方向为国际金融、城市问题、非表征性理论和时间史。近著有《城市问题》（*Cities,* with Ash Amin, Sage Publications, 2004）和《认识资本主义》（*Knowing Capitalism,* Sage Publications, 2004）等。

[①] 顺便说句讽刺的话，哈维最近论述帝国主义的著作（如 **Harvey 2003b**），在我看来包含着神秘的回声，以其特有的风格和核心内容，应和了其主要讨论对象——美国军事工业综合体（the US military–industrial complex）。（"美国军事工业综合体"是现代垄断资本主义的产物，最早由美国前总统艾森豪威尔在 1961 年的离职演说中提出，这一概念充分说明了国家垄断资本主义和国民经济军事化的关系。——译者注）

译者简介：

王周迅，四川大学中文系文艺学硕士研究生。

第十一章　搞乱"规划"

辛迪·卡兹　著　吕东　译

戴维·哈维是当今仍在从事研究的最严谨的马克思主义辩证法学者之一，正如辩证法的严谨性所暗示的那样，这既是他的长处，也是他的短处。他在地理学和其他方面做出的贡献是非凡的和令人敬佩的。哈维敏锐地提出并界定了"历史地理唯物主义"，社会的和政治经济的关系以及资本积累的实践都在其中被空间化了。在实施这一规划的过程中，哈维从《社会正义与城市》开始，在《〈资本论〉的限度》中进行了最有说服力的论证，并将其贯穿到他过去 30 年的全部学术论著之中，不断努力，并改变了学术研究的两个方面。在地理学科之外，他的著作使得倘若没有一种地理学的想象力和敏感性，就无法想象资本主义或无法分析资本积累，而在地理学科之内，他的研究——以及精神——对形成一种一丝不苟的对于空间、地方和自然生产的马克思主义分析至关重要。

这些成就几乎不可避免地会唤起、利用和产生出"元叙事"与总体化的理论。尽管不够时髦，且存在一些对这种研究方式的强烈批判，哈维却没有回避使马克思主义成为主导性的叙事，这在理论上是必要的，在政治上是令人信服的。为此，我和其他很多人都很感激。必须有人把这只野兽拖进这片革命正在生成的广阔时空之中，哈维不仅在这一规划中孜孜不倦，而且也在磨砺自己的分析，以追踪资本主义不平衡发展不断变化的性质。我完全赞同哈维的观点：马克思主义提供了理解社会关系、物质社会实践和资本主义各种矛盾的最佳方法，从而对其无数的不公正做出回应。他的分析才华横溢，

非常清晰，具有学科关注的焦点，在其灵感方面与卢卡奇（Lukács）"革命 235
的可能性"不谋而合。但是，即使资本主义被证实擅长利用和普遍强化超过
它的其他压迫与统治模式，但就如何对抗各种形式的强权和统治而言，马克
思主义并没有最终的、肯定也不是唯一的定论，哪怕这些强权和统治与阶级
剥削交织在一起之时。过于频繁地做出这样的声明，看来成了哈维的抱负。
当然，哈维的著作承认马克思主义有其局限性，但它们的总体效果却是淡化
其局限性，避免混乱以突显其简洁和有系统；总体性超过了部分或偶然性。
虽然这种方法使他创造出强大并且至关重要的研究的主体部分——我和其
他许多人都有赖于这种研究，以解决有关社会关系、生产与再生产的历史地
理学的理论和思想问题——如果哈维在更具冒险性的道路上能解决从抽象
到具体（Marx 1973a）的马克思主义理论化的方法论问题，他的方法能与像
我这种用他的理论进行研究的人的工作结合在一起，那么，这会很有启发性，
也会十分有益。理论的建构不是单行道。

立场的概念是抽象的，它依赖于它所起作用的社会关系的网络。马克思
明确表示，在资本主义的社会关系中，当劳动的地位被自觉地理解时，就提
供了一种了解资本主义剥削性质的特别视角。然后，从卷入权力矩阵中的立
场的抽象社会关系开始，这些权力矩阵的契机表现为剥削、压迫和统治，应
由此引申出一种分析，该分析不仅表明阶级由诸如种族或性属等其他社会关
系构成的方式，也表明阶级本身由其他社会关系具体构成的方式。尽管哈维
对立场在修辞上有着同情，但他的著作实际上在将他的修辞具体化时畏缩
了，并回避了唐娜·哈拉维的观点，哈拉维坚持认为，认识论的政治责任是
要辨识在特定历史-地理条件下哪些差异是重要的（Haraway 1991）。他不
断争辩说，阶级提供了最有效和最广泛的手段，来纠正他所描述的那个一
切权力关系之母——资本主义，尽管受到了诸如爱丽丝·马里昂·杨（Iris
Marion Young, 1998）、南希·哈索克和琳达·麦克道尔（Linda McDowell,
1992）等学者的同情性批判。

近年来，如果说哈维的阶级构成的概念是复杂的，因为他审视了阶级构

成与其他差异性模式的交集点，那么，所有这些看来都不是构成性的，而是调节性的。在过去的交流中，我认为他的这条论证思路是"战略简化论"（Strategic reductionism）的一种形式，正如他在为自己开脱时提出的，世界完全就是简化的（Katz 1998；cf. Harvey 1998a）。简化论——无论战略性的、类似的还是别的——就是简化论，资本主义无论如何都比它更好，也更强大。资本积累部分依赖于差异化的生产，不只是资本与劳动之间的差异，还有阶级构成内部和跨越阶级之间的差异。资本家和他们的各类代理人在配置和强化各种形式的差异方面，无论是种族或民族、区域或性属、职业或年龄，都是狡黠的——以及"扩大化的"。工人运动不是跨越这些差异的活动，反而经常是适应性的——即使只是在策略上——因而，已经陷入了地方主义的陷阱，工人运动的好战态度非常特殊，以至于不能成为国际主义运动，不能将生产和再生产联系起来，不能跨部门组织起来，以致工人（以及未来的工人）当遭遇"种族"、性属和国家的历史形成（变形）时，要由生气勃勃的阶级政治来达成。虽然哈维在这个陷阱被空间化的问题上是清醒而有说服力的（参见在考利汽车厂工人的问题上，他的立场与特蕾莎·海特[Teresa Hayter]的立场相左，这把规模政治推到了前台[Harvey 1995a]），但他在地方主义和特殊论的社会形式方面却不那么令人信服，因为这个理论取而代之地对阶级政治充满幻想，认为阶级政治可能会包含所有差异，而不是认真对待那些差异，以及它们在日常政治经济生活中的来源及其顽固的强化。这一切使我思绪混乱，而哈维却不愿将它们纳入自己的理论建构。

　　哈维是一位严谨的辩证法思想家，他的著作具有权威性，表明了如何系统地和清晰地从马克思主义理论的抽象转向在物质世界中将它们具体地实例化。但是，由于他志在提出一种对资本积累进行全面阐述的历史-地理唯物主义，因此，他倾向于排除其他权力领域和其他很多关切。哈维坚持马克思主义的各种范畴，倾向于在城市进程中和通过城市进程审视不均衡的地理发展，这导致他着眼于某些尺度（而忽略别的）、某些实践（而忽略别的），以及特定类型的社会行动者（而忽略别的）。诚然，边界和定义对任何知识规划或实践努力都是必需的。但是，迄今为止，哈维的规划已经高度精炼，并将得益于更加开放与活跃地介入那些被排斥的范畴和推动它们的理论。当批判性的学者——其中包括马克思主义学者——从其他尺度或其他社会物质实践介入哈维的理论和范畴时，这些理论被改变了，其运动轨迹也随之改变了。这些转变——它们可能会加强而不是削弱哈维的阶级分析——无法从坚持原始框架的立场来解释。哈维经常写道，对差异的分析似乎是机械性的（对阶级、人种、性属、种族、性别令人震惊的死记硬背）、递增的（带着性属和煽动性）或一种有趣的消遣，在《希望的空间》中，他乖戾地评论道："'文化'分析比'资本主义的……沉闷世界'更加'有趣'"（2000a：5）。撇开文化之外的资本主义问题——或者推测一下那不可构造之物的核心是什么——人们可以更清楚地看到，对哈维著作的很多严肃批评与其说是关注游戏或差异的研究，不如说是要求他以不同的方式运用理论；要使他的分析与其他思维模式交集；要按其他尺度进行研究；要从新的位置进入辩证法，这也许会导致充满生气的另类"永恒性"。

　　要求在分析社会权力关系时以不同方式运用材料的这种呼吁，使人想起了苏珊·克里斯托弗森（Susan Christopherson）对她明确称为"规划"之物的激烈批判。克里斯托弗森的文章刊登在 1989 年的《对立面》（*Antipode*）上，是对 1988 年在凤凰城举行的美国地理学家年会（AAG）上有关重构人文地理学的一系列特别会议的愤怒（但未明确声明）回应。这些会议强烈呼吁以一种后实证主义的、情境化的、在文化上有细微差异的、为了众多参与者的、后结构主义的方式，重构人文地理学。我对这些会议的记忆历历在目，因为我认为这些会议是对我自己想做之事的呼唤，尽管没有领导会议的各种"大男孩"的引导，对他们的存在也只有一种模糊的意识。我从女性主义理论、文化研究（通过伯明翰学派）、后殖民理论和社会历史工作坊中汲取营养，在我写作博士论文的孤独岁月里，所有这一切都影响着我的马克思主义。从这种孤独但令人愉悦的限制中摆脱出来，我惊讶地发现，所有那些家伙都在呼唤那种意象中的地理学。在他们所说的一切事物中看到自己著作影子的

237

快乐，被淹没在了根本不在那里的懊恼之中。尽管有我的自恋，但后者也毫不令人惊讶——尽管我是"一个无名小卒"——但在地理学中（或者在其外）从事研究的更为成熟的女性主义理论家也不被重视。也完全没有人承认，当后结构主义者在那些会议上受到赞美时，女性主义者，以及其他一些人，早已沿着类似的思路开创了研究的先河。克里斯托弗森抱怨那些排斥行为，认为对地理学的这种改造，只不过是时尚的权力转移，所有这一切都令人沮丧，因为它本来可以按一种开放的而非封闭的方式来进行架构。她认为，如果人文地理学的重构同时既放松了马克思主义，又使批判地理学的人文主义政治化，那么，它的实践者一般来说仍然会习惯性地严肃对待差异的非阶级形式，就像它们要翻新创造和再造理论的方法一样。

哈维并不是人文地理学的这种重构的支持者——15 年前，他以不同的调子开启了那项规划——但他认为，对它的"后现代的挑战"是更大的文化实践的象征，他通过一种马克思主义的分析，力图理解这种文化实践（Harvey 1989b；参见 Dear 1988）。他把在新旗帜下发生的许多事情都写成了逃避政治经济学和令人不安的认同主义脱离阶级的脚本，而他在很多方面都是正确的。迷失在后结构主义与文化转向的曲折中，恰恰为哈维和克里斯托弗森回应重构主义的狂欢提供了共同理由。如果有更多的马克思主义和女性主义理论家——与此相关的还有与种族主义、同性恋恐惧症和帝国主义等问题有联系的激进的批判理论家——共同努力解决他们的关切与分歧，那么，人文地理学的重构将更好地处理资本主义、父权制、种族主义、帝国主义和异性恋正统主义等交叉的权力关系，以及它们在我们所关注的被认为是理所当然的空间中的所有不平衡性。

相反，克里斯托弗森的文章是对人文地理学中男性马克思主义和低俗的后实证主义形式的男性主义的一系列女性主义批评的先声之一。这些批评最强力地把哈维的《后现代的状况》和爱德华·索亚（Edward Soja）的《后现代地理学》（*Postmodern Geographies*）当作目标，这两部著作是他们的雄心和重要性的见证（Harvey 1989b；Soja 1989）。其中最引人注目的是罗莎琳·多伊切对哈维的尖锐批评，她认为，哈维的总体性视野既需要"拒绝女性主义的表征理论"，也需要否定所有主体位置的偏向性。还有多琳·梅西更加漫无目的、自以为是的批评，她认为，这些作者的"普遍性设想"是："特殊"之所以成为可能，是因为他们不愿认真对待差异问题，以及他们的研究风格和范围问题（Deutsche 1991；Massey 1991a）。

哈维愤怒地回应了《对立面》（1992b）上的这些批评，也带有一点防御性。除了这种恼人的倾向之外——这绝不是哈维独有的——用女性主义的盾牌来反对其他女性主义，这种回应承认了他对后现代理论的批判与女性主义者对此批评之间存在着共鸣，也承认了他与女性主义的差异性理论论战的局限性。与此同时，尽管他提到他有兴趣去审视与资本主义统治的世界-历史体系的关键体系"之一"相关的差异问题这也是我的关注点或目标，但他的著作的效果看来仍然还是认为，资本主义似乎是"唯一"重要的"世界历史"体系。虽然他正确地坚持"情境性（situatedness）始终都必须联系到……社会化建构起来的统治体系"（1992b：310），但他却没有认真提出这些系统如何协同作用或彼此对抗。结果，哈维现在可能会产生出"拥抱"性属或"种族"的这种对资本主义更广泛的说明，但不会把资本主义本身的社会关系想象成按照父权制或种族主义的不确定方式建构起来的。诸如此类，等等。

坦率地说，我厌倦了涉及这些陈旧的理由。关于物质社会实践和不同权力关系的影响之间这种循环往复，已经变得很陈腐和无聊。但我们还在这里。哈维是我的密友、伙伴、同事和多年来我的研究的支持者。他一直是批判性的人文地理学和各种激进地理学家的精力充沛的拥护者；在他的研究领域，在他的系里，在他的大学中，在他的政治研究中，他都是女性主义者的支持者；他还是劳工运动的积极分子，例如巴尔的摩的最低工资运动，它与性属和种族如何注入、改变阶级息息相关。所有这些实践不仅与戴维·哈维作为一个理论家的身份"相关"，还"塑造"了他的身份。由于这些和其他许多原因，我尊敬并深深感激他这个人，并对他在世界上的工作表示最高的敬意和赞赏。但我也对他固执地运用其他类型理论的模式感到难以置信地沮丧。

写到这一点时，我的感觉很糟糕。这让我想起了我在写公私合营之类事情时的感受。虽然那些合营者的问题很严重，但他们并不都是"坏家伙"。事实上，他们中的很多人在世界上做了许多好事，或者说至少是他们的执行官做了许多好事。但在他们的善行中，他们塑造了一种危害公共生活的工作模式，并在诸多方面威胁到新自由主义之前为人知晓的公共领域的生存。尽管如此，我有时还会问自己，为什么我会追寻相对好的人，而不是真正坏的人？我总是会回答说，因为好人可能会变得更好，而我的政治希望的一小部分就存留在那儿。

一个释放善意的好人不应该划定任何人的政治视野的界限。我不仅想让戴维·哈维把他分析资本主义、父权制、帝国主义和种族主义相互建构的交叉点和节点的杰出力量发挥出来；我也希望他能认真对待采用其他方法来创造理论、运用材料，希望他更广泛地理解压迫、剥削、统治和权力。换句话说，要更加充分地把握不同权力关系在表述上的不确定的和不均衡的效果，承认在那些努力理解和改造这些权力关系的人们之间，存在着一种共同的知识和政治规划。马克思主义和女性主义由于有在不同领域工作的人们加入而得到了加强。戴维·哈维不需要以不同的模式来进行研究就可以识别——并真正参与——在不同的分析规模上或遵循不同的切入点就可以看到的事物。这些举措会使他的历史-地理唯物主义变得更加灵活。然而，正如很多人注意到的，哈维倾向于将这些分析当成干扰或者稀释，实际上却把其他差异模式贬低为阶级的阐释或补充，而不是阶级构成的整体。

如我在前文提到的，如果说我要重新发现某些陈旧的理由，那是因为我们在很多方面无法离开它，这要归功于很多人文地理学家是无情的男性主义者，在他们当中，我们可能对马克思主义者和后结构主义者怀有更多期许。但还有，我在本文中的任务是要对戴维·哈维与"规划"的关系进行批判性的评估。正如本书的编辑们在他们如今已泛黄的信中拟订的那样："哈维的规划在多大程度上依赖于各种排除和删减（性属、种族等等）？"我无法确定哈维的规划是否"有赖于"这些排除和删减，但这些排除和删减肯定会使这项规划更简练，并在某些方面会因排除和删减变得更有力。然而，简练和力量会随着年龄增长和时代变迁而变得脆弱。此外，它们获得支撑——有点重复——经常是通过拒绝理论创造的混乱。哈维一直非常坚定地拒绝搞乱阶级。但把它搞乱——以一种格特鲁德·斯坦（Gertrude Stein）可能会喜欢的方式——会巩固而非疏散阶级。会令斯坦受伤的是，如果这样的事情是可能的话，那么，"种族"就不是阶级，而阶级也不是性属，但性属既不是没有阶级的性属，阶级也不是没有性属的阶级，"种族"亦不是没有阶级的种族，就更不用说阶级性属种族了。有那么难吗？

由于编辑把克里斯托弗森的文章当作标志，而那篇文章现在被认为是对很多人文地理学家不愿介入女性主义方法论和理论范畴的更大批判的一部分，哈维就一直成了那些批判的焦点和那些论战的参与者，所以我认为，有用的是看看他的研究是否以及如何随之而发生了改变。因而，在准备撰写这篇文章时，我重温了自《社会正义与城市》以来哈维的所有著作，但特别把焦点集中在 20 世纪 90 年代初期以来他的著作上，当时最集中和最激烈的女性主义批判开始发动（以回应《后现代的状况》）。到目前为止，我所说的大部分内容都来自这部著作。如上所述，哈维将收入书中的两篇最著名的评论写了出来，我无须在这里复述这些评论，它们说明这些评论并没有真正改变他的规划。它们可能激怒了他，但并没有改变他的建构。更糟的是，这些批判（它们的肮脏无济于事）甚至使哈维的观点更加坚定，因此，他对差异的关注使他更强有力地返回到阶级问题上。但是，这种趋势与其说是抵抗，不如说是不愿削弱、搞乱或严肃质疑严格的阶级分析的理论和实践价值。然而，这并不是哈维更公开地介入女性主义对他的规划进行批判所造成的结果。正如桑德拉·哈丁（Sandra Harding 1986）表明的，揭示一个特定问题的结构是如何架构的，或者揭示一种分析的特殊定位的性质，都有助于主张变得客观，让阶级对其局限性承受严格的分析，会使它变成一种更强有力、更有效地组织起来的阶级观念。人们可能会在阶级观念中认识到自己，以及他们所有混乱的从属关系和对立关系，这种阶级观念不是包含性属、种族、

241

性别和民族，而是它们雕刻上阶级的各种方面。这种介入不仅会改变阶级的范畴，而且介入本身可能会激发一种理论与实践相结合的不同方式。

因此，出于友好的挑衅，我想把哈维的立场看作是对某些混乱的拒绝：差异的混乱，尺度的混乱和不确定性的混乱。如上所述，尽管哈维对女性主义批评者的回应部分是通过比以往更多关注差异而非阶级，但这仍使人想到，他认为这些不同种类的差异不是与阶级相互建构的，而是对阶级的修正或补充。此外，他继续认为阶级是据以对抗剥削的最具包容性的立场，而其他立场则是次要的，如果说不是转移了对资本主义核心问题的关注的话。他经常引述的对北卡罗来纳州小村庄养鸡场火灾的讨论，就是一个很好的例子。

哈维在这些批评之后出版的第一本书《正义、自然和差异地理学》中，把帝国鸡肉加工厂毁灭性的火灾（火灾导致 25 名工人死亡，其中半数是黑人，且大多数是女性），与 1911 年的三角衬衫厂火灾、安妮塔·希尔-克拉伦斯·托马斯听证会和罗德尼·金被打事件相提并论（Harvey 1996a）。哈维提出，如果存在"一种简单的、传统的阶级政治形式，[它]能像保护白人男性一样保护女性和少数族裔的利益"的话，就有可能避免帝国鸡肉加工厂的火灾。我同意。他的论点基于这种看法，即阶级跨越了所有其他形式的身份认同，因此就已经包括了鸡肉加工厂里低收入、没有参加工会和非法涉险的工人。我同意，但这种解释是围绕阶级的结构性概念展开的，它回避了美国阶级政治的历史，忽视了如何对不同具体化的和定位的社会行为者进行分类，如何塑造阶级意识的问题。这一点完全不清楚，例如，如果组织者将注意力集中在传统的生产场所问题上，并怀有一般的阶段观念，那么，当他们接触工人时，帝国工厂的工人是否会就安全问题对工会组织和行动主义持开放态度——尽管北卡罗来纳州有"劳动权"的法律。阶级的形成与种族化、民族或性属不可分离。恰恰相反，阶级是通过它们的挤压形成的。无视美国劳工运动中经常出现的种族主义历史，或者拒绝解决工人和特殊阶级构成的（再）生产问题，会缩减在美国恢复"简单、传统"的工人阶级运动的可能性。

在对帝国食品公司火灾的讨论中，哈维解释说，资本家是作为一个阶级在工作。他们当然是这样，这也是职业安全法规在 20 世纪 80 年代被废除的原因之一。他这么做是以一种近乎嘲弄的方式——他们知道他们是一个阶级，举止行为就像一个人那样，然而"我们"却被性骚扰和种族主义国家暴力而分散了注意力。① 但是，新自由主义的资本主义的奇迹之一，就是"作为一个阶级"的狡猾的资本家如何表达（甚至掩盖）自己的阶级利益与父权制、同性恋恐惧症、种族主义和与他们形成潜在联盟的其他人的原教旨主义宗教关切之间的联系。那些潜力部分建立在这种认识上，即阶级的筛选要通过其他识别方式，诸如种族或性属，资本积累的手段超过了通过剥削劳动力获取剩余价值的手段。正是意识到种族化、具体化、性别、国家利益等使阶级构成成为如其所是的所有这一切，强化了资本家在美国的地位，并提振了他们对于新自由主义国家的愿景，它在社会福利方面是惩罚性的，严格控制私人机构，以及宽松的健康和安全法规。

哈维也不愿意介入尺度的混乱，我的意思是指地理尺度多重的和活跃的互相渗透，以及各种尺度的社会实践杂乱的物质性。虽然哈维没有参与过去 20 年间产生的尺度论争，但他对资本积累的主要关注却倾向于赋予国家和全球尺度以特权地位，资本主义的结构性力量在这种尺度上似乎能更有力地运作。哈维如果不是一位城市理论家，当然就什么都不是。但是，他倾向于把城市尺度看成是一种资本积累，并为了资本积累，同时，他把城市（以及区域）尺度清晰地描述为一种劳动力市场。同样，他接近身体，出色地将其阐释为一种积累策略，但却没有太多别的用处（Harvey 2000a；Haraway and Harvey 1995）。哈维通过生产"和"社会再生产的物质社会实践，也许已经接近了他对作为劳动力市场的城市规模的分析。但是，几乎在任何地方，只要他可以研究物质社会实践和社会再生产的关系，从而在城市尺度与诸如

---

① 当然，哈维承认，性骚扰、种族主义和国家暴力的严重性，但他将其与压迫而非剥削联系在一起，暗示剥削对公众的想象力并没有影响。

家庭、邻里和身体等尺度之间形成互构，或通过这种互构来制定出城市尺度的生产，他就会退却。哈维没有去理解城市（和其他）尺度"混乱丰富"的构成，而是将其目光集中在资本主义的结构性力量上，这种力量能够生成空间并扩大规模（Marston 2000；Katz 2001b）。 243

他的分析清晰有力，这是通过其视角的独特性获得的，他在文学中如此看重的万花筒似的观点实际上加强了他的分析，但在他自己的著作中这一点却有所退让。在《巴黎，现代性之都》中，哈维（2003a）充满感情地审视巴尔扎克对日常生活细节的处理，以及对家庭环境的敏锐关注。这种欣赏部分围绕着一种确认，即巴尔扎克对一个房间里来来往往的细致入微的关注，揭示并阐明了结构和其他方面的关系，正是这些关系造就了巴黎本身。但是，哈维的著作在任何地方都没有反映出对家庭尺度及其生产可能性的类似参与。空间的生产，社会关系和生产力，连同使它们具有生气的社会行动者，都出现在这种尺度上和日常生活的领域中，但在很大程度上仍然被哈维排除在考虑之外。

我在此的论点是：这种漠视部分源于似乎不愿对小于城市尺度相联系的物质社会实践给予认真关注，也许是不愿冒险搅乱他似乎认为是纯粹的资本主义的过程。如何理解"劳动力的再生产"（在 19 世纪的法国）这一章，这一章将家庭（home）仅仅理解为"住房"（housing），从不提及父权制关系，即使它们与资本主义的关系纠缠在了一起（Harvey 2003a）。相反，哈维着眼于长期的劳动力再生产如何成为"一种地方性的事件"，阐明了法国乡村工人的（再）生产如何补贴了新兴的巴黎城市资本主义（2003a: 195）。同意。但是，尽管他可以清晰地确定和想象作为劳动力市场尺度的城市和区域之间的互相嵌入，但他没有在完全相同的基础上分析城市与家庭尺度之间同时存在的互相关系；劳动力的（再）生产（以及其他许多事物）。很多地理学家都研究过的家庭尺度上的物质社会实践——即使没有完全达到巴尔扎克那样的敏锐，也渴望有与他一样的万花筒似的抱负——经常与父权制的权力关系交织在一起，以补贴社会工资，从而进行资本积累，在方式上类似于哈维所确定的城乡补贴（如 Marston 2000；Mitchell et al. 2004）。这种不愿关注家庭的"历史-地理唯物主义"（或者在身体的尺度上）限制了哈维审视尺度生产的能力，在关系上就如可能要求他做的那样，或者像它们互构的性质所要求的那样（例如，可参见 Smith 1992；Swyngedouw 1997；Howitt 1998；Marston 2000； Wright 2004；Sheppard and McMaster 2004）。

最后，尽管哈维作为辩证法的思想家是鼓舞人心的，但他似乎更喜欢"永恒"，而不是不确定性的混乱的意涵。"不确定性的混乱"可以出现在从任何分析得出的各种结论中，也出现在运用理论和材料的模式中。首先，哈维对建构一种分析资本主义的历史-地理唯物主义的兴趣，促使他——像马克思那样——更加彻底地关注资本和国家之类社会构成的结构化力量，而不是关注构成它的社会行动者的实际参与，以及无处不在的矛盾。哈维既不是结构主义者，也不是结构化主义者（structurationist）——他的辩证法想象太灵活了——但他渴望分析结构化力量的效果和资本主义的社会关系，付出的代价是关注始终在各地产生、竞争、限定、限制、推进或反对这些力量的机构行为。结果当然是哈维标志性的条理清晰，但也更倾向于确定性和解决，而不是倾向于偶然的可能性和矛盾的风险。当然，辩证分析的两个方面都很重要，但我能理解在任何分析中如何强调其中的一面或另一面，在这里，我想简单评价哈维对资本主义和它造成的不均衡地理学的细致复杂的分析。这项历时 40 年的研究强有力地阐明了我们这些反对资本主义及其无数的不公正现象的人面对的是什么，虽然更加关注资本主义的某些矛盾和各种尺度的社会实践也能使分析更有生气。但是，回避"不确定性的混乱"也会影响哈维运用理论和材料的模式，这是我想在此解决的问题。这种关注是克里斯托弗森论证的核心——"规划"是一种不断限定其自身的研究方式——它激发了后来很多对哈维（和其他人）研究的批判（如 McDowell 1992；Katz 1996）。

围绕理论的产生和运用方式的论证是陈旧的，与围绕着差异的论证一样乏味。然而，它们一直挥之不去。哈维和其他许多理论家对这些论证无动于

244

衷——理论建构与权力建构有密不可分的关系；经验和立场在所有理论的建构中都起着深刻的作用，只有来自于"无标记"的无形力量才会使之黯然失色；从一种单一立场出发，以一种单一的总体化框架来分析日常生活的条件、矛盾和趋势，必然会包含所有社会关系，从而抹掉整个"社会生活领域"和权力；承认任何认识论立场的偏见强化了其主张——已然变成了一种修辞。①

245　尽管如此，为什么坚持拒绝以不同的方式进行研究，或者说为什么不至少承认这些另类研究方式的价值？为什么不去冒"不确定性的混乱"的风险？这么做会失去什么？对哈维这样的理论家来说，他写出的大量著作充分而生动地阐明了当代资本主义的历史地理学，而现在什么是利害攸关的？他在地理学方面的成就无与伦比；为什么不把它混合一下呢？由于女性主义和其他认识论与哈维（和其他人）的论争经常遭到防御性的或冷漠的对待，我想，我可能会在有关知识生产的重要斗争中追寻自我利益。

　　鉴于哈维规划的范围和影响力，看来在这个问题上，对他来说利害攸关的是关于权力的主张，他必须想象这种主张只能从他令人振奋的全面分析中才能获得。但就其本质而言，这种主张已经成了自我破坏。如果说哈维对20年来人们对其规划的深刻的、经常具有同情的批判已经无动于衷的话，那么，在文学理论、哲学、艺术史、政治学、文化研究、人类学、社会学，当然还有地理学等不同领域从事研究的人们，那些试图改变他的研究方式却徒劳无功的同路人和同志，也变得对他的坚持无动于衷了。没有人能说服这里的任何人；事实上，差异可能在不可传译性的冲刷下变得更加坚硬，而正是此时此刻，将剥削和压迫的差异化模式以一种严格和明智的方式联系起来，正在变得日益紧迫。如果哈维对马克思主义分析的局限性、矛盾性和不确定性能持更加开放的态度，而不是反复证明其无所不包的力量，那么，那些拒绝哈维概括式的但观点单一的批评者和其他很多人，可能会更加信服马

---

① 这些论点在超过20年的女性主义研究中得到了清晰而严谨的发展，但我在这里使用的措辞最直接的来源是桑德拉·哈丁（1986）、苏珊·克里斯托弗森（1989）和琳达·麦克道尔（1992）的著作。

克思主义的分析力量。在这些不确定性的基础上，可能会发展出一种更加有力、灵活、多面向的反向理论；通过关注资本主义和其他剥削压迫模式的差异与交集，可以为 21 世纪的马克思主义（"以及"女性主义和其他反向实践的模式）注入新的活力。这种研究方式可能导致实践——跨越空间，跨越尺度，跨越激进特殊论——在资本主义、种族主义、帝国主义、同性恋恐惧症和性别歧视使社会正义成为不可能的诸多战场上，拥有实现社会正义的斗争机会。

在地理学中，戴维·哈维比其他任何人更能使这样一种前景变得具有可信性。他创造的无与伦比的著作，不仅提出了全面清晰的历史-"地理"唯物主义，还出色地揭示和补充了"资本的限度"。这项工作，以及由它所激发的令人不安的愤怒，成了给我（和无数其他人）的一件礼物，在此，作为回报，我只想鼓励戴维·哈维——哪怕只有几天——"成为未成年人"，或者至少到"规划"之外去冒险；到一个他感到不自在的地方去研究、去写作，以便打破其理论框架与其他理论之间不可传译的限制，以不同方式运用自己的理论想象，以便从抽象到具体地进行理论化。以这种方式进行研究——以及努力这样做——将强化其分析，以新的方式吸引其批评者和盟友，并且可以产生一种认识，它不仅有改变理论和实践的良机，也有机会改变不公正的历史地理学。

246

致 谢

感谢吉利安·哈特、埃里克·洛特（Eric Lott）和萨利·马斯顿的鼓励、批判性的阅读、周到的建议和远远超过了本文的诸多讨论。也要感谢诺埃尔·卡斯特里和德里克·格雷戈里的耐心以及善意的忽略、哄骗、幽默和奉承的魅力。

作者简介：

辛迪·卡兹（Cindi Katz），任教于纽约城市大学研究生中心，地理学教授，主要研究方向为环境心理学和妇女研究。代表作有：《全球性成长：经济重构和儿童的日常生活》（*Growing Up Global: Economic Restructuring and Children's Everyday Lives*, University of Minnesota Press, 2004）、《生活的劳作：社会再生产的地理学》（*Life's Work: Geographies of Social Reproduction*, Wiley-Blackwell, 2004）等。

译者简介：

吕东，四川大学文学与新闻学院文艺学教研室专职博士后，助理研究员。

第十二章 批判理论的迂回

诺埃尔·卡斯特里 著 肖达娜 译

引 言

当戴维·哈维进入 70 岁之际，人们本以为他的著述会以残篇断简或零星评注的方式淡出人们的视野。然而，他却继续以孜孜不倦的博学宣扬自己的异端学说，丝毫不失 30 多年前标志着他转向"革命性理论"时的那种活力与气魄。《新帝国主义》是他最近出版的几部著作之一，表明他决心在当前形势下使马克思主义的学术薪火不断延续下去。这些著作堪称权威性的典范。即使是最有天赋的思想家，也会乐于在一生中写一两部具有原创性的论著。哈维已经写出了很多——包括现在的许多经典文章和著作——足以说明他过人的才能和巨大的智慧能量。在当代马克思主义者中，很少有人能取得与他那气势恢宏的学术大厦相媲美的成就，当然，在他的本行地理学科中，更无人能与他匹敌。同样，哈维在城市研究领域里的贡献亦属典范：相较于其他分析家们零散破碎的研究结果，他论述城市的著作有助于先驱者们追寻整体性的理论。

简言之，对于长期仰慕哈维著作的人们来说，佩里·安德森（Perry Anderson 1980：2）曾经对爱德华·帕尔默·汤普森（Edward Palmer Thompson）文集所做的评论是中肯的："我们对批判的尊重和感激……是一种巨大的力量。"然而，在上述三个学术群体中——哈维对它们极具影响力——其著作并未得到系统性的评价。人们更经常发现的，是对包含在他各种著作和文章中的思想进行零散的挪用和评论，而不是对最近 30 年间他的学术和政治规划做出一种全面的评价。① 当现在这本书出版之际，他所支持的一切对很多人来说似乎都意味着先天缺陷或者完全过时，此时再去概要性地评价他的著作，或许就成了一种过期的迹象。在此，颂歌和挽歌的分界线确实显得极为重要。即便是马克思主义——哈维为其做出了如此丰富贡献的一种话语传统——依然主导着左翼知识分子圈子，对哈维之成就的任何评价都不免会带有一丝伤感。毕竟，他即将步入耄耋之年，对其生涯的评价必须基于这一确定性的认识：那就是他的身后之名定会远逾当下。但是，马克思主义在许多原本属于卓越的批判性典范的学科（包括人文地理学）中已经黯然失色，这一事实为这本书出版的时机增添了一份辛酸。

哈维首先是一位马克思主义者——这比任何其他标签都更能切中他思想的精髓。从 20 世纪 70 年代初以来，他跻身于一批极具天赋的学者行列，并使马克思主义成为英语学界的一支生力军。在这一代人的非凡努力之前，只有少数英语世界的马克思主义者铺平了道路——这样的人物有汤普森、埃里克·霍布斯鲍姆（Eric Hobsbawm）和雷蒙德·威廉斯。随着他们到达学术生涯的终点，像哈维这种马克思主义者的知识遗产就不再安全了。诚然，他们的影响一直存在于他们以前带过的研究生和 20 世纪 80 年代期间他们指导过的助手的研究中，那时马克思主义是社会科学和人文学科中那些胸怀抱负的左翼人士的"必修课"。但如今，哈维及其同行们所传授的思想能否长

---

① 琼斯三世（Jones III 2005）的书是目前尝试囊括哈维所有著作的唯一已出版的书，在此之前，德里克·格雷戈里（1995）的《地理学的想象》中的部分内容也对哈维的著作做了概括性的阐述。对于地理学和跨学科的马克思主义共同体而言，这种缺失尤其令人震惊。然而，这并不奇怪。毕竟哈维"原本的"学科——地理学（虽然他目前就职于人类学系）是一门特殊的学科，它并不像人类学、社会学、哲学等领域的权威思想家那样几十年来持续被称赞为"知识的巨人"。因此，尽管哈维的影响巨大，但该学科也迟迟——或许由于羞怯或尴尬——未能对他辉煌的职业生涯进行广泛的评价。与此同时，地理学以外的马克思主义者也同样迟迟没有认识到哈维在他们的批判话语中做出的独特贡献，这有些可悲，但却可以理解。他作为"地理学家"的职业身份，无疑使许多历史、经济、社会学等系科的马克思主义者忽视了他多年来在马克思主义方面所做的工作。地理学给人的刻板印象可能会强化人们的偏见，让人怀疑该学科的从业者在理论上没有做出什么贡献，因为它毕竟是一门以"经验"和"应用"为主的学科。尽管哈维现在终于被视为陷入困境的马克思主义阵营中的重要人物，但在他这一代的其他人(如杰姆逊和伊格尔顿)的研究得到了全面评价的情况下，他的贡献却没有受到相应的重视。

期延续，就成了问题。20 世纪 90 年代初，那些通过学士课程和在研究生院学习的左翼人士被灌输的思维方式，大体上将他们自己界定为后马克思主义者或非马克思主义者。以哈维为例，一旦他从前的学生们（如尼尔·史密斯）的学术生涯走到尽头，我自己这一代马克思主义学者——像在大多数人文学科中一样，在地理学中已经成为少数派——将成为剩下来使哈维的思想不断发扬光大的最后一代人。

　　尽管有这些评论，但我无意要为哈维发布讣告，也无意为他举行最后的葬礼。然而，我确实想提供某些冷静的反思：从《社会正义与城市》中描述的"半个马克思主义者"到成为如今的他，在这 30 年旅程里他究竟取得了怎样的成就：他是最受欢迎的还健在的马克思主义者（当然也是在世的著名地理学家），在一个知识分子的学术环境中工作，他的思想已经不再处于左翼思想的前沿。我在此使用的"成就"一词是在非常实际的意义上。马克思在其最著名的一篇文章中，着重阐述了理解与变革之间的双向关系。在我看来，哈维的全部著作都表现出解释和判断的强烈愿望。但是，对理解的这种追求，如何转化为明智的反对资本主义的斗争，就不那么清楚了。

249

　　具体来说，我将在本章里回答以下问题：在过去 30 年里，哈维在何种意义上成了资本主义社会的"批判理论家"，又产生了何种影响？"批判"和"理论家"两个词语都很重要。尽管熟悉哈维著作的任何人都会承认其著作是"批判性的"，但很少有人费心去探究这个词语在他用来复述和拓展马克思的思想时的重要意义。同样，尽管对理论的承诺就像一根红线贯穿了哈维几乎所有的论文和著作，但"理论"为什么应该是批判的特权工具，却一点也不明确——尤其是当它的作者几乎没有对这个问题发表过多的评论之时。[①] 然而，在我看来，如果我们要理解哈维作为一个马克思主义者多年来

---

① 哈维很少发表纲领性的文章来解释他的自我理解和政治立场。他在这方面发表的许多东西——主要是他的著作的介绍、前言和后记——往往缺乏深度，不免令人失望。细品之后会发现，虽然这些文字的内容引人入胜，但无法令人满意。甚至在他接受《新左派评论》的采访时，他坦诚地谈论了自己毕生的著作，但也仅止于一些肤浅的见解。同样，他已发表的与唐娜·哈拉维的交谈也是如此。

思考、言说和写作的最终意义，就必须理解是什么将"批判"和"理论"联系在一起。如果目的是要改变世界，那么，哈维惊人的理论成果对这一努力做出了怎样的贡献呢？

当然，我意识到，在某种意义上，这个问题既不公平，也无法解答。它不公平，是因为一个人的思想——无论它们多么具有启发性——在一个像我们自己这么大、这么复杂的世界里能发挥的作用是极其有限的。它无法解答，至少是在抽象层面上，因为只有听说过或阅读过哈维思想的人经过实证分析之后，才能最终告诉我们他的影响力究竟有多大。简言之，哈维的马克思主义的影响已经（并且仍将）因为他的许多著述和演讲内容而在根本上被低估了。他的思想传到了何方，导致了怎样的结果，都是一个偶然的问题。然而，这些思想的"内容"显然很重要，正如他选择用来传播这些思想的各种"媒介"一样重要。因此，在下文中，我想对哈维作为一名理论家的著作做一个概述，追问是什么使这些著作在实质上具有"批判性"，并审视他偏爱的传播这些思想的媒介。

我从对"理论之必要性"的一些评论开始，这几乎贯穿了哈维作为马克思主义者的所有著作，无论他探究的特定主题是什么（城市、空间、文化、金融等等）。本文标题提到的迂回是指认知层面上的迂回：因为哈维一直坚持认为，进步的变革只能产生于恰当的理解，对他来说，这种理解是由理论提供的。他的规划是从一种复杂性中进行抽象——即资本主义世界中日常生活的复杂性——用以解释另一种复杂性，在他看来，这种复杂性应该是在任何特定的历史时刻、任何能承担变革任务的机构的真正对象：即这些关系、趋势和过程根本的复杂性，它们并非以其本来的面目显现出来。在我看来，

250 以下三个部分审视了我认为哈维的理论批判所要进行的"工作"的主要维度。它们涉及（1）所谓的"有机"联系——内在于理论的——对哈维的批判对象（资本主义社会）的解释与评价之间的联系；（2）确定实际上或有可能影响重大社会变革的主体或载体；以及（3）学术话语的力量——哈维的惯用手段——以利用更广泛的社会不满和反叛的潮流。我的结论或许有些刻

薄，即哈维的著作在以上三个方面都有所欠缺。一旦仔细查看，其批判的锋芒似乎并不锐利。对那些像我一样深受哈维启发和影响的人来说，挑战是显而易见的。如果要使马克思主义的余光在今后的岁月里继续熊熊燃烧，就必须全力维护其著作所表征的强烈症候性冲动。但是，如果社会变革是有据可循的，那么，也需要特别关注这种冲动的规范性维度。毕竟，从列宁、托洛茨基和卢森堡的时代以来，马克思主义在其所有巴洛克式的排列中，始终都会遭遇其解释性的与实践性的维度之间的失衡。哈维著作中的缺陷恰好说明了这种不均衡的现象有多么的顽固。

理论很重要

"通过我们的理论，你就会了解我们"是哈维第一部著作（1969a: 489）中最激动人心、也是具有预言意义的结尾——其中一篇发表在大马士革皈依之前的文章，被收录在《社会正义与城市》那些令人激动的精神分裂症式的书页中。很个性化，它可以作为哈维这个马克思主义者的几乎所有著作的警句。除了一部表面上实证性的著作（《意识与城市体验》[1985a]中描写巴黎的几个章节和其他更倾向于哲学论述的著作《正义、自然和差异地理学》[1996]）以外，他的大部分出版物构成了一种追求时尚的"认知地图"或"环绕式视角"，可以帮助我们看到支撑着看似不相干的当代生活诸方面的政治经济学逻辑（1989b：2，4）。用比喻的话说，如果哈维是这个词的突击队员，那么，理论就是他最强有力的武器。

同样，哈维的马克思主义既不是令人生畏的抽象，也不是令人倒胃的具体。很典型的是，他的理论阐释具体到足以抓住那些不变的过程、关系和趋势，它们赋予了资本主义以结构化的一致性和动态的不稳定性。在这一点上，他效仿已故的马克思，并且有意如此：从《〈资本论〉的限度》，经过两部"资本主义城市化的历史和理论研究"，到《后现代的状况》和近年关于帝国主义和新自由主义的论著，哈维已经勾勒出了马克思主义的经典观点。他

251

从《资本论》《大纲》和《剩余价值理论》中汲取营养，将马克思的思想融入自己的写作中，"没有过多借助外力"（2000a：82）。其结果是一部结集，既解释了资本主义的一般逻辑，又将其与战后政治经济学的连接细节联系了起来。熟悉其理论著作的人都知道，哈维有一种发酵的诀窍，能运用当今的证据、奇闻和观察来对本质上属于资本主义生产方式的一般理论进行发酵。这使他的理论著作根基牢实，即使他实际上很少让自己的概念性主张接受广泛的经验审查。正如马克思用对维多利亚时代英国工人阶级生活的观察充实了《资本论》的第一卷一样，哈维也通过启发性的事实材料和说明性的旁白为自己的概念体系注入了活力。

当然，他并不是当代唯一一个直接解读马克思的人，也不是通过马克思的众多杰出追随者（如阿尔都塞）提供的视角了解马克思的人。事实上，他是一个相当大的学者群体中的一员，他们很少有时间去关注对英语学术界产生了影响的几种后经典马克思主义——包括最近的分析马克思主义，以及由雷斯尼克（Resnick）与沃尔夫（Wolff）支持的"过度决定论"的（overdeterminist）马克思主义。但我认为，在当今的经典马克思主义者中，哈维的理论贡献具有双重的独特性。因为他不仅把马克思的政治经济学扩展到了很少有人涉足的局部领域——如已建成的生产环境、分配和消费。他还为我们理解一系列极为广泛的问题做出了独特贡献——甚至比弗雷德里克·杰姆逊这种博学的当代学者思考得还要广泛。

在所有这一切中，哈维的理论著作的一致性和严谨性都给人留下了深刻印象。他典型的技巧是从对扩大资本再生产（在《〈资本论〉的限度》中有阐述）的无与伦比的把握出发，并由此"深化和磨砺[马克思主义]理论，使其能够触及迄今为止仍不透明的领域"（1989a：16）。这种对马克思晚期著作的有机拓展，涉及诸多"直觉的跳跃……和思索的飞跃"（1999a：xxii）。因为哈维远不止是一个熟练地模仿主人声音的人。用迪克·沃克（Dick Walker 2004：434）的话来说，虽然哈维的理论化拥有"对马克思的原创精神和文字的一定程度的忠实，这是相当值得注意的，但[它]并不是一种顿悟，不是像扫罗那样在通往新教堂的路上重写了那些话，而是对马克思未完成的规划的一种明智阐释和拓展"。哈维也说过大致相同的话。他写道："我更愿意将[马克思的]……陈述当作……建议和粗略的想法，它们需要被整合在一起，成为一种更具一致性的理论……尊重精神，而不是语言的细节，要考虑到马克思的大部分研究、笔记和书信都未公开发表"（Harvey 2001a：ix）。

252

表征和介入

为什么哈维如此强调（马克思主义）理论，而不是其他任何智力劳动的产物？要回答这一问题，我们就需要从总体上理解他的知识概念。从《社会正义与城市》以来，哈维始终坚持一种"激进主义"的知识观。这有两个方面。它首先意味着，知识不仅仅是对毫无疑问地将自身铭刻在人类心灵中的物质世界的"反思"。相反，对哈维来说，知识是一种社会建构，它拥有相对独立于它所描绘之现实的自主性。同样，哈维把所有知识都看成是为特定利益群体服务的，这些群体由于自身的社会地位从而具有特殊的利益。这个观点在他早期对新马尔萨斯学说——它认为所有知识都是"意识形态的"——和公共政策话语的批判中就已表现出来（Harvey 1974a，1974d）；10 年前，它成了他在"全球化讨论"中尖锐探讨的主题（1996b）；而且，在他最近关于"制图学知识"的一篇论文中，他还特别强调了所有地理学的想象都不是天真无邪的（2001a：ch.11）。但是，如果说哈维（Harvey and Scott 1989f：215）认为，"知识生产是一种政治规划，并且不可避免地会卷入到权力关系的组织之中"，那么，他也认为这就是反抗的基础。在他看来，马克思主义作为一种反叛者的知识体系的特殊性在于，它是对资本主义的批判，而不是对其他与之交叉的社会统治制度的批判。更具体地说，我认为尼尔·史密斯（1995：506）说得对，哈维早期认为他的著作"是工人阶级视角中的一种情境化的知识形式"。这一点早在《社会正义与城市》（1973a：127）中就很清楚了，他在其中宣称马克思主义"提供了理解资本主义的关键……从那些无法掌握生产资料的人们的立场来看"（我将在本章的后文中再返回到这个主张）。

此外，如果哈维把知识看成是随情境变化的一种建构，那么，他也会把它看成是一种"物质力量"，正如马克思所想象的那样。对他来说，所有形式的知识——尤其是霸权性的知识——已经完全进入了它们所描绘、解释或评价的世界结构之中。实际上，如果他不相信这一点，他几乎就不会把自己的职业生涯耗费在从《地理学中的解释》（1969a）以来有意识地传播马克思主义上，这些知识正是通过哈维和他那代历史唯物主义者的努力，才在英语学术界得到承认。正如他在《意识与城市体验》中指出的："为使马克思主义的概念既清晰又具支配性而进行的斗争……与积极参与街垒的战斗……同样重要。这就是马克思写下《资本论》的原因。这也是我写下这些话的原因"（Harvey 1985a: xii）。这种知识介入而不只是表征的观念，再次让人想起马克思最后那篇经常被引用的关于费尔巴哈的文章。但是，这一论点不应被理解得太过片面。对此，马丁·海德格尔（1971：35）认为，"改变世界的前提是改变对世界的'表征'，只有充分解释了世界，才能获得世界的表征。"哈维显然也有同感，他在《意识与城市体验》中也写道："为了改变世界……我们[首先]必须先了解世界"（1985a：xii）。就此而论，作为马克思主义者，哈维的大量著作都可以被看成是以一种焦虑为基础的：这种焦虑担心，如果没有正确的认知，改变世界、使之变好的行动就会背离正道。

总之，哈维的知识观在双重意义上是激进的：知识既被认为是建构性的，又被认为是结果性的。我认为，他在《社会正义与城市》中所说的话，构成了他后来研究的一个令人难忘的范本："追问概念、范畴和关系是'真'是'假'无关紧要。相反，我们必须追问，是什么产生了概念、范畴和关系，它们的作用是什么"（Harvey 1973a：298）。知识概念的这种两面性直接促进了哈维对理论之"力量"的理解。我在前文提到，作为马克思主义者，哈维出版的著作在焦点方面多半都不是哲学的，也不是经验主义的——尽管对这两个领域都有一些贡献。他在《资本的城市化》中宣称："作为马克思主义者，我公开地而不是下意识地关注严谨的理论建构"（Harvey 1985b：xiii）。《<资本论>的限度》已经证明了这一事实，它用三种削减来说明资本主义的生产方式，《后现代的状况》这样的文本后来也证明了哈维对理论话语的强烈偏好（尽管用了一种比《<资本论>的限度》更加随笔式的方式）。在一个遭遇如此众多可怕的具体问题的世界上，哈维始终坚持"更多而不是更少地关注理论建构"（1989a：15），这似乎显得不合时宜——不合时宜是因为理论化经常被认为是一种缥缈的追求，远离了日常生活的严酷现实（和欢乐）。然而，对哈维来说，这完全不是事实。那么，在他看来，为什么某种叫做"理论"的东西能够实现他理解世界和改变世界的愿望呢？

理论的迂回

254

这个问题的第二部分——谈到了理论的规范性和实践性维度（我在本章中的主要关注点）——我将推延到第三、第四和第五部分再回答。目前，为第一部分建构一个答案就已经足够了（而且容易得多）——它涉及理论的解释-诊断（explanatory-diagnostic）维度。这可以通过审视哈维关于理论和理论化的零散评论来做到。这些评论大多来自哈维著作中的导论、序言和后记。仔细研究后发现，在哈维的估量中，它们表明理论具有三个特征。这些特征标志着它的特殊性和重要性，使它有别于其他可能的智力劳动成果。

首先，也是最明显的一点，在哈维看来，理论让我们只见树木不见森林。马克思曾经把社会现实极好地描述为"多样的统一"，并指出分析者只有把握"抽象的力量"，才能使现实变得可以理解。哈维也有同感。他在其概念化极强的著作《〈资本论〉的限度》中坚持认为，理论无法"让人完全理解奇异的事件……毋宁说，其目的是……在运作中把握最重要的关系"（1982a：450）。这让人想到了安德鲁·塞耶（Andrew Sayer 1995：5-6）把理论清晰地界定为一系列有联系的抽象概念，它们"从不同角度切入世界有关联的组织……在照亮某些事物的同时，也把另一些事物投入到黑暗之中"。简言之，对哈维来说，理论的关键属性之一，就是让我们能够在噪声中探测到信号。

其次，哈维重视理论劳动，因为它使不可见的东西变得可见。与马克思的后期著作一样，哈维的书中充满了"表面现象"和"潜在现实"——最近的一本书是《新帝国主义》。这反映了他的信念，可以说，资本主义通过隐藏自身来展现自身。哈维坚持认为，使资本主义按辩证法的方式行事的关键关系、趋势和过程，是被迫以不同于自身的形式出现的。这意味着，它们是看不见的真实，是真的看不见。因此，能够理解它们的唯一途径是"认知"，而不是现象或感知。正如哈维在《意识与城市体验》的导言中认为的——这是他对这个问题最直率的陈述之一——正是在前一种意义上，理论是一种"看问题的方式"。它包括超越实际，以了解什么是虚拟的。有鉴于此，在哈维看来，理论所提供的认知洞见是"来之不易"的（Harvey and Scott 1989f: 224），也就不足为奇了。"理解"没有捷径可走，但哈维坚持认为，通过辨认易变的印象和质疑"常识性"的经验主义，理论可以使我们在这条路上走得更容易。

再次，也是最后一点，哈维重视理论，因为它能够识别伪装成差异的共性。当然，哈维所关注的共性是资本再生产和扩张的共性。他所关注的差异，假设是一种夸大的差异，是资本主义"内部"与"外部"的那些差异——主要是地理（地方和区域）的差异，个体和群体身份（阶级、"种族"、性属等）的差异，以及社会结构（文化、政治等）的差异。

在对《后现代的状况》（如 Deutsche 1991）和《正义、自然和差异地理学》（如 Braun 1998）的评论中，哈维被指责将差异简化成了共性，并被指责具有"元理论的"冲动（即所谓的认知不当）。我不打算在此评价这些相关的指责。我只想说，在哈维看来，报信者在这里因为报信而受指责。如果说资本主义是渗透到当代生活每个角落的一种经济体系，那么，任何关于它的理论都必然是总体化的和整体的。至少哈维是这样认为的——在与艾伦·斯科特（Allen Scott）合写的一篇文章（1989f）中，在回应女性主义对

《后现代的状况》的批评（Harvey 1992b）中，以及在反驳三组评论《正义、自然和差异地理学》的文章（Harvey 1998a）中，都有力地阐明了这一点。如果这种观点站得住脚，那么，显然就有必要采用某种"看问题的方式"，以辨别是什么将日常生存的差异和不同方面结合在一起。这种看问题的方式表明，资本主义并不是一种狭义界定的"经济体系"，而是一种超越一切地理和社会边界的"生活方式"。如果乍一看，资本主义隐蔽的手似乎"没有"起作用，并显现为各种各样公认的"非资本主义的"差异形式，那么，唯一的原因就是我在前文中提到的：即它以双重方式来表现自身，马克思主义理论的职责就是要揭露它。

　　总之，如果我们注意到哈维对这个问题的评论，那么，理论的解释–诊断力量看来就有三个方面。它有助于我们觉察到：（1）表面混乱中的秩序；（2）不可见的潜在现实；（3）捆绑明显分离之物的纽带。路易·阿尔都塞（1970：184）曾说："一个物体无法被其直接可见的或感性的外表所界定；为了把握它，就有必要通过其概念绕道而行。"在上述三种方式中，这个评论很好地抓住了哈维的马克思主义"理论的必要性"（Harvey and Scott 1989f：223）。对他来说，如果我们要达到自己的目的，理论的迂回是必然的：即要严格理解资本主义的各种创造性破坏和狡黠的混乱关系。正因为理论与世界有关，如果没有大量的智力劳动，就无法揭示其基本特征，所以对哈维来说，理论才如此不可或缺，才如此重要。

批判理论家？

　　当然，所有这些都与批判不无关系。如果其中没有批判，那么，哈维的大量理论介入就是最不符合马克思主义的——只不过是一门没有任何评价力量或实际结果的实证科学。正如马克斯·霍克海默（Max Horkheimer 1972[1937]）在一段如今已成为经典的陈述中指出的，与他所谓的"传统"理论相反，"批判性"理论的典型承诺在于，它将解释和评价结合起来，不依赖分析对象之外的任何东西。从 30 年前哈维转向马克思主义以来，他便一直认可并推崇这种"是"与"应该是"之间的有机联系。例如，他在《社会正义与城市》中宣称，"观察行为'是'评价行为"，并对"革命""反革命"和"现状"理论做出了明确区分，认为前者"为创造真理提供了前景，而不[仅仅]是发现真理"（1973a：15，151）。大约 10 年后，他在《<资本论>的限度》中同样直率地宣告了"严格的科学与政治的统一"，这也成了他自己和马克思对资本主义进行理论化的特点（Harvey 1982a：37）。最近，他借用"反叛的建筑师"形象来描述他的整个学术努力（Harvey 2000a）。简言之，哈维始终坚持认为，描述资本主义社会基本属性的行为——这也是理论在上述三个维度上的目标——实际上就是对它们进行评判的行为。

这就是说，哈维（就像在他之前的马克思那样）很少超越简洁或提示性的陈述，来说明解释何以就"是"批判。他也没有真正确定认知和判断之间的紧密联系何以如此重要。最后，他也没有在著作中对加重理论的负担和理论家承担如此重大的责任进行太多反思——他们既是解释者，又是评价者。在本章的其余部分，我想处理这些问题，在这么做时，要回答我在导言中提出的那个简单问题。戴维·哈维以何种具体方式成了一位批判性理论家，而不是公认的"非批判性的"理论家？这又产生了怎样的结果？

257　对怎样的变化进行怎样的评价？

乍看起来，这个问题第一部分的答案似乎相当简单。哈维的著作中充斥着对资本主义地理学和生态学弊端的批判。更重要的是，他把这些主张中的很多编码化为满血的规范性论证——例如，正义（在《正义、自然和差异地理学》中）和权利（在《希望的空间》中）。因此，人们只要仔细看看哈维正式化的批评，就能理解他对资本主义运作方式的丰富理论化与它的弊病之间的联系。但我认为，事情并非如此简单。

首先，令人惊讶的是，这些正式化的判断大多出现在书籍和论文中，它们要么是哲学性的，要么是在哈维很少提及资本主义社会实质性理论的性质的地方。例如，他对"后现代的正义之死"的著名反驳，就涉及援引埃里斯·杨（1990）多维度的（非）正义概念，并通过一篇关于北卡罗来纳州哈姆雷特镇的小品文（Harvey 1996a：ch. 12）来说明其效用。其次，与此相反，哈维提供了对资本主义动力的详细理论洞见——如在《〈资本论〉的限度》中——哈维对资本主义的动态提供了详细的理论洞见。他的批评并未经过编码，也不是正式化判断。相反，它们被扔给读者，仿佛它们的效用或多或少是不证自明的。如果我们对这一点划分时期，我们可能会说，这种明显有过度简化的风险，（1）在《社会正义与城市》之后，哈维用了20年的时间来"解释资本主义如何运作"——却没有正式阐明其诸多批判性旁白的理由，同时（2）在《后现代的状况》和《资本的空间》之间的许多著作中，致力于对资本主义的弊病进行正式的评价——却从未把评价与对其目标的实质性分析紧密联系起来。

只要我们付出一点点智力上的努力，这种联系就能令人信服地建立起来。但是，对哈维的正式解释与规范性论证之间的这种明显分离，我想提供另一种解释。马克思在几个场合对批判和抨击做了很多区分。如我们所知，前者有一种强烈的正面主张，也可以说是对该著作的正式的自我描述。他曾尖刻地说，后者"[只]知道如何……谴责当下，而不是如何理解它"（Marx 1976：361）。因此，对马克思来说，批判是一种行为，"不是判断当下，而是揭示其潜能，使潜在的东西显现出来，使只在地下活动的东西浮出水面"（McCarney 1990：109）。因此，批判依赖于其对象（此处特指资本主义）的自我批评性质，来完成抨击者必须通过引入外来价值以完成的工作。它规避了佩里·安德森（1980：86）曾说的"道德判断取代了因果理解的徒劳侵入……导致了道德术语的'膨胀'"。

我将解释这种批判-抨击之间的区别与哈维目前著作的关联。但是，让我先追踪一下分析和评估的一般结果。批判毫无意义，除非正在分析的现象蕴藏着各种可能性和潜力，只要实现这些可能性和潜力，就能解决现存的弊病。与此同时，抨击虽然缺乏批判的内在性，但在进步变化的空间有限的情况下，它仍然可以发挥有益的作用。尽管马克思一般都对抨击不屑一顾，尽管法兰克福学派后来宣称抨击和批判在他们看来完全受管制的社会中是无效的，但这低估了它的潜在效力。例如，乌托邦计划虽然不大可能实现，但却能有效地突出当下社会或环境安排的偶然性和非必要性。

在我看来，作为一名马克思主义者，哈维的著作在批判和抨击之间摇摆不定。我认为，与其指责其著作的前后矛盾，不如更有效地理解这种模棱两可何以一开始就出现了，以及它所包含的原因。我感到，当哈维认识到批判只能在某些高度限制的条件下才具有说服力时，他就转向了抨击。让我详细说明一下。

正如哈维在《社会正义与城市》的"社会主义构想"中认识到的那样，批判的吸引力在于，其评价是置于分析对象（资本主义）之中的，而不是理论家强加的可能任意的价值观。然而，理论家仍然要起重要的作用，因为需要花费大量智力劳动，才能揭示隐藏和潜伏在对象中的问题。在写完《社会正义与城市》之后不久，哈维就意识到自己既不了解马克思的政治经济学，因而也无法充分理解资本主义的复杂性——这是他"需要加强的地方……"（Harvey 2000a：82）。他在20世纪70年代论述资本主义、城市和空间的文章以及《〈资本论〉的限度》中，是（并且仍然是）在理论上试图严格"反映"资本主义及其地理环境之间辩证结合的动态关系。它们不同于《社会正义与城市》前半部分的"自由主义的构想"，不仅仅因为它们在明显的意义上具有马克思主义性质。更重要的是，这些著作是对资本主义的批判，却没有运用任何正式的规范性论证来抨击《社会正义与城市》前几章里描述的城市内在的不平等。虽然哈维在1973年之后似乎只是把规范性问题放在了一边，但我倒是认为，他在20世纪70年代和80年代期间实质性的理论研究都是以"批判"的形式展开的。换句话说，哈维并没有通过对平等或正义的学术讨论来吹嘘自己的著作，也没有计划使这些概念具体化。相反，在分析资本主义的过程中，他效仿了晚期的马克思，也对资本主义进行了评价。

　　这一点在《<资本论>的限度》中表现得很明显，尽管它需要一个熟练的解释者来看清其中的缘由。相比于哈维的所有著作，这本书更加贴近马克思这个政治经济学家的精神和文字。虽然它看起来相当严厉地解剖了资本主义的时间性和空间性，但它也是对这种生产方式的一种非道德化的控诉。塞拉·本哈比（Seyla Benhabib）的著作在此为我提供了指南。在《批判、规范与乌托邦》（1986）中，本哈比有效地把《资本论》采用的具体方法概括为政治经济学批判，而非经济学批判。虽然我没有足够的篇幅来证明她的观点，但我认为，她对马克思主义批判的阐释几乎完全适用于《〈资本论〉的限度》。这并不奇怪，简单明了的事实在于，《〈资本论〉的限度》如此深刻地以《资本论》以及《大纲》这类辅助文献中的论点为基础。本哈比认为，《资本论》在以下几个方面是批判性的。首先，它是一种对资本主义的"内在性批判"（immanent critique），因为它表明了那个社会的价值观——如平等——如何在其中被废除。其次，它是对资本主义"缺陷的批判"（defetishing critique），因为它表明，这个制度在根本上并不像它表面上看到的那样。最后，本哈比表明，《资本论》是对资本主义的"变革性批判"（transformatory critique），因为它表明那种制度具有危机倾向和自我否定倾向。一旦人们懂得去寻找，所有这些批判的要素都很容易在《<资本论>的限度》发现，最明显的是第三种情况（"作为危机理论的批判"：Castree 1996）。

　　如果说《〈资本论〉的限度》是哈维最杰出的批判性著作的话——而不是对资本主义内在的地理时间动力在概念上进行"中性"揭露的批评，那么，这也可以说是 1989 年后哈维所有著作中一个不可复制的先例了。在《后现代的状况》之后，哈维的很多著作都明确（重新）转向了规范性的问题，这是在《社会正义与城市》之后未出现过的。除了《新帝国主义》这个主要的例外，这种回归与从正式的理论建构转向更哲学的、思辨的和解释性的写作风格相一致。具体地说，哈维在 20 世纪 90 年代出版的很多著作都试图勾勒适用于抨击资本主义的原则的轮廓，同时也认识到，世界上还有比资本主义本身更值得抨击的东西。这些原则既可以作为评判现状的基准，也可以作为左翼分子有许多目标需要考虑时——如性别不平等、同性恋恐惧症和环境退化——能够动员广泛反对资本主义之力量的标准。除了用 20 年来从未在他的著作中出现过的形式来阐述这些原则外，哈维还在 20 世纪 90 年代末虚构了一个刚刚出现在当下的后资本主义社会——从而为一种悠久而光荣的左翼乌托邦理想传统做出了贡献（Harvey 2000：Appendix）。总之，我认为，这些不同的规范性干预构成了与马克思主义批判的断裂。虽然他们对资本主义持批判态度，但在我看来，他们在提出自己的观点时，并没有严格参考哈维早期对这种生产方式的理论研究。相反，这些研究只在背景中徘徊。简言之，哈维在职业生涯中对批判力量的信念，似乎已经让位于另一种信念，即"抨击"依然是一种有用的第二好的方法。说到这里，我意识到哈维可能会拒绝这种解读，坚称自己从未放弃过批判的武器。

随着时间的推移，哈维对批判的承诺为什么会让位于一种更明确、却不那么严格的评价形式？我认为有两个原因，两者都基于一个事实：只要批判仍然要与理论联姻，尽管它有抱负，也无法对现实主义提出任何严肃的要求！正如哈维多年来对理论做出的各种评论所证明的那样，他承认，虽然理论无疑"关乎"世界，但很明显，理论与世界并不存在"直接联系"。理论的特殊性和价值在于它对现实进行抽象化，从而揭示现实的关键问题。这意味着，虽然批判"在理论层面上"具有说服力，但若对连接细节进行检验时，就会发现它缺乏依据。它具有"水平"和"垂直"两个维度。首先，由于哈维抽象地对资本主义的理论化是通过其他社会统治制度（如父权制）来进行的，他的政治经济学批判就必然假定了与其他这些制度的"非干预性"。其次，因为哈维抽象地对资本主义的理论化来自任何特定的社会形态——明显除了《意识与城市体验》中关于巴黎的文章之外——他的政治经济学批判同样没有掺杂经验主义的并发症。换言之，批判的限度也就是理论本身的限度。

在我看来，哈维到 20 世纪 80 年代末才意识到这一点，当时他研究了马克思的思想，并创建了自己独特的理论框架（他称之为"历史-地理唯物主义"）。研究所证明了的——正如《〈资本论〉的限度》充分表明的那样——是马克思的批判确实就像哈维在 1973 年所断言的那样是"革命性的"：完全是对资本主义内在矛盾和危机趋势的一种全面证明。"但是"，在 20 世纪 70 年代初震撼西方世界的重大经济危机之后，显而易见的是，实际存在的资本主义（与哈维关于资本主义的一般理论相反）已经很好地适应了自身的扭曲和张力。在西方，凯恩斯主义福利国家时代的终结、工人运动的失败和新保守主义思想的成功确立全都表明，在面对这些偶然的现实时，批判的承诺很可能会落空。当然，哈维曾一度用调节学派（Regulation School）的思想来补充他对资本主义抽象的理论化（如 Harvey 1988a），也不是没有原因的。因为这些中间层次的抽象，有助于准确解释资本主义社会何以拥有"防止"经济危机的资源，从而使批判所承诺的后资本主义的未来具体化。

如果说富有弹性的 20 世纪晚期的资本主义因此从哈维的政治经济学批判中感到了一些刺痛，那么，它也伴随着西方学术界中更广泛的"马克思主义的危机"，以及更加异端的左派的崛起。我不想赘述这场危机的缘由，只是想说，到 20 世纪 90 年代，在很多仍然坚持马克思主义思想的人看来，资本主义被过于轻易地放过了。随着自由市场思想在世界范围内大肆撒播，我们可能会猜想，一些马克思主义者感到，利用一切可以获得的工具来控诉全球化的资本主义制度，从实用角度来说是非常重要的。这种猜想很可能适合于哈维，就像他的《后现代道德剧》（1992a）一文表明的那样，令他感到沮丧的是，正当资本主义进入使人想起马克思所写到的"竞争"阶段之际，学术左翼却在此时抛弃了马克思主义。在这种情况下，人们可以看出他在整个 20 世纪 90 年代以来用相当普遍的术语来讨论正义、差异和权利的决心。这不仅是对批判固有的问题的回应，也是试图使反资本主义的论点在学术盟友逐渐减少的恶劣环境中继续存在。

总结这一节，如果有人把哈维的马克思主义著作通读一遍，在我看来，在面对不断变化的真实世界和知识环境时，他已经认识到批判的不足。看来，资本主义理论的迂回在某种语境下只能使我们走到这么远，在这种语境中，制度的弊病和不合理难分难解地与一切非资本主义的压制和抗争联系在一起。30 多年来，在"地理学中的革命与反革命理论"喷涌而出之后，哈维仍然是资本主义的尖锐抨击者，但现在却变得更加深思熟虑。资本主义在某种程度上并不是以一种"纯粹"的状态存在着，因此，哈维不得不放弃其批判的严厉性，不得不应付一个由更多因素确定的世界，进步的变革在其中不可避免地会"左右为难"。

262 没有主体的反叛者？

如果我的看法没错的话，哈维著作中的批判"力量"随着时间的推移而逐渐减弱，我认为，这与人们越来越无法辨识那些能够影响有意义的反资本主义斗争的支配力量是吻合的。很明显，这种无能为力对一个马克思主义者来说是有疑问的，因为他的目的旨在改变世界，而不是无奈地见证它自身的无能。现在我要描述和解释的，就是这种无能为力。

在本章的第二节中，我注意到哈维很早就从工人阶级的视角把马克思主义看成是一种情境化的知识形式。他在为《后现代的状况》的辩解中重申了这一信念，他提醒自己的批评者，雇佣劳动者构成了资本主义历史中主要的"他者"（Harvey 1992b）。然而，虽然有这些断言，但我认为，哈维几乎从最开始转向马克思主义时就已经认识到，无论是在理论层面或"真实世界"（经验的）层面，都不存在一个可以指明的工人阶级行动者。哈维之所以被迫承认这一点，不是因为其著作有什么缺陷，而是因为资本主义"内部"和"外部"的现实（再次用我此前所做的区分）。

首先，这种迹象在《〈资本论〉的限度》早期的一条很长的脚注和该书的"后记"中就很明显。《〈资本论〉的限度》对社会学家所谓的"体制整合（瓦解）"进行了分析：它从思想家和观察者（Harvey）的第三人称视角出发，把资本主义从真实世界的外表下抽象出来，阐明了其逻辑。在《〈资本论〉的限度》中，有一条注脚提到了阿尔都塞对生产方式和社会形态之间的区分。哈维（1982a：26）在一条关于阿尔都塞式区分生产方式与社会构成的脚注中承认，《〈资本论〉的限度》中的"纯粹两个阶级的剖析"是不现实的。相似地，他在该书的结尾部分承认，在分析资本主义如何生存或被推翻时，对工人阶级民众生活现实的审视"构成了一个完全不同的出发点"（1982a：447）。即使在理论层面上我也认为，《〈资本论〉的限度》解构了它本身对一个被资产阶级剥削的工人阶级行动者的表面认同。正如我在其他地方所论证的，该书把资本主义描述为一种非人格化的统治模式，也是一种制度，在其中，一个阶级被另一个阶级在生产场所剥削成了根本问题（Castree 1999）。继波士顿（Postone 1996）之后，《〈资本论〉的限度》不能被简单地解读为从雇佣劳动者的立场对资本主义的批判。相反，它可以被看成揭露了一种特殊事实，即在资本主义世界中，被该制度触及的"每一个人"都受制于一种"准客观形式的社会调解"（Postone 1996：5），这种调解远远超出了生产领域。在这里，个体之间的关系，无论他们是谁或他们做什么，都将其作为无形的力量（如利润率下降、经济危机）或有形的事物（商品、已建成的环境等）来面对。尽管《〈资本论〉的限度》确实说到了阶级斗争的一些问题，但它花了更多时间和精力来追溯各种形式的雇佣劳动产品，在这些产品中，雇佣劳动产品似乎变成了外来的、无法控制的因素，与形形色色的人对抗。实际上，似乎是为了证实这一点，哈维在关于价值理论的附录中（1982a：35-8）强调，马克思的政治经济学揭示了"各种力量和约束的并置"，它们对人的约束"就像它们是从外部强加的必然性"（1982：27）。在后来的著作中——如《意识与城市体验》中关于金钱、时间和空间的论述（1985a：ch. 5）——这种以抽象为主导的主题同样清晰可见。

即使在这一点上我的理解有误，但很明显，哈维在《〈资本论〉的限度》之中和之后都意识到了，资本主义的一部分逻辑是从地理上隔离工人，因而有破坏广泛的阶级意识的可能性。资本主义惯于以"结构化的一致性"来创造不同的城市和地区——《资本的城市化》对此做了很好的解释——在空间上分离工人阶级社群之时混淆了合作的思想和行动。因此，并不存在工人阶级这种特殊群体，而只有在空间上不协调、基于地方的阶级组合——除非组织机构能够创造出跨越地区的团结形式。同样清楚的是——尤其是在《意识与城市体验》中——哈维多年来一直努力避免混淆"理论"层面的反叛主体的身份与"经验"层面工人阶级的作用。正如该书中关于巴黎的文章所表明的，即使在危机时刻，头脑清醒的工人阶级行动者并不会轻易挺身而出。这些文章——探究了社会学家所谓的"社会整合（瓦解）"——清楚地表明，工人阶级不是作为单一的群体存在，而是作为经验上复杂的、不统一的群体存在。不同阶级群体的混合总是这样，以至像《〈资本论〉的限度》这种文本抽象的阶级分析，无法清晰地在生活经验的层面上进行转化。

因此，到 20 世纪 80 年代末，很明显的是，一个有可能引领社会主义的主体在哈维的著作中只存在于理论层面上——即使这样也有理由相信，这种主体并不像人们想象的那样成为分析的核心，也不像它看起来那样一致和冷静自信。在我看来，在整个 20 世纪 90 年代，决心反对资产阶级的行动者的身份，成了在哈维著作中或多或少放弃了的东西。这不仅仅是世界范围内工人运动客观上被削弱的结果。这也是对前文提及的马克思主义在学术界的危机和女性主义这样的其他左翼范式崛起的回应。在《后现代的状况》之后，哈维试图把非资本主义的"差异"形式纳入自己的分析中，从而不可避免地使可以广泛识别的工人阶级主体这个概念变得更加不可信。实际上，这也说明了哈维在《正义、自然和差异地理学》中并没有将阶级界定为一个确定的选民群体，而是更一般地将其界定为"与资本积累过程有关的关系性结构"（1996a：359）。我认为，这种普遍性的定义是哈维对这一事实的让步：即所有主体在根本上，在保罗·史密斯（Paul Smith 1988）术语的意义上都是"可识别的"。这就是说，所有个体都被置于多重主体地位中，这些主体地位经常以相互矛盾的方式交织在一起，以至个人的"真实利益"一点都不清楚。有鉴于此，"阶级就成了一个无关身份或一致性的问题……而是一个构成的问题"（Thoburn 2003：63）。

这并不是说，哈维已经随着职业生涯的发展而放弃了阶级问题很重要的想法。但可以说，他现在承认，必须把阶级意识和阶级行动与各种"激进特殊论"内部和之间的非资本主义身份形式联系起来理解。由于他对从实质上分析这些身份形式不感兴趣，使得他近年来关于阶级的著作都不可避免地在特征上相当一般化。他最终在《正义、自然和差异地理学》中的"能动性无处不在"这种老套看法，在一定程度上为资本主义无处不在定下了基调。例如，在《希望的空间》前几章中，他（非常明智地）提出，在新自由主义时代，雇佣工人需要认识到自己的共同利益，即使这些工人可能因为种族、国家、性属等出现严重分化。相似地，在《新帝国主义》中，他有用地辨别了工人运动和更早出现的以"后西雅图运动"（post-Seattle）为代表的"反资本主义"运动的共同之处。但在这两种情况下，由于他对非资本主义的权力和反抗形式缺乏准确的理论把握，所以，他对能动性的评论缺乏具体性——即使是在理论层面上，就更不用说经验层面了。

总之，马克思主义最具有魔力的思想——成为资本主义掘墓人的反叛的工人阶级行动者——在哈维的著作中随着时间的流逝已经被逐渐弱化。在我看来讽刺的是，他的激进批判理论也缺乏一个主体。这不仅仅是暂时的历史环境的作用——事实上，在过去 30 年里，工人运动在地方、国家和全球层面上都遭受了失败。我认为，更深刻的是，这是一种持久的本体论事实的结果：人们的身份在地方内部和地方之间是如此多重性的，以至工人阶级意识和行动在任何地理规模上的发展，都是一种非常难以取得的不稳定的成就。

学术劳动的政治

265

在前两个部分中，我已经讨论了哈维的理论著作追求"批判性"的两种方式。通过将这些著作置于更广泛的社会和知识语境中，我认为，其批判力度随着时间的推移而让位于一种不太确定的论证形式。我的论点是，自 20 世纪 90 年代初以来，由于批判的失败和难以服众的工人阶级能动性的概念，哈维的著作已经丧失了其早期著作的理论严谨性。结果是，哈维对资本主义的反对变得更加明确，但也更加抽象和"道德说教"，而他反对资本主义的斗争概念也变得愈发的模糊。在本章的最后部分，我想转而关注第三个维度，即戴维·哈维关于资本主义批判的理论化的影响力。这是他几乎从未讨论过的一个问题，但对任何恰当评价其著作在过去 30 年里产生的影响来说，这是至关重要的。这关系到他在多大程度上采取了措施，以确保其思想能在大学读者之外传播。

哈维是一位学者，他的整个职业生涯都在大学里工作。他于 20 世纪 60 年代在英国布里斯托尔大学开始自己的职业生涯，20 世纪 70 年代初成为美国约翰·霍普金斯大学教授，1987 年担任英国牛津大学地理学霍福德·麦金德（Halford Mackinder）讲座教授，然后在 20 世纪 90 年代回到霍普金斯大学，2000 年开始在纽约城市大学任现职（很可能是最后一个职务）。尽管他私下参与了左翼的政治斗争，但他的大部分职业生涯都致力于思考、教学和写作。这种对学术的投入使他获益匪浅。西方大学所提供的知识自由，使他和他那一代英语世界的马克思主义者完成了大量的研究著作，正如我在引言中提到的，这些著作在 20 世纪 70 年代之前几乎是不存在的。

然而，这些著作是为谁撰写的？答案很明显，大部分是其他（非马克思主义的）学者和大学生。从《社会正义与城市》至少到《后现代的状况》，哈维的著作试图向地理学家和城市分析家们解释马克思主义思想的睿智，他们在哈维、卡斯特尔之前几乎没有接触过马克思主义，也有其他一些人突然出现在了现场。尽管这种范式转换的努力很重要，但近年来，哈维显然已经把目光投向了大学以外的受众。《后现代的状况》出乎意料的成功——在受过教育的公众群体中，它受欢迎的程度与在领薪酬的学者中一样高——这似乎鼓励他更广泛地推销他后来的很多著作。《新帝国主义》就是最明显的例子，它开始于在牛津大学发表的系列公开演讲（参见 Castree 2006）。在最近的其他著作中，哈维表达了一种信念，即他的思想确实超出了学术界。因此，在《资本的空间》（他最畅销的书籍）中，他把自己的著作描述为试图"改变全体公众……的思维方式"，就像在学术界里一样（Harvey 2001a:

vii）。无独有偶，他在再版的《<资本论>的限度》中表示，希望自己的著作会有助于"告知……由致力于寻找替代资本主义霸权的反对势力所进行的实践"（Harvey 1999a：xxvii）。

当然，哈维渴望与大学以外更广泛的支持者建立联系，这与他在著作中如此丰富地拓展的马克思主义传统是一致的。正如安德森（1983：14）正确地指出的："马克思主义理论决心理解世界，始终致力于与寻求改变世界的大众实践达成渐进的统一。"为了论证的缘故，如果我们低估上一节的结论，那么，我们可以问，哈维是如何成功地向非学术的左翼读者推销自己主张的。换句话说，如果我们假设，在他的职业生涯中，在英语世界中曾经存在过一场可能接受马克思主义思想的强大工人运动，那么，我们就可以推测，他的著作是否可能在那个"政治试验场"上发挥"行动指南"的作用……"分析起来，[这]是唯一重要的因素"（Harvey 1989：15，16）。

这样的推测并不意味着，哈维要对他作为理论家的著作所产生的广泛影响负全部责任。但在某种程度上，理论无法自我呈现——毕竟，它必须被呈现（由一个在世的理论家戴维·哈维）——那么，从事理论研究的场所无疑会对遇到它的人们产生影响。安东尼奥·葛兰西（Antonio Gramsci）明智地指出："批评家的出发点是'认识你自己'作为迄今为止的历史进程的产物，它已在你身上存储了无尽的踪迹，却没有留下详细的目录"（引自 Said 2001：170）。看来，哈维似乎没有留意这一告诫。他从未尝试过自我解释（如 2000年的《新左派评论》访谈，或《希望的空间》中传记式的导言），但他确实考虑过自己的学术地位如何实质性地影响到自己的思想在学术界之外传播，如何习惯于自己著作的学术难度。我认为，对哈维在学术界的社交化进行仔细考察，或许可以解释他希望接触到非学术界受众的愿望，为什么只能最低限度地实现。让我来解释一下。

在本章开头，我提到了哈维的激进主义知识论，但这种知识论必须考虑到这样一个事实，即在更广泛的社会中并非所有知识都是同样"激进的"。当然，专业学者是新知识的主要生产者——哲学的、理论的和实证的。但是，

267　他们或许曾经在这方面很特别，而如今，他们只是晚期资本主义社会众多知
识生产者中的一员。播音员、电脑设计师、律师、管理顾问、政策专家和新
闻记者，都是众多专业人士中的一部分，可以说，他们在当下创造和传播知
识，而不是物质产品。大多数这类专业人士——像大多数学者一样——说话
和写作都要用大部分普通人难以理解的"通用语"（*lingua franca*）。不过，
他们中的一些人是"有机知识分子"（organic intellectuals），按照葛兰西的
这个词语广泛而精确含义来看，它是指那些其思想旨在"谋划利益、获得更
多权力、掌握更多控制权"的人们（Said 1994：4）。

　　这些人自觉地以可接受的方式（这不同于"肤浅化"）写作才产生了影
响力，并且通过媒体传播自己的思想，使自己得以广为人知。按这两个标准
来评判，可以发现哈维著作的缺陷。首先，尽管他的文笔优美清晰，但大部
分非学术人士无疑会感到其著作晦涩难懂。其次，他的绝大多数著作都是为
学术读者群撰写的，而非其他读者。然而，要想在今天成为一个有影响的思
想塑造者——无论政治信仰如何——都需要在报纸、杂志和电视上露面。这
一事实或许也说明了我们这个时代最突出的左翼声音何以来自记者，如乔
治·蒙贝尔特（George Monbiot）和约翰·皮尔格（John Pilger），或纪录
片制作人迈克尔·摩尔。① 记者们用文章、专栏和广播来影响广泛的受众，
并在此过程中培养起一批追随者。迈克尔·摩尔通过自己的纪录片也达到了同
样的目的。这并不是说图书出版物不再重要。相反，西方社会对阅读图书的
爱好（虚构的和非虚构的作品）并未减弱。诺蕾纳·赫兹（Noreena Hertz）
和娜欧米·克莱恩是两个激进主义者，她们的书在大量对新自由主义感到幻
灭的人中很畅销。② 她们辩论的成功表明，从根本上批判现存社会秩序的思
想不乏有准备的读者。但与哈维不同的是，这两位畅销书作者不仅不是马克

---

　　① 有趣的是，哈维作为马克思主义者的第一本书是献给"世界各地所有优秀的记者"的（Harvey 1973a：
19）。实际上，20 世纪 90 年代初，哈维曾尝试过一种新闻媒体：无线电广播。他为英国广播公司第四台
（BBC Radio 4）制作了一系列有关现代城市的节目。
　　② 蒙贝尔特（Monbiot）和皮尔格（Pilger）的著作也很畅销，他们以记者的身份为自己的批判赢得了
广泛的读者。

思主义者；她们也有为普通读者写作的诀窍。当然，这样做的代价是，她们的书缺乏分析的严谨性和深度。然而，如果说哈维能从中汲取什么教训的话，那一定是：要使马克思主义对资本主义的批判再次成为"常识"，就需要有策略地运用写作和言说的媒介。

长期以来，马克思主义者一直夸耀自己的理论不仅是一种社会理论，而且是一种可以解释其自身存在的理论——用安德森（1983：11）的话来说，"它包括不可或缺和坚持不懈的自我批判"。这种自我批判的敏感性，肯定必须部分地延伸到审视 21 世纪早期那些塑造了实际存在的马克思主义的体系。事实上，哈维与他那一代的所有马克思主义思想家一样，一直是他工作过的大学自愿捐赠非自愿决定遗嘱的代理人。然而，如我在前文提到的，在哈维试图从传记角度解释其信条的几次尝试中，他实际上都没有正式讨论过西方大学生活的政治和道德经济学。① 似乎高等教育的制约力量——如要求在学术期刊上发表研究成果，而不是在更流行的渠道上——对他的马克思主义风格没有什么重要的影响。当然，这是难以置信的。就像他所属的那一代马克思主义者一样，大学环境为哈维提供的知识执照，是以更广泛的社会关联为代价的。这种环境不可磨灭地留下了"无尽的踪迹"，阻碍他以其他方式来分享自己的思想，否则他就可能有智性去做。最终，哈维的理论迂回所产生的最大影响是在他身处的学术界之内，而不是在别的任何地方。

理论的后果？

在本章中，我对戴维·哈维在理论上诘难资本主义实际上的或潜在的"批判性"做出了批判性的概述。我聚焦于三个问题，两个问题与哈维著作的内容有关，第三个问题与他喜欢的交流其思想的方式和媒介有关。如果说我对哈维批判资本主义的理论所做的三个方面的审视到底还是显得气量狭小的

---

① 此类关于自我解释的片段通常出现在他的多部著作的引言部分。

话，那就让我用一种积极的调子来结束吧。戴维·哈维仍然是一个绝对的灵感来源——不仅对我来说是这样，而且对众多不一定认同其马克思主义世界观的人们来说也是如此。如果说我对他的著作进行了一种严格的审视，那么，这只是因为哈维为自己和我们这些追随他的人都设立了如此高的标准。他所取得的成就是我们大多数人永远无法企及的。我希望他在过去 30 多年表现出来的那种近乎运动员般的理性精力，在未来的很多年里都不会减弱。如果一种批判资本主义的理论要产生任何影响的话，那它首先就要有哈维这种有才干的理论家。希望我自己这一代和更年轻的一代人，能够把马克思主义理论的迂回变成一种必然，不仅是为了那些激进的学者们，而且也是为了在更广阔的世界里产生的对资本主义的诸多不满。倘若我们成功了，那一定是因为有像戴维·哈维这样的人物，为我们提供了这样去做的理论工具。

作者简介：

诺埃尔·卡斯特里（Noel Castree, 1968—），英国曼彻斯特大学环境与发展学院教授。近著有《自然：一种观念的冒险》（*Nature: The Adventures of an Idea*, Routledge, 2005），撰写过多篇关于马克思主义理论的文章。他是《对立面：激进地理学杂志》（*Antipode: A Journal of Radical Geography*, published by Blackwell）的合作编辑。

译者简介：

肖达娜，四川大学道教与宗教文化研究所博士研究生，四川师范大学国际教育学院副教授，主要从事哲学美学与英美文学研究。

第十三章　作为关键词的空间

戴维·哈维　著　　　阎嘉　译

　　倘若雷蒙德·威廉斯今天要为其著名的《关键词》一书想出一个词条的话，那他肯定会把"空间"（Space）这个词语收入其中。他完全有理由把它收录在一些概念的最终条目中，诸如"文化"和"自然"，并把它列为"我们语言中最复杂的词语之一"（Williams 1985）。那么，怎么可能厘清附着在"空间"这个词语之上的一系列意涵，而又不至于使我们自己迷失在某个复杂性的迷宫（它本身就是一个有趣的空间隐喻）之中呢？

　　"空间"经常引起变动。复杂性有时产生于各种变动（它们在叙述或在写作中经常都会被忽略），而不是产生于空间概念本身内在的复杂性。例如，当我们提到"物质的""隐喻的""阈限的""个人的""社会的"或"精神的"空间（仅举几个例子）时，我们表明了各种各样的语境，以至影响到使空间的含义所依赖的语境的不同情况。相似地，当我们建构恐怖的、戏剧的、宇宙的、梦幻的、愤怒的、粒子物理的、资本的、地缘政治之张力关系的、希望的、记忆的、生态上相互作用的空间（再次只是表明使用这个词语的一些看似无限的场所）这类短语时，应用的领域规定了某种特定的事物，致使对空间的一切普遍性的界定成了一项毫无指望的任务。不过，在下文里，我将搁置这些困难，尝试对这个词语的含义做出一般性的厘清。我希望由此驱散某些迷雾，它们似乎困扰着由于使用这个词语而造成的错误传达。

　　然而，我们为这一探究选择的切入点并不单纯，因为它不可避免地确定了一个特殊的视角，这个视角突显了某些问题，同时又遮蔽了另一些问题。

271　　当然，某种权限通常都与哲学上的反思相吻合，因为哲学志在超越人类实践和局部知识各不相同的领域，以便为我们诉诸的各种范畴指定确切的含义。我已经形成了这样的印象，即在哲学家中存在着有关空间之含义的诸多纷争和混淆，而完全没有把它当成一个毫无疑问的出发点。此外，由于我绝无资格从哲学传统内部来反思空间概念，看来最好是从我最了解的那个点开始。因此，我要从地理学家的立场出发，并非因为这是一个享有特权的立场，它以某种方式具有运用空间概念的所有权（正如某些地理学家有时声称的那样），而是因为这恰好是我做过大量研究的领域。正是在这个领域里，我最直接地在与"空间"这个词语相关的全部复杂性方面进行过研究。当然，我经常利用其他人在学术和智力劳动分工的各个学科中的研究成果，也利用了很多地理学家（人数众多，以至在这篇短文里无法答谢）的研究成果，他们都曾以自己独特的方式积极参与了对这些问题的探讨。我在此并不试图对所有这些研究进行一种综合。我所提供的纯粹是一种个人的解释，即要尽可能令人满意地说明，在我寻求那些研究对于我主要关心的理论与实践话题的意义之时，我自己的观点的发展。

　　多年前，我就已开始反思这个问题。在出版于1973年的《社会正义与城市》一书中，我提出：如果我们要理解资本主义的城市发展进程，至关重要的是要反思空间的性质。我利用了以前从科学哲学的研究中收集来的各种观念，和在《地理学中的解释》里部分探讨过的观念，确定了一种理解空间之方式的三重划分：

　　如果我们把空间看成是绝对的，那么，它就成了一种独立于物质而存在的"物自体"（thing in itself）。它因此就具有一种我们可以用于归类或区分现象的结构。相对的空间观提出：空间被理解为对象之间的一种关系，它的存在仅仅由于对象存在着并相互关联。还有另外一种理解，即把空间看成是相对的，而我宁愿把这叫做关系性的空间——按照莱布尼茨（Leibniz）的方式，空间被认为包含在对象之中，在这种意义上，可以说一个对象的存在仅仅因为它自身内部包含和表现了与其他对象的各种关系。

哈维（1973a）

我认为，这种三重划分完全值得维持下去。因而，让我从简要阐述这些范畴各自具备怎样的内涵开始。

绝对空间（absolute space）是固定的，我们在其框架内部表明或规划各 272
种事件。这是牛顿（Newton）和笛卡尔（Descartes）的空间，它通常被表征为一种预先存在的和固定不变的网格，可以用标准化的尺度测量，并且可以计算。从几何学上看，它属于欧几里得（Euclid）的空间，因而也是各种地籍制图（cadastral mapping）和工程实践的空间。它是一种主要的单个形成的空间——如笛卡尔提出的"广延之物"（res extensa）——这适用于一切分离的和有界限的现象，包括作为个体之人的你和我。从社会方面看，这是私有财产和其他有界限的领地所划定的空间（诸如国家、行政管理单位、城市规划和城市网络）。当笛卡尔式的工程师带着一种征服感来看待世界时，它就成了一个绝对空间（和时间）的世界，一切不确定和含糊之物，在原则上都可以从中被排除，人类的计算在其中可以畅通无阻地滋生。

相对空间（relative space）的概念主要与爱因斯坦（Einstein）的名字和19世纪最有系统地开始建构的非欧几里得几何学有关联。空间在双重意义上是相对的：有要在其中进行选择的多种几何形，还有主要取决于被相对化和被谁相对化的空间结构。当高斯（Gauss）最初为处理精确测量弯曲的地球表面的问题而建立了非欧几里得球面几何学的各种规则时，他也确认了欧拉（Euler）的断言，即地球表面的任何部分都具有完美比例尺的图形是不可能的。爱因斯坦进一步论证了这个论点，指出度量的所有形式都要取决于观测者的参照框架。他教导我们说，必须抛弃物质世界中的同时性（simultaneity）的观念。按照这种说法，不可能理解独立于时间的空间，而这要求语言从空间"和"时间，向时空（space-time）或时空性（spatio-temporality）进行重要转移。当然，在考查按光速运行的时间过程时，正是爱因斯坦的成就，才提出了考查空间曲率这种现象的精确方法（Osserman 1995）。但是，在爱因斯坦的图式中，时间依然是固定的，只有空间才会按照某些可以观察到的规则进行弯曲（与高斯发明的球面几何大致相似，是一种通过三角测量来测量地球弯曲表面的精确方法）。在地理学研究更为一般的层面上，我们知道，交通往来的空间看上去——而且确实非常地——不同于私有财产的空间。由绝对空间中有界限之领地所确定的地点和个体化的独特性，让位于地点的多样性，可以说，那些地点与某个重要城市地点的距离相等。我们通过区分按照成本、时间、交通方式的划分（轿车、自行车或滑板）来衡量的各种距离，可以创制出完全不同的相对地点的地图，甚至可以通过考虑网络、拓扑关系（邮递员投递邮件的最佳路线）和类似问题来破坏空间的连续性。我们知道，假定在地球表面遇到有差异的摩擦力，那么，两个点之间最短的距离（根据耗费的时间、成本、能源来衡量），并不一定是由传说中乌鸦飞行的路线提供的。此外，观测者的立场起着一种关键作用。正如著名的斯坦伯格的动画片使人想到的，当人们想到通往哈德逊河西岸或长岛东岸的区域时，典型的纽约人对世界的看法就会非常迅速地消失。重要的是要注意到，所有这些相对化，并非必然会减少或消除计算和控制的能力，但这的确表明：考虑到各种独特的现象和过程，需要有特殊的规则和法度。不过，当我们寻求把来自不同领域的理解整合到某种更加统一的努力之中时，确实出现了各种困难。例如，为了精确呈现能源通过各种生态系统流动所需要的时空性，或许与在全球市场中金融流动的时空性并不一致。理解资本积累的时空节奏，要求一种完全不同于理解全球气候变化所需的框架。这些失调虽然极为难于研究透彻，但只要我们能确认它们的本来面目，却不一定是一个缺点。对不同时空框架进行比较，可以说明政治选择的问题。（例如，我们赞同金融流动的时空性呢，还是赞同这种流动特别典型地破坏的生态过程的时空性呢？）

关系性空间（relational space）的概念最经常与莱布尼茨的名字相联系，莱布尼茨在给克拉克（他实际上是一个拥护牛顿的替身）的一系列著名信件中，极力反对对牛顿的理论来说非常重要的绝对的空间和时间观。① 他反对的主要理由是神学上的。牛顿使那种理论看起来就像是连上帝都处于绝对的空间和时间之内，而不在时空性的掌控之中。相应地，关系性的空间观坚持认为，在限定空间或时间的过程之外，不存在空间或时间这样的东西。（倘若上帝创造了世界，那么，他也要在众多可能性中进行选择，使空间和时间成为一种特殊的类型。）过程并非发生"在"空间中，而是限定了过程自身的空间框架。空间的概念嵌入在过程中，或者说内在于过程。如同相对空间的情况一样，这种阐述本身就意味着，不可能使空间脱离时间。因此，我们必须把焦点集中在空间和时间的关系性之上，而不是集中在孤立的空间的关系性上。关系性的时空概念暗示了内在关系的观念；外在的影响在特定过程或事物中通过时间被内在化了（就像我的内心吸收了各种外部信息和刺激因素，从而产生出包括梦想和幻想在内的奇怪思维模式，以及根据理性进行计算的企图）。空间中某个点上的事件或事物，不可能通过诉诸于仅仅存在于那个点上的东西来理解。它要依赖于其周围发生的其他一切事情（就像进入房间进行讨论的所有人，全都随身带来了一大堆在世界上积累起来的经验数据）。盘旋在过去、现在和未来空间中多种多样完全不同的影响，聚集并凝固在某个点上（例如，在一间会议室里），确定了那个点的性质。在这种论点中，同一性意味着某种全然不同的东西，不同于我们从绝对空间中获得的对它的那种感觉。因此，我们确实得出了莱布尼茨单子概念的一种延伸了的翻版。

我们越接近关系性的空间和时间世界，度量就变得越来越有疑问。然而，人们何以要认定：空间和时间只有按照某些传统方式是可以度量和可以计量的时，它才存在呢？这导致了对实证主义和经验主义之失败（或许最好解释为局限性）的一些有趣的反思，以提出对超越可以度量之时空概念的某些恰

---

① 我在 1996 年的著作（译按：指哈维 1996 年出版的《正义、自然和差异地理学》一书）里，尤其是在第十章里，对此作了一些评论。

当的理解。在某种程度上，关系性的空间和时间概念把我们带向了数学、诗歌和音乐汇聚的那个点，即使不是合并的那个点。从科学的观点（与美学的观点相反）来看，这是对实证主义者或拙劣的唯物主义者所偏爱的那些概念的诅咒。在这个问题上，把空间看成是真实的、但只有凭直觉才能感受到的康德式的折衷，试图通过把空间概念正好合并到审美判断的理论之中，从而在牛顿与莱布尼茨之间架设起一座桥梁。但是，相对于对待大脑思维问题更加辩证的方法而言，莱布尼茨返回到了不仅作为赛博空间之宗师而且作为基本思想家之名气和重要性，对量子理论的阐述表明了某种迫切要求，即要超越绝对和相对的概念，超越这些概念更容易度量的特质，并且超越康德式的折衷。然而，关系性的领域是一个极具挑战性和需要进行研究的困难领域。多年来，有众多思想家用自己的才华去反思关系性思维的可能性。阿尔弗雷德·诺思·怀特海对关系性观点的必要性很着迷，为推进这种观点做了大量工作。[①] 德勒兹在反思莱布尼茨（以及反思巴洛克建筑和包含在莱布尼茨著作中的数学）与反思斯宾诺莎时，同样也提出了很多这类观念（Deleuze 1992）。

然而，作为一位地理工作者，我为何要发现以及如何去发现处理空间和时间的关系性的方式很有用处呢？答案完全在于：有一些话题，如城市化进程中的集体记忆在政治上的作用，它们只能以这种方式来处理。我无法把政治的和集体的记忆限制在某种绝对空间里（清晰地把它们置于坐标网格或地图中），我也不可能按照不管有多么复杂的相对空间和时间的规则去理解它们的循环。如果我要问天安门广场或者世贸大厦遗址（Ground Zero）"意味着"什么的话，那么，我能够寻求答案的唯一方式，就是按照关系性的条件来思考。这就是我在写到巴黎的圣心大教堂（the Basilica of Sacré-Caeur）时所面对的问题（哈维 1979a）。而且，如我很快将表明的，如果不诉诸于关系性的观点，就不可能理解马克思主义的政治经济学。

275

---

① Fitzgerald, 1979；我在 1996 年的著作中尝试过与怀特海的观点达成一致。

因而，空间（空间和时间）是绝对的、相对的，还是关系性的？我完全不知道是否存在着一个对此问题的本体论的答案。在我自己的研究中，我是按所有这三个方面来思考空间的。这就是我 30 年前得出的结论，而我找不出任何特殊的理由（也没有听说过任何论点）来使自己改变想法。以下是我那时写下的话：

空间本身既不是绝对的、相对的，也不是关系性的，但它可以根据各种境况成为其中一种，或者同时成为全部三种。恰当地对空间进行概念化的问题，要通过与之相关的人类实践来解决。换言之，不存在由空间性质产生的哲学问题的哲学答案——答案在人类实践之中。因此，"什么是空间"的问题，要由"不同的人类实践如何创造了空间以及怎样利用对空间的不同概念化"的问题来取代。例如，所有权关系创造了垄断控制得以在其中运作的绝对空间。人员、货物、服务和信息的运动发生在一种相对的空间里，因为它要耗费金钱、时间、能源和类似的东西去克服距离的阻力。土地的地块也要攫取利益，因为它们包含了与其他地块的关系……关系性空间以租金的形式自我继承，成了人类社会实践的一个重要方面。

哈维（1979a：13）

存在着确定某种空间框架何时、何地比另一种空间框架更好的规则吗？或者说，这种选择是任意的，还是要服从人类实践的冲动？运用这个或另一个概念的决定，在研究中肯定要取决于现象的性质。绝对的概念对所有权界线和确定边界的问题来说，可能非常适合，但在什么是天安门广场、世贸大厦遗址或圣心大教堂的问题上，这种概念对我毫无帮助。我由此发现，有帮助的是——似乎只是作为一种内在标准——要概述选择绝对的、相对的或关系性的参照框架的理由。此外，我经常发现自己在实践中会设想：在关系性空间可以包含相对空间和绝对空间、相对空间可以包含绝对空间、而绝对空间只是绝对空间之类的意义上，它们当中存在着某种要产生作用的层级关系。但是，我不会自信地提出这种观点是一种研究原则，更不用说试图在理论上为它辩护。我发现，使这三个概念彼此保持辩证的张力关系，经常通过它们之间的相互作用来进行思考，在原则上要有趣得多。世贸大厦遗址是一种绝对空间，在空间和时间中同时也是相对的和关系性的空间。

让我尝试把这一观点放到一个更加直接的语境之中吧。我在一个房间里进行一次谈话。我说话的范围受到那些特定墙壁的绝对空间的限制，受到谈话的绝对时间的限制。为了听我谈话，人们必须在那个绝对时间里处于那个绝对空间中。那些不能进来的人们被排除在外，那些迟到的人没有听到我的谈话。在场的人们被看成是各个个体——个性化的个体——每个人在那时都受制于绝对空间，如占用的座位。但是，相对于我的听众而言，我也处在一种相对空间中。我在这里，他们在那里。我试图通过一种媒介——气氛——透过气氛进行交流，气氛有区别地折射出我说的话。我柔和地谈着，我的言谈的清晰性在空间中消逝：坐在后排的人完全无法听见。如果有通往阿伯丁大学的实况视频的话，那里就能听到我说话，而不是坐在后排的人。我的话在相对的空间和时间里分别被人们听到。个体化变得更加有疑问，因为有很多人正好在那个空间和时间中处在相同的相对于我的地点。在第四排的所有人与我都是等距离。在那些听得见和听不见的人们之间，出现了一种空间和时间上的不连续性。对在房间里进行谈话的绝对空间和时间中所发生的情况进行分析，看上去非常不同于通过相对空间和时间的镜头进行的分析。但是，接着也有了关系性的空间和时间。听众中的个体对谈论各种观念与体验的绝对空间和时间恢复了知觉，从自己生活轨迹的空间和时间与房间里共存的空间和时间中进行挑选：他不可能不去想早饭时的争论，她无法从心里抹去昨天晚间新闻里死亡和破坏的可怕景象。我的谈话方式中的某种东西使某个人想到了失落在有点遥远的过去的一个创伤性事件，我的话又使另一个人想起了他们在 20 世纪 70 年代经常去参加的那些政治集会。我的话表达了对世界上所发生之事的某种激愤。在谈到我们在这个房间里所做的一切都是愚蠢和微不足道的时，我发现自己正在思索。房间里有一种明显的紧张感。我们为什么不走出那里去推翻政府？我使自己从所有这些关系性中抽出身来，退回到房间绝对的和相对的空间中，试图以一种枯燥的和技术性的方式谈到作为一个关键词的空间这一话题。紧张消散了，坐在前排的某个人在点头。我知道每个人都处在绝对的空间和时间里，但随着谈话的进行，我不知道"人们的头脑想到了哪里"。我感觉得到，有些人跟随着我的思路，有些人却没有，但我确实无法分辨。然而，这肯定是一切之中最重要的因素。那毕竟是变动着的政治主体性之所在。关系性即使不是无法阻止的，也是难以捉摸的，虽然如此，它却依然是极其重要的。

　　我借这个例子意在表明，必定存在着一种有关空间性本身的阈限，因为我们都同时被无情地置于所有三种框架之中，尽管不一定是同等地处于其中。我们经常都没有注意到，我们通过自己的实际行动可能止步于喜欢这种或那种界定。我将以一种绝对论的方式做一件事，并得出一系列结论；我将以一种相对的方式，建构出自己的不同解释，做出另一件事；如果一切透过关系性的过滤器看上去都不一样，那么，我将以一种完全不同的方式来指引自己的行为。我们所做的和我们所理解的，在整体上都依赖于我们自己处于其中的主要空间和时间框架。思考一下这一点在涉及大多数充满社会-政治概念、我们叫做"身份"的时候是如何起作用的吧。在绝对空间和时间中的一切事物都足够清楚，但在涉及相对空间和时间与关系性世界中彻头彻尾的疑难时，情况就变得有点棘手。然而，只有在最后这个框架里，我们才可能着手努力对付当代政治的诸多方面，因为那是政治主体性和政治意识的世界。杜波伊斯（Du Bois）很早之前就试图根据他所称的"双重意识"（double consciousness）来提出这个问题——他问道：在自己身上带着作为黑人和美国人的体验，意味着什么？我们现在通过追问作为美国人、黑人、女性、女同性恋者和工人阶级意味着什么，这使问题进一步变得复杂了吗？所有这些关系性是如何进入主体的政治意识的？当我们思考其他方面——移民、流散群体、游客和旅行者、那些注视着当代全球媒体并部分过滤或者吸收其信息中的杂音的人们时——我们在这时所面临的主要问题是，理解整个这种体验和信息的关系性世界是如何在特定政治主体身上被"内在化"的（虽然在绝对空间和时间中是个体化的），以支持这种或那种思路，以及这种或那种行动路线。坦白地说，如果不考虑在关系性条件下发生的情况，那么，我们就无法理解政治主体性在其中形成、政治行动在其中发生的变动着的领域。

278　　　倘若绝对空间、相对空间和关系性空间的概念之间的反差是揭开作为关键词的空间之含义的唯一途径的话，那么，问题确实就可以到此为止。无论有幸还是不幸，还有另外的、同样有说服力的方式来提出这个问题。例如，近年来，很多地理学家都已经指出了使用空间概念时的一个关键差别，即把空间概念当成据以理解实体地理学的唯物主义规划中的一个必要因素，与在社会、文学和文化理论中广泛挪用空间隐喻之间的差别。此外，这些隐喻经常被用来破坏所谓的元叙事（如马克思主义理论），破坏时间维度在其中特别盛行的那些推论策略。所有这一切激起了关于空间在社会、文学和文化理论中的作用的巨大论争。我无意卷入对于这种所谓普遍的"空间转向"之意义，尤其是它与后现代主义之关系的详细讨论之中。但是，我自己的立场始终都非常清楚：无疑，对空间和时空的恰当思考，对于如何阐明和发展各种理论与理解，具有至关重要的影响。然而，这绝对没有为厌恶一切致力于元理论的努力提供任何理由（最终结果会把我们带回到 20 世纪 50 年代在学院里成熟起来的地理学，有趣的是，正是在学院里，当代英国地理学的一个重要分支有幸得到了实质性的推进，哪怕是在无意之中）。尽力解决作为关键词之空间问题的要点，因而在于：要确定这个概念怎样能更好地被整合到现有的社会、文学和文化的元理论之中，以及会产生什么效果。

　　例如，卡西尔（Cassirer）确立了对人类空间体验方式的三重划分，并对"感官的"（organic）、"知觉的"（perceptual）和"象征的"（symbolic）空间进行了区分（Cassirer 1944；也可参见 Harvey 1973a：28）。他从生物学上（因而是物质性的，要通过我们感觉的独特性去获得）把特定的空间体验的所有那些形式都放在第一类当中。知觉空间是指我们通过神经系统处理对空间的身体和生物体验、把它记录到思想世界中的各种方式。在另一方面，象征空间则是抽象的（并且可能伴随着抽象的象征语言的发展，如几何学、建筑或绘画形式的建构）。象征空间要通过阅读和阐释才会产生出特定的含义。审美实践的问题在这里引人瞩目。在这个领域里，就朗格（Langer）而言，她区分了"真实的"和"虚幻的空间"。在她看来，后者相当于一种"根据形式、色彩等等建构的创造性空间"，以至于产生出无形的形象和幻觉，它们构成了所有审美实践的核心。她认为，建筑"是一种造型艺术，它首要的成就始终都是一种无意识的、不可避免的幻觉：被转换为视觉印象的、某种纯粹想象性的或概念性的东西"。真实空间里的存在物非常容易描述出来，但为了理解伴随着艺术作品的影响而来的情感，我们就必须探究虚幻空间这个非常不同的世界。她坚持认为，这一点始终都把我们投射到一个独特的异族风格的领域中（Langer 1953；也可参见 Harvey 1973a：31）。这些都是我当初在《社会正义与城市》里遇到的各种想法。

正是根据这种空间化思想的传统，列斐伏尔（几乎可以肯定，他借鉴了卡西尔的观点）建构了他自己独特的三重空间的划分，即物质空间（体验的空间，以及容易受到身体触觉和感觉影响的知觉空间）；空间的表征（设想和表征出来的空间）；表征的空间（经历过的、被整合到我们日复一日生活之中的感觉、想象、情感和意义的空间）（Lefebvre 1991[1974]）。

我在这里把焦点集中在列斐伏尔身上，并非像文化和文学理论方面的很多人似乎会料想的那样，是因为列斐伏尔提供了对空间生产的所有思考从中产生的原初契机（这样一种论点明显是荒谬可笑的），而是因为我发现，列斐伏尔的分类比卡西尔的分类运用起来更加方便。对我们人类来说，物质空间完全就是可以触知的、在感觉上与物质交互作用的世界，它是体验的空间。那个世界中的各种要素、瞬间和事件，是按照某些物质性的特质建构起来的。我们怎样表征这个世界，则是一个完全不同的问题，但在这方面，我们也不是以各种任意的方式来设想或表征空间的，而要寻求某种适当的、即便不是精确的反思，通过抽象的表征（词语、图示、地图、图表、图画，等等）来反思围绕着我们的物质现实。然而，列斐伏尔与本雅明一样坚持认为：我们

279

并非像在唯物主义的世界里到处漂浮着的物质原子那样生活着；我们还拥有想象、恐惧、情感、心态、幻想和梦想（Benjamin 1999）。这些表征的空间是我们在世界上生活之道的重要部分。我们也试图表征这种空间在情绪和情感方面的状态，以及在物质方面依靠诗歌意象、摄影构图、艺术重构生活的状态。梦境、幻想、隐蔽的渴望、失落的记忆、甚或我们沿街步行时的一阵特殊震颤、恐惧的刺痛感等奇异的时空性，都可以通过艺术作品进行表征，那些作品最终都在绝对空间和时间中有着普通平凡的存在。莱布尼茨也曾发现过交替发生的时空世界，以及大量有趣梦想的整个问题。

就我们思考过的对空间术语的第一种三重划分而言，诱人的是把列斐伏尔的三重划分当成按照层级安排好的，但在这里似乎也最适合使这三个范畴保持辩证的张力关系。对空间和时间排序的身体与物质体验，在某种程度上要由表征空间和时间的方式来调节。在海浪中游泳的海洋学家和物理学家对空间与时间的体验，不同于迷恋沃尔特·惠特曼（Walt Whitman）的诗人或喜爱德彪西（Debussy）的钢琴家对空间和时间的体验。阅读一本关于巴塔哥尼亚高原（Patagonia）的书，很可能会在我们去那里旅行时影响到我们对那个地方的体验，即使我们体验到了书面词语产生的期待与对那个场所的实际感受之间引人注目的感知上的差距。我们在过自己的日常生活时包围着和围绕着我们的表征的空间与时间，同样会影响到我们的直接体验，以及我们解释和理解那些表征的方式。我们甚至没有注意到被整合到日常生活之中的空间排序的物质性特质，因为我们遵循着未经验证的常规。然而，正是通过那些日常的物质性常规，我们才获得了空间表征如何起作用的某种感觉，为我们自己建立起了某些表征的空间（例如，内心深处对一个熟悉的邻居的安全感，或者"在家里"的安全感）。我们只注意到某种东西什么时候完全不适当地出现了。我要提出，正是各种范畴之间的辩证关系，才真正具有重要性，即便使每个要素具体化为体验空间和时间的独特契机对于理解的目的来说很有用。

这种思考空间的方式有助于我解释艺术和建筑作品。一幅画作，如蒙克（Munch）的《尖叫》，是一个物质性客体，但它是根据一种精神状态（列斐伏尔所谓的表征的空间或体验过的空间）的立场创造出来的，并且试图通过一套特殊的表征性代码（对空间的表征或设想出来的空间），呈现出一种物质形式（对我们实际的身体体验开放的绘画的物质性空间），这种形式向我们表示了有关蒙克体验过的那种空间之特质的某个方面。他似乎做了某个可怕的噩梦，我们从那个噩梦中醒来以后尖叫。他通过那个物质性客体得以传达出对噩梦的某种感受。很多当代艺术家利用多媒体和动力技术来创造体验性的空间，在其中综合了体验空间和时间的几种方式。例如，在这方面有朱迪思·芭里（Judith Barry）参加"第三届柏林当代艺术双年展"的作品，目录中对其作品的描述是：

　　在其实验性的作品里，视频艺术家朱迪思·芭里探究了私人空间与公共空间、媒体、社会和性属的运用、建构以及复杂的交互作用。她的装置作品和理论著作的主题，将它们本身置于一个观察的领域中，那个领域传达出历史记忆、大众传播以及感知。在观众的想象与媒介生成的建筑之间的一个领域里，她创造出了各种想象性的空间、对庸常现实的疏离的描述……在作品《声音渐变》（*Voice Off*）中……观众进入到展览空间幽闭恐怖的狭窄拥挤之中，深入到作品里，并且被迫穿过装置，不仅体验到电影的印象，而且也体验到电影美学的印象。被分割开的投影空间提供了接触不同声音的可能性。对各种声音的利用和聆听如同一种驱动力，精神紧张的强度——尤其是站在投影的男性一边——传达出这种无形的和短暂的对象内在的力量。各种声音向观众演示了人们如何使得声音发生变化，人们如何试图控制声音，当再也听不到声音时人们如何失去感觉。

　　目录得出结论说：芭里"展示了变化的审美空间，它们在诱惑与未决定的反思之间留下了矛盾心理"（第三届柏林当代艺术双年展 2004：48-49）。

　　但是，要充分把握对芭里作品的这段描述，我们需要把空间和时空的概念用于复杂性的更深层面。这段描述中有很多内容超出了列斐伏尔的分类，而要回头提及绝对空间和时间（展览狭窄拥挤的物理结构）、相对的时空（观众穿过空间的连续运动）与关系性时空（记忆、声音、精神紧张、无形和短暂，以及幽闭恐怖症）之间的差别。然而，我们也无法放弃列斐伏尔的分类。被建构的空间具有物质的、概念的和生活的维度。

因此，我要做出一种推测性的跳跃，在这种跳跃中，我们使绝对时空、相对时空和关系性时空的三重划分，直接面对列斐伏尔所确定的体验到的空间、概念化的空间和生活的空间的三重划分。结果是一种三乘三的矩阵，在其中，交叉点使人想到理解空间和时空含义的不同模态。有人完全可能反对说，我在其中会限制各种可能性，因为一种表征的矩阵模式被自我限制于一个绝对空间中。这是一种很正当的反对意见。就我在这里所涉及的一种表征性实践（概念化）而言，我确实无法评判空间性的体验领域，也无法评判空间性的生活领域。因此，按照定义，我所提出的矩阵以及我运用它的方式，具有的启示力量是有限的。但尽管如此，我发现有帮助的是，思考一下出现在矩阵内部不同交叉点上的各种组合。绝对空间中表征的优点在于：它使我们能够非常清晰地区分各种现象。只要有一点想象力，就有可能辩证地思考矩阵内部的所有因素，所以，每个节点都被想象为所有其他事物的内在联系。我在图表1和图表2中（以一种有点扼要的、随意的和图解的形式）说明了我心里想到的东西。矩阵内部的条目只是提示性的，而非确定性的（读者可以享受到建构自己条目的乐趣，以便获得对我的意图的某种感受）。

282

图表 1　作为关键词的空间可能之含义的矩阵

	物质空间 （体验到的空间）	空间的表征 （概念化的空间）	表征的空间 （经历过的空间）
绝对空间	墙壁，桥梁，门，楼梯，楼层，天花板，街道，楼房，城市，山脉，大陆，水体，领土标记，自然边界和屏障，封闭式社区……	地籍和行政管理地图；欧几里得几何学；风景描述；禁闭、开放空间、地点、场所和定位的隐喻；（相对容易掌控）—牛顿和笛卡尔	围着壁炉的满足感；来自被围住的安全感或禁闭感；来自对空间的所有权、掌握和支配的权力感；对"范围之外"的他人的恐惧

续表

	物质空间 （体验到的空间）	空间的表征 （概念化的空间）	表征的空间 （经历过的空间）
相对空间 （时间）	能源、水、空气、商品、人员、信息、金钱、资本的循环和流通；距离摩擦的加速和降低	主题和地志地图（如伦敦的隧道系统）；非欧几里得几何学与拓扑学；透视图；定位知识、运动、移动、替换、加速、时空压缩和距离化的隐喻；（掌控困难要求复杂的技巧）——爱因斯坦和黎曼（Riemann）	没有准时上课的焦虑；进入未知世界的紧张；交通堵塞时的沮丧；对时空压缩、速度、运动的紧张或兴奋
绝对空间 （时间）	电磁能量流和磁场；社会关系；租金和经济潜力的表面；污染物浓度；能源潜力；微风中飘荡的声音、气味和感觉	超现实主义；存在主义；心理地理学；赛博空间；力量和权力内在化的隐喻（极度艰难的掌控-混沌理论，辩证法，内在关系，量子数学）——莱布尼茨，怀特海，德勒兹，本雅明	幻觉，幻想，欲望，挫折，记忆，梦想，错觉，精神状态（如陌生环境恐怖症，眩晕，幽闭恐怖症）

图表2　马克思主义理论的时空矩阵

283

	物质空间 （体验到的空间）	空间的表征 （概念化的空间）	表征的空间 （经历过的空间）
绝对空间	实用商品，具体劳动过程，纸币与硬币（地方货币？）私有财产/国家边界，固定资本，工厂，构筑的环境，消费空间，警戒线，被占据的空间（静坐抗议）；巴士底狱或冬宫风暴	使用价值和具体劳动，劳动过程中的剥削（马克思）与作为创造性游戏的工作（傅立叶）；私有财产和阶级排他性；不平衡地理发展的马赛克	异化与创造性的满足；孤立的个人主义与社会团结；对地方、阶级、身份等的忠诚；相对剥夺；非正义；缺乏尊严；愤怒与满足
相对空间 （时间）	市场交换；贸易；商品的循环和流通，能源，劳动力，货币，信贷与资本；通勤与迁徙；贬值与衰退；信息流动与外部骚动	交换价值（流动价值）；积累模式；商品链；移民和散居模式；投入-产出模式。时空"修复"理论，通过时间消灭空间，资本通过构筑的环境流动；世界市场、网络的形成；地缘政治关系与革命战略	金钱与商品拜物教（永远无法满足的欲望）；对时空压缩的焦虑/兴奋；不稳定性；不安全感；行动和运动的强度与休憩；"一切固定的东西都烟消云散……"

续表

	物质空间 （体验到的空间）	空间的表征 （概念化的空间）	表征的空间 （经历过的空间）
关系性空间（时间）	抽象劳动过程；虚拟资本；抵抗运动；突发的示威与政治运动表现的激增（反战，1968 年，西雅图……）；"革命精神振奋起来"	货币价值，作为社会必要劳动时间的价值；与世界市场相关的人类劳动的凝结；运动的价值法则与金钱的社会力量（全球化）；革命的希望与恐惧；改变策略	价值，资本主义的霸权（"别无选择"）；无产阶级觉悟；国际团结；普遍权利；乌托邦梦想；大多数人；同情他人；"来世是可能的"

284　　　我觉得，有益的是通读或浏览这些分类矩阵，想象一下组合的复杂情况。例如，想象一下新泽西海岸封闭式的富人社区的绝对空间吧。有些居民每天都在相对空间里活动，出入于曼哈顿的金融区，他们在那里进行影响到全球社会生活的信贷与货币投资活动，由此赚取了巨大的金钱力量，使他们可以反过来给他们的封闭式社区的绝对空间输入各种能源、异国食品和奇异的商品，他们需要以此来确保自己有特权的生活方式。不过，这些居民隐约觉得有威胁，因为他们感到世界上对美国出现的一切东西都有一种发自内心、无法确定、无法探明的仇恨，它的名字叫做"恐怖主义"。他们支持保证使他们不受这种朦胧威胁的政府。但是，他们对于自己感到在世界上围绕着他们的敌意日渐变得多疑起来，日渐指望建立自己的绝对空间以保护自己，把围墙修得越来越高，甚至雇佣武装警卫守护边界。与此同时，他们肆意挥霍地消耗能源，为他们的防弹悍马车提供动力，每天开车进城，被证明折断了抵御全球气候变化的最后那根稻草。大气循环的模式引人注目地改变了。接着，在非常有说服力、但却相当不准确的对混沌理论的通俗化描述中，一只蝴蝶在香港拍打翅膀，于是就有一阵破坏性的飓风袭击新泽西海岸，抹掉了封闭式社区。很多居民死了，因为他们对外界非常害怕，以至忽视了撤离的警告。如果说这是一部好莱坞电影，那么，孤独的科学家则会看出危险所在，去营救他所爱慕、但却一直不理睬他的那个女人，而她现在则满怀感激地爱上了

他……

在讲述这类天真的故事时，证明了不可能只将自己局限于空间和时空思维的唯一模式。在绝对空间里采取的各种行动，只有在关系性条件下才有意义。因此，甚至更为有趣的是这种情形，即矩阵中的各个节点都处在更加显而易见的辩证张力关系中。让我对此加以说明。

在重新设计曼哈顿著名的"世贸大厦遗址"时，应当采用怎样的空间和时空原则？在物质上可以重建的是一种绝对空间，为此目的，必须进行工程计算（根据牛顿力学形成的）和建筑设计。有很多关于遗址的挡土墙和承载能力的讨论。空间一旦变成某种人工物质制品，可能会经受对它的审美判断，对它的概念化和体验也会变得很重要（康德会赞成）。问题在于，安排物理空间会产生一种情感上的效果，同时要使某些期待（商业的、情感的和美学的）与空间如何被体验相匹配。曾经建构起来的对空间的体验，也许要由各种表征的形式（如导览手册和计划）来调节，它们有助于我们解释重建的遗址意欲表达的含义。但是，只在绝对空间的维度辩证地活动，其获益程度远不如求助于其他时空框架。资本主义的开发商敏锐地意识到了遗址的相对位置，会根据交换关系的逻辑来判断其商业开发的前景。它相对于华尔街的掌控功能的中心性和距离，是很重要的属性，如果在重建过程中能够改善道路运输状况的话，那么情况就会好得多，因为这只会使土地和资产增值。对开发商来说，遗址不仅仅存在于相对的空间和时间里：遗址的重建提供了改变相对空间和时间的前景，这将提高绝对空间的商业价值（例如，通过改善通往机场的道路）。时间视野会受到考量分期偿还率、利率和折扣率的支配，这些考量与建成环境的固定资本投资有关。

然而，几乎可以肯定的是会出现普遍的反对意见，以那些在遗址上的死难者家属为首，反对只根据这些绝对时空或相对时空的条件来思考和修建。无论在这个遗址上修建什么，都必须表达出与历史和记忆有关的某种内容。要表达与共同体和国家的意义有关的内容，要表达与未来的可能性（甚或还有永恒真相的前景）有关的内容，也很有可能遇到压力。遗址也不可能忽视与世界其他地方相连接的关系性空间的问题。就连资本主义的开发商也不会反对把自己世俗的商业考虑与激发灵感的象征性陈述结合起来(突出在 9月 11 日遭受如此巨大打击的全球资本主义政治经济体系无法破坏的力量),比如说,树立一座高耸的阳具象征来表示蔑视。他们也会探寻关系性空间和时间的表现力。但是,有各种各样需要探寻的关系性。我们对那些发起攻击的人有哪些了解,我们的联系到什么程度?遗址是、并将在世界上具有一种关系性的存在,无论在那里修建什么,它对于反思这种现存物如何起作用都很重要:它会被体验为美国傲慢自大的象征吗,或者被体验为全球同情和理解的象征?提出这样的问题,要求我们怀抱一种关系性的空间和时间概念。

就像本雅明会认为的那样,如果历史(一个相对的时间概念)与记忆(一个关系性的时间概念)不一样的话,那么,我们就要选择,是把"9·11"事件历史化呢,还是试图把它们作为记忆。如果遗址仅仅在相对空间中被历史化(通过某种纪念碑性),那么,这会把一种固定的叙事强加于空间。结果将是把未来的可能性和解释排除在外。这样的封闭性有可能把原动力局限于建设一个不同的未来。在另一方面,按照本雅明的看法,记忆是一种潜力,它可能不时在危机时刻无法控制地"闪现"出来,揭示出新的可能性(Benjamin 1968)。遗址被那些遭遇过它的人们所体验的方式,由此变得不可预知和不确定。集体记忆是一种弥漫性的、但仍然强有力的感觉,渗透了很多城市景观,它在推动政治和社会运动方面可以起到一种重要作用。世贸大厦遗址不可能仅仅是一个集体记忆的遗址,设计师们的问题是要把那种弥漫性的感觉转换成砖块、泥灰、钢铁和玻璃的绝对空间。正如巴尔扎克曾经指出的那样,如果说"希望是一种欲望的记忆"的话,那么,在那个地点创造一个"希望的空间",就要求记忆在那里被内在化的同时,道路就要为欲望的表现敞开(Harvey 2003a:Ch.1)。

世贸大厦遗址所表现的关系性本身,提出了一些吸引人的问题。聚集到空间并造成"9·11"事件的各种力量是复杂的。因而,怎样对这些力量进行解释?某种被体验为地方的和个人的悲剧,能够与对国际力量的理解达成一致吗，而那些力量如此强有力地在一个特定地方被浓缩在那些惊天动地的时刻之中？我们在那个空间里开始感到了世界其他地方对整个 20 世纪 80 年代和 90 年代期间美国霸权如此自私地得以实现的普遍怨恨吗？我们开始了解里根政府为了破坏苏联占领而在创建和支持阿富汗的塔利班组织方面起了关键作用，奥萨马·本-拉登由于美国支持沙特阿拉伯的腐败政权而从美国的盟友变成敌人吗？或者说，我们只是胆怯地得知，那些异己和邪恶的"他者"憎恨美国，力图摧毁世贸大厦，是因为它象征着自由的价值吗？事件和遗址关系性的时空性可以靠极为专注的挖掘来发现。但是，对它的表征方式和使它物质化的方式，都是不确定的。结果显然要取决于政治斗争。而最猛烈的战斗，必定是为了重建将要借助的关系性空间和时间而进行的。这些都是我在巴黎公社历史记忆的背景下试图解释巴黎圣心大教堂的意义时所碰到的各种问题。

这把我带向了对这种争论的政治学的观察。把空间和时空用作关键词的不同方式想透彻，有助于确定批判性交锋之可能性的某些条件。这也为确定相互矛盾的主张和政治选择的可能性开辟了道路。这引起我们去思考我们从物质上塑造自己环境的方式，思考我们用以表征和在其中生活的方式。我认为，公正地说，马克思主义的传统尚未深入地触及这些问题，这种普遍的失败（当然，虽然也有许多例外）经常意味着丧失某些有改革能力的政治的可能性。例如，如果社会主义现实主义艺术无法激发起想象力，如果在过去的共产主义统治下所完成的纪念物在灵感方面非常缺乏，如果有计划的公社和共产主义的城市对世界来说经常都显得如此死气沉沉，那么，批判性地介入这个问题的一种方式，就是要考虑思考空间和时空的方式，并要考虑毫无必要地限制和束缚它们在社会主义计划实践中可能起到的作用。

在马克思主义传统内部，对这些问题还没有非常明确的论争。然而，马克思本人却是一位关系性的思想家。在 1848 年那样的革命形势中，马克思担心过去会像噩梦一样影响到活人的头脑，并直接提出了在当时如何创建未来的革命诗歌的问题（Marx 1963）。那时，他也恳求过卡贝（Cabet），不要把他那些有共产主义思想的追随者带到新大陆去。马克思断言，在那里，冒险家们只会按内在化了的对过去的体验来重新培植看法和信念。马克思建议，他们应该留在欧洲成为很好的共产主义者，通过那个空间中革命性的变革进行战斗，即使始终都有危险，那就是在"世界上我们很小的角落"里进行的革命，都要成为围绕着它的全球力量的牺牲品（引自 Marin 1984）。

列宁对马赫（Mach）的唯心主义表达方式明显感到忧虑，力图把与牛顿有联系的、绝对的和机械论的空间与时间观强化为科学探究唯一正确的唯物主义的基础。他在这么做时，正值爱因斯坦将要提出相对的、但同样是唯物主义的时空观。列宁严格的思路，在某种程度上因卢卡奇转向较为温和的历史与时间观而得到软化。然而，卢卡奇对于自然的构成主义观点，遭到了魏特夫（Wittfogel）的直接反对，魏特夫主张一种演变成环境决定论的无情的唯物主义。另一方面，在汤普森、威廉斯和其他人的著作里，我们看到了不同层次的正确评价，尤其是对时间维度的正确评价，虽然空间和地方也无所不在。在威廉斯的小说《黑山人》（*People of the Black Mountains*）里，时空的关系性成了核心。威廉斯用它来把叙事连接在一起，直接强调了伴随着对时空的不同感觉的不同认识方式：

288　　　如果要认真地追寻生活与地方，就要求把生活与地方强有力地完全联接起来。聚苯乙烯模型，及其文本上和理论上的对等物，仍然不同于它们重构和仿造的实体……在图书馆里他的书籍和地图上，或者在山谷中的房子里，有一段在任何地方都可以进行转化的共同历史，被转化成一种实证和理性探究的共同体。然而，他不得不只在山上前行，为了一种不同的想法，即坚持本身；顽强的当地人，却要翻越，以到达一条更加宽广的共同河流，在那里，联系与宽阔取代了记录和分析；历史与叙事不同，但故事却与生活一样。

（Williams 1989：10-12）

对威廉斯来说，在山上行走时，关系性活跃了起来。它集中在一种完全不同的敏感与感受上，而不是根据档案建构的东西之上。有趣的是，仅仅是在其小说里，威廉斯似乎才能触及这个问题。在马克思主义传统内部，除了列斐伏尔和地理学家之外，缺乏对空间和时间之疑问的一种广阔理解。因而，这些有关空间和时空的观点，如何更加紧密地被整合到我们对马克思主义理论的阅读、解释和运用之中？让我把对于各种告诫和细微差别的所有关注都搁置起来，以便用尽可能直白的词语提出一个论点。

在《资本论》第一章里，马克思提出了使用价值、交换价值和价值这三个关键概念。一切属于使用价值的东西都存在于绝对空间和时间的领域中。个体劳动者、机器、商品、工厂、道路、房屋、实际劳动过程、能源消耗等等，全都可以在牛顿式的绝对空间和时间的框架内部被个性化、描述与理解。一切属于交换价值的东西都存在于相对时空之中，因为交换需要商品、货币、资本、劳动力和人员在时间和空间中运动。正是流通、永恒运动，才具有价值。如马克思观察到的，交换因此突破了空间和时间的一切障碍（Marx 1976b：209）。它不断地重新塑造我们在其中度过自己日常生活的坐标。由于货币的出现，这种"突破"确定了交换关系在世界市场的相对时空中更大范围和更快流动的领域（不是理解为某种事物，而是理解为持续的运动和相互作用）。资本的循环和积累发生在相对时空之中。然而，价值却是一个关系性概念。因此，它的所指是关系性时空。马克思（有点出人意料地）宣称，价值是非物质性的，但却是客观的。"不是一种物质的原子进入到价值之商品的客观性之中。"因而，价值并不"寻求以一个标签来描述它是什么"，而是将其关系性隐藏在商品拜物教之中（Marx 1976b：167）。我们得以接近它的唯一途径，就是通过那个特殊的世界，即在其中建立人们之间的物质关系（我们通过我们生产和交易的东西而相互联系）、确立事物之间的社会关系（为我们生产和交易的东西确定价格）的那个世界。简言之，价值是一种社会关系。同样，除了通过其效益外，价值是不可能度量的（试图直接度量任何社会关系，始终都会失败）。价值使无数劳动过程的全部历史地理学内在化了，那些劳动过程是在世界市场的时空中、在资本积累的条件下或关系中产生的。很多人都吃惊地发现，倘若通常要把马克思描述为唯物主义者，对他来说，一切非物质性的东西都是可诅咒的话，那么，他的最根本的概念就是"非物质性但却是客观的"。我要顺便提到，如果没有错误地进行所有那些努力去提出价值的某种直接的和本质主义的尺度的话，那么，对价值的这种关系性的界定就没有实际意义。社会关系只能根据其效益来衡量。

倘若我对马克思的范畴的特征描述是正确的话，那么这就表明，任何一种时空框架都不可能获得优先权。这三种时空框架彼此间必须保持着辩证的张力关系，正如使用价值、交换价值和价值在马克思的理论中是辩证地交织在一起的那样。例如，如果没有在绝对空间和时间中的无数地方建构起来的具体劳动的话，就没有关系性时空中的任何价值。如果没有在相对时空中把全球市场紧密结合在一起的无数交换行为、持续流通的过程的话，价值也不会形成一种非物质性的、但却是客观的力量。因而，价值成了一种社会关系，它使世界市场上的具体劳动的整个历史和地理学内在化了。它表现了在世界舞台上建构起来的资本主义的社会（主要是、但并非只是阶级）关系。至关重要的是，它标志着相关的时间性，不仅是因为过去"呆滞的"劳动（包括内在于构筑起来的一切环境中的固定资本）的重要性，而且也因为无产阶级化的历史、内化于价值形式之中的技术发展之原始积累的所有踪迹。最重要的是，我们必须承认那些始终都会成为决定劳动力价值的"历史的和道德的要素"（Marx 1976b：275）。因而，我们会看出，马克思的理论在以一种特殊的方式起作用。纺织工人通过在绝对空间和时间里所进行的具体劳动，使价值（如作为一种关系性决定因素的抽象劳动）体现在布匹之中。由于世界市场的状况变得很糟，致使在那种特殊的绝对空间和时间里进行的这种活动变得毫无价值，纺织工人被迫放弃织布，工厂沉寂下来，这时，价值关系的客观力量就显现了出来。虽然所有这一切看起来都很明显，但不承认马克思理论中不同时空框架之间所具有的相互影响，经常都会造成概念上的混淆。例如，对所谓"全球与地方关系"的很多讨论，由于无法理解所涉及的不同的时空性，已经变成了一种概念上的混乱状态。我们不可能认为价值关系引起了工厂倒闭，似乎这种关系是某种外在的抽象力量。在经过了相对时空中的交换过程的调节、以这样一种方式把价值变成一种社会关系以致造成了墨西哥的具体劳动过程终止之时，价值关系在中国就成了变化着的具体条件。

到现在为止，我把注意力主要限定在按照矩阵左边的栏目辩证地解读马克思的理论。而当我开始解读整个矩阵时，会发生什么情况呢？使用价值和具体劳动的物质性非常明显。但是，怎样表征和构想这一点？很容易做出物质性的描述，但马克思坚持认为：在其中进行劳动的各种社会关系也很重要。在资本主义制度之下，雇佣劳动者被概念化（第二栏），成了为资本家创造剩余价值的人，而这被表征为一种剥削关系。这意味着：劳动过程被体验为异化（第三栏）。在不同的社会关系下（如社会主义的社会关系），劳动可以被体验为创造性的满足，被概念化为通过集体努力的自我实现。为了以一种完全不同的方式使劳动再次概念化和被体验到，它甚至不必在物质性上发生变化。说到底，当列宁提出在苏联的工厂里采用"福特主义"（Fordism）之时，这就是他的希望所在。对他来说，傅立叶认为劳动应当与游戏有关、是欲望的表现、被体验为象征着乐趣、为此发现了劳动过程的物质特性，这种观点必须从根本上进行重构。在这个问题上，我们必须承认各种竞争性的可能性。例如，布若维（Burawoy）在其著作《制造共识》（*Manufacturing Consent*）中认为，他所研究的工厂里的工人普遍都没有把劳动体验为异化（Burawoy 1982）。这种情况的出现，是因为他们通过把劳动场所变成（傅立叶式的）游戏场所而抵制了剥削的观念。由工人进行的劳动过程，就这样使他们以一种非异化的方式去体验那一过程。这里有一些对资本有利的条件，因为未被异化的工人的劳动经常都更有效率。资本家因此都同意采取各种措施，如健美操和质量管理小组等，试图减少异化并强调合作。他们也提出了强调奖励努力劳动的选择性概念化，并提出了否定剥削理论的意识形态。因而，虽然马克思有关剥削的理论在形式上也许是正确的，但剥削并非始终或者并非必然会变成异化和政治上的反抗。大部分要取决于它如何被概

291

念化。政治觉悟和工人阶级行动的结果是广泛的。因而，部分阶级斗争与使人理解剥削的意义有关，因为如何恰当地使具体劳动概念化，在资本主义社会关系之下是不容置疑的。此外，真正要紧的是，物质、构想与生活之间的辩证张力关系。如果我们以一种机械的方式来对待各种张力的话，那么，我们就会迷失方向。

虽然以这种方式通过各种问题来进行研究很有助益，但我早前就提出过，"矩阵思维"提供的机会有限，除非我们准备好了不受限制地、辩证地同时涉及矩阵的所有力矩。让我举一个例子。价值表征的主要形式是通过货币。这也是一个具有客观力量的非物质性概念，但它也必须具有作为一种真实使用价值的物质形式。它最初通过货币商品（如黄金）出现时的确是如此。然而，它却是通过相对时空中的交换行为出现的，正是这一点，才使真实货币形式成了绝对空间和时间中的一种能动的存在。这造成了一种悖论，即一种特殊的物质性使用价值（如黄金或美钞），不得不表征出价值、抽象劳动的普遍性。它进一步暗示了：社会力量有可能被个人盗用，由此，作为资本之货币的可能性本身，被置于了相对时空里的流通之中。正如马克思指出的，在如何创造货币、使之概念化、流通、用作世界市场上流通的有形手段和价值之表征方面，存在着众多二律背反、对立和矛盾。正因为价值是非物质性的和客观的，所以，货币始终都使虚拟的特质与实体的形式结合在一起。它从属于马克思在商品拜物教中描述的那种反面，因而，出现在人们与社会关系之间的物质关系，在事物之间表达了出来。作为欲望之对象和神经质凝视之对象的货币，把我们囚禁在拜物教之中，而货币形式固有的矛盾，不可避免地不仅会产生可能性，而且也会产生资本主义危机的必然性。对金钱的渴望经常伴随着我们，并且具有它们自身的时空地点（穷困的孩子在大量资本主义商品的缤纷华丽面前踌躇，永远触及不到商店的橱窗）。使绝对空间和时间中的景观变得杂乱的消费奇观，会产生相对被剥夺的感受。我们到处都被在世界市场上作为价值表征而显现出来的对金钱力量的拜物欲望包围着。

对那些不熟悉马克思理论的人们来说，这一点无疑会显得相当神秘。然　292
而，要点在于要阐明：理论著作怎样始终如一和必然地伴随着辩证地跨越矩
阵内部所有点的最小移动，然后超越它们（而我要提出，这对所有社会的、
文学的和文化的理论都适用）。我们越是移动，我们的理解就越深刻，范围
就越大。在这个系统中，不存在任何离散的和封闭的匣子。辩证的张力关系
不一定是唯一保持完整无缺的。它们必定会不断地扩张。

不过，我要以一些告诫性的评论来结束本文。近年来，很多专业学者，
包括地理学家，都利用了关系性概念和各种思维方式（虽然不是非常明确地
与时空的关系性概念有关）。这种动向既很重要，也值得赞扬，在某种程度
上与文化和后现代的转向有联系。但同样，传统的和实证主义的地理学，由
于只把注意力集中在绝对的和相对的时空之上，集中在时空的物质性和概念
方面之上（避开了生活的和关系性的方面），从而限制了其眼界，因而，也
存在着只把注意力集中在关系性的和生活的时空之上的严重危险，似乎物质
性的和绝对的时空没有关系。只停留在矩阵的右下部分，与把眼界限定在左
上部分一样，都可能是容易导致误解、受到局限和单调乏味的。真正起作用
的唯一策略，是要使张力关系辩证地跨越矩阵中的所有位置。正是这一点，
才使我们能够更好地理解关系性的意义（如价值），是如何被内在化于在绝
对空间和时间里建构起来的物质事物、事件和实践（如具体劳动过程）之中
的。举另一个例子来说，我们可以没完没了地争论表现世贸大厦遗址之关系
性的各种各样的观念和设计方案，但在某个点上，某种东西必须在绝对空间
和时间里被物质化。一旦建成，那个场所就获得了一种物质形式的"永久性"
（怀特海语）。虽然人们总是容易把那种物质形式的意义重新概念化，以便
人们可以学会以不同方式去体验它，但在绝对空间和时间中的建筑的纯粹物
质性，会传递出它自身的重要性和权威性。由于同样的原因，渴望在世界上
行使某种权力的各种政治运动，在它们获得一种物质性的在场之前，都是无
效的。例如，非常好的是唤起各种关系性的概念，如运动中的无产阶级或者
起来反抗的大多数人。但是，没有任何人知道，在真正的实体在绝对时间中

的某个特定时刻变成西雅图、魁北克城和热那亚街头上的绝对空间之前，它们当中的任何一个实体到底意味着什么。唐·米切尔（Don Mitchell）敏锐地评论说，如果没有使各种权利在绝对空间和时间中具体化的能力，那权利就没有任何意义：

293　　如果城市的权利就是一种呐喊和一种要求的话，那么，它仅仅是一种被听见的呐喊和一种具有力量的要求，但仅仅是在有一个可以从中看见这种呐喊和要求的空间范围之内。在公共空间里——在街角或在公园里，在骚乱和示威期间的街头——各种政治组织都可以面对更多的人群表征自己，通过这种表征，为它们的呐喊和要求赋予某种力量。通过获取公共场所的空间，通过创造公共空间，社会群体本身就变成了公共性的。

　　米切尔（2003：129-35）正确地坚持认为，公共空间"是物质性的"，它"构成了一个实际现场、地方、范围，政治活动在其中涌动，并从中产生出来"。只有当关系性同社会生活和物质生活的绝对空间与时间联系起来时，政治活动才会活跃起来。忽视这种关联性，就会导致在政治上的无关紧要。

　　获得对于空间的某种感受，获得对于不同的空间性与时空性如何起作用的某种感受，对建构独特的地理想象来说至关重要。然而，空间被证明是一个格外复杂难解的关键词。它起着一个复合词的作用，具有多重决定性，以至不可能脱离其他一切含义来恰当地理解它的任何一种特定含义。但是，这恰恰就是使这个词语的可能性变得如此丰富的原因所在，尤其是在同时间结合起来的时候，更是如此。

译者简介：

　　阎嘉，文学博士，四川大学文学与新闻学院教授、博士生导师。主要从事文艺理论和美学研究。

Books

2006 *Cosmopolitanism and the Geographies of Freedom*. New York: Columbia University Press (forthcoming).

2005a *A Brief History of Neo-liberalism*. Oxford: Oxford University Press.

2005b *Towards a Theory of Uneven Geographical Development*. Heidelberg: Franz Steiner Verlag.

2003a *Paris, Capital of Modernity*. New York: Routledge (translated into Korean).

2003b *The New Imperialism*. Oxford: Oxford University Press (translated into German, Italian, Japanese, Korean, Norwegian, Portuguese, Rumanian, Spanish and Turkish).

2001a *Spaces of Capital: Towards a Critical Geography*. Edinburgh: Edinburgh University Press and New York: Routledge.

2000a *Spaces of Hope*. Edinburgh: Edinburgh University Press and Berkeley, CA: University of California Press (translated into Chinese and Spanish).

2000b *Possible Urban Worlds*, Megacities Lecture 4, Twynstra Gudde Management Consultants, Amersfoort, Netherlands.

1996a *Justice, Nature and the Geography of Difference*. Oxford: Blackwell.

1993a *The Factory in the City: The Story of the Cowley Automobile Workers in Oxford* (edited with Teresa Hayter). Brighton: Mansell.

1989a *The Urban Experience*. Oxford: Blackwell and Baltimore, MD: Johns Hopkins University Press (translated into Italian).

1989b *The Condition of Postmodernity*. Cambridge, MA and Oxford: Blackwell (translated into Arab, Italian, Japanese, Korean, Portuguese, Romanian, Spanish, Turkish).

1985a *Consciousness and the Urban Experience*. Oxford: Blackwell and Baltimore, MD: Johns Hopkins University Press.

1985b *The Urbanization of Capital*. Oxford: Blackwell and Baltimore, MD: Johns Hopkins University Press (translated into Japanese).

1982a *The Limits to Capital*. Oxford: Blackwell and Chicago, IL: University of Chicago Press (translated into Korean, Japanese, Portuguese, Spanish); reissued with a new introduction, London: Verso, 1999a.

1973a *Social Justice and the City*. London: Edward Arnold and Baltimore, MD: Johns Hopkins University Press (translated into Italian, Korean, Japanese, Spanish).

1972a *People, Poverty and Wealth* (with Marcia Merry). Glasgow: Collins Certificate Topics in Geography.

1969a *Explanation in Geography*. London: Edward Arnold and New York: St Martin's Press (translated into Chinese, Japanese, Portuguese, Russian, Spanish).

Articles, Book Chapters, Interviews and reports

2004a Geographical knowledges/political powers, in J. Morrill (ed.) *The Promotion of Knowledge (Proc. British Academy* 122, 96 - 112).

2004b Retrospect on *The Limits to Capital*, *Antipode* 36: 544 - 9.

2004c A geographer's perspective on the new American imperialism: an interview with David Harvey [interviewer: Harry Kreisler], University of California at Berkeley, March 2004, at http://globetrotter.berkeley.edu/people4/Harvey/ harvey-con0.html.

2003c City future contained in city past: Balzac in Paris, in J. Ramon (ed.) *After-Images of the City*. Ithaca, NY: Cornell University Press, 23 - 48.

2003d New imperialism: accumulation by dispossession, in L. Panitch and C. Leys (eds.), *Socialist Register 2004*. London: Merlin, 63 - 87.

2003e The city as a body politic, in J. Schneider and I. Susser (eds.) *Wounded Cities*. Oxford: Berg, 25 - 46.

2002a The art of rent: globalization, monopoly and the commodification of culture, *Socialist Register*. London: Merlin, 93 - 110.

2002b Memories and desires, in P. Gould and F. Pitts (eds.) *Geographical Voices: Fourteen Autobiographical Records*. Syracuse, NY: Syracuse University Press, 149 - 88.

2002c Cracks in the edifice of the Empire State, in M. Sorkin and S. Zukin (eds.) *After the World Trade Center*. New York: Routledge, 57 - 67.

2001b The spaces of utopia, in D. Goldberg, M. Mushenyo and L. Bower (eds.) *Between Law and Culture*. Minneapolis, MN: University of Minnesota Press, 95 - 121.

2001c The cartographic imagination: Balzac in Paris, in V. Dharwadker (ed.) *Cosmopolitan Geographies*. London and New York: Routledge, 63 - 87.

2001e Globalization and the spatial fix. *Geographische Revue* 2: 23 - 30.

2000c Cosmopolitanism and the banality of geographical evils, *Public Culture* 12, 2: 529 – 64. Reprinted in J. Comaroff and J. L. Comaroff (eds.) *Millennial Capitalism and the Culture of Neoliberalism*. Durham, NC: Duke University Press, 2001d, 271 – 309.

2000d Reinventing geography [interviewer: Perry Anderson], *New Left Review*, August, 75 – 97.

1999b Social movements and the city: a theoretical positioning, in Giok Ling (ed.) *Urban Best Practices*, vol. 2. Singapore: Urban Redevelopment Authority and the Institute of Policy Studies, 104 – 115.

1999c Frontiers of insurgent planning. *Plurimondi* 2: 269 – 86

1999d The work of postmodernity: the body in global space, in J. Davis (ed.) *Identity and Social Change*. New Brunswick, NJ: Transaction Press, 27 – 52.

1999e On fatal flaws and fatal distractions, *Progress in Human Geography* 23, 4: 557 – 66.

1999f The body as referent, *The Hedgehog Review* 1: 41 – 6.

1999g Considerations on the environment of justice, in N. Low (ed.) *Global Ethics and Environment*. London: Routledge, 109 – 30.

1998a The Humboldt connection, *Annals of the Association of American Geographers* 88: 723 – 30.

1998b Spaces of insurgency, in J. Beverly, P. Cohen and D. Harvey *Subculture and Homogenization*. Barcelona: Fundacio Antoni Tapies.

1998c Perspectives urbanes per el segle XXI, in *La ciutat: visiones, analisis I reptes*. Ajuntamente de Girona.

1998d The body as an accumulation strategy, *Environment and Planning D: Society and Space* 16, 3: 401 – 21.

1998e An anniversary of consequence and relevance, *Environment and Planning D: Society and Space* 16, 3: 379 – 85.

1998f What' s green and makes the environment go round?, in F. Jameson and M. Miyoshi (eds.) *The Cultures of Globalization*. Durham, NC: Duke University Press, 27 – 55.

1998g Retrospective on postmodernism, *Architecture and the Public Sphere*, Architectural Review at the University of Virginia: 38 – 51.

1998h Marxism, metaphors and ecological politics, *Monthly Review* 49, 11 (April): 17 –

297

31.

1998i The restless analyst: an interview with David Harvey [interviewers: Linda Peake and Peter Jackson], *Journal of Geography in Higher Education* 12, 1: 5 – 20.

1997a David Harvey: the politics of social justice, interview with R. Baruffalo and C. Staddon, *Disclosure: A Journal of Social Theory* 6: 125 – 43.

1997b The new urbanization and the communitarian trap, *Harvard Design* Winter/Spring, 68 – 9.

1996b Globalization in question, *Rethinking Marxism* 8, 4: 1 – 17.

1996c On architects, bees and possible urban worlds, in C. Davidson (ed.) *Anywise*, Cambridge, MA: MIT Press.

1996d The environment of justice, in A. Merrifield and E. Swyngedouw (eds.) *The Urbanization of Injustice*. London: Lawrence and Wishart.

1996e Poverty and greed in American cities, in W. Saunders (ed.) *Reflections on Architectural Practices in the Nineties*, New York: Princeton Architectural Press, 104 – 12.

1995a Militant particularism and global ambition: the conceptual politics of place, space and environment in the work of Raymond Williams, *Social Text* 42: 69 – 98.

1995b Cities or urbanization? *City* 1, 2: 38 – 61.

1995c Entrevista: David Harvey, Geographikos: *Una Revista de Geographia* 6: 55 – 66. Reprinted in *Boletim Paulista de Geografia* 74: 67 – 82, 1996f.

1995d Nature, politics and possibilities: a debate with David Harvey and Donna Haraway, *Environment and Planning D: Society and Space* 13: 507 – 27.

298 1995e A geographer's guide to dialectical thinking, in N. Thrift and A. Cliff (eds.) *Diffusing Geography*. Oxford: Blackwell, 3 – 21.

1994 The invisible political economy of architectural production, in O. Bouman and R. van Torn (eds.) *The Invisible in Architecture*. London: Academy Editions, 420 – 7.

1993b From space to place and back again: reflections on the condition of postmodernity, in J. Bird, B. Curtis, T. Putnam, G. Robertson and L. Tickner (eds.) *Mapping the Futures: Local Cultures, Global Change*. London: Routledge, 3 – 29.

1993c Corporations and communities (with E. Swyngedouw), in T. Hayter and D. Harvey (eds.) *The Factory in the City*. London: Mansell, 11 – 25.

1993d Class relations, social justice and the politics of difference, in J. Squires (ed.) *Principled Positions: Postmodernism and the Rediscovery of Value*. London:

Lawrence and Wishart, 85 – 120. Reprinted in M. Keith and S. Pile (eds.) *Place and the Politics of Identity*, London: Routledge, 41 – 66, 1993e.

1993f The nature of environment: the dialectics of social and environmental change, in L. Panitch (ed.) *Socialist Register*, London: Merlin, 1 – 51.

1993g Towards reclaiming our cities: experience and analysis, an interview with David Harvey, *Regenerating Cities* 1, 5: 4 – 10 and 1, 6: 3 – 9.

1992a The view from Federal Hill, in E. Fee, L. Shopes and L. Zeidman (eds.) *The Baltimore Book: New Views on Local History*. Philadelphia, PA: Temple University Press, 232 – 47.

1992b Postmodern morality plays, *Antipode* 24, 3: 300 – 26.

1992c Social justice, postmodernism and the city, *International Journal of Urban and Regional Research* 16: 588 – 601.

1992d Capitalism: the factory of fragmentation, *New Perspectives Quarterly* 9: 42 – 5.

1991a Flexibility: threat or opportunity? *Socialist Review* 21: 65 – 78.

1991b The urban face of capitalism, in J. F. Hart (ed.) *Our Changing Cities*. Baltimore, MD: Johns Hopkins University Press, 227 – 49.

1990 Looking backwards on postmodernism, in A. C. Papadakis (ed.) *Architectural Design Profile*. London: Academy Editions, 10 – 12.

1989c From managerialism to entrepreneurialism: the transformation in urban governance in late capitalism, *Geografiska Annaler* 71B: 3 – 17.

1989d Between space and time: reflections on the geographical imagination, *Annals of the Association of American Geographers* 80: 418 – 34.

1989e From models to Marx, in B. Macmillan (ed.) *Remodelling Geography*. Oxford: Blackwell, 211 – 16.

1989f The practice of human geography: theory and empirical specificity in the transition from Fordism to flexible accumulation (with A. Scott), in B. Macmillan (ed.) *Remodelling Geography*. Oxford: Blackwell, 217 – 29.

1988a The geographical and geopolitical consequences of the transition from Fordist to flexible accumulation, in G. Sternlieb and J. Hughes (eds.) *America's New Market Geography*. Rutgers, NJ: Center for Urban Studies, 101 – 34.

1988b The production of value in historical geography, *Journal of Historical Geography* 14: 305 – 6.

1988c Forward to S. Zukin, *Loft Living: Capital and Culture in Urban Change*.

Baltimore, MD: Johns Hopkins University Press and London: Radius Editions.

299   1988d Urban places in the 'global village': reflections on the urban condition in late twentieth century capitalism, in L. Mazza (ed.) *World Cities and the Future of the Metropolis*, Milan: Electa, 21 - 31.

1987a Flexible accumulation through urbanisation: reflections on postmodernism in the American city, *Antipode*, 19, 1: 1 - 42.

1987b Three myths in search of a reality in urban studies, *Environment and Planning D: Society and Space* 5: 367 - 86.

1987c The representation of urban life, *Journal of Historical Geography* 13, 3: 317 - 21.

1987d The world systems trap, *Studies in Comparative International Development* 22: 42 - 7.

1987e Urban housing entry, in *New Palgrave Dictionary*. London: Macmillan.

1986 The essential and vernacular landscapes of J. B. Jackson, *Design Book Review* Fall: 12 - 17.

1985c The geopolitics of capitalism, in D. Gregory and J. Urry (eds.) *Social Relations and Spatial Structures*. London: Macmillan, 128 - 63.

1984a On the history and present condition of geography: an historical materialist manifesto, *The Professional Geographer* 36: 1 - 11. Reprinted in J. Agnew et al. (eds.) *Human Geography: An Anthology*. Oxford: Blackwell, 95 - 107, 1996g.

1984b Geography and Urbanisation entries, in *A Dictionary of Marxist Thought*, ed. T. Bottomore. Oxford: Blackwell.

1984c Geography: From capitals to capital (with Neil Smith), in B. Olman and E. Vermelya (eds.) *The Left Academy*, vol. 2. New York: Praeger, 99 - 121

1983 Owen Lattimore: A memoire, *Antipode* 15, 3: 3 - 11.

1982b Marxist geography and Mode of production, entries in R. J. Johnston et al. (eds.) *The Dictionary of Human Geography*. Oxford: Blackwell.

1982c The space-economy of capitalist production: a Marxian interpretation, *International Geographical Union, Latin American Regional Conference, Symposia and Round Tables*, vol. 2, Rio de Janeiro.

1981a The spatial fix: Hegel, von Thunen and Marx, *Antipode* 13, 3: 1 - 12.

1981b Rent control and a fair return, in J. Gilderbloom (ed.) *Rent Control: A Source Book*. San Francisco, CA: Foundation for National Progress.

1979a Monument and myth, *Annals of the Association of American Geographers 69*, 3:

362－81.

1978a The urban process under capitalism: a framework for analysis, *International Journal of Urban and Regional Research* 2. Reprinted in M. Dear and A. Scott (eds.) *Urbanization and Planning in Capitalist Society*. London: Methuen, 1981c.

1978b On planning the ideology of planning, in J. Burchall (ed.) *Planning for the '80s: Challenge and Response*. New Brunswick, NJ: Rutgers University Press.

1978c On countering the Marxian myth － Chicago style, *Comparative Urban Research* 6, 1: 28－45.

1977a Labor, capital and class struggle around the built environment, *Politics and Society* 7, 2: 265－95. Reprinted in K. Cox (ed.) *Urbanisation and Conflict in Market Societies*. Chicago, IL: Maaroufa Press, 9－37, 1978d; in A. Giddens and D. Held (eds.) *Classes, Power and Conflict*. Berkeley, CA: University of California Press, 545－61, 1982d; and in L. Bourne (ed.) *The Internal Structure of the City*. Oxford: Oxford University Press, 137－49, 1979b.

1977b Government policies, financial institutions and neighborhood change in U.S. cities, in M. Harloe (ed.) *Captive Cities*. Chichester: John Wiley, 123－39.

1976a The Marxian theory of the state, *Antipode* 8, 2: 80－9.

1975a The geography of capitalist accumulation: a reconstruction of the Marxian theory, *Antipode* 7, 2: 9－21. Reprinted in R. Peet (ed.) *Radical Geography*. Chicago, IL: Maaroufa Press, 263－92, 1977c.

1975b Some remarks on the political economy of urbanism, *Antipode* 7, 1: 54－61.

1975c Class structure and the theory of residential differentiation, in M. Chisholm and R. Peel (eds.) *Bristol Essays in Geography*. London: Heinemann.

1975d The political economy of urbanism in advanced capitalist societies: the case of the United States, *Urban Affairs Annual 9*: 119－63. Translated into French as L'économie politique de l'urbanisation aux Etats Unis, *Espaces et Sociétés* 7: 5–41, 1976b.

1974 Population, resources and the ideology of science, *Economic Geography*, 50: 256－77.

1974a What kind of geography for what kind of public policy? *Transactions of the Institute of British Geographers* 63: 18－24.

1974b Class-monopoly rent, finance capital and the urban revolution, *Regional Studies* 8: 239－55. Reprinted in S. Gale and E. Moore (eds.) *The Manipulated City*. Chicago,

.300

IL: Maaroufa Press, 145 – 67, 1975e.

1974c Absolute rent and the structuring of space by governmental and financial institutions (with Lata Chatterjee), *Antipode* 6, 1: 22 – 36. Reprinted in L. Bourne (ed.) *The Internal Structure of the City*. Oxford: Oxford University Press, 85 – 98, 1979b.

1974d Population, resources and the ideology of science, *Economic Geography*, 50: 256 – 77. Reprinted in R. Peet (ed.) *Radical Geography*. Chicago, IL: Maaroufa Press, 213 – 42, 1977c; and in S. Gale and G. Olsson (eds.) *Philosophy in Geography*. Dordrecht: Reidel, 155 – 85, 1979c.

1974e Discussion with Brian Berry, *Antipode* 6, 2: 145 – 9.

1974f PHA policies and the Baltimore City housing market (with L. Chatterjee and L. Klugman), The Urban Observatory Inc., City Planning Department, Baltimore.

1972b Revolutionary and counter-revolutionary theory, *Antipode* 4, 2: 1 – 25.

1972c Revolutionary and counter-revolutionary theory in geography and the problem of ghetto formation, in *Perspectives in Geography*, vol. 2, Chicago, IL: Northern Illinois University Press.

1972d Social justice and spatial systems, in R. Peet (ed.) *Geographical Perspectives on Poverty and Social Well Being*, *Antipode* Monographs in Social Geography 1. Worcester, MA: Clark University Geography Department, 12 – 25, Reprinted in M. Albaum (ed.) *Geography and Contemporary Issues*. Chichester: John Wiley, 565 – 84, 1973b; in D. Weir (ed.) *The City in Britain*. London: Fawcett Books, 15 – 27, 1975e; and in S. Gale and E. Moore (eds.) *The Manipulated City*. Chicago, IL: Maaroufa Press, 106 – 20, 1975f.

1972e On obfuscation in geography; a comment on Gale's heterodoxy, *Geographical Analysis* 41, 3: 323 – 30.

1972f The role of theory, in N. Graves (ed.) *New Movements in the Study and Teaching of Geography*. Philadelphia, PA: Temple Smith, 29 – 41.

301 1972h The housing market and code enforcement in Baltimore (with L. Chatterjee, M. Wolman and J. Newman), The Baltimore Observatory Inc. City Planning Department, Baltimore.

1972i A commentary on the comments, *Antipode* 4, 2: 36–41.

1971 Social processes, spatial form, and the redistribution of real income in an urban system, in M. Chisholm (ed.) *Regional Forecasting*. London: Butterworth Scientific

Publications, 267–300. Reprinted in M. Stuart (ed.) *The City: Problems of Planning*. Harmondsworth: Penguin, 288–306, 1972g.

1970a Social processes and spatial form: an analysis of the conceptual problems of urban planning, *Papers of the Regional Science Association* 25: 47–69. Reprinted in E. Jones (ed.) *Readings in Social Geography*. Oxford: Oxford University Press, 76–96, 1975g.

1970b Behavioral postulates and the construction of theory in human geography, *Geografica Polonica* 18: 27–45.

1969b Conceptual and measurement problems in the cognitive behavioral approach to location theory, in K. Cox and R. Golledge (eds.) *Behavioural Problems in Geography: A Symposium*. Evanston, IL: Northwestern University Press, 16–28.

1968a Pattern, process and the scale problem in geographical research, *Transactions of the Institute of British Geographers* 45: 1–8.

1968b Some methodological problems in the use of the Neyman Type A and negative binomial probability distributions for the analysis of spatial point patterns, *Transactions of the Institute of British Geographers* 44: 85–95.

1968c Geographical processes and the analysis of point patterns: testing models of diffusion by quadrat sampling, *Transactions of the Institute of British Geographers* 44: 85–95.

1967a Models of the evolution of spatial patterns in human geography, in R. J. Chorley and P. Haggett (eds.) *Models in Geography*. London: Methuen, 549–608.

1967b The problem of theory construction in geography, *Journal of Regional Science* 7, 2 (Supplement): 1–6.

1966 Theoretical concepts and the analysis of agricultural land use patterns, *Annals of the Association of American Geographers* 56, 3: 361–74. Reprinted in F. Dohrs and L. Sommers *Economic Geography: Selected Readings*, New York: Crowell, 1970c.

1965 *Monte Carlo Simulation Models*, Uppsala: Forskningsrapnorter Kulturgeografiska Insitutionen Uppsala University 1.

1964 Fruit growing in Kent in the nineteenth century, *Archaeologia Cantiana* 7: 95–108.

1963 Locational change in the Kentish hop industry and the analysis of land use patterns, *Transactions of the Institute of British Geographers* 33: 123–40. Reprinted in E. J. Taafe, L. J. King and R. H. T. Smith (eds.) *Readings in Economic Geography*. London: McGraw Hill, 79–93, 1968d; and in A. Baker et al. (eds.) *Geographical*

Interpretations of Geographical Sources. New York: Barnes and Noble, 243–65, 1970d.

1962 'Aspects of agricultural and rural change in Kent, 1815–1900', PhD thesis, Cambridge University.

302   **Other Activities**

BBC News and Current Affairs (Radio Four): 'City Lights/City Shadows'. Three Radio Broadcasts, 10 October, 17 October and 24 October 1993h, produced by Sallie Davies, scripted and narrated by David Harvey.

Abu-Lughod, J. L. (1988) Book reviews, *Economic Development and Cultural Change* 36: 411–15.

Alliez, E. (1999) Tarde et le problème de la constitution, in G. Tarde *Monadologie et Sociologie*. Paris: Institut Synthelabo, 9–32.

Althusser, L. (1970) *For Marx* B. Brewster (trans.). London: Verso.

Althusser, L., and Balibar, E. (1969) *Reading Capital*. London: New Left Books.

Althusser, L. and Balibar, E. (1969) *Reading Capital* B. Brewster (trans.). London: Verso.

Altvater, E. (1991) *The Future of the Market: An Essay on the Regulation of Money and Nature after the Collapse of 'Actually Existing Socialism'* P. Camiller (trans.). London: Verso.

Anderson, P. (1976) *Considerations on Western Marxism*. London: New Left Books.

Anderson, P. (1980) *Arguments within English Marxism*. London: Verso.

Anderson, P. (1983) *In the Tracks of Historical Materialism*. London: Verso.

Anderson, P. (1998) *The Origins of Postmodernity*. London: Verso.

Ansell Pearson, K. (1999) *Germinal Life: The Difference and Repetition of Deleuze*. London: Routledge.

Aronson, R. (1995) *After Marxism*. New York: Guilford Press.

Arrighi, G. (1994) *The Long Twentieth Century*. London: Verso.

Arthur, C. (1979) Dialectic of the value-form, in D. Elson (ed.) *Value: The Representation of Labour in Capitalism: Essays*. London: CSE Books, 67–81.

Arthur, C. (2002) *The New Dialectic and Marx's 'Capital'*. Leiden: Brill Academic Publishers.

Aydalot, P. (1976) *Dynamique spatiale et développement inégal*. Paris: Economica.

Badiou, A. (2000) *Deleuze: The Clamor of Being* L. Burchill (trans.). Minneapolis, MN: University of Minnesota Press.

Bakker, I. (2001) Neoliberal governance and social reproduction. Presented at conference on Gender, Political Economy, and Human Security, York University, Toronto, Ontario, 5 October.

Bales, K. (1999) *Disposable People*. Berkeley, CA: University of California Press.

Barnes, T. (1996) *Logics of Dislocation: Models, Metaphors, and Meanings of Economic*

304

Space. New York: Guilford Press.

Barnes, T. J. (2000) Local knowledge, in R. J. Johnston, D. Gregory, G. Pratt and M. Watts (eds.) *The Dictionary of Human Geography* (4th edn.). Oxford: Blackwell, 452–3.

Barnes, T. J. (2001) Retheorizing economic geography: from the quantitative revolution to the 'cultural turn', *Annals of the Association of American Geographers* 91: 546–65.

Barnes, T. J. (2004) Placing ideas: heterotopias, genius loci, and geography's quantitative revolution, *Progress in Human Geography* 28, 5: 565–96.

Barrett, M. (1991) *The Politics of Truth: From Marx to Foucault*. Cambridge: Polity Press.

Bataille, G. (1985) The notion of expenditure, in *Visions of Excess: Selected Writings 1927–1939*. Minneapolis, MN: University of Minnesota Press, 116–29.

Bataille, G. (1988) Sacrifices and the wars of the Aztecs, in *The Accursed Share: An Essay on General Economy, vol. 1: Consumption*. New York: Zone Books, 45–61.

Battersby, C. (1998) *The Phenomenal Woma:. Feminist Metaphysics and the Patterns of Identity*. Cambridge: Polity Press.

Baudrillard, J. (1975) *The Mirror of Production* M. Poster (trans.). St Louis, MO: Telos.

Baudrillard, J. (1981) *For a Critique of the Political Economy of the Sign* C. Levin (trans.). St Louis, MO: Telos.

Baudrillard, J. (1990) *Seduction* B. Singer (trans.). London: Macmillan.

Baudrillard, J. (1994) *Simulation and Simulacra* S. Glaser (trans.). Ann Arbor, MI: University of Michigan Press.

Baudrillard, J. (1996) *The Perfect Crime* C. Turner (trans.). London: Verso.

Baudrillard, J. (1998) *The Consumer Society: Myths and Structures* C. Turner (trans.). London: Sage.

Bauman, Z. (1987) *Legislators and Interpreters: On Modernity, Post-Modernity, and Intellectuals*. Cambridge: Polity Press.

Benhabib, S. (1986) *Critique, Norm, and Utopian*. New York: Columbia University Press.

Benjamin, W. (1973) *Charles Baudelaire: A Lyric Poet in the Era of High Capitalism* H. Zohn (trans.). London: New Left Books.

Benjamin, W. (1968) *Illuminations*. New York: Schocken.

Benjamin, W. (1999) *The Arcades Project* H. Eiland and K. McLaughlin (eds.). Cambridge, MA: Belknap Press.

Benton, T. 1989: Marxism and natural limits, *New Left Review* 178: 51–86.

Berger, J. (1985) Manhattan, in *The Sense of Sight*. New York: Pantheon, 61–7.

Berlant, L. (2003) Uncle Sam needs a wife: citizenship and denegation, in R. Castronovo and D. D. Nelson (eds.) *Materializing Democracy: Toward a Revitalized Cultural Politics*. Durham, NC: Duke University Press, 144–74.

Berman, M. (1982) *All That Is Solid Melts into Air: The Experience of Modernity*. New York: Simon and Schuster and London: Verso.

Berry, B. J. L. (1993) Geography's quantitative revolution: initial conditions. A personal memoir, *Urban Geography* 14: 434–41.

Best, S. and Kellner, D. (1991) *Postmodern Theory*. London: Macmillan.

Bhabha, H. (1992) Double visions, *Artforum* January, 85–9.

Bidet, J. and Kouvelakis, E. (eds.) (2001) *Dictionnaire Marx Critique*. Paris: Presses Universitaires de France.

Bois, Y.-A. and Krauss, R. (1997) *Formless: A User's Guide*. New York: Zone.

Bottomore, T. (ed.) (1983) *A Dictionary of Marxist Thought*. Oxford: Blackwell.

Bourdieu, P. (1984) *Distinction: A Social Critique of the Judgment of Taste* R. Nice (trans.). Cambridge, MA: Harvard University Press.

Braun, B. (1998) A politics of possibility without the possibility of politics? Thoughts on Harvey's troubles with difference, *Annals of the Association of American Geographers* 88, 4: 712–23.

Braun, B. (1998) A politics of possibility without the possibility of politics, *Annals of the Association of American Geographers* 88, 4: 712–18.

Braun, B. (2000) Producing vertical territory: geology and governmentality in late-Victorian Canada, *Ecumene*. 7, 1: 7–46.

Brennan, T. (2000) *Exhausting Modernity: Grounds for a New Economy*. London: Routledge.

Breugel, I. (2000) No more jobs for the boys? *Capital and Class* 71: 27–40.

Bridge, G. (2000) The social regulation of resource access and environmental impact: production, nature and contradiction in the US copper industry, *Geoforum* 31: 237–56.

Brown, A., Fleetwood, S. and Roberts, J. (eds.) (2001) *Critical Realism and Marxism*.

305

London: Routledge.

Burawoy, M. (1982) *Manufacturing Consent: Changes in the Labor Process under Monopoly Capitalism*. Chicago, IL: University of Chicago Press.

Burbach, R. (1998) The (un)defining of postmodern Marxism: on smashing modernization and narrating new social and economic actors, *Rethinking Marxism* 10, 1: 52–65.

Butler, J. (1993) *Gender Trouble: Feminism and the Subversion of Identity*. London: Routledge.

Callinicos, A. (1985) Anthony Giddens: a contemporary critique, *Theory and Society* 15: 133–66.

Callinicos, A. (2001) Periodizing capitalism and analysing imperialism, in R. Albritton et al. (eds.) *Phases of Capitalist Development*. Houndmills: Palgrave, 230–45.

Callinicos, A. (2002) Marxism and global governance, in D. Held and A. McGrew (eds.) *Governing Globalization*. Cambridge: Polity Press, 249–66.

Callon, M. (1998) Introduction, in M. Callon (ed.) *The Laws of the Market*. Oxford: Blackwell.

Casarino, C. (2002) *Modernity at Sea: Marx, Melville, Conrad in Crisis*. Minneapolis, MN: University of Minnesota Press.

Carling, A. (1986) Rational choice Marxism, *New Left Review* (I) 160: 24–62.

Caro, R. (1974) *The Power Broker*. New York: Vintage.

Cassirer, E. (1944) *An Essay on Man*. New Haven, CT: Yale University Press.

Castells, M. (1976) Is there an urban sociology? in C. Pickvance (ed.) *Urban Sociology: Critical Essays*. London: Tavistock, 33–59.

Castells, M. (1996) *The Information Age, vol. 1: The Rise of the Network Society*. Oxford: Blackwell.

Castells, M. (1997) *The Information Age, vol. 2: The Power of Identity*. Oxford: Blackwell.

Castells, M. (1998) *The Information Age, vol. 3: End of Millennium*. Oxford: Blackwell.

Castells, M. (2000) *The Power of Identity*. Oxford: Blackwell.

Castree, N. (1995) The nature of produced nature: materiality and knowledge construction in Marxism, *Antipode* 27, 1: 12–48.

Castree, N. (1996) Birds, mice and geography, *Transactions of the Institute of British Geographers* 21, 3: 342–62.

306

Castree, N. (1999) Envisioning capitalism, *Transactions of the Institute of British Geographers* 24, 2: 137–58.

Castree, N. (2002) False antithesis? Marxism, nature and actor-networks *Antipode* 34, 1: 111–46.

Castree, N. (2002) From spaces of antagonism to spaces of engagement, in A. Brown, S. Fleetwood and J. M. Roberts (eds.) *Critical Realism and Marxism*. London: Routledge, 187–214.

Castree, N. (2003) Commodifying what nature? *Progress in Human Geography* 27, 3: 273–97.

Castree, N. (2006) David Harvey's symptomatic silence, *Historical Materialism* (forthcoming).

Castronovo, R. and Nelson, D. D. (2003) *Materializing Democracy: Toward a Revitalized Cultural Politics*. Durham, NC: Duke University Press.

Catephores, G. (1989) *An Introduction to Marxist Economics*. Basingstoke: Macmillan.

Chatterjee, L. and Harvey, D. (1974) Absolute rent and the restructuring of space by governmental and financial institutions, *Antipode* 6, 1: 22–36.

Chorley, R. J. (1995) Haggett's Cambridge: 1957–66, in A. D. Cliff, P. R. Gould, A. G. Hoare and N. J. Thrift (eds.) *Diffusing Geography: Essays for Peter Haggett*. Oxford: Blackwell, 355–74.

Christopherson, S. (1989) On being outside 'the project', *Antipode* 21, 2: 83–9.

Cohen, G. A. (1978) *Karl Marx's Theory of History*. Oxford Clarendon.

Corbridge, S. (1998) Reading David Harvey: entries, voices, loyalties, *Antipode* 30, 1: 43–55.

Corlett, W. (1993) *Community without Unity: A Politics of Derridean Extravagance*. Durham, NC: Duke University Press.

Cottereau, A. (1980) étude Prealable, in D. Poulot (ed.) *Le Sublime*. Paris: Maspero, 62–80.

Cronon, W. (1995) The trouble with wilderness: or, getting back to the wrong nature, in W. Cronon (ed.) *Uncommon Ground: Toward Reinventing Nature*. New York: W. W. Norton.

Daniell, A. (2002) Preface, in C. Keller and A. Daniell (eds.) *Process and Difference: Between Cosmological and Poststructural Postmodernisms*. Albany, NY: SUNY Press.

Darwin, C. (1974) *Charles Darwin and T. H. Huxley, Autobiographies* G. de Beer (ed.). London: Oxford University Press.

Davis, S. (1995) Touch the magic, in William Cronon (ed.) *Uncommon Ground: Toward Reinventing Nature*. New York: W. W. Norton, 204–32.

307 Dear, M. (1988) The postmodern challenge: reconstructing human geography, *Transactions of the Institute of British Geographers* 13: 262–74.

DeLanda, M. (1999) Deleuze, diagrams, and the open-ended becoming of the world, in E. Grosz *Becomings: Explorations in Time, Memory and Futures*. Ithaca, NY: Cornell University Press, 29–41.

DeLanda, M. (2002) *Intensive Science and Virtual Philosophy*. London: Continuum.

Delaney, D. and Leitner, H. (1997) The political construction of scale, *Political Geography* 16, 2: 93–7.

Deleuze, G. (1988) *Spinoza: Practical Philosophy* R. Hurley (trans.). San Francisco, CA: City Lights Books.

Deleuze, G. (1990a) *Negotiations*. New York: Columbia University Press.

Deleuze, G. (1990b) *The Logic of Sense*, M. Lester and C. Stivale (trans.). New York: Columbia University Press.

Deleuze, G. (1992) *The Fold: Leibniz and the Baroque*. Minneapolis, MI: Minnesota University Press.

Deleuze, G. (1993 [1988]) *The Fold: Leibniz and the Baroque*. Minneapolis, MI: University of Minnesota Press.

Deleuze, G. (1994 [1968]) *Difference and Repetition*. New York: Columbia University Press.

Deleuze, G. and Guattari, F. (1987) *A Thousand Plateaus: Capitalism and Schizophrenia*. Minneapolis, MN: University of Minnesota Press.

Deleuze, G. and Guattari, F. (1994) *What is Philosophy?* Hugh Tomlinson and Graham Burchell (trans.). New York: Columbia University Press.

Deleuze, G. and Parnet, C. (1987) *Dialogues*, H. Tomlinson and B. Habberjam (trans.). London: Athlone Press.

Dennis, R. (1987) Review article: faith in the city? *Journal of Historical Geography* 13, 3: 310–16.

Derrida, J. (1981) *Positions* A. Bass (trans.). Chicago, IL: University of Chicago Press.

Derrida, J. (1983) *Margins of Philosophy* A. Bass (trans.). Hemel Hempstead: Harvester

Wheatsheaf.

Derrida, J. (1992) *Given Time: vol. 1. Counterfeit Money* P. Kamuf (trans.). Chicago, IL: University of Chicago Press.

Derrida, J. (1994) *Specters of Marx: The State of the Debt, the Work of Mourning, and the New International* P. Kamuf (trans.). London: Routledge.

Derrida, J. (1991 [1982]) From 'Différance', in P. Camuf (ed.) *A Derrida Reader: Between the Blinds*. Oxford: Blackwell, 59–79.

Derrida, J. (1991 [1983]) Letter to a Japanese friend, in P. Camuf (ed.) *A Derrida Reader: Between the Blinds*. Oxford: Blackwell, 270–6.

Di Chiro, G. (1995) Nature as community: the convergence of environment and social justice, in W. Cronon (ed.) *Uncommon Ground: Toward Reinventing Nature*. New York: W. W. Norton, 298–320.

Doel, M. A. (1999) *Poststructuralist Geographies: The Diabolical Art of Spatial Science*. Edinburgh: Edinburgh University Press.

Duell, J. (2000) Assessing the literary: intellectual boundaries in French and American literary studie*s*, in M. Lamont and M. Thevenot (eds.) *Rethinking Comparative Cultural Sociology: Repertoires of Evaluation in France and the United States*. Cambridge: Cambridge University Press, 94–124.

Duménil, G. (1978) *Le Concept de loi économique dans 'le Capital'*. Paris: Maspero.

Duncan, R. and Wilson, C. (eds.) (1987) *Marx Refuted: The Verdict of History*. Bath: Ashgrove.

Eagleton, T. (1995) Jacques Derrida: specters of Marx, *Radical Philosophy* 73: 35–7.

Eagleton, T. (1997) Spaced out: David Harvey's *Justice, Nature and the Geography of Difference*, *London Review of Books* 24 April, 19: 22–3.

Eagleton, T. (2001) *The Gatekeeper*. London: Allen Lane.

Ehrlich, P. (1968) *The Population Bomb*. New York: Ballantine Books.

Engels, F. (1946 [1888]) *Ludwig Feuerback and the End of Classical German Philosophy*. Moscow: Progress Publishers.

Engels, Frederick (1978 [1883]) Speech at the graveside of Karl Marx, in Robert Tucker (ed.) *The Marx–Engels Reader*. New York: Norton.

Escobar, A. (2001) Culture sits in places: reflections on globalism and subaltern strategies of localization, *Political Geography* 20, 2: 139–74.

Esteva, G. and Prakash, M. S. (1992) Grassroots resistance to sustainable development:

308

lessons from the banks of the Narmada, *Ecologist* 22: 45–51.

Fields, B. (2001) Whiteness, racism, and identity, *International Labor and Working Class History* 60: 48–56.

Fitzgerald, J. (1979) *Alfred North Whitehead's Early Philosophy of Space and Time*. New York: Rowman and Littlefield.

Foucault, M. (1977) *Discipline and Punish*. New York: Vintage.

Foucault, M. (1980) *Power/Knowledge*. New York: Vintage.

Fritzsche, P. (1996) *Reading Berlin 1900*. Cambridge, MA: Harvard University Press.

Gale, S. (1972) On the heterodoxy of explanation: a review of David Harvey's *Explanation in Geography*, *Geographical Analysis* 4: 285–332.

Gandy, M. (2002) *Concrete and Clay: Reworking Nature in New York City*. Cambridge, MA: MIT Press.

Gibson-Graham, J. K. (1996) *The End of Capitalism (As We Know It)*. Oxford: Blackwell.

Gibson-Graham, J. K. (2003) An ethics of the local, *Rethinking Marxism* 15, 1: 49–74.

Giddens, A. (1981) *A Contemporary Critique of Historical Materialism*. London: Macmillan.

Gieryn, T. (2002) Three truth spots, *Journal of the History of the Behavioral Sciences* 38: 113–32.

Gleick, J. (2003) *Isaac Newton*. New York: Pantheon.

Gregory, D. (1994) *Geographical Imaginations*. New York: Blackwell.

Gregory, D. and Urry, J. (eds.) (1985) *Social Relations and Spatial Structures*. London: Methuen.

Grossman, H. (1977) Marx, classical political economy, and the problem of dynamics. Part Two, *Capital and Class* 3: 67–99.

Grosz, E. (1994) *Volatile Bodies*. Bloomington, IN: Indiana University Press.

Guattari, F. (2000) *The Three Ecologies*. London, Athlone Press.

Gutenschwager, G. (1976) A Marxian perspective on urbanism, *Monthly Review* May: 44–9.

Hacking, I. (2002) *Historical Ontology*. Cambridge, MA: Harvard University Press.

Haggett, P. (1965) *Locational Analysis in Human Geography*. London: Edward Arnold.

Hannigan, J. (1998) *Fantasy Cities*. London: Routledge.

Hansen, M. (2000) Becoming as creative involution? Contextualizing Deleuze and Guattari's Biophilosophy, *Postmodern Culture* 11.1.

309

Haraway, D. (1990) A manifesto for cyborgs: science, technology and socialist feminism in the 1980s, in L. Nicholson (ed.) *Feminism/Postmodernism*. London: Routledge, 123–35.

Haraway, D. (1991) Situated knowledge: the science question in feminism and the privilege of partial perspective, in *Simians, Cyborgs and Women: The Reinvention of Nature*. London: Routledge, 183–202.

Haraway, D. (1997) *Modest_Witness@Second_Millennium.Female Man._Meets_Onco MouseTM*. New York: Routledge.

Haraway, D. and Harvey, D. (1995) Nature, politics and possibilities: a debate with David Harvey and Donna Haraway, *Environment and Planning D: Society and Space* 13, 4, 507–27.

Harding, S. (1986) *The Science Question in Feminism*. Ithaca, NY: Cornell University Press.

Hardt, M. (1993) *Gilles Deleuze: An Apprenticeship in Philosophy*. Minneapolis, MN: University of Minnesota Press.

Hardt, M. and Negri, A. (2000) *Empire*. Cambridge, MA: Harvard University Press.

Hardy, F. G. (1998) It's necessary to talk about trees, *Antipode* 30, 1: 6–13.

Hartsock, N. (1984) *Money, Sex, and Power: Toward a Feminist Historical Materialism*. New York: Longman and Boston: Northeastern University Press.

Hartsock, N. (1987) Rethinking Marxism: minority vs majority theories, *Cultural Critique* 7: 187–206.

Hartsock, N. (1989) Postmodernism and political change: issues for feminist theory, *Cultural Critique* 14, 3: 15–33.

Hartsock, N. (1998a) Moments, margins, and agency, *Annals of the Association of American Geographers* 88, 4: 707–12.

Hartsock, N. (1998b) *The Feminist Standpoint Revisited and Other Essays*. Boulder, CO: Westview Press.

Hayden, D. (1982) *The Grand Domestic Revolution*. Cambridge, MA: MIT Press.

Hayden, P. (1997) Gilles Deleuze and naturalism: a convergence with ecological theory and politics, *Environmental Ethics*, 19: 184–204.

Heidegger, M. (1971) Martin Heidegger: an interview, *Listening* Winter, 6: 35–8.

Henderson, (1999) *California and the Fictions of Capital*. Oxford: Oxford University Press.

Hess, D. J. (1997) *Science Studies: An Advanced Introduction*. New York: New York University Press.

Hesse, M. B. (1980) *Revolutions and Reconstructions in the Philosophy of Science*. Brighton: Harvester Wheatsheaf.

310 Hirschmann, N. (1997) Feminist standpoint as postmodern strategy, in S. J. Kenney and H. Kinsella (eds.) *Politics and Feminist Standpoint Theories/Women and Politics* 18, 2: 73–92.

hooks, b. (1990) *Yearning: Race, Gender and Cultural Politics*. London: Turnaround.

Horkheimer, M. (1972 [1937]) Traditional and critical theory, in M. Connell et al. (eds.) *Critical Theory*. New York: Herder and Herder, 188–214.

Horkheimer, M. and Adorno, T. (1972) *Dialectic of Enlightenment* J. Cumming (trans.). New York: Herder and Herder.

Howard, M. and King, J. (1985) *The Political Economy of Marx* (3rd edn.). Harlow: Longman.

Howitt, R. (1998) Scale as relation: musical metaphors of geographical scale, *Area* 30, 1: 49–58.

Jacobs, J. (1961) *The Death and Life of Great American Cities*. New York: Vintage.

Jameson, F. (1979) Reification and ideology in mass culture, *Social Text* 1: 130–48.

Jameson, F. (1984) Postmodernism, or the cultural logic of late capitalism, *New Left Review* July–August, 146: 53–93.

Janik, A. and Toulmin, S. (1973) *Wittgenstein's Vienna*. New York: Simon and Schuster.

Jessop, B. (2002) *The Future of the Capitalist State*. Cambridge: Polity Press.

Jessop, B. (2004) On the limits of *Limits to Capital*, *Antipode* 36, 3: 480–96.

Jones, A. (1999) Dialectics and difference: against Harvey's dialectical 'post-Marxism', *Progress in Human Geography* 23, 4: 529–55.

Jones, J.-P. III (2004) *David Harvey*. London: Continuum.

Katz, C. (1996) Towards minor theory, *Environment and Planning D: Society and Space* 14: 487–99.

Katz, C. (1998) Political and intellectual passions: engagements with David Harvey's *Justice, Nature and the Geography of Difference*, *Annals of the Association of American Geographers* 88, 4: 706–7.

Katz, C. (2001a) On the grounds of globalization: a topography for feminist political engagement, *Signs: Journal of Women in Culture and Society* 26, 4: 1213–34.

Katz, C. (2001b) Vagabond capitalism and the necessity of social reproduction, *Antipode* 33, 4: 709–28.

Katz, C. (ed.) (1998) Political and intellectual passions: engagements with Harvey's *Justice, Nature and the Politics of Difference, Annals of the Association of American Geographers* 88, 4: 706–30.

Kearns, G. (1984) Making space for Marx, *Journal of Historical Geography* 10, 4: 411–17.

Keller, C. and Daniell, A. (2002) *Process and Difference: Between Cosmological and Poststructural Postmodernisms*. Albany, NY: SUNY Press.

Kelly, P. F. (1999) The geographies and politics of globalization, *Progress in Human Geography* 23, 3: 379–400.

Klein, N. (1999) *No Logo*. New York: Picador.

Krätke, M. (1998a) Wie politisch ist Marx' politische Ökonomie? (I), *Zeitschrift Marxistische Erneuerung* 33: 114–28.

Krätke, M. (1998b) Wie politisch ist Marx' politische Ökonomie? (II), *Zeitschrift Marxistische Erneuerung* 34: 146–61.

Kuhn, T. S. (1962) *The Structure of Scientific Revolutions*. Chicago, IL: Chicago University Press.

Lambert, G. (2002) *The Non-Philosophy of Gilles Deleuze*. London: Continuum.

Langer, S. (1953) *Feeling and Form: A Theory of Art*. New York: Prentice Hall.

Latour, B. (1993) *We Have Never Been Modern*. Cambridge, MA: Harvard University Press.

Latour, B. (1998) To modernise or ecologise? That is the question, in B. Braun and N. Castree (eds.) *Remaking Reality: Nature at the Millennium*. New York: Routledge, 221–42.

Latour, B. (2002) Gabriel Tarde and the end of the social, in P. Joyce (ed.) *The Social in Question: New Bearings in History and the Social Sciences*. London: Routledge, 117–50.

Latour, B. (2003) Is re-modernization occurring – and, if so, how to prove it? *Theory Culture and Society* 20: 35–48.

Latour, B. (2004) *Politics of Nature: How to Bring the Sciences into Democracy*, C. Porter. (trans.). Harvard, MA: Blackwell.

Lebowitz, M. (1986) Capital reinvented, *Monthly Review* June, 33–41.

311

Lefebvre, H. (1991 [1974]) *The Production of Space* D. Nicholson-Smith (trans.). Oxford: Blackwell.

Leitner, H. (1990) Cities in pursuit of economic growth, *Political Geography Quarterly* 9, 2: 146–70.

Ley, D. and Samuels, M. (eds.) *Humanistic Geography*. Chicago, IL: Maroufa Press.

Leyshon, A. (1998) Geographies of finance III, *Progress in Human Geography* 22, 3: 433–46.

Livingstone, D. N. (2003) *Putting Science in Its Place*. Chicago, IL: University of Chicago Press.

Logan, J. and Molotch, H. (1986) *Urban Fortunes*. Berkeley and Los Angeles, CA: University of California Press.

Longino, H. (2002) *The Fate of Knowledge*. Princeton, NJ: Princeton University Press.

Luxemburg, R. (1951) *The Accumulation of Capital* Agnes Schwarz Child (trans.). New York.: Routledge and Kegan Paul.

Lyotard, J.-F. (1984) *The Postmodern Condition*. Minneapolis, MN: University of Minnesota Press.

Lyotard, J.-F. (1993) *Libidinal Economy* I. Hamilton Grant (trans.). London: Athlone.

Lyotard, J.-F. (1998) *The Assassination of Experience by Painting—Monory* R. Bowlby (trans.). London: Black Dog.

Malcolm, N. (1958) *Ludwig Wittgenstein: A Personal Memoir*. Oxford: Oxford University Press.

Mandel, E. and Freeman, A. (eds.) (1984) *Ricardo, Marx, Sraffa: The Langston Memorial Volume*. London: Verso.

Marin, L. (1984) *Utopics: A Spatial Play*. Atlantic Heights, NJ: Humanities Press.

Marston, S. (2000) The social construction of scale. *Progress in Human Geography* 24, 2: 219–42.

Martin, G. (1987) Foreword, in M. Kenzer (ed.) *Carl O. Sauer: A Tribute*. Corvalis, OR: University of Oregon Press, ix–xvi.

Martinez-Alier, J. (1987) *Ecological Economics: Energy, Environment, and Society*. Oxford: Blackwell.

Marx, K. (1946 [1845]) Theses on Feuerback, in F. Engels, *Ludwig Feuerback and the End of Classical German Philosophy*. Moscow: Progress Publishers, 61–5.

Marx, K. (1954 [1886]) *Capital: A Critique of Political Economy,* vol. 1 F. Engels (ed.),

S. Moore and E. Aveling (trans.). London: Lawrence and Wishart.

Marx, K. (1963) *The Eighteenth Brumaire of Louis Bonaparte*. New York: International Publishers.

Marx, K. (1964) *Economic and Philosophical Manuscripts of 1844* Dirk Struik (trans.). New York: International Publishers.

Marx, K. (1967 [1867]) *Capital*, vol. 1 S. Moore and E. Aveling (trans.). London: Lawrence and Wishart.

Marx, K. (1970) *Capital*, vol. 1. London: Lawrence and Wishart.

Marx, K. (1973a) *Grundrisse: Foundations of the Critique of Political Economy*, New York: Vintage Books and Harmondsworth: Penguin.

Marx, K. (1973b [1859]) *Grundrisse* Martin Nicolaus (trans.). Harmondsworth: Penguin.

Marx, K. (1975) Early economic and philosophical manuscripts, in L. Colletti (ed.) *Karl Marx: Early Writings*. Harmondsworth: Pelican.

Marx, K. (1975 [1881]) Notes on Adolph Wagner's 'Lehrbuch der politischen Ökonomie', in Terrell Carver (ed.) *Karl Marx: Texts on Method*. Blackwell: Oxford.

Marx, K. (1976a [1867]) *Capital*, vol. 1 B. Fowkes (trans.). Harmondsworth: Penguin.

Marx, K. (1976b) *Capital*, vol 1. New York: Viking Press.

Marx, K. (1977 [1847]) Die Weiterentwicklung der Theorie, in *Marx-Engels Collected Works*, vol. 20. London: Lawrence and Wishart.

Marx, K. (1983 [1857–8]) Grundrisse der Kritik der Politischen Ökonomie, in Institut für Marxismus-Leninismus beim Zentralkommittee der SED (ed.) *Karl Marx, Friedrich Engels: Werke*. Berlin: Dietz Verlag, 47–768.

Marx, K. and Engels, F. (1975 [1881]) *Collected Works*, vol. 5. London: Lawrence and Wishart.

Marx, K. and Engels, F. (1976) *Collected Works*, vol. 5. New York: International Publishers.

Marx, K. and Engels, F. (1986 [1848]) *Manifesto of the Communist Party*. Moscow: Progress Publishers.

Massey, D. (1984) *Spatial Divisions of Labour*. London: Macmillan

Massey, D. (1991a) Flexible sexism, *Environment and Planning D: Society and Space* 9, 1: 31–57.

Massey, D. (1991b) A global sense of place, *Marxism Today*: 24–9.

Massey, D. (1994) *Space, Place and Gender*. Minneapolis, MN: University of Minnesota

Press.

Massey, D. (1999) Space-time, 'science' and the relationship between physical and human geography, *Transactions of the Institute of British Geographers* 24, 3: 261–76.

313 Massey, D. and Thrift, N. J. (2003) The passion of place, in R. J. Johnston and M. Williams (eds.) *A Century of British Geography*. Oxford: Oxford University Press, 275–99.

May, J. and Thrift, N. (eds.) (2001) *Timespace: Geographies of Temporality*. London: Routledge.

McCarney, J. (1990) *Social Theory and the Crisis of Marxism*. London: Verso.

McDowell, L. (1992) Multiple voices: speaking from inside and outside 'the project', *Antipode* 24, 1: 56–72.

McDowell, L. (1998) Some academic and political implications of *Justice, Nature and the Geography and Difference, Antipode* 30, 1: 3–5.

McDowell, L. (ed.) (1998) *Special Issue: Justice, Nature and the Politics of Difference. Antipode* 30, 1: 1–55.

McDowell, L. (2000) Learning to serve? Young men's labour market aspirations in an era of economic restructuring, *Gender, Place and Culture* 7: 389–416.

Meadows, D., et al. (1972) *The Limits to Growth*. New York: Universe Books.

Merrifield, A. (2003) *Metromarxism: A Marxist Tale of the City*. London: Routledge.

Mies, M. (1986) *Patriarchy and Accumulation on a World Scale*. London: Zed Press.

Millet, J. (1970) *Gabriel Tarde et la philosophie de l'histoire*. Paris: Vrin.

Mitchell, D. (2003) *The Right to the City: Social Justice and the Fight for Public Space*. New York: Guilford Press.

Mitchell, K., Marston, S. A. and Katz, C. (eds.) (2004) *Life's Work: Geographies of Social Reproduction*. Oxford: Blackwell.

Mitchell, T. (2002) *The Rule of Experts: Egypt, Techno-politics, Modernity*. Berkeley, CA: University of California Press.

Mohanty, C. T. (2003) 'Under western eyes' revisited: solidarity through anti-capitalist struggles, in *Feminism without Borders: Decolonizing Theory, Practicing Solidarity*. Durham, NC: Duke University Press, 221–51.

Molotch, H. (1976) The city as a growth machine, *American Journal of Sociology* 82: 309–32.

Monk, R. (1990) *Wittgenstein: The Duty of Genius*. London: Vintage.

Moorcock, M. (2003) Firing the cathedral, in P. Crowther (ed.) *Cities*. London: Gollancz, 155–246.

Morris, M. (1992) The man in the mirror, *Theory, Culture, and Society* 9: 253–79.

Nancy, J-L. (1996) The Deleuzian fold of thought, in P. Patton (ed.) *Deleuze: A Critical Reader*. Oxford: Blackwell, 107–13.

Naples, N. and Desai, M. (eds.) (2002) *Women's Activism and Globalization*. New York: Routledge.

Ollman, B. (1971) *Alienation*. Cambridge: Cambridge University Press.

Ollman, B. (1976) *Alienation: Marx's Conception of Man in Capitalist Society*. Cambridge: Cambridge University Press.

Ollman, B. (1993) *Dialectical Investigations*. New York: Routledge.

Olsson, G. (1991) *Lines of Power/Limits of Language*. Minneapolis, MN: University of Minnesota Press.

Olsson, G. (2000) From a = b to a = a, *Environment and Planning A* 32: 1235–244.

Osserman, R. (1995) *The Poetry of the Universe*. New York: Doubleday.

Peet, R. (1981) Spatial dialectics and Marxist geography, *Progress in Human Geography* 5: 105–10.

Peterson, V. Spike (2003) *A Critical Rewriting of Global Political Economy*. New York: Routledge.

Pinchbeck, I. (1969 [1930]) *Women Workers and the Industrial Revolution: 1750–1850*. London: Frank Cass.

Poovey, M. (1995) The production of abstract space, in *Making a Social Body: British Cultural Formation, 1830–1860*. Chicago, IL: University of Chicago Press, 76–92.

Postone, M. (1996) *Time, Labor and Social Domination*. Cambridge: Cambridge University Press.

Poulantzas, N. (1979) *State, Power, Socialism*. London: Verso.

Prigogine, I. and Stengers, I. (1984) *Order out of Chaos*. New York: Bantam Books.

Probyn, E. (1996) *Outside Belongings: Disciplines, Belongings and the Place of Sex*. London: Routledge.

Putnam, H. (1981) *Reason, Truth, and History*. Cambridge: Cambridge University Press.

Rae, D. (2003) *City: Urbanism and Its End*. New Haven, CT: Yale University Press.

Rediscovering Geography Committee (1997) *Rediscovering Geography: New Relevance*

314

for Science and Society. Washington, DC: National Academy Press.

Reineke, Y. 197. Positioning bodies for justice, *Gender, Place, and Culture* 4, 3: 367–9.

Rescher, N. (1979) *Leibniz: An Introduction to His Philosophy*, Totawa, NJ: Opus.

Richards, S. (1987) *Philosophy and the Sociology Sciences* (2nd edn.) Oxford: Blackwell.

Rose, G. (1993) *Feminism and Geography: The Limits of Geographical Knowledge*. Minneapolis, MI: University of Minnesota Press.

Rosenberg, J. (1994) *The Empire of Civil Society*. London: Verso.

Rothschild, E. (1973) *Paradise Lost*. New York: Vintage.

Rouse, J. (1987) *Knowledge and Power: Towards a Political Philosophy of Science*. Ithaca, NY: Cornell University Press.

Rubin, I. (1973 [1928]) *Essays on Marx's Theory of Value* M. Samardzija and F. Perlman (trans.). Montreal: Black Rose.

Ryan, M. (1982) *Marxism and Deconstruction: A Critical Articulation*. Baltimore, MD: Johns Hopkins University Press.

Said, E. (1994) *Representation of the Intellectual*. New York: Vintage.

Said, E. (2001) *Power, Politics and Culture*. New York: Vintage.

Saunders, P. and Williams, P. (1986) The new conservatism: some thoughts on recent and future developments in urban studies, *Environment and Planning D: Society and Space* 4: 393–9.

Sayer, A. (1995) *Radical Political Economy: A Critique*. Oxford: Blackwell.

Sayer, A. (2000) *Realism and social science*. Thousand Oaks, CA: Sage.

Schmidt, A. (1971) *The Concept of Nature in Marx*. London: New Left Books.

Scott, J. W. (1988) *Gender and the Politics of History*. New York: Columbia University Press.

Shapin, S. (1994) *A Social History of Truth: Civility and Science in Seventeenth Century England*. Chicago, IL: University of Chicago Press.

Shapin, S. (1998a) Placing the view from nowhere: historical and sociology problems in the location of science, *Transactions of the Institute of British Geographers* 23, 1: 5–12.

Shapin, S. (1998b) The philosopher and the chicken: the dietetics of disembodied knowledge, in C. Lawrence and S. Shapin (eds.) *Science Incarnate: Historical Embodiments of Natural Knowledge*. Chicago, IL: University of Chicago Press, 21–50.

315

Sheppard, E. (1979) Geographic potentials. *Annals of the Association of American Geographers* 69, 4: 438–47.

Sheppard, E. (1987) A Marxian model of the geography of production and transportation in urban and regional systems, in C. Bertuglia, G. Leonardi, S. Occelli et al. (eds.) *Urban Systems: Contemporary Approaches to Modelling.* London, Croom Helm, 189–250.

Sheppard, E. (1990) Modeling the capitalist space economy: bringing society and space back, *Economic Geography* 66: 201–28.

Sheppard, E. (2002) The spaces and times of globalization: place, scale, networks, and positionality, *Economic Geography* 78, 3: 307–30.

Sheppard, E. (2004) The spatiality of *The Limits to Capital, Antipode* 36, 3: 470–79.

Sheppard, E. and Barnes, T. J. (1990) *The Capitalist Space Economy: Geographical Analysis after Ricardo, Marx and Sraffa.* London: Unwin Hyman.

Sheppard, E. and McMaster, R. (eds.) (2004) *Scale and Geographic Inquiry.* Oxford: Blackwell.

Sheppard, E. and Nagar, R. (2004) From east–west to north–south, *Antipode* 36, 4: 557–63.

Smith, N. (1979) Toward a theory of gentrification: a back to the city movement by capital not people, *Journal of the American Planning Association* 45: 538–48

Smith, N. (1981) Degeneracy in theory and practice: spatial interactionism and radical eclecticism, *Progress in Human Geography* 5: 111–18.

Smith, N. (1984) *Uneven Development: Nature, Capital and the Production of Space.* Oxford: Blackwell.

Smith, N. (1992) Contours of a spatialized politics: homeless vehicles and the production of geographical space. *Social Text* 33: 54–81.

Smith, N. (1995) Trespassing on the future, *Environment and Planning D: Society and Space* 13, 3: 505–6.

Smith, N. (1996) The production of nature, in G. Robertson, M. Mash, L. Tickner, J. Bird, B. Curtis, and T. Putnam (eds.) *Future Natural: Nature, Science, Culture.* London: Routledge, pp. 35–54.

Smith, N. (2001) New geographies, old ontologies: optimism of the intellect, *Radical Philosophy* 106: 21–30.

Smith, P. (1998) *Discerning the Subject.* Minneapolis, MN: University of Minnesota

Press.

Smith, R. J. and Doel, M. A. (2001) Baudrillard unwound: the duplicity of post-Marxism and deconstruction, *Environment and Planning D: Society and Space* 19, 2: 137–59.

316 Soja, E. (1980) The socio-spatial dialectic, *Annals of the Association of American Geographers* 70, 3: 207–25.

Soja, E. (1989) *Postmodern Geographies: The Reassertion of Space in Critical Social Theory*. London: Verso.

Soja, E. (1996) *Thirdspace: Journeys to Los Angeles and other real-and-imagined places*. Oxford: Blackwell.

Soja, E. (2000) *Postmetropolis: Critical Studies of Cities and Regions*. Oxford: Blackwell.

Sorkin, M. and Zukin, S. (eds.) (2002) *After the World Trade Center*. New York: Routledge.

Spivak, G. (1985) Scattered speculations on the question of value, *Diacritics* 15, 4: 73–93.

Spivak, G. (1995) Ghostwriting. *Diacritics* 25, 2: 65–84.

Sraffa, P. (1960) *The Production of Commodities by Means of Commodities*. Cambridge: Cambridge University Press.

Stahel, A. W. (1999) Time contradictions of capitalism. *Culture, Nature, Society*, 10, 1: 101–32.

Steedman, I., et al. (1979) *The Value Controversy*. London: New Left Books.

Stengers, I. (2002) *Penser avec Whitehead: Une libre et sauvage création de concepts*. Paris Gallimard

Stiglitz, J. (2002) *Globalization and Its Discontents*. New York: W. W. Norton.

Sweezy, P. (1968) *The Theory of Capitalist Development: Principles of Marxian Political Economy*. London: Modern Reader.

Swidler, A. (2001) *Talk of Love: How Culture Matters*. Chicago, IL: University of Chicago Press.

Swyngedouw, E. (1997) Neither global nor local: 'globalization' and the politics of scale, in K. Cox (ed.) *Spaces of Globalization: Reasserting the Power of the Local*. New York: Guilford Press.

Swyngedouw, E. (1999) Modernity and hybridity: Nature, *Regeneracionismo*, and production of the Spanish waterscape, 11890–1930, *Annals of the Association of*

American Geographers. 89, 3: 443–65

Tarde, G. (1999 [1898]) *Les Lois sociales: equisse d'une sociologie*. Paris: Institut Synthelabo.

Théret, B. (1992) *Régimes économiques de l'ordre politique*. Paris: Presses Universitaires de France.

Third Berlin Biennial for Contemporary Art (2004) *Catalogue: Judith Barry, Voice Off*. Berlin: Biennale, 48–9.

Thoburn, N. (2003)) The hobo anomalous, *Social Movement Studies* 2, 1: 61–84.

Thompson, E. P. (1963) *The Making of the English Working Class*. New York: Vintage Books.

Thrift, N. J. (2003) Space, in S. Holloway, S. Rice and G. Valentine (eds.) *Key Concepts in Geography*. London: Sage.

Thrift, N. J. (2004a) Summoning life, in P. Cloke, P. Crang and M. Goodwin (eds.) *Envisioning Geography*. London: Edward Arnold.

Thrift, N. J. (2004b) A geography of unknown lands, in J. S. Duncan and N. Johnson (eds.) *The Blackwell Companion to Cultural Geography*. Oxford: Blackwell.

Thrift, N. J. (2004c) Intensities of feeling: towards a spatial politics of affect. *Geografiska Annaler* 86, 1: 57–68.

Thrift, N. J. (2004d) *Knowing Capitalism*. London: Sage.

Toews, D. (2003) The new Tarde: sociology after the end of the social. *Theory Culture and Society* 20: 81–98.

Topalov, C. (1973) *Capital et propriété foncière: contribution à l'étude des politiques foncières urbaines*. Paris: Centre de Sociologie Urbaine.

Tsing, A. (2001) The global situation, in J. W. Scott and D. Keates (eds.) *Schools of Thought: Twenty-Five Years of Interpretive Social Sciences*. Princeton, NJ: Princeton University Press, 104–38.

Virilio, P. (1991) *The Aesthetics of Disappearance* P. Beitchman (trans.). New York: Semiotext(e).

Vogel, S. (1996) *Against Nature: The Concept of Nature in Critical Theory*. Albany, NY: SUNY Press.

Walker, R. (2004) The spectre of Marxism, *Antipode* 36, 3: 424–35.

Watts, M. (2001) 1968 and all that, *Progress in Human Geography* 25, 2: 157–88.

Webber, M. (1996) Profitability and growth in multiregional systems: theory and a model,

Economic Geography 72, 3: 335–52.

Whatmore, S. (1999) Human geographies: rethinking the 'human' in human geography, in D. Massey, J. Allen and P. Sarre (eds.) *Human Geography Today*. Cambridge: Polity Press, 22–39.

Whatmore, S. (2002) *Hybrid Geographies: Natures, Cultures, Spaces*. London: Sage.

Whitehead, A. (1929) *Process and Reality: An Essay in Cosmology*. New York: Macmillan.

Whitehead, A. (1948) *Science and Philosophy*. New York: Philosophical Library.

Williams, R. (1980) *Problems in Materialism and Culture*. London: Verso.

Williams, R. (1985) *Keywords: A Vocabulary of Culture and Society (*rev. edn.). Oxford: Oxford University Press.

Williams, R. (1989) *People of the Black Mountains: The Beginnings*. London: Chatto and Windus.

Wittgenstein, L. (1953) *Philosophical Investigations* G. E. M. Anscombe and R. Rhees (eds.). Oxford: Blackwell.

Wittgenstein, L. (1961) *Tractatus Logico-Philosophicus* D. F. Pears and B. F. McGuinness (trans.), first published in German in 1918, and translated into English in 1922 by C. K. Ogden and F. P. Ramsey. London: Routledge.

Wright, M. W. (2004) From protests to politics: sex work, women's worth, and Ciudad Juárez modernity, *Annals of the Association of American Geographers*, 94, 2: 369–87.

Yeung, H. (2002) Deciphering citations. *Environment and Planning A* 34: 2093–102.

Young, I. M. (1990) *Justice and the Politics of Difference*. Princeton, NJ: Princeton University Press.

Young, I. M. (1998) Harvey's complaint with race and gender struggles: a critical response. *Antipode* 30, 1: 36–42.

Young, I. M. (1990) *Justice and the Politics of Difference*. Princeton: University of Princeton Press.

Zournazi, M. (ed.) (2002) *The Politics of Hope*. New York: Routledge.

318   Zukin, S. (1982) *Loft Living: Capital and Culture in Urban Change*. Baltimore, MD: Johns Hopkins University Press.

Zukin, S. (1991) *Landscapes of Power: From Detroit to Disney World*. Berkeley and Los Angeles, CA: University of California Press.

Zukin, S. (1995) *The Cultures of Cities*. Oxford: Blackwell.

索　引

（索引中的页码为原著页码，在本书中为边码）

321

322

图书在版编目（CIP）数据

戴维·哈维：批判性理论/（英）诺埃尔·卡斯特里，（英）德里克·格雷戈里编著；阎嘉等译. —北京：商务印书馆，2022

ISBN 978-7-100-21226-7

Ⅰ.①戴… Ⅱ.①诺… ②德… ③阎… Ⅲ.①人文地理学 Ⅳ.①K901

中国版本图书馆 CIP 数据核字（2022）第 099993 号

戴维·哈维：批判性理论

〔英〕诺埃尔·卡斯特里 德里克·格雷戈里 编著

阎嘉 毛娟 等 译

商 务 印 书 馆 出 版
（北京王府井大街 36 号邮政编码 100710）
商 务 印 书 馆 发 行
涿州市星河印刷有限公司印刷
ISBN 978-7-100-21226-7

2022 年 9 月第 1 版　　　开本 787×960　1/16
2022 年 9 月第 1 次印刷　　印张 23¹/₄

定价：96.00 元